Mandado de Injunção
(Da inconstitucionalidade por omissão)
– Enfoques trabalhistas – Jurisprudência

Francisco Antonio de Oliveira

1. Doutor e Mestre em Direito do Trabalho pela Pontifícia Universalidade Católica de São Paulo – PUC/SP.
2. Desembargador Federal do Trabalho aposentado do Tribunal Regional do Trabalho da 2ª Região, no qual foi presidente das 3ª, 4ª e 6ª Turmas, além de Presidente do próprio Tribunal no período de 2000 a 2002.
3. Coordenador do Colégio de Presidentes e de Corregedores dos Tribunais Regionais do Trabalho — COLEPRECOR — no período de 2001 a 2002.
4. Integrante do Conselho Superior da Justiça do Trabalho no período de 2000 a 2002.
5. Atualmente é membro:
   a) Academia Nacional de Direito do Trabalho;
   b) Do Instituto Brasileiro de Direito Social-Seção Brasileira da Société Internacionale de Droit de Travail et de la Sécurité Sociale;
   c) Sócio efetivo e titular do Instituto de Direito do Trabalho do Mercosul;
   d) Membro suplente da Academia Paulista de Magistrados;
   e) Sócio fundador da Academia Paulista de Letras Jurídicas;
   f) Associação Iberoamericana de derecho Del trabajo y de la Seguridad social, sócio efetivo e titular.
6. Foi agraciado:
   a) Medalha do Ordem do Mérito Judiciário do Trabalho, no grau de comendador e promovido ao grau de Grã-Oficial no ano de 2002 pelo Tribunal Superior do Trabalho;
   b) Medalha do Ordem do Mérito Judiciário pelo Tribunal Regional do Trabalho da 2ª Região no grau de Grã-Cruz;
   c) Por três vezes recebeu menções elogiosas do Tribunal Superior do Trabalho pelas obras publicadas, em especial pelo livro "Execução na Justiça do Trabalho": 1ª em Sessão Plenária realizada no dia 126 de junho de 1988; 2ª na 14ª Sessão Extraordinária, realizada em setembro de 1993; 3ª Sessão Ordinária da Seção Especializada em Dissídios Coletivos, realizada em agosto de 1995;
7. Recebeu o título de "Cidadão Campineiro" outorgado pela Câmara Municipal de Campinas (SP).

Francisco Antonio de Oliveira

Mandado de Injunção
(Da inconstitucionalidade por omissão)
— Enfoques trabalhistas — Jurisprudência

3ª Edição

EDITORA LTDA.
© Todos os direitos reservados

Rua Jaguaribe, 571
CEP 01224-001
São Paulo, SP – Brasil
Fone: (11) 2167-1101
www.ltr.com.br

Produção Gráfica e Editoração Eletrônica: Peter Fritz Strotbek
Projeto de Capa: Raul Cabrera Bravo
Impressão: Pimenta Gráfica e Editora

LTr 5090.8
Setembro, 2014

1ª edição — 1993
2ª edição — 2004
3ª edição — 2014

Dados Internacionais de Catalogação na Publicação (CIP)
(Câmara Brasileira do Livro, SP, Brasil)

Oliveira, Francisco Antonio de
  Mandado de injunção : (da inconstitucionalidade por omissão) : enfoque trabalhista : jurisprudência / Francisco Antonio de Oliveira. — 3. ed. — São Paulo : LTr, 2014.

Bibliografia.
ISBN 978-85-361-3096-5

1. Controle da constitucionalidade — Brasil 2. Mandado de injunção 3. Mandado de injunção — Brasil I. Título.

14-08241   CDU-342.722(81)

Índice para catálogo sistemático:

1. Brasil : Mandado de injunção : Direito constitucional   342.722(81)

Sumário

1. Enfoque Histórico 9
1.1. Da origem dos *writs* 9
1.2. Dos *writs* no Direito anglo-americano e no Direito mexicano 9
    1.2.1. Direito inglês 9
    1.2.2. Direito norte-americano 10
    1.2.3. Direito mexicano 11
1.3. Da origem do Mandado de Injunção brasileiro 12
1.4. Do Mandado de Injunção e sua abrangência protetiva 14

2. Generalidades 15
2.1. Da aplicabilidade e interpretação da norma constitucional 15
2.2. Da efetivação da norma constitucional 15
2.3. Do conceito de Mandado de Injunção 16
2.4. Da natureza jurídica 17
2.5. Da autoaplicabilidade do Mandado de Injunção 20
    2.5.1. Da necessidade ou não de regulamentação 21
2.6. Da norma regulamentadora 22
2.7. Do Mandado de Injunção e a Ação de Inconstitucionalidade por omissão 24
2.8. Das correntes doutrinárias surgidas 27
2.9. Das dificuldades apresentadas por instituto novo 28
2.10. Do objetivo diverso do Mandado de Injunção e da Ação de Inconstitucionalidade por omissão 28
2.11. Da posição que vem sendo assumida pelo STF em sede de injunção e de inconstitucionalidade por omissão 29
2.12. Do vazio jurídico e a nova Carta Política 30
2.13. Da intenção em sede de injunção 32
2.14. Da relação processual 33
2.15. Da natureza subsidiária da injunção — Juízo da equidade 34
2.16. Do Mandado de Injunção e da aplicabilidade das normas constitucionais 36
2.17. Do uso da via administrativa 38
2.18. Dos direitos fundamentais clássicos e dos direitos fundamentais sociais 39
2.19. Dos direitos protegíveis pela injunção 39
2.20. Do Mandado de Injunção e da usurpação de poderes 40
2.21. Da limitação prática em sede de injunção 41
2.22. Da injunção em sede de discricionariedade 42
2.23. Do Mandado de Injunção e do Mandado de Segurança 43
2.24. Dos interesses difusos em sede de injunção 43
2.25. Do posicionamento atual do STF 45

3. Competência 49
3.1. Da competência constitucional 49
3.2. Da edição de normas sobre competência 50

3.3. Da competência para os demais órgãos	50
3.4. Da competência da Justiça do Trabalho	52
4. Partes	**53**
4.1. Da titularidade ativa no Mandado de Injunção	53
4.2 Da legitimidade ativa do partido político, da organização sindical, da entidade de classe ou associação	53
4.3. Da titularidade ativa em Ação de Inconstitucionalidade por omissão	54
4.4. Da titularidade passiva em Mandado de Injunção	54
4.5. Do litisconsórcio ativo e passivo	55
4.6. Da assistência	56
4.7. Do Ministério Público como *custos legis*	57
4.8. Do Ministério Público como parte em sede de injunção	58
5. Impetração	**60**
5.1. Da petição inicial	60
5.2. Dos pressupostos processuais e das condições da ação	60
5.3. Do prazo para a impetração do Mandado de Injunção	60
5.4. Do objeto da injunção	61
5.5. Do deferimento da petição inicial	62
5.6. Da impetração urgente	62
5.7. Da citação	62
5.8. Da defesa ou informações	63
5.9. Da ausência de defesa ou informações: prazo; revelia	64
5.10. Do uso da precatória	65
5.11. Da necessidade de advogado	65
5.12. Do fundamento jurídico: causa de pedir	67
5.13. Do fundamento legal	69
5.14. Do direito líquido e certo	69
5.15. Da instrução probatória	69
5.16. Das sanções	71
5.17. Da tramitação durante as férias forenses	71
5.18. Do valor da causa	72
5.19. Das custas	72
5.20. Dos honorários advocatícios	72
5.21. Do Mandado de Injunção Coletivo	73
5.22. Do memorial	73
5.23. Do Ministério Público	73
5.24. Da concessão de Medida Liminar	73
5.24.1. Do prazo da liminar em sede de injunção	75
5.25. Da tutela antecipada	77
6. Decisão	**78**
6.1. Da decisão injuncional	78
6.1.1. Da mora injuncional	78

6.2. Da prioridade no julgamento	79
6.2.1. Do tratamento dado a coisas heterogêneas	80
6.3. Da decisão proferida na injunção e a coisa julgada	80
6.4. Da sentença proferida sem informação (defesa): revelia	81
6.5. Da ciência do julgamento	81
6.6. Do âmbito da coisa julgada	81
7. Recursos	**83**
7.1. Breve enfoque	83
7.2. Dos Embargos Declaratórios	83
7.3. Do Recurso de Ofício	83
7.4. Da Apelação	84
7.5. Do Recurso Ordinário em âmbito trabalhista	84
7.6. Do Recurso Especial e Ordinário para o STJ	85
7.7. Do Recurso Ordinário no STF	85
7.8. Do Agravo Regimental	85
7.9. Dos Embargos Infringentes	85
7.10. Do Agravo de Instrumento	86
7.11. Do Projeto de Lei para a Injunção	87
8. Execução	**88**
8.1. Breve enfoque	88
8.2. Da execução de Medida Liminar	89
8.3. Da exigência de Depósito ou Caução	89
8.4. Da intervenção e das perdas e danos	90
8.5. Das despesas processuais	92
8.6. Dos benefícios patrimoniais	92
Jurisprudência	**94**
Supremo Tribunal Federal	94
Superior Tribunal de Justiça	121
Tribunal Superior Eleitoral	124
Tribunal Superior do Trabalho	125
Tribunais Regionais do Trabalho	125
Tribunais Regionais Federais	126
Tribunal de Justiça	146
Bibliografia	**167**

1. Enfoque Histórico

1.1. Da origem dos *writs*

Embora na regra geral possa ser encontrar a origem histórica dos *writs* no Direito anglo-saxão, não se pode deixar de notar a influência do Direito português, velho Direito português no dizer do mestre Pontes de Miranda, em especial nas *Ordenações*.

A precedência na criação dos *writs*, alerta Themístocles Brandão Cavalcanti (*Mandado de Segurança*, Freitas Bastos, p. 7), protetores de garantias individuais, coube, sem dúvida possível, ao Direito anglo-saxônico. Não seria preciso repetir aqui as origens históricas do mais conhecido de todos, o *habeas corpus*, a maior e a mais duradoura conquista da liberdade individual, porque é pela sua aplicação que se tem tornado eficaz a garantia dos direitos individuais.

Não só, porém, o *habeas corpus*, também o *mandamus*, a *injunction*, o *certionari* tiveram a sua origem na Inglaterra, sem a feição com que se encontram no Direito americano, mas assegurando igualmente nos direitos individuais, outros que não o da liberdade individual.

Mas é também nas Ordenações do Reino que vamos encontrar algumas figuras que, quer em face da sua natureza, quer em face do seu objetivo, apresentam muita semelhança, numa espécie de estreitamento familiar.

Assim é que vamos encontrar nas *Ordenações Afonsinas* a apelação extrajudicial, que muito se aproxima do atual Mandado de Segurança. Nas *Ordenações Manuelinas*, pouca diferença se registra. As *Ordenações Filipinas*, que dominaram por cerca de duzentos anos em Portugal, com influência direta no Código Civil Brasileiro, registram na Carta Testemunhável a exigência de que fosse apresentada em trinta dias. Lembra Cândido de Oliveira Neto (Carvalho Santos, *Repertório Enciclopédico do Direito Brasileiro*, Rio, Borsoi, 1962) que a apelação extrajudicial era um remédio para as espécies que hoje são examinadas na ação de Mandado de Segurança.

Alerta Othon Sidou ("Mandado de Segurança: meio século de aplicação", *in Rev. da Faculdade de Direito de Caruaru*, 1985) que se quisermos, pois, buscar a origem onomástica do instituto brasileiro disposto contra o abuso de direito, nada mais sensato do que recuar, no tempo, às *Ordenações Filipinas*, de 1603.

1.2. Dos *writs* no Direito anglo-americano e no Direito mexicano

Em excelente trabalho, sob o título "Mandado de Segurança: notícia histórica", publicado *in Mandados de Segurança e de Injunção* (Saraiva, 1990), coordenação de Sálvio de Figueiredo Teixeira, Ricardo Arnaldo Malheiros Fiuza oferece síntese da matéria, que, pela profundidade da pesquisa, nela nos louvamos.

1.2.1. Direito inglês

E. C. S. Wade e G. Godfrey Phillips, professores da Universidade de Cambridge, em seu excelente livro *Constitutional Law*, afirmam que, entre os *"methods of judicial control"*, os principais mecanismos de garantia são os *"writs of mandamus"*, *"certionari and prohibition"*.

O *mandamus* é uma ordem peremptória, emitida por um Tribunal Real ("King's or Queen's Bench Division of the High Court"), determinando a um órgão ou a uma pessoa que faça o que é seu dever fazer. A emissão do mandado é uma questão de inteira discrição do Tribunal, que "o dará conquanto entenda seja o meio suplementar de uma Justiça substancial em todos os casos em que não haja outro remédio específico para um direito subjetivo". O *mandamus* não prevalece contra a Coroa.

Houve época em que o alcance do *mandamus* era confinado a uma classe limitada de casos relacionados à Administração Pública e, principalmente, era empregado para compelir tribunais inferiores a agirem dentro de sua jurisdição ou funcionários públicos a cumprirem seus deveres específicos. Mas com o uso de repetidos *"Acts of Parliament"*, o *mandamus* passou a ser invocado no campo privado contra empresas de "serviços públicos", como no caso de um proprietário de terreno que precisa exigir da empresa imobiliária responsável um melhoramento necessário no loteamento.

A *prohibition* é uma ordem emitida por um Tribunal Superior ("King's or Queen's Bench Division") principalmente para evitar que tribunais inferiores excedam sua competência ou ajam contra as regras da Justiça natural, como, por exemplo, para proibir um juiz de presidir um julgamento no qual esteja pessoalmente interessado. Não pode ser usada contra entidade privada, tal como um clube social que, por um "julgamento" de sua diretoria, resolve expulsar um sócio, nem contra atos puramente legislativos ou executivos, mas pode ser expedida contra qualquer tipo de tribunal inferior, até mesmo eclasiástico ou militar.

O *certionari* é expedido para remover um processo de um tribunal inferior para o "King's or Queen's Bench Division" da Corte Suprema. Pode ser usado antes que um julgamento esteja terminado, a fim de evitar um excesso de jurisdição. É impetrado também depois do julgamento, para anular um mandado que foi expedido sem jurisdição ou contra princípios da Justiça natural. Embora seja somente aplicável a atos judiciais, a palavra "judiciais", aí, tem, segundo Wade e Phillips, o mais amplo sentido, e o *"certionari"* não fica adstrito somente a órgãos que possam ser rigorosamente considerados "tribunais". Ele se estende também a atos e mandados de autoridade competente que tenha poder para impor obrigações ou dar decisões que possam afetar direitos pessoais e reais das partes envolvidas. Além desses grandes *writs* do Direito inglês, Wade e Phillips mencionam o *quo warranto*, a *injunction* e *os declaratory judgements*.

O *quo warranto* é usado especificamente, na Grã-Bretanha, para impedir uma pessoa de exercer uma função ou ocupar um cargo público para o qual não esteja devidamente habilitada ou no qual não esteja devidamente investida.

A *injunction* pode ser impetrada contra uma autoridade pública por qualquer indivíduo que prove a iminência de considerável prejuízo como resultado de ato supostamente ilegal da dita autoridade. Uma *injunction* pode ser obtida, também, pelo *"Attorney-General"* (procurador-geral de justiça) em nome do povo. Se o órgão público está cometendo uma ação que ameaça prejudicar o povo ou a coletividade, é direito do procurador-geral intervir, requerendo uma *injunction*.

O *declaratory judgements*, por fim, podem servir para impedir tanto a Coroa quanto as autoridades públicas de adotarem conduta ilegal. Uma ação visando a um *declaratory judgements* tem que ser baseada num caso concreto em que foi arguida a ilegalidade. Os tribunais não respondem a consultas em casos abstratos. Nem podem os juízes ser instados a dar opiniões sobre questões de direito através desse "remédio".

1.2.2. Direito norte-americano

Os principais *writs* usados nos Estados Unidos da América do Norte têm as mesmas denominações daqueles consagrados na Grã-Bretanha. Porém há pequenas ou maiores diferenças nos procedimentos adotados e nas destinações desses "remédios judiciais".

Com respaldo em Celso Agrícola Barbi, Wilson Accioli e Maria Chaves de Mello, o autor aborda os *writs* do Direito inglês, mas à "maneira americana".

Nos Estados Unidos, o *mandamus* é o remédio adotado, se bem que pouco usado, para obrigar o ocupante de cargo público a praticar ato de sua própria função. Segundo Celso Agrícola Barbi, baseado em Swenson, o *mandamus* pode ser expedido "alternativamente", no início da causa, para que o funcionário pratique o ato ou explique por que não o fez, e "peremptoriamente", ouvido o servidor, para que este seja obrigado a praticar o ato. Assim como o *mandamus* na Grã-Bretanha não prevalece contra o rei ou a rainha, nos Estados Unidos ele não *é* expedido contra o presidente da República.

Já a *prohibition* americana *é* bem semelhante à britânica, pois dos dois lados do Atlântico ela é requerida ao Tribunal Superior para proibir tribunal inferior ou juiz de primeira instância de tomar conhecimento de um caso fora de sua jurisdição.

O *certionari* é uma espécie de avocação, muito usada pelos tribunais superiores da Justiça estadual americana para rever atos da Administração Pública de natureza "quase judicial" e, mesmo, atos que estejam *sub judice ou* já julgados por tribunais ou juízos inferiores.

O *quo warranto* nos Estados Unidos é usado, primacialmente, em nome do povo, geralmente pelo representante do Ministério Público, para impedir usurpação de cargos públicos. Também é empregado para cassação de uma concessão, licença ou alvará do serviço público.

A *injunction*, muito usada pelos americanos, tem por finalidade proibir entidade pública ou privada de praticar ato lesivo de direito líquido e certo do particular ou da Administração Pública. Pode ser usada também de forma positiva, isto é, para obrigar uma parte a fazer algo cuja não realização prejudicará o direito da outra parte.

1.2.3. Direito mexicano

É muito comum dizer-se que o nosso Mandado de Segurança foi copiado do "recurso de amparo" do Direito mexicano, ali consagrado na Constituição de 1917. Na verdade, poderíamos dizer que o Mandado de Segurança, como remédio heroico de garantia de direitos individuais contra a força do Estado, foi inspirado no *"writ* mexicano", que tem algumas características diferentes, nas lições do articulista Ricardo Arnaldo Malheiros Fiuza:

1) é pacífica, na jurisprudência mexicana, a sua impetração contra a lei em tese, transformando-se o instituto "num meio de controle da legalidade em geral" (Celso Barbi);

2) nos casos de impetração de recurso de amparo em arguição de inconstitucionalidade, mesmo em processo judicial, a autoridade indigitada coatora é o Congresso;

3) as pessoas jurídicas de direito público podem se valer do amparo quando o objeto de sua impetração for a proteção de direitos patrimoniais, mesmo contra particulares;

4) as informações da autoridade coatora são consideradas uma contestação, e a sua ausência pode acarretar à autoridade omissa a multa pecuniária;

5) o ato impugnado pelo recurso de amparo pode ser suspenso pelo juiz ou Tribunal antes do término do julgamento do processo, mas só depois de ouvida a parte contrária (inclusive o litisconsorte passivo), e depende de prestação de caução pelo autor para garantir o ressarcimento de dano ou de prejuízo ao interessado, caso venha a ser negado o amparo;

6) finalmente, como chama a atenção Celso Barbi, há a questão da lealdade exigida na impetração do amparo: se o impetrante afirmar fatos falsos ou omitir fatos verdadeiros de que tenha conhecimento, a ele será cominada a pena de prisão de seis meses a três anos e multa pecuniária.

José de Moura Rocha, em seu livro *Mandado de segurança – A defesa dos direitos individuais*, com base em Alcalá--Zamora y Castillo e Héctor Fix-Zamudio, aponta os quatro tipos de amparo usados no México:

"a) *amparo-liberdade*, que se assemelha ao *habeas corpus*, quando impetrado para impedir coação na liberdade de locomoção, e ao nosso Mandado de Segurança, quando usado como instrumento tutelar dos direitos fundamentais frente à autoridade pública;

b) *amparo-arguição de inconstitucionalidade*, empregado como garantia jurisdicional contra as leis inconstitucionais, podendo ser impetrado em caso concreto, o que é mais comum, e em abstrato, isto é, contra a lei em tese;

c) *amparo-cassação*, usado na tutela da legalidade das decisões judiciais. Neste aspecto determina a '*Constitución Política de los Estados Unidos Mexicanos*', em seu art. 107, III:

'*Cuando se reclamen actos de tribunales judiciales, administrativos o del trabajo, en amparo sólo procederá en los casos seguientes:*

a) contra sentencias definitivas o laudos respecto de los cuales no proceda ningún recurso ordinário por el que puedan ser modificados o reformados, ya sea que la violación se cometa en ellos, o que cometida durante el procedimiento afecte a las defensas del quejoso, trascendiendo el resultado del fallo, siempre que en materia civil haya sido impugnada la violación en el curso del procedimiento mediante el recurso ordinario establecido por la ley e invocada como agravio en la segunda instancia, si se cometió en la primera. Estos requisitos no serán exigibles en el amparo contra sentencias dictadas en controversias sobre acciones del estado civil o que afecten al orden y a la estabilidad de la familia;

b) contra actos em Juicio cuya ejecución sea de imposible reparación, fuera de Juicio o después de concluido, una vez agotados los recursos que en su caso procedan;

c) contra actos que afecten a personas extrañas al Juicio';

d) amparo administrativo — que, segundo Fix-Zamudio — 'não obstante haver adquirido a sua autonomia em último lugar, alcançou impulso extraordinário em virtude das atividades intervencionais, sempre crescentes, do Estado mexicano'. Em nosso conceito, ao contrário do que ocorre com o amparo judicial, é o que tem uma conexão mais estreita e com parentesco mais íntimo com o Mandado de Segurança brasileiro".

Lembra Themistocles Brandão Cavalcanti (ob. cit., p. 8), que tem como fonte originária do nosso *mandamus* o Direito anglo-saxônico, que naquela época, numa demonstração de vanguardismo, o Direito inglês instituíra de acordo com esta doutrina, o *mandamus*, por exemplo, para proteção dos empregados contra demissões ou remoções ilegais e, de modo geral, contra atos da Administração. Realça o autor o pronunciamento de Epitácio Pessoa, em discurso proferido no Senado em 12.11.1925 *(Pandectas Brasileiras*, 2ª Parte, p. 100, v. 1):

"O povo americano com o seu espírito progressista, dócil às transformações da civilização e às suas conquistas liberais, cedo compreendeu que fora do âmbito estreito dos direitos de locomoção, outros direitos individuais existiam carecedores de uma proteção simples e rápida como a do *habeas corpus*, e, não querendo desnaturar este instituto, incluiu na legislação certos remédios análogos destinados ao amparo desses direitos."

"Daí o *writ of mandamus*, que é a ordem pela qual o Tribunal prescreve o cumprimento de certo dever ou interesse legítimo de que tenha sido privado alguém; o *quo warranto*, providência pela qual o Governo inicia a ação destinada a reivindicar um cargo de quem o ocupa ilegalmente; e o *writ of certionari*, pelo qual podem os Tribunais verificar se esta foi bem interpretada ou se o funcionário era competente para praticar o ato etc."

Previne o autor que a amplitude na aplicação dos *writs* americanos — nota, no entanto, Carlos Maximiliano (*in Comentários à Constituição Brasileira)*, citando Bailey — foi desaparecendo com a evolução: "Os Tribunais dilataram este conceito (do *mandamus); 'courts have enlarged upon these definitions'*. Estendeu-se o *writ* até se tornar ampla garantia de direito individual ou político, evidente: tudo aquilo a que o cidadão tem incontestável direito e cuja consecução depende de autoridades ou de corporações, pode, na falta de outro meio jurídico eficiente e oportuno, ser conseguido mediante o *mandamus*. Só se admite, pois, como sucede com o *certionari* — quando não existe outro remédio legal adequado e capaz de, a tempo, evitar ou pôr termo à inJustiça evidente se há interesses individuais em jogo, só se concede o *writ* quando o direito é indiscutível".

1.3. Da origem do Mandado de Injunção brasileiro

Na Itália, segundo Roberto Sciacchiatano *(apud* Manoel Gonçalves Ferreira Filho, *Curso de Direito Constitucional*, 17. ed., Saraiva, 1989, p. 276), "trata-se de um instituto processual mediante o qual pode conseguir-se uma decisão de condenação de forma mais simples que a do processo ordinário. Dada esta característica, o procedimento é particularmente útil para os créditos certos e munidos de prova, em relação aos quais o devedor não teria razão para resistir em Juízo e poderia fazê-lo, num processo ordinário, somente com finalidade dilatória da condenação".

Na França, a injunção tem conotação de verdadeiro poder de polícia, usado na direção do processo, podendo abranger terceiros.

Preleciona Ulderico Pires dos Santos *(Mandado de Injunção*, Ed. Paumape, 1988, p. 31) que, na França, a ordem de injunção, em sentido genérico, é um mandado emanado de uma autoridade, mas os magistrados das jurisdições são proibidos de dirigir injunções contra os membros do Ministério Público. Significa, pois, prescrição judicial expedida pelos juízes contra as partes em uma demanda e até mesmo contra auxiliares da Justiça, sempre sob sanções que a lei prevê e determina. Constitui, assim, manifesto poder de polícia. Tanto isto é certo que o magistrado pode expedi-la até mesmo para que as pessoas que estiverem transtornando os trabalhos judiciários com algazarra, conversa muito alta, ou outro procedimento qualquer que atrapalhe os trabalhos da Corte ponham fim ao tumulto. A injunção poderá, ainda, ser emitida contra o advogado que estiver se conduzindo com deslealdade no processo.

É bem de ver que na França o poder de injunção se acha ínsito em determinados textos legais. Estes autorizam a autoridade judiciária a ordenar ou intimar pessoas. Ela difere dos convites, que são expedidos quando as partes ou terceiros são convocados para algum ato do processo. As convocações constituem ordens mais amenas, mais corteses do que a injunção, podendo o juiz tomar providências drásticas se não atendidas. Uma ordem para uma pessoa pagar uma dívida é dada mediante expedição de uma injunção. Trata-se, sem a menor dúvida, de ação com caráter cominatório. Mas, em princípio, o juiz não pode expedir injunção contra a Administração Pública. Mas se esta cometer alguma violência, poderá até interditá-la, concepção, todavia, contestada por muitos que entendem que as entidades públicas gozam de privilégios (Ulderico Pires dos Santos, ob. cit.; cf., *Vocabulaire Juridique*, da Associação Henri Capitant, verbete "Injunction", Paris, 1987).

Os autores nacionais se dividem no tocante à origem do Mandado de Injunção nos moldes concebidos pelo constituinte brasileiro. Para Vicente Greco (*Tutela Constitucional das Liberdades*, São Paulo, Saraiva, 1989, p. 179), a origem histórica remonta aos fins do século XIV, na Inglaterra, e pode ser definido como ordem de um Tribunal, na área civil, para alguém fazer ou não fazer determinado ato ou atos.

Sobre a origem, pontifica Diomar Ackel Filho (*writs Constitucionais*, Saraiva, 1988, p. 102) que a injunção assenta suas raízes no Direito americano, com origem embrionária mais remota na célebre "Bill of Rights". Dela cuida a "Federal Rule 65" e o Regimento da Suprema Corte dos Estados Unidos, nos itens 1 e 3 do art. 31.

Em discorrendo sobre o tema, preleciona Celso Ribeiro Bastos (*Comentários à Constituição do Brasil*, v. 2, Saraiva, 1989, p. 357) que se cuida de medida sem precedente, quer no Direito nacional, quer no alienígena. A confrontação que se possa fazer com a *injunction* do Direito americano só leva à conclusão da absoluta singularidade do instituto pátrio.

Manoel Gonçalves Ferreira Filho (*Curso de Direito Constitucional*, 17. ed., Saraiva, 1989, p. 276) descarta a possibilidade de que o *writ of injunction* tenha sido a musa inspiradora do constituinte brasileiro, e sustenta: "Trata-se de medida judicial que impõe um não fazer, razão pela qual não pode ser encarado como inspiração do Mandado de Injunção, cujo objetivo é o exercício de um direito, superando-se a falta de norma regulamentadora".

Para Marcelo Figueiredo (O *Mandado de Injunção e a Inconstitucionalidade por Omissão*, RT, 1991, p. 29), a injunção teve origem no Direito inglês, passando, a seguir, ao Direito norte-americano.

Para Wander Paulo Marotta Moreira (ob. cit., p. 406), a nossa injunção, criada por inspiração do Sen. Virgílio Távora, de saudosa memória, não guarda nenhuma similitude com o instituto nos moldes franceses e italianos. Constata que, em Portugal, os arts. 281 e 283 (art. 279 no texto primitivo) contemplam a regra da inconstitucionalidade por omissão, que guarda alguma semelhança com a nossa injunção, e que tem sido muito pouco aplicada. Lembra o autor que, para Adhemar Ferreira Maciel, "foi a primitiva inspiração do constituinte brasileiro, que foi buscar no seu texto a forma de realizar no direito constitucional brasileiro a sonhada fórmula para impedir a postergação indefinida, por falta de regulamentação, dos direitos consagrados na Carta" (Adhemar Ferreira Maciel, *Mandado de Injunção e Inconstitucionalidade por Omissão*, Palestra proferida em B. Horizonte).

Adverte Galeno de Lacerda (*in Comentários ao Código de Processo Civil*. Rio, Forense, 1981, v. VIII, t. I, p. 148) que a *injunction*, em regra, apresenta caráter negativo e, como as *inhibitiones* germânicas, impõe um não fazer nos assuntos mais diversos. Em casos mais raros, pode, contudo, ordenar um fazer, como a demolição de parede que prejudique servidão de luz (Amourouz-Ménard, *Étude sur les Voies d'Exécution en Droit Anglais*, cit., p. 389 e 390).

Pelo que vimos, o Mandado de Injunção nos moldes em que fora concebido pelo constituinte brasileiro, além do nome, pouca ou nenhuma semelhança guarda com a *injunction* concebida pelos Direitos inglês, norte-americano, francês, italiano e alemão. O instituto, naqueles países, guarda maior semelhança com o Mandado de Segurança, *habeas corpus*, medidas cautelares e até mesmo como o *habeas data*, dada a variedade das *injunctions*.

Entretanto, para se perquirir da origem, não nos parece correto exigir que exista perfeita identidade do instituto pátrio com o similar alienígena. O que nos parece mais importante é a ideia em si. E de posse dessa ideia cada qual a amplia ou restringe ao sabor da realidade nacional.

Em verdade, o constituinte brasileiro não concebeu o instituto. Não. Amoldou o já existente à realidade brasileira. A sua origem remota está atrelada aos Direitos inglês e norte-americano, sofrendo influências do Direito português.

1.4. Do Mandado de Injunção e sua abrangência protetiva

O Mandado de Injunção foi criado para *implementar* o exercício dos direitos e liberdades constitucionais e o exercício das prerrogativas inerentes à nacionalidade, à soberania e à cidadania. Direitos e liberdades constitucionais são aqueles direitos e aquelas garantias fundamentais, e, bem assim, os direitos sociais. Dentro dessa ótica não estariam limitados àqueles expressamente previstos no art. 5.º (direitos fundamentais) e arts. 6.º a 11 (direitos sociais). Mas se incluem todos os demais direitos que a Constituição tenha assegurado de maneira expressa. As prerrogativas que dizem respeito à nacionalidade são aquelas expressas no art. 12 da Constituição de 05.10.1988.

Preleciona Wander Paulo Marotta Moreira (cit., p. 413) que "não parece haver muita dúvida acerca da conceituação que se deva dar aos 'direitos e liberdades constitucionais': são os direitos e garantias fundamentais e os direitos sociais que o texto constitucional visa assegurar, na prática, aos destinatários de suas normas. Não apenas àqueles direitos expressamente previstos no art. 5.º (direitos fundamentais) e arts. 6.º a 11 (direitos sociais), mas quaisquer outros que a Constituição expressamente assegure, como, por exemplo, a criação do Banco de Desenvolvimento do Centro--Oeste (art. 34, § 11, do ADCT)". E prossegue o autor: "Por outro lado, qual seria a abrangência do texto da parte final da norma, ou seja, quais as 'prerrogativas inerentes à nacionalidade, à soberania e à cidadania'? As prerrogativas inerentes à nacionalidade são as que estão relacionadas no art. 12 da Carta. A nacionalidade é *status* do indivíduo em referência ao Estado; ele pode ser, por esse prisma, nacional ou estrangeiro. Nacional quando é natural do Estado, e estrangeiro quando, por exclusão, a lei não lhe atribui a qualidade de nacional. A própria Constituição é que estabelece as distinções que se podem fazer entre brasileiros natos e naturalizados (art. 12, §§ 1.º, 2.º e 3.º). As prerrogativas inerentes à soberania estão em direta referência com o próprio exercício dos Poderes do Estado".

O instituto da injunção ora outorgado, embora com raízes nos Direitos inglês e americano, com influência do Direito português, não encontra similar no direito alienígena nos moldes em que foi concebido pelo constituinte brasileiro, a não ser no *nomem juris*. Constitui remédio eficaz para coibir abusos generalizados de órgãos públicos e particulares. Até a sua vinda, a inaplicabilidade poderia ser obstada por alguma formalidade, e as normas programáticas se projetavam *ad eternum*, *v.g.*, a participação do trabalhador nos lucros da empresa, o salário mínimo capaz de garantir o sustento da família, e não só do cabeça de casal, etc.

A sua aplicação não deve ser encarada de forma restritiva. Esse não foi o objetivo do constituinte brasileiro.

Lembra bem Wander Paulo Marotta Moreira (cit., p. 421) que: "A Constituição criou o mais importante e fundamental instrumento de defesa dos direitos constitucionais de que já se teve notícia. Em contrapartida, isso dá aos Juízes a responsabilidade de criar (à maneira dos antigos Editos do Pretor) a norma de proteção. E os mecanismos dessa criação farão renascer velhos sistemas de interpretação: o processo teleológico adquirirá importância (Paul Vander Eycken e Edmond Picard ressurgirão de empoeiradas estantes) e o Juiz não será mais o 'ente inanimado' de que falava Montesquieu, mas o 'artífice laborioso do direito novo', como preferiu Jean Cruet. Voltarão a ser lembrados Geny, Hompel, Brütt e Gmür, além de Stammler. E Hüber, autor do Código Civil Suíço, será recordado pelo seu art. 1.º: 'Deve o Juiz, quando se lhe não depara preceito legal apropriado, decidir de acordo com o direito consuetudinário, e, na falta deste, segundo a regra que ele próprio estabeleceria, se fora legislador'. O Mandado de Injunção é meio de realização do direito além da lei e não contra a lei. Por isso nunca foi tão oportuno o conselho de Paulo: 'Da regra se não extrai o direito; ao contrário, com o direito, tal qual na essência ele é, construa-se a regra'".

Através do "Mandado de Injunção", o juiz brasileiro, embora de maneira tímida, age nos moldes deferidos de forma ampla ao magistrado anglo-americano. É um começo. Caberá aos advogados e juízes encontrar e definir a amplitude contida na própria vocação do instituto, de forma razoável. Não tão restrito que obste os seus reais objetivos, mas não tão abrangente que o transforme em panaceia, como aconteceu com o Mandado de Segurança e com a Ação Rescisória.

Como veremos nos comentários que se seguem, o Supremo Tribunal Federal, durante mais de uma década, foi demasiadamente tímido e quase neutralizou o instituto sob o argumento de que não poderia dirigir ordem ao legislativo sem afrontar o princípio da separação de poderes. Entendimento equivocado, pois o mandado de injunção foi criado justamente para vencer a resistência de autoridades que teimam em não prover a realização de um direito.

2. Generalidades

2.1. Da aplicabilidade e interpretação da norma constitucional

Tem-se nas lições de Santi Romano (*Princípios de Direito Constitucional Geral*, trad. de Maria Helena Diniz, RT, São Paulo, 1977, p. 29-30) que: "O Direito Constitucional é o início, a primeira posição do Direito e, por isso, está em imediato contato com o mundo metajurídico ou extrajurídico do qual está separado por limites frequentemente não determinados e muito variáveis. Além disso, a forma que ele dá à realidade que representa sem conteúdo é vaga e oscilante, e, portanto, presta-se a ser reconduzida à sua verdadeira substância. Os casos em que se aplica são infinitamente mais complexos que os de Direito Privado e, por este motivo, não basta um conhecimento empírico, sendo necessário o auxílio das ciências sociais mais díspares".

É bem de ver que "a técnica da interpretação muda, desde que se passa das disposições ordinárias para as constitucionais, de alcance mais amplo, por sua própria natureza e em virtude do objetivo colimado redigidas de modo sintético, em termos gerais" (Filomusi Guelfi, *Enciclopedia Giuridica*, 5. ed., p. 150 e 151, *apud* Carlos Maximiliano, *Hermenêutica e Aplicação do Direito*).

Pontifica Carlos Maximiliano (*Comentários à Constituição Brasileira*, 5. ed., n. 69 e ss.) que deve o estatuto supremo condensar princípios e normas asseguradoras do progresso, da liberdade e da ordem, e precisa evitar casuística minuciosidade, a fim de se não tornar demasiado rígido, de permanecer dúctil, flexível, adaptável a épocas e circunstâncias diversas, destinado, como é, a longevidade excepcional. Quanto mais resumida é uma lei, mais geral deve ser a sua linguagem e maior, portanto, a necessidade, e também a dificuldade, de interpretação do respectivo texto.

Lembra Francesco Degni (*L'Interpretazione della Legge*, 2. ed.; vide dissertação, *Reforma da Lei*, n. 344, 346, *apud* Maximiliano, ob. cit., p. 317) que: "as leis fundamentais devem ser mais rigorosamente obrigatórias do que as ordinárias, visto pertencerem, em geral, à classe das imperativas e de ordem pública; ao passo que as comerciais e as civis se alinham, em regra, entre as permissivas e de ordem privada; aquela circunstância obriga o hermeneuta a precauções especiais e à observância de reservas peculiares à espécie jurídica. A própria *Freie Rechtsfindung* moderada, a escola da livre indagação *proeter legem*, escrupuliza em transpor as raias do Direito Privado.

> "O Direito Constitucional apoia-se no elemento político, essencialmente instável, e esta particularidade atende, com especial e constante cuidado, o exegeta. Naquele departamento da ciência de Papiniano preponderam os valores jurídico-sociais. Devem as instituições ser entendidas e postas em função de modo que correspondam às necessidades políticas, às tendências gerais da nacionalidade, à coordenação dos anelos elevados e justas aspirações do povo."

Tem-se nas lições de Kelsen (*Teoria Generale delle norme*, Torino, Ed. Einaudi, 1985) que o Direito Constitucional não poderá ser interpretado empregando-se as mesmas regras do Direito comum. Divide a interpretação em duas vertentes: a) a interpretação do Direito pelo órgão que o aplica; b) a interpretação do Direito que não é realizada por um órgão jurídico, mas por uma pessoa privada.

Em se cuidando de Direito Constitucional, é muito difícil indicar critérios específicos. Todos os critérios hão de ser utilizados, não havendo a possibilidade de falar-se em melhor critério ou de único critério a ser utilizado.

Alerta Marcelo Figueiredo (ob. cit., p. 17) que a norma subconstitucional não coloca grandes problemas de aplicabilidade. A norma, entrando em vigor, tem naturalmente uma tendência de produzir os seus efeitos. A lei ordinária não coloca grandes problemas de aplicabilidade, já a norma constitucional o faz. Lembra o autor que desde o século passado, quando as Constituições começaram a ser interpretadas, logo se notou que algumas de suas normas não tinham condições de ser aplicadas como se fosse uma norma jurídica comum, plena.

2.2. Da efetivação da norma constitucional

Até o advento da Constituição de 1988, não contava o Direito brasileiro com nenhum remédio eficaz para pressionar o Poder Legislativo no sentido de implementar leis que viabilizassem direitos inseridos na Constituição e bem assim com vistas ao Poder Executivo na sua iniciativa regulamentadora. Vale dizer que, sem meio eficiente, o Direito permanecia na Constituição como se letra morta fosse. Essa situação era muito cômoda para o Poder Público. Nesse limbo hibernatório permaneceram direitos que nunca se implementaram, *v.g.*, participação do trabalhador no lucro da empresa, salário mínimo capaz de prover o sustento da família etc.

Desabafa Celso Bastos (*Comentários à Constituição do Brasil*, Saraiva, 1989, v. 2, p. 356 e ss.): "Constitui um dos problemas fundamentais do Direito Constitucional moderno o de encontrar os meios adequados para tornar efetivos, é dizer, fluíveis pelos seus benefícios, até mesmo aqueles direitos que, por ausência de uma legislação integradora, permanecem inócuos até o advento deste".

"De fato, ninguém pode defender a ideia de que a Constituição seja um repositório de boas intenções, de recomendações e de programas, que possam restar indefinidamente letra morta sem a geração de efeitos jurídicos fundamentais, o que é lícito esperar sobretudo de uma disposição constitucional."

Lembra Ulderico Pires dos Santos (*Mandado de Injunção*, Ed. Paumape, 1988, p. 13) que "até o advento da nova Carta Constitucional de 1988 quem, para entrar no exercício de algum direito, estivesse dependendo de alguma regulamentação, mormente do Poder Legislativo, nada podia fazer, porque enquanto uma norma está pendente de ato regulamentador não produz efeitos. E não produz porque o pensamento de quem a criou ainda não está devidamente esclarecido, porque não a pôs em conformidade com toda a sua reflexão. Logo, o titular do direito que se via diante dessa impossibilidade objetiva ficava com ele em suspenso, temporária e às vezes definitivamente, porque o indivíduo ou a entidade encarregada do ato regulamentador não podia ser compelido a cumprir o seu dever. Ficava, bem se pode dizer, à mercê de sua boa vontade ou má vontade". E conclui: "era obrigado a conformar-se com a negligência alheia e a retardar o gozo de seu direito por causa imputável à autoridade pública". Se dependesse da autoridade pública e o ato regulamentador viesse acrescentar gastos ao erário, o direito certamente não se tornaria realidade. Se dependesse do Poder Legislativo e o Executivo tivesse a maioria no Congresso Nacional, o direito permaneceria inexequível. Desse comportamento abusivo o povo era apenas um detalhe, sem voz e sem vez.

O Mandado de Injunção foi instituído para modificar essa situação de abuso. Caberá, pois, àqueles que se sintam preteridos em seus direitos constitucionais, fazer uso do remédio heroico colocado à sua disposição.

2.3. Do conceito de Mandado de Injunção

Dispõe o art. 5.º, LXXI, da CF: "Conceder-se-á Mandado de Injunção sempre que a falta de normas regulamentadoras torne inviável o exercício dos direitos e liberdades constitucionais e das prerrogativas inerentes à nacionalidade, à soberania e à cidadania".

Marcelo Figueiredo (ob. cit., p. 33 e ss.), após apontar dificuldades que o texto poderá levar ao intérprete menos atento, arrisca uma conceituação: "Mandado de Injunção é ação constitucional posta à disposição de qualquer pessoa física ou jurídica, apta à tutela de direito individual, coletivo ou difuso, toda vez que houver falta de regulamentação de direito infraconstitucional, que obstaculize sua fruição". Incluímos também as figuras despersonalizadas, *v.g.*, o espólio, a herança jacente ou vacante, massa falida, as sociedades de fato, o condomínio etc.

Alerta Humberto Theodoro Júnior (*Mandado de Injunção*, coletânea, Saraiva, 1990, p. 425) que, em se tratando de um pioneirismo do Direito nacional, não se pode socorrer da experiência jurídica de outros povos para buscar a precisa conceituação do nosso Mandado de Injunção. Conclui que o texto do dispositivo que o criou, aliado à justificativa da norma, permite concluir que buscou determinar solução para o dano gerado pela inconstitucionalidade por omissão, através da definição de competência da Justiça para não apenas verificar a inércia do legislador ordinário, mas também para supri-la diante da situação concreta exposta pelo lesado.

É bem de ver que o Mandado de Injunção poderá extrapolar ao âmbito do legislador ordinário para insinuar-se também em omissão do próprio Poder Judiciário.

Para Ulderico Pires dos Santos, "é ordem formal, cogente. Sua força é mandamental, imperativa e determinante no sentido de que alguém faça ou deixe de fazer alguma coisa por determinação da autoridade judiciária. É, pois, um *praeceptum de faciendo* ou *praeceptum de non faciendo* de ordem constitucional contra atos dos Poderes Legislativo e Executivo e até mesmo contra ato do Poder Judiciário".

Em suma, o Mandado de Injunção é remédio constitucional mandamental colocado à disposição de pessoa física ou jurídica (de direito público ou privado) e figuras despersonalizadas (espólio etc.) com o objetivo de criar a norma jurídica regulamentadora do direito do impetrante através do Estado-Juiz para a satisfação do pedido. Produz efeitos sobre o caso concreto, sem valor *erga omnes*. Poderá excepcionalmente ser estendido a uma coletividade. Atua sobre a obrigação de fazer ou de não fazer. E será a ordem endereçada a quem tiver o dever de praticar o ato e de arcar com as consequências econômicas. E somente no caso de desobediência ou mesmo de resistência daquele que tem o dever legal de prestar é que o juiz adiantará a satisfação ao impetrante. Diz respeito à violação de direitos constitucionais por ausência de norma regulamentadora.

Segundo Irineu Strenger (*Mandado de Injunção*, Rio, Forense Universitária, 1988, p. 15), "Mandado de Injunção é o procedimento pelo qual se visa obter ordem judicial que determine a prática ou a abstenção de ato, tanto da Administração Pública como do particular, por violação de direitos constitucionais, fundada na falta de norma regulamentadora".

Para Diomar Ackel Filho (*"Writs" Constitucionais*, Saraiva, 1988, p. 104): "A injunção, no Direito Brasileiro, é ação constitucional sumária especial, garantidora de direitos básicos, com aspectos símiles ao Mandado de Segurança, embora com caráter mais restrito, pois é subsidiário".

Mandado de Injunção é procedimento judicial mandamental que transforma em realidade usufruível um direito resistido imotivadamente por qualquer autoridade (Legislativo, Executivo ou Judiciário), mediante a criação de norma regulamentadora, podendo a abrangência ser individual ou coletiva.

2.4. Da natureza jurídica

A exemplo do que ocorreu com o Mandado de Segurança, o tema vai suscitar dúvidas e polêmicas. Há ainda hoje quem negue ao *mandamus* o caráter de verdadeira ação para classificá-lo como remédio de natureza constitucional não atrelado a princípios que regem o direito de ação, mesmo porque, argumentam, não haveria aí a figura do réu, como tal não devendo ser considerada a autoridade coatora, já que esta não contesta, mas apenas informa (art. 7.º, I, da Lei n. 1.533/51).

É bem verdade que essas objeções não mais impressionam, já que a doutrina é quase unânime em classificá-lo como ação civil de rito sumário e especial, com peculiaridades próprias sim, mas que não retiram a sua natureza de verdadeira ação, já que recurso não é.

Sobre o tema, adverte Amaral Santos ("Natureza jurídica do Mandado de Segurança", *in Arquivos do Ministério da Justiça* 114/33), que o fato de a lei falar em notificação e não em intimação (citação) configura apenas erro de técnica, pois, em boa técnica processual, "notificação corresponde ao ato pelo qual se dá conhecimento a alguém de despacho ou decisão que ordena fazer ou deixar de fazer alguma coisa", enquanto citação é "o chamamento do réu a juízo para defender-se da ação contra ele proposta. Ademais, o fato de a defesa aqui assumir a forma de informações não tem o condão de adulterar-lhe a natureza de ação, pois aquelas visam a impugnar esta, tanto no tocante ao processo como em relação ao mérito. Ao instituir a defesa sob a forma e com a denominação de informações, apenas considerou a lei a circunstância de ser o sujeito passivo da ação uma autoridade que, nessa condição, é acionada".

Segundo Hely Lopes Meirelles (*Mandado de Segurança, Ação Popular, Ação Civil Pública, Mandado de Injunção e "Habeas Data"*, Ed. RT, 1988, p. 8), é ação civil de rito sumário especial, destinado a afastar ofensa a direito subjetivo individual ou coletivo, privado ou público, através de ordem corretiva ou impeditiva da ilegalidade, ordem esta a ser cumprida especificamente pela autoridade coatora, em atendimento da notificação judicial. Sendo ação civil, como é, o Mandado de Segurança enquadra-se no conceito de causa, enunciado pela Constituição da República para fins de fixação de foro e juízo competentes para o seu julgamento quando for interessada a União (art. 109, I e VIII), e produz todos os efeitos próprios dos feitos contenciosos. Distingue-se das demais ações apenas pela especificidade de seu objeto e pela sumariedade de seu procedimento, que é próprio, e só subsidiariamente aceita as regras do Código de Processo Civil. Visa precipuamente à invalidação de atos de autoridade ou à supressão de efeitos de omissão administrativas capazes de lesar direito individual ou coletivo, líquido e certo.

O insigne José Afonso da Silva (*Mandado de Injunção e "Habeas Data"*, Ed. RT, 1989, p. 51 e ss.) conceitua a injunção como sendo "um instituto processual civil, outorgado ao legítimo interessado como remédio constitucional para a obtenção, mediante decisão judicial de equidade, a imediata e concreta aplicação de direito, liberdade ou prerrogativa inerente à nacionalidade, à soberania popular ou à cidadania, quando a falta de norma regulamentadora torne inviável o seu regular exercício". É, assim, um remédio constitucional, com natureza de ação judicial civil, que tem por finalidade conferir imediata e concreta aplicabilidade, em favor do impetrante, à norma constitucional portadora de direitos, liberdades e prerrogativas referidas, cujo exercício seja inviável por outro modo em virtude de ausência de regulamentação adequada requerida e necessária.

Cuida-se de instituto demasiadamente novo, e somente o tempo determinará os seus reais parâmetros com o esforço da doutrina e da jurisprudência. É muito provável que uma regulamentação séria da matéria venha a ajudar na fixação dos reais contornos da injunção.

Coerente, pois, com a realidade que envolve o instituto a posição adotada pelo insigne magistrado Régis Fernandes de Oliveira (*in* artigo publicado no jornal *O Estado de S. Paulo*, 20.11.1988, p. 56, sob o título "Ideias sobre o Mandado de Injunção"): "será necessário determinado tempo para que a consciência jurídica possa adaptar-se às novas disposições, os juristas para tecerem seus comentários e aos Juízes para assenhorearem-se dos novos institutos".

Decorridas mais de duas décadas, o tema alcançou o seu leito normal, já que inúmeras ações já foram ajuizadas e julgadas. As dificuldades normais de todo instituto novo foram de alguma forma enfrentadas, e a doutrina e a jurisprudência já começam a delinear o direcionamento tendo como parâmetro a lógica do razoável. Existe sempre uma tendência de transformar-se o instituto novo em remédio para todos os males, como espécie de balão de ensaio para testar a resistência do Poder Judiciário sobre determinados enfoques. Tudo isso já foi feito durante mais de uma década. A Doutrina posicionou-se nas mais variadas hipóteses, e a manifestação dos tribunais em milhares de casos concretos já definiu a tendência jurisprudencial, inclusive com inúmeros julgados da Excelsa Corte. A soma das manifestações doutrinárias e o direcionamento jurisprudencial dos tribunais constituem fonte confiável a permitir que o legislador passe a cuidar da matéria em termos legislativos, trazendo para o âmbito do tecido legal as regras básicas procedimentais para que o instituto alce voo próprio e se desprenda das regras subsidiárias do Mandado de Segurança que não se afeiçoam à peculiaridade do novel instituto, mantendo-o prisioneiro a um corpo procedimental que não se afeiçoa à nobreza da sua alma. Urge que se lhe dê regras procedimentais que incentivem o seu uso com agilidade para que possa assumir, desde logo, o seu papel de esteio do exercício da soberania, num país em que as regras que beneficiam o povo permanecem em sede de programaticidade sem nunca tornar-se realidade. A lei viria corrigir um problema crônico, que é o de propiciar meios adequados e ágeis para tornar efetivos e fluíveis direitos que permanecem no limbo da incompetência pública, muitas vezes tangenciando a má-fé. Como bem exprimiu Celso Bastos, "... ninguém pode defender a ideia de que a Constituição seja um repositório de boas intenções, de recomendações e de programas, que possam restar indefinidamente letra morta sem geração de efeitos jurídicos fundamentais, o que é lícito esperar sobretudo de uma disposição constitucional"(ob. cit. , v. 2.º, p. 356 e ss.). A palavra está com o Congresso Nacional, que ainda demonstra uma certa inapetência para o tema. Daí a razão pela qual a presença do Poder Judiciário se faz cada vez mais presente.

Para o mestre Pontes de Miranda (*Tratado das Ações*, S. Paulo, Ed. RT, 1976, t. VI/10), o *writ* "é uma das espécies de ação mandamental". E adverte Celso Agrícola Barbi (*Do Mandado de Segurança*, Forense, 1966, p. 43 e ss.): "Não se perca de vista que a própria Lei n. 1.533/51 [hoje 12.016/2009], em seus arts. 10 e 19, refere-se à 'parte' e ao 'litisconsorte'. E como ação de conhecimento que é poderá, conforme o caso, assumir a natureza declaratória (nulidade de imposto lançado, por inconstitucional), constitutiva (declaração de nulidade de ato administrativo), condenatória (os destinados a impor uma obrigação de fazer ou não fazer), *v.g.*, liberação de coisa apreendida, sustação de cobrança de tributo, reintegração de funcionário, determinação para entrega de documento".

Sobre a matéria, pronunciou-se o Supremo Tribunal Federal, máximo intérprete (princípio da *una lex, una jurisdictio*), dando direcionamento que robora a doutrina quase unânime: "Mandado de Segurança é ação civil, ainda quando impetrado contra ato de Juiz criminal, praticado em processo penal. Aplica-se, em consequência, ao recurso extraordinário interposto da decisão que o julga, o prazo estabelecido no CPC" (STF – RE n. 85.278 – Relator Min. Xavier de Albuquerque – *DJU*, 12.9.1977, p. 6.171).

As dificuldades enfrentadas em sede de segurança avultarão com maior intensidade em âmbito de Mandado de Injunção.

Na segurança, exige-se a presença de ato ilegal ou abusivo de autoridade pública ou delegada que malfira direito subjetivo do impetrante, comprovada de plano a existência de "direito líquido e certo". E embora por ocasião do advento da segurança (Cretella Júnior, *Comentários à Constituição de 1988*, 2. ed., Forense Universitária, 1991, v. II/721) fosse indicado pelo parâmetro constitucional o primeiro rito que seria o processo de *habeas corpus*, disciplinado desde 1941 pela regra jurídica ordinária federal, constante do Código de Processo Penal, o legislador em 1951 disciplinou na Lei n. 1.533 todo o procedimento que deveria reger a impetração daquele rito, criado em 1934.

É permitido, ainda, o Mandado de Segurança preventivo, quando existir justo receio de alguém sofrer violação (art. 1.º da Lei n. 12.016/2009). Está previsto, ainda, o Mandado de Segurança Coletivo (art. 5.º, LXX, CF/88).

O Mandado de Injunção não opera sobre a ilegalidade concreta, posto que o direito existe como norma não usufruível. Opera sobre a abusividade do órgão que resiste em tornar exequível um direito existente, mantendo essa expectativa de usufruição da lei além do tempo razoável. A resistência se transforma em espécie de abuso de direito.

Todavia, decorrido o prazo razoável, a negativa ou a resistência em tornar a norma autoaplicável é tida como comportamento abusivo. Não por desrespeitar direito líquido e certo (este somente existe quando há norma assegurando o seu exercício), mas por desrespeitar um direito da coletividade de que todas as normas devem ser autoaplicáveis. E cumpre àquele que detém essa possibilidade tomar as providências necessárias à implementação da norma constitucional.

Como bem colocou Ulderico Pires dos Santos (ob. cit., p. 80): "Não há, pois, que se cogitar de direito líquido e certo para o pedido de injunção, porque o direito que está na dependência apenas de regulamentação já possui, embora em tese, existência determinada quanto ao seu objeto e possui forma objetiva e subjetivamente suficiente".

A falta de regulamentação não traduz hipótese capaz de retirar o efeito integrativo do direito diferido, nem se lhe retira a potencialidade objetiva e subjetiva a que se direciona. Não se qualifica como a mera expectativa. Apenas permanece suspensa, por resistência da autoridade pública ou privada, a sua exequibilidade por resistência abusiva.

Em verdade, o direito já existe, apenas a sua fruição se traduz em direito diferido, retardado. Poder-se-ia dizer que o Mandado de Injunção tem por escopo perseguir e eliminar essa expectativa, tornando realidade fruível o direito em cada caso concreto. Vale dizer, a partir da Constituição de 1988 ninguém será obrigado a aceitar passivamente a negligência de autoridade pública ou mesmo de particulares, em sendo o caso, que retardem o gozo e fruição de direitos que hibernam em sede de não aplicabilidade por ausência de norma regulamentadora.

O prof. José Ignácio Botelho de Mesquita, titular de Direito Processual Civil da Faculdade de Direito da Universidade de São Paulo, em anteprojeto de lei de sua lavra, dispondo sobre o "Mandado de Injunção", assim se pronuncia no item 1.2 da "Justificação" ao Anteprojeto:

> "Do fato de tomar como pressuposto a inviabilidade de qualquer pretensão fundada no preceito constitucional não regulamentado, segue-se que o processo do Mandado de Injunção não tem por escopo a remoção de obstáculo criado pela parte à atuação do preceito constitucional. Não é, pois, um processo de jurisdição contenciosa. Destina-se, apenas, à remoção de obstáculo criado pela omissão do Poder competente para norma regulamentadora. A remoção desse obstáculo se realiza mediante a formulação supletiva da norma regulamentadora faltante. É este o resultado prático que se pode esperar do julgamento do Mandado de Injunção."

Não nos parece que assim seja. O Mandado de Injunção, a exemplo do Mandado de Segurança, é ação de rito sumário e especial de índole civil. Daí a sua consequência contenciosa e mandamental. A decisão que for proferida em sede meritória transitará em julgado e fará coisa julgada.

O Supremo Tribunal Federal (Proc. n. 107-3/DF – Ac. unân. TP – j. 23.11.1989) manifestou-se sobre a natureza jurídica do Mandado de Injunção (cf., Tito Costa, "Supremo esclarece o Mandado de Injunção", artigo publicado no Jornal *O Estado de S. Paulo*, de 11.03.1990). Assim é que entende a Suprema Corte que, em face dos textos constitucionais, o Mandado de Injunção é ação outorgada ao titular de direito, garantia ou prerrogativa a que alude o art. 5.º, LXXI, dos quais o exercício esteja inviabilizado pela falta de norma regulamentadora. É, ainda, a ação que visa obter do Poder judiciário a declaração de inconstitucionalidade dessa omissão (art. 103, § 2.º) da nova Carta, desde que caracterizada a mora em regulamentar, por parte do Poder Público, ou de órgão, entidade ou autoridade de que ele dependa. Para o min. Celso Mello, é ação de índole civil, destinada a impedir o desprestígio da própria Constituição que o criou, o que se pode chamar de "erosão da consciência constitucional".

Como bem lembra Aricê Moacyr Amaral Santos (*O Mandado de Injunção*, RT, 1989, p. 25): "A ação é a via de acesso das pessoas à tutela jurisdicional do Estado. Através dela visa-se obter do órgão judiciário uma decisão quanto a uma pretensão". E para Cretella Júnior (ob. cit., p. 721), cuida-se de ação sumária especial.

2.5. Da autoaplicabilidade do Mandado de Injunção

A autoaplicabilidade do Mandado de Injunção se constitui em direcionamento inarredável, pena de desprestígio da própria instituição. Dar-se o instrumento sem possibilidade de uso é o mesmo que não o dar. Os constituintes agiram de forma pouco convincente face ao inusitado do instrumento que surgia, sem similar no Direito alienígena. Melhor seria que houvessem indicado desde logo como forma instrumental o parâmetro constitucional do Mandado de Segurança com as adaptações necessárias para tornar efetiva a realidade da injunção.

De acordo com o art. 5.º, LXXVII, da Constituição de 1988, "as normas definidoras dos direitos e garantias fundamentais têm aplicação imediata".

A matéria, todavia, não é simples, e somente o tempo dará o direcionamento por meio de julgamentos concretos pelos Tribunais Superiores.

Preleciona Irineu Strenger (ob. cit., p. 31 e ss.) que "sem adentrarmos em questões taxinômicas, devemos forçosamente admitir a plena eficácia do Mandado de Injunção imposta na própria expressão legal, o que, entretanto, não corresponde à realidade se tivermos em vista a conhecida interpretação de Ruy Barbosa, que considera *"self-executing"* as normas não exigentes de processo especial e cujo direito instituído se encontra armado por si mesmo, pela sua própria natureza, dos meios de execução e preservação" (*Comentários à Constituição Brasileira*, 1933, p. 488).

É ainda do precioso ensinamento de Ruy Barbosa que extraímos as hipóteses de normas constitucionais autoaplicáveis por natureza e que seriam as seguintes: "1) vedações e proibições constitucionais; 2) os princípios da declaração dos direitos fundamentais do homem; 3) as isenções, imunidades e prerrogativas constitucionais" (José Afonso da Silva, *Aplicabilidade das Normas Constitucionais*, 1982, p. 65).

Contudo, como assinala, ainda, José Afonso da Silva, "além dessas hipóteses, também são autoaplicáveis as que não reclamam, para sua execução: 1.ª) a designação de autoridade, a que se cometa especificamente essa execução; 2.ª) a criação ou indicação de processos especiais de sua execução; 3.ª) o preenchimento de certos requisitos para sua execução; 4.ª) a elaboração de outras normas legislativas que lhes revistam de meios de ação, porque já se apresentam armadas por si mesmas desses meios, ou seja, suficientemente, explícitas sobre o assunto de que tratam" (ob. cit., p. 65).

Conclui Irineu Strenger: "A consequência dessas colocações é que as normas constitucionais têm seus limites de execução que precisam ser determinados quando se verifica que não existem desde logo os instrumentos que possibilitem vislumbrar sua eficácia. Ocorre com o Mandado de Injunção essa circunstância, pois se verifica imediatamente que a norma se ressente da falta de instrumentos procedimentais, o que somente é viável obter por meio de lei regulamentadora. Em nossos dias, os principais doutrinadores admitem estar superada a teoria das normas autoaplicáveis, em contraste com as que não o são. Aceita-se que existem as normas de eficácia plena, as de eficácia contida e aquelas de eficácia limitada. A hipótese do Mandado de Injunção classifica-se, ao que tudo indica, entre as normas de eficácia contida, pois não pode prescindir de providência normativa ulterior para a sua exata aplicação, dado que insitamente existem dificuldades de execução".

Todavia, passando por cima de entraves doutrinários que obstariam o Mandado de Injunção, posto que não haveria nenhum outro remédio legal que o substituísse ou que obrigasse a que o Poder Público o tornasse instrumento efetivo, aconselha o eminente autor: "Somos de opinião de que as situações subjetivas positivas ensejam, desde logo, o seu exercício, cabendo ao julgador *si et in quantum* encontrar os mecanismos que possibilitem sua aplicação".

Sobre o tema, José Afonso da Silva ("Mandado de Injunção", artigo publicado na Coletânea Saraiva, coordenada por Sálvio de Figueiredo Teixeira, p. 397 e ss.) pontifica que o disposto no art. 5.º, LXXI, não depende de regulamentação para ser aplicada, reforçada essa aplicabilidade direta com o disposto no § 1.º do mesmo artigo que dispõe: "As normas definidoras dos direitos e garantias fundamentais têm aplicação imediata". E conclui que: "significa que os Juízes não poderão deixar de atender a toda e qualquer demanda que lhes for dirigida", e não poderá deixar de decidir também, dado o monopólio jurisdicional (*non liquet*). Nesse sentido também entendimentos esposados por Régis Fernandes de Oliveira, em "Ideias sobre o Mandado de Injunção", publicado no Jornal *O Estado de S. Paulo*, de 20.11.1988 e Wander Paulo Marotta Moreira, "Mandado de Injunção", *in* jornal *Estado de Minas Gerais*, 13.9.1988, p. 2.

O STF, quando do julgamento do Mandado de Injunção (Proc. n. 107-3/DF – Ac. unân. – Pleno – j. 23.11.1989), direcionou que "a *injunction* é autoaplicável, independentemente de norma jurídica que a regulamente, inclusive quanto ao procedimento. Relativamente a este, diz o Acórdão, aplicar-se-á, no que couber, e analogicamente, o relativo ao Mandado de Segurança".

2.5.1. Da necessidade ou não de regulamentação

É verdade que a norma constitucional não faz a exigência. Também não é menos verdade que a aplicação subsidiária das normas instrumentais que viabilizam a segurança não atendem às exigências peculiares da injunção, que em pouco ou nada se assemelha ao Mandado de Segurança.

Assim, a existência de norma específica dará os contornos e o direcionamento procedimental mais indicado, levando em conta as peculiaridades do instituto, que em certos casos admitirá, inclusive, a instrução probatória, o que é vedado em sede de segurança, onde a prova é preconstituída e documental.

Lembra Adhemar Ferreira Maciel (cit., p. 378) que as opiniões divergem no tocante à regulamentação. Para José Afonso da Silva ("Mandado de Injunção, direito do cidadão", *in Jornal do Brasil*, 26.09.1988) e o então desembargador, hoje ministro, Athos Gusmão Carneiro ("Notas sobre o Mandado de Injunção", *in Zero Hora*, P. Alegre, 27.9.88), cuida-se de norma constitucional de aplicabilidade imediata e eficácia plena. Já para outros, como o min. Marcelo Pimentel, do Tribunal Superior do Trabalho, mister se faz a sua integração (*Gazeta Mercantil*, 13.10.1988).

Prossegue o autor que a intenção do Constituinte, não resta dúvida, foi a de conferir ao Mandado de Injunção aplicabilidade imediata. Tanto assim que o Projeto B suprimiu a expressão "na forma da lei" do Projeto A. Por outro lado, a Constituição, no § 1.º do art. 5.º, é expressa: "As normas definidoras dos direitos e garantias fundamentais têm aplicabilidade imediata".

É verdade que nada impede, mesmo assim, faça-se a regulamentação do instituto. Aliás, recentemente, o dep. Ferreira Lima apresentou anteprojeto de Lei, com 22 artigos, regulando o Mandado de Injunção. O prof. Nélson Saldanha, que compôs a Comissão de juristas (Bernadette Pedrosa, Romualdo Marques Costa e Nilzardo Carneiro Leão) que redigiu o anteprojeto, assim se expressou na sua apresentação: "Conquanto a letra constitucional não mencione a necessidade de regulamentação do novo instituto – o Mandado de Injunção – por meio de norma ordinária (ou, especificamente complementar), a brevidade do texto da lei maior conduz a tal necessidade, sobretudo no tocante à disciplinação dos trâmites processuais concernentes ao pedido e à concessão do mandado" (*Mandado de Injunção*, Recife, OAB-PE, 25.09.1988, p. 6).

Também o sen. Ruy Bacelar apresentou projeto de lei regulando o Mandado de Injunção, com treze artigos (Projeto de Lei n. 76/88, Brasília, Centro Gráfico do Senado Federal.

Sobre o tema, posiciona-se o insigne Irineu Strenger (ob. cit., p. 39) ao dizer que, inquestionavelmente, a regulamentação do Mandado de Injunção é inevitável, porquanto o instituto não só envolve matéria complexa, como tem insitamente necessidade de explicitação de critérios que possam elucidar com clareza seu sentido e alcance. Além disso, é procedimento com peculiaridades e, bem por isso, exigente de disciplinação que possa dotar o instituto de eficaz executoriedade, propiciando melhor engajamento processual, principalmente definindo bem os sujeitos ativo e passivo da relação jurídica, a matéria competencial, os prazos decadenciais ou prescricionais, além de especificar quais as condições validantes desse importante *remedium juris*.

Temos para nós que o Mandado de Injunção não comporta período preclusivo para a sua interposição. Poderá ser ajuizado a qualquer momento. Não vemos razão de qualquer ordem para que se limite prazo da sua interposição, posto que, diverso do *mandamus*, não haveria como titular socorrer-se do processo cautelar. Permitir a prescrição ou a decadência seria o mesmo que tornar sem efeito norma constitucional, permitindo que a autoridade se locupletasse com a sua própria omissão, abusivamente, dolosamente. Nenhuma norma constitucional, ainda que de eficácia contida, poderá ser eliminada. A norma criada pelo Constituinte não está exposta à prescrição ou à decadência.

Dizíamos que não é menos verdade, porém, que a regulamentação deveria aguardar algum tempo para que a matéria adquirisse certa sedimentação, quer na doutrina, quer no julgamento dos tribunais. Somente com o decorrer do tempo e das várias decisões é que se encontrará o ponto de equilíbrio para a sua abrangência e necessidades próprias do instituto e bem assim as dificuldades que por certo estarão presentes. O regulamento imediato em sede de injunção trará as mesmas dificuldades que existiram por ocasião da sua inclusão na Carta Magna como remédio heroico. Mormente quando a injunção brasileira em nada se parece, a não ser no nome, com a "*injunction*" do Direito anglo-americano. Isso significa que não se pode sequer buscar subsídios no Direito Comparado. O nosso Mandado de Injunção é de formação *sui generis*, única.

Louvável, portanto, a posição de reserva de Irineu Strenger: "contudo, coerente com nosso encaminhamento metodológico, sustentamos a inconveniência de partir desde logo para a elaboração precipitada da norma regulamentadora, do Mandado de Injunção. Ao contrário, deve-se esperar o decurso do tempo, para que ocorra o amadurecimento do instituto, pelo uso continuado e, especialmente, esperar a vivência dos Tribunais, de modo que se possa na aplicação segura das conveniências e inconveniências na aplicação do novo *writ*, única forma de compor adequadamente os dados de, que necessitamos".

Decorridas, todavia, quase três décadas, a doutrina e a jurisprudência já sedimentaram os contornos necessários ao uso da injunção, e o Supremo Tribunal Federal já se posicionou a respeito. Ver item 2.25.

2.6. Da norma regulamentadora

Dispõe o texto constitucional (art. 5.º, LXXI) que "conceder-se-á Mandado de Injunção sempre que a falta de norma regulamentadora torne inviável o exercício dos direitos e liberdades constitucionais e das prerrogativas inerentes à nacionalidade e à soberania".

Trabalho importante da doutrina e da jurisprudência será o de definir o conteúdo de "norma regulamentadora". E a integração do instituto através de lei sem dúvida viria obviar os possíveis desconcertos doutrinários e jurisprudenciais.

Por certo que a expressão "norma regulamentadora" não se restringe a decretos regulamentadores. A norma constitucional, ao referir-se a "norma regulamentadora", fê-lo no sentido amplo. Esse deverá ser o entendimento sob pena de obstar-se as reais finalidades do instituto de injunção. A expressão deverá abranger todo e qualquer ato normativo que de alguma maneira obste a fluição do direito gizado nos termos do art. 5.º, LXXI, CF/88.

Temos, assim, por correto o entendimento de Wander Paulo Marotta Moreira (cit., p. 411) que: "A expressão constitucional tem, entretanto, alcance maior. Não quis o constituinte referir-se apenas a esses atos administrativos [refere-se ao regulamento]. A abrangência do conceito engloba qualquer ato normativo expedido para regulamentação de serviço; alcança qualquer regra, escrita ou não, que enviabilize o exercício de direito constitucionalmente consagrado, ou que o dificulte ou retarde".

Prossegue: "Por outro lado, como a empresa privada pode vir a tornar-se parte passiva legítima, na medida em que também ela pode inviabilizar o exercício de Direito, o termo engloba, naturalmente, aqueles atos praticados por essa empresa, escritos ou não, que importem em óbice à fruição de direitos de seus empregados, ou, ainda, de qualquer pessoa atingida por eles. A expressão alcança, portanto, qualquer ato proveniente de atividade interna da Administração Pública ou de empresa privada, lesivo de direito por omissão. Mas vai mais longe: a interpretação literal do termo "regulamento" pode levar à impressão de que se trata de atividade infralegal. Ocorre, contudo, que, tratando-se de matéria constitucional, a regulamentação pode exigir — e frequentemente exige — uma atividade legislativa — como a lei complementar. E também a omissão ou a inércia em fazer expedir ou votar a lei, complementar ou não, que regule o exercício de direito pode ensejar a impetração da *injunction* reparadora. A omissão — concluindo — pode ser de lei, decreto, regulamento, portaria ou qualquer outro ato que se faça necessário para a execução da regra que institua ou garanta o direito postergado".

Nesse mesmo sentido trilha Ulderico Pires dos Santos (ob. cit., p. 61 e ss.), quando afirma que "norma regulamentadora é muito mais abrangente, por compreender os atos normativos da Administração Pública, os regulamentos e provimentos por ela baixados para facilitar ou ordenar certas disposições administrativas tendentes a enquadrar esta ou aquela categoria de servidores, as instruções baixadas, o conjunto de princípios ordenados pelos diretores de serviço que dificultem ou embaracem o exercício dos direitos constitucionais que estejam na sua dependência, ou quaisquer provimentos ou procedimentos que atrasem, dificultem ou obstem o exercício de direitos, ou que impeçam ou retardem proveitos consequentes de qualquer atividade de certo modo relacionada com o Poder Público e que dependam de regulamentação a ser baixada por ele. Envolve, enfim, o ato do executor da norma regulamentar, do agente a ele subordinado e todos os que direta ou indiretamente praticam o ato violador do direito do impetrante; sendo, de importância nenhuma, o fato de haver sido o ato impugnado praticado em consequência de regulamentos, instruções, circulares ou ordens que portem natureza genérica ou não".

Nesse sentido também dispõe Diomar Ackel Filho (ob. cit., p. 104): "O regulamento a que atine a injunção é aquele em sua acepção material, ampla e compreensiva de todas as modalidades de normas necessárias para operar a exequibilidade de um dispositivo constitucional ou legal (leis complementares, leis ordinárias, decretos, resoluções etc.). Por isso, a expressão regulamento não deve ser tomada em seu sentido literal. Formalmente, o regulamento é um ato legislativo ou administrativo que traduz a norma primária em seus aspectos menores, aclarando-a e disciplinando a sua exigibilidade. Mas, sob o aspecto material, regulamento é ato legal necessário para a exequibilidade de outra norma superior".

E conclui: "Em se tratando de matéria constitucional, a regulamentação é feita, via de regra, por lei complementar. Porém, no caso em análise, não será tão só a falta de lei complementar que autorizará a impetração da injunção. Sim, porque haverá casos em que a regulamentação dependerá não de lei complementar propriamente dita, mas de regulamentos outros, uns de natureza legal, outros meramente administrativos. No contexto das situações que surgirão concretamente é que se constatará se a hipótese é de carência de lei complementar, de lei ordinária, de decreto, portaria ou ato administrativo ou de outro qualquer. O que importa é que por falta de uma disciplinação de sua aplicabilidade, por um ato tido como necessário para execução da norma, o direito não pode ser negado. Se tal vier a ocorrer, a injunção será cabível".

Ulderico Pires dos Santos (ob. cit., p. 64-65) entende que "se o direito do impetrante depender de lei a ser promulgada pelo Poder Legislativo e não de regulamentação de uma norma já existente, não caberá o Mandado de Injunção. Sim, porque este tem cabimento contra a demora em sua regulamentação". Esse mesmo entendimento é esposado por José Rubens Costa (ob. cit., p. 442): "O Mandado de Injunção se presta à realização do elemento social do Estado Democrático de Direito, impedindo que a falta de regulamentação permitisse o esvaziamento dos direitos fundamentais, ou que consistissem apenas no direito ideal/formal de liberdade, e não na realização da igualdade real/material". Entende o autor que a ausência de lei normatizando para a matéria, cabível será a ação de inconstitucionalidade por omissão, matéria que será tratada em item à parte.

Decidiu o Tribunal de Justiça do Rio de janeiro que: "O Mandado de Injunção não existe apenas para proteção de prerrogativas inerentes à nacionalidade, soberania e cidadania, incluídos antes, de forma mais ampla possível, todos e quaisquer direitos pela Carta Magna assegurados" (TJRJ – Ac. Org. Esp. – Reg. 8.7.1991 – MI n. 02/88 – Relª. Desª. Áurea Pimentel – *apud ADV* 47/749, Ementa n. 56.381).

Adianta-se, todavia, que a linha que vem sendo adotada pelo Supremo Tribunal Federal no julgamento das injunções é de que o instituto se presta a exigir do Poder Legislativo que legisle sobre a matéria perseguida. Vicente Greco Filho (artigo sob o título "Injunção provoca divergências", publicado no jornal *O Estado de S. Paulo*, 17.4.1991, p. 17), alerta para essa orientação da Suprema Corte (Mandado de Injunção n. 232-1/RJ): "Outra não é a linha que está sendo assumida pelo Supremo Tribunal Federal no Mandado de Injunção n. 232-1/RJ, em que, a partir do voto do Relator, o eminente e sempre brilhante Min. Moreira Alves, o mesmo que relatou o MI n. 107, já há votos favoráveis a que se declare o estado de mora em que se encontra o Congresso Nacional, a fim de que, no prazo de seis meses, adote as providências legislativas que se impõem para o cumprimento da obrigação de legislar, decorrente do art. 195, § 7.º, da Constituição, sob pena de, vencido esse prazo em legislar, passe a requerente a gozar da imunidade requerida".

Tramita no Congresso Nacional o Projeto de Lei n. 6.128/2009, que disciplina o processo e o julgamento do Mandado de Injunção. Sobre o mesmo assunto, ver os PLs ns. 1.162/89, 938/98. 4.679/90, 3.153/2000 e o de n. 6.839/2006, todos apensados ao Projeto de Lei n. 6.002/1990 (Ver *Revista Eletrônica Observatório da Jurisdição*, tópico Mandado de Injunção).

2.7. Do Mandado de Injunção e a Ação de Inconstitucionalidade por omissão

Dispõe o art. 5.º, LXXI, da CF/88 que "conceder-se-á Mandado de Injunção sempre que a falta de norma regulamentadora torne inviável o exercício dos direitos e liberdades constitucionais e das prerrogativas à nacionalidade, à soberania e à cidadania". Dispõe o art. 103, *caput* da CF/88, que: "Podem propor a ação de inconstitucionalidade: I – o Presidente da República; II – a Mesa do Senado Federal; III – a Mesa da Câmara dos Deputados; IV – a Mesa da Assembleia Legislativa; V – o Governador de Estado; VI – o Procurador-Geral da República; VII – o Conselho Federal da Ordem dos Advogados do Brasil; VIII – partido político com representação no Congresso Nacional; IX – Confederação sindical ou entidade de classe de âmbito nacional. § 1.º O Procurador-Geral da República deverá ser previamente ouvido nas ações de inconstitucionalidade e em todos os processos de competência do Supremo Tribunal Federal. § 2.º Declarada a inconstitucionalidade por omissão de medida para tornar efetiva a norma constitucional, será dada ciência ao Poder competente para a adoção das providências necessárias e, em se tratando de órgão administrativo, para fazê-lo em 30 dias". § 3.º Quando o Supremo Tribunal Federal apreciar a inconstitucionalidade, em tese, de norma legal ou ato normativo, citará, previamente, o advogado-geral da União, que defenderá o ato ou texto impugnado.

Lembra Marcelo Figueiredo (ob. cit., p. 47 e ss.): "para que os direitos constitucionais, expressos através de normas de aplicabilidade não imediata, possam ser fruídos prontamente ou em prazo razoável, a comunidade jurídica internacional vem criando uma série de propostas que visam exatamente integrar a vontade constitucional. Em caráter original, Portugal e Espanha, sendo que o primeiro, especialmente, criou a figura da inconstitucionalidade por omissão, advinda da Revolução de 1974. A ideia central está no fato de que, além da clássica inconstitucionalidade por comissão, o Legislativo, ao invocar no mundo jurídico, destarte ao criar lei, esta pode contrariar a Constituição. Modernamente, surge a ideia de que o silêncio do legislador importa em sua omissão de um dever ínsito a sua função — a de legislar. Assim a inconstitucionalidade por omissão tem a sua *ratio essendi*, bem como o Mandado de Injunção tem necessidade de concretização das normas constitucionais. Por conseguinte, para que os direitos não restem letra morta por ausência de lei integradora, criou-se a inconstitucionalidade por omissão".

No que diz respeito à corrente doutrinária e parte da jurisprudência que vem transformando o Mandado de Injunção em ação de inconstitucionalidade por omissão, Lênio Luiz Streck (*O Mandado de Injunção no Direito Brasileiro*, Edições Trabalhistas, 1991, p. 51 e ss.) traça análise crítica. Diz o autor que a tese de que o Mandado de Injunção não passa de uma ação de inconstitucionalidade por omissão surgiu através do jurista J. J. Calmon de Passos, na obra *Mandado de Segurança, Mandado de Injunção, "Habeas Corpus", "Habeas Data" Constituição e Processo*, e vem ganhando força no âmbito da doutrina e da jurisprudência constitucional.

Constata o autor que, segundo essa posição, o julgamento do Mandado de Injunção visa a expedição de norma regulamentadora do dispositivo constitucional dependente de regulamentação, tendo por consequência, o mesmo objeto da ação de inconstitucionalidade por omissão, na esteira do disposto no art. 103, § 2.º, da Carta, *in verbis*: "Declarada a inconstitucionalidade por omissão de medida para tornar efetiva norma constitucional, será dada ciência ao poder competente para a adoção das providências necessárias e, em se tratando de órgão administrativo, para fazê-lo em 30 dias".

É nesse sentido que J. J. Calmon de Passos sustenta a sua tese: "... observa-se que o Mandado de Injunção pressupõe a existência de uma questão de inconstitucionalidade por omissão e que a inconstitucionalidade por omissão envolve, apenas, o inadimplemento do órgão público competente para regulamentar o preceito constitucional, e somente por isso, não o inadimplemento do sujeito obrigado na relação jurídica substancial (seja ele sujeito público ou privado). [...] Conclui-se, portanto, que o Mandado de Injunção pressupõe uma lide em que o direito constitucional já foi certificado, mas falta, para sua satisfação, a edição de norma constitucional. Ela será obtida para satisfação do direito no caso concreto e no respectivo processo, mediante o Mandado de Injunção" (ob. cit., Rio, Forense, 1989, p. 134-135).

E nesse sentido trilha Helly Lopes Meirelles (*Mandado de Segurança, Ação Popular, Ação Civil Pública, Mandado de Injunção, "Habeas Data"*, São Paulo, RT, 1988, p. 49), embora não o diga expressamente, ao afirmar que o Mandado de Injunção é executado por meio de comunicação ao poder, órgão ou autoridade competente para cumpri-la, nos termos indicados na decisão judicial. Na execução, portanto, o impetrado deverá atender ao decidido, expedindo a norma regulamentadora. Ou seja, para Helly Lopes Meirelles, essa comunicação equivale a ordem de execução do julgado.

Observa Lenio Luiz Streck (ob. cit., p. 53) que é importante ressaltar, nesse sentido, que tanto no Supremo Tribunal Federal como no Superior Tribunal de Justiça, a tese da subsidiariedade do Mandado de Injunção à inconstitucionalidade por omissão vem sendo adotada, o que se pode constatar através de vários julgados. No julgamento do MI n. 27, *v.g.*, o Superior Tribunal de Justiça assim se pronunciou:

"Mandado de Injunção — Falta de norma regulamentadora. [...] O benefício da aposentadoria proporcional criado pelo art. 202, II, § 1.º, da CF, só pode ser concedido pela autarquia, quando o Congresso Nacional criar a lei regulamentadora. Se a Previdência Social já encaminhou ao Poder Legislativo os projetos indicados pelo art. 59, do ADT, não pode ser apontada como responsável pela inexistência da norma regulamentadora [...]" (STJ – MI n. 27 – Relator Min. José Cândido – j. 14.12.89 – *DOU*, 19.3.1990, n. 53, p. 1.929).

Menciona o autor, despacho do min. Octavio Gallotti, que determinou o arquivamento do Mandado de Injunção n. 57: "*In hoc casu*, a impetrante não persegue a declaração da inconstitucionalidade por omissão normativa: ao contrário, preocupa-se tão somente em obter, de imediato, ato concreto de satisfação do direito reclamado, para o que é inidônea a via processual do Mandado de Injunção, a teor do art. 5.º, LXXI, da CF".

Lembra, ainda, o autor que em sede de Corte Constitucional, por outro lado, vale a pena transcrever parte do despacho do min. Octavio Gallotti, acolhendo, na íntegra, Parecer do Ministério Público Federal, mandando arquivar o MI n. 57, por meio do qual uma cidadã requeria suprimento judicial, via *mandamus*, do art. 7.º, XXI, da CF (aviso prévio proporcional ao tempo de serviço), pendente de regulamentação. Depois de citar a jurisprudência dominante naquela Corte, no sentido de que o Mandado de Injunção nem autoriza o Judiciário a suprir a omissão legislativa, com a edição do ato, nem lhe permite ordenar o ato concreto para a satisfação do direito reclamado, o Parecer ingressa na seara da inconstitucionalidade por omissão: "*In hoc casu*, a impetrante não persegue a declaração da inconstitucionalidade por omissão normativa; ao contrário, preocupa-se tão somente em obter, de imediato, ato concreto de satisfação de direito reclamado, para o que é inidônea a via processual do Mandado de injunção, a teor do art. 5.º, LXXI, da CF".

E conclui Lenio Luiz Streck: "No rastro desse entendimento doutrinário e jurisprudencial, chega-se a uma dramática conclusão: Para que um cidadão possa adentrar em Juízo com um pedido de Mandado de Injunção, é necessário, primeiro, esperar que uma das pessoas nominadas no *caput* do art. 103, da Constituição Federal (Presidente da República, a Mesa do Senado, da Câmara dos Deputados ou da Assembleia Legislativa, Governador de Estado, Procurador-Geral da República, Conselho Federal da Ordem dos Advogados do Brasil, partido político com representação no Congresso Nacional) ingresse com uma ação de inconstitucionalidade por omissão. Após essa providência, e somente após isso, o Mandado de Injunção poderá ser utilizado, se ocorrer a hipótese, *v.g.*, do Poder Legislativo, no prazo de 30 dias, não editar a norma regulamentadora. Ora isso implica — smj — no gradativo (ou total) esvaziamento do Mandado de Injunção, o qual, de medida urgente criada para a preservação de direitos, liberdades e prerrogativas do cidadão, passa a ser uma mera cláusula de reserva da ação de inconstitucionalidade por omissão."

Realça José Afonso da Silva (ob. cit., Saraiva, 1990, coordenação de Sálvio de Figueiredo Teixeira, p. 399 e ss.) que são pressupostos da injunção: "a) a falta de norma regulamentadora do direito, liberdade ou prerrogativa; b) ser o impetrante beneficiário direto do direito, liberdade ou prerrogativa que postula em Juízo. O interesse de agir, mediante Mandado de Injunção, decorre da titularidade do bem reclamado, para que a sentença que o confira tenha direta utilidade para o demandante. Não pode, por exemplo, reclamar o acesso ao ensino fundamental quem já o fez antes. Não pode pleitear a garantia de relação de emprego quem está desempregado. Não pode pretender uma decisão judicial sobre aviso prévio proporcional quem não está empregado. Resta saber o que se deve entender por norma regulamentadora. Muitos direitos constam de normas constitucionais que preveem uma lei ordinária ou uma lei complementar para terem efetiva aplicação. Nessas hipóteses, é fácil verificar a norma pendente de regulamentação. Há casos, contudo, em que a norma constitucional apenas supõe, por sua natureza, sua indeterminação, a necessidade de uma providência do Poder Público para que possa ser aplicada. Norma regulamentadora é, assim, toda 'medida para tornar efetiva norma constitucional', bem diz o art. 103, § 2.º. Nesses casos, a aplicabilidade da norma fica dependente de elaboração da lei ou de outra providência regulamentadora. Se ela não vier, o direito previsto não se concretizará. É aí que entra a função do Mandado de Injunção: fazer com que a norma constitucional seja aplicada em favor do impetrante, independentemente de regulamentação, e exatamente porque não foi regulamentada. Se tivesse sido, o Mandado de Injunção não teria cabimento. O direito, a liberdade ou as prerrogativas estabelecidas em normas constitucionais regulamentadas, quando não satisfeitos, só podem ser reclamados por outro meio judicial (Mandado de Segurança, Ação Cautelar Inominada, Ação Ordinária)".

"O Mandado de Injunção tem, portanto, por finalidade realizar concretamente, em favor do impetrante, o direito, a liberdade ou a prerrogativa, sempre que a falta de norma regulamentadora torne inviável o seu exercício. Não visa obter a regulamentação prevista na norma constitucional. Não é função do Mandado de Injunção pedir a expedição de norma regulamentadora, pois ele não é sucedâneo da ação de inconstitucionalidade por omissão (art. 104, § 2.º)".

"É equivocada, portanto, *data venia*, a tese daqueles que acham que o julgamento do Mandado de Injunção visa a expedição da norma regulamentadora do dispositivo constitucional dependente de regulamentação, dando a esse remédio o mesmo objeto da ação de inconstitucionalidade por omissão. Isso quer apenas dizer que o Mandado de Injunção não passaria de ação de inconstitucionalidade por omissão subsidiária, vale dizer: como os titulares dessa ação (art. 103) se omitiram no seu exercício, então fica deferido a qualquer interessado o direito de utilizar o procedimento injuncional para obter aquilo que primeiramente caberia àqueles titulares buscar".

E prossegue o eminente Autor: "A tese é equívoca e absurda: 1.º) não tem sentido a existência de dois institutos com o mesmo objetivo e, no caso, de efeito duvidoso, porque o legislador não fica obrigado a legislar; 2.º) o constituinte em várias oportunidades na elaboração constitucional, negou ao cidadão legitimidade para a ação de inconstitucionalidade; por que teria ele que fazê-lo por vias transversas? 3.º) absurda mormente porque o impetrante de Mandado de Injunção, para satisfazer seu direito (que o moveu a recorrer ao judiciário), precisaria percorrer duas vias: uma, a do Mandado de Injunção, para obter a regulamentação que poderia não vir, especialmente se ela dependesse de lei, pois o Legislativo não pode ser constrangido a legislar; admitindo que o impetrante obtenha a regulamentação que será genérica, impessoal, abstrata, vale dizer, por si, não satisfatória de direito concreto, a segunda via é que, obtida a regulamentação, teria ainda que reivindicar sua aplicação em seu favor, que, em sendo negada, o levaria outra vez ao Judiciário para concretizar seu interesse, agora por outra ação porque o Mandado de Injunção não caberia".

E conclui o insigne José Afonso da Silva: "Enfim, o conteúdo da decisão consiste na outorga direta do direito reclamado". Lembra, por outro lado, em penetrando na interpretação histórica, que "foi esta sempre a preocupação do constituinte: aparelhar meios para a eficácia imediata das normas constitucionais. A elaboração constituinte do Mandado de Injunção seguiu sempre esse rumo. O constituinte Gastone Righi, no dia 22.4.1987 na 3.ª reunião da Subcomissão dos Direitos Políticos, dos Direitos Coletivos e Garantias, clamou pela criação de um *mandamus*, uma forma de processo pela qual alguém possa exercitar um direito social, digamos o direito social à saúde ou o direito da criança à escola. O constituinte Lysâneas Maciel propôs dois mecanismos: um na forma reclamada pelo constituinte Gastone Righi, no art. 3.º do seu Anteprojeto, segundo o qual o povo exerceria a soberania: 'VII – pelo mandado de garantia social por inexistência ou omissão de normas, atos jurisdicionais ou administrativos'; o outro no art. 40: 'Na falta de regulamentação para tornar eficaz a norma constitucional, o Ministério Público ou qualquer interessado poderá requerer ao judiciário a aplicação do direito assegurado'".

E adverte, em sua conclusão, que: "Aqui está delineado o Mandado de Injunção, para quem não conhecia o Direito angloamericano. A mesma preocupação acutilava a Subcomissão dos Direitos Individuais, Dep. Darcy Pozza, constituinte, quando disse que, 'no rol dos Direitos e Garantias Individuais, ao lado do Mandado de Segurança, como instrumento de defesa dos interesses do cidadão, incluímos o Mandado de Injunção, visando permitir que a letra constitucional, à falta de Lei Complementar ou Ordinária que a regulamente, se torne realmente autoaplicável'. Dep. Darcy Pozza o colheu na Sugestão n. 367-1 do constituinte Ruy Bacelar, que pedia se incluísse onde coubesse o seguinte: 'Art. [...] Os direitos conferidos por esta Constituição e que dependam da lei ou de providências do Estado serão assegurados por Mandado de Injunção, no caso de omissão do Poder Público. Parágrafo único. O Mandado de Injunção terá o mesmo rito processual estabelecido para o Mandado de Segurança'. Não importa a natureza do direito que a norma constitucional confere: desde que seu exercício dependa de norma regulamentadora e desde que esta falte, o interessado é legitimado a propor o Mandado de Injunção, quer a obrigação de prestar o direito seja do Poder Público, quer incumba a particulares. Vale dizer, cabe Mandado de Injunção nas relações de natureza pública como nas relações privadas como, por exemplo, nas relações de emprego privado, hipóteses de direitos previstos no art. 7.º".

2.8. Das correntes doutrinárias surgidas

Vicente Greco Filho ("Injunção provoca divergências", artigo publicado no jornal *O Estado de S. Paulo*, 17.4.1991, p. 17) constata a presença de três opiniões divergentes em sede de injunção. Diz o autor que "dentro do grande número de opiniões a respeito, é possível identificar, respeitadas as peculiaridades individuais, três correntes: a) a que vê como seu objeto o de atribuir, para o caso específico do impetrante, o direito cujo exercício esteja obstado em virtude da falta de regulamentação; b) a que entende que o mandado tem por finalidade provocar a edição de norma geral para o seu exercício, pelo próprio Tribunal, para todos os casos na situação do impetrante; e c) a que entende que ele encerra pela declaração da mora constitucional a determinação para que o Poder Legislativo a faça, sem efeito executivo". O autor retrocitado opta pela segunda hipótese, vale dizer, para aquela em que a injunção se encerra pela elaboração de norma geral adequada à situação, conforme se vê in *Tutela Constitucional das Liberdades*, do autor, Saraiva, 1989".

Nessa mesma esteira trilha Celso Ribeiro Bastos (ob. cit., v. 2, p. 357 e ss.) ao dizer que o problema fundamental é saber-se que tipo de provimento cabe ao Poder Judiciário baixar; é dizer, reconhecida na pessoa do impetrante a titularidade de um direito constitucional e constatada ainda a impossibilidade de sua função por ausência de norma regulamentadora, o que deve fazer o órgão jurisdicional incumbido de julgar a medida? Deferi-la? Sim, por certo. Mas para que efeito?

Três soluções são logicamente comportáveis: a *primeira* consistiria em o próprio judiciário editar norma faltante. De fato, se é este o óbice fundamental ao exercício do direito, na ausência de uma norma, que o órgão competente para baixá-la se omite em fazê-lo, não é destituído de sentido, à *primeira* vista ao menos, o pretender-se deslocar esta tarefa para o Poder judiciário, que de forma substitutiva, de forma vicária, se comportaria como um legislador editando uma norma que a princípio deveria ser baixada pelo próprio legislador ou administrador remisso. O efeito desta decisão seria obviamente *erga omnes*.

Uma *segunda* concepção alicerça-se no pressuposto essencial de que o provimento jurisdicional deve ser feito valer tão somente no caso concreto, isto é: ao órgão judicante compete tão somente expedir aqueles comandos e diretrizes que confiram satisfação ao requerente do mandado, sem qualquer possibilidade de que o decidido beneficie terceiros não integrantes do feito. Note-se que nesta concepção do instituto subjaz ainda a ideia de que o Magistrado possa e deva exercer função legislativa, ponto que mais adiante discutiremos.

Finalmente, uma *terceira* solução é imaginável: a de que o Judiciário ordene à autoridade omissa que baixe as medidas viabilizadoras do exercício do direito. As sanções pelo descumprimento seriam várias, dependendo sobretudo do órgão emissor da norma. Se se tratar de autoridade administrativa, é perfeitamente lícita a cominação de prazo para que haja, sob pena de ver-se incursa na figura delituosa do descumprimento de ordem judicial. Se a omissão for legislativa, a procedência do Mandado de Injunção formalizará claramente a responsabilidade daquele poder que, se não desonerar-se do dever que lhe incumbe, sujeitar-se-á a sanções que podem ser desde uma ação de indenização contra o Estado com vistas à reparação dos danos sofridos pelo impetrante, com possível ação de regresso contra os agentes causadores do dano, até as sanções de cunho extrajurídico, mas para as quais a decisão judicial muito embora consiste na não recondução daqueles legisladores faltosos.

Das hipóteses apresentadas, o autor descarta a primeira sob o argumento de que é inimaginável que diante de um poder constituído com a função precípua de editar leis, como é o caso do Legislativo, admita-se que, para suprir suas omissões, a solução seja a transferência do encargo de legislar para outro poder absolutamente despreparado para o exercício desse mister e já integralmente absorvido pelas funções de exercer a jurisdição. Diz que seria a mesma coisa que diante de um juiz moroso ou de um tribunal omisso se aplicar a solução de transferir a competência para o julgamento do caso para o Poder Legislativo.

Para o autor, também a segunda hipótese restaria descartada, posto que tal concepção é inviável, visto que transferidora de competência de um poder ao outro.

A terceira hipótese tem em mira que o provimento jurisdicional deve ser feito para valer somente no caso concreto. Alerta, todavia, que "é forçoso reconhecer-se que o texto Constitucional consagra também direitos cuja operacionalidade não pode prescindir de uma intermediação político-legislativa". E cita como exemplo o inc. XXVIII, do art. 5.º, em que a omissão do legislador é insuprível pela decisão jurisdicional.

2.9. Das dificuldades apresentadas por instituto novo

Em comentando a única injunção deferida até então, Lenio Luiz Streck (ob. cit., p. 63) assevera que: "nessa linha, é importante lembrar que um fato inusitado poderá ocorrer com o primeiro e único *mandamus* deferido até o momento pelo Supremo Tribunal Federal. Como já visto, no julgamento do Mandado de Injunção interposto por partido político, baseado no art. 45, § 1.º, da CF, pleiteando o aumento de vagas para a Câmara Federal, o Pretório Excelso, após reconhecer a falta da respectiva norma regulamentadora, concedeu parcialmente o *writ*, através de comunicação ao Congresso Nacional para que, nos termos do art. 103, § 2.º, edite a norma". Porém, cabe a indagação: Se o Congresso Nacional não editar a lei, o que poderá fazer o impetrante? Ingressar com um novo Mandado de Injunção para fazer cumprir o anterior?

Eis aí um sério problema. Lembra o autor que "dois dias após a decisão do STF, já começaram surgir as dificuldades. Conforme notícia publicada na *Folha de S. Paulo*, ed. de 24.08.1990, o Congresso Nacional não deverá aumentar de 60 para 70 o número de deputados, eis que, entre outros motivos, o aumento exclusivo da bancada de São Paulo sofre dura oposição dos congressistas de outras regiões do País, além do obstáculo decorrente da ausência de parlamentares em Brasília, impedindo a votação da lei, a qual, conforme decisão do STF, deveria ser votada no prazo 'útil' que fica entre a eleição de outubro e a posse dos novos deputados, em fevereiro de 1991. Indagado a respeito desses problemas, o Dep. José Serra disse que esperaria até dezembro deste ano. Se o Congresso não se manifestar, recorrerá novamente ao Tribunal. Já o Dep. Ulysses Guimarães considera pouco provável que o Legislativo aprove uma lei complementar para mudar o número de deputados. 'Se a Justiça não faz e o Legislativo não decide, o que fazer?'" ("Bancada de São Paulo não deve crescer até 91" in Folha de S. Paulo, 24.8.1990, p. A-3).

2.10. Do objetivo diverso do Mandado de Injunção e da Ação de Inconstitucionalidade por omissão

Em se comparando os dispositivos constitucionais (arts. 5.º, LXXI e 103, § 2.º), tem-se que se cuidam de providências diferentes: Mandado de Injunção e Ação de Inconstitucionalidade por omissão. Nesta, a legitimidade ativa é restrita; naquele, é ampla.

Como já vimos em outra oportunidade, José Afonso da Silva (ob. cit., p. 397 e ss.), um dos autores que primeiro e melhor estudou a matéria, assim se posiciona: "O Mandado de Injunção tem, portanto, por finalidade realizar concretamente, em favor do impetrante, o direito, a liberdade ou a prerrogativa, sempre que a falta da norma regulamentadora torne inviável o seu exercício. Não visa obter a regulamentação prevista na norma constitucional. Não é função do Mandado de Injunção pedir a expedição de norma regulamentadora, pois ele não é sucedâneo da Ação de Inconstitucionalidade por omissão (art. 103, § 2.º)".

Nessa mesma esteira, Lenio Luiz Streck (ob. cit., p. 63) realça: "Vale ressaltar, ainda na mesma linha, que não obstante existir semelhança entre o Mandado de Injunção e a inconstitucionalidade por omissão, no sentido de que ambos visam a dar efetividade à norma constitucional, ressentida a ausência de legislação integradora, há uma série de diferenças entre os dois dispositivos constitucionais. Assim, enquanto o Mandado de Injunção tem por objeto tornar viável o exercício de um direito fundamental, a inconstitucionalidade por omissão visa à efetividade de norma constitucional. Qualquer pessoa física ou jurídica está legitimada a promover a ação de injunção; já a inconstitucionalidade por omissão só pode ser requerida pelas figuras arroladas nos incs. I a IX, do art. 103, da Carta. Por outro lado, o Mandado de Injunção será julgado por qualquer Tribunal ou Juízo, federal ou estadual, enquanto a inconstitucionalidade por omissão é da competência exclusiva do Supremo Tribunal Federal. Outra diferença fundamental reside no tipo de decisão a ser proferida pelo Judiciário: no Mandado de Injunção, a sentença constitui um direito; na inconstitucionalidade por omissão, a decisão tem caráter declaratório".

O Mandado de Injunção tem força naquele caso concreto, podendo ser estendido a uma coletividade que prive da mesma realidade. Se bem que em casos tais é preferível o Mandado de Injunção plúrimo ou a substituição processual por órgão representativo. A ação de inconstitucionalidade por omissão, depois de cumprida pelo Poder competente, terá efeitos *erga omnes*.

2.11. Da posição que vem sendo assumida pelo STF em sede de injunção e de inconstitucionalidade por omissão

Constata o eminente Vicente Greco Filho (trab. cit. e publicado *in* jornal *O Estado de S. Paulo*, de 17.4.1991, p. 17) que, segundo posicionamento doutrinário surgido com o advento dos institutos, não se confundiria o Mandado de Injunção com a inconstitucionalidade por omissão, prevista no art. 103, § 2.º, da CF, porque esta, de forma genérica, apenas declararia a omissão, a fim de que o Poder competente editasse a norma faltante.

Todavia, lembra o autor, o STF, como se sabe, no Acórdão proferido no MI n. 107-3/DF, de 23.11.1989, optou por identificar o escopo do Mandado de Injunção ao daquela outra providência constitucional. Nessa oportunidade, o STF concluiu pela alternativa de considerá-lo assemelhado à inconstitucionalidade por omissão, isto é, que ele se encerra pela comunicação da mora ao Poder competente para a edição da norma, para que adote as providências necessárias, tendo como efeito residual a suspensão dos procedimentos judiciais e administrativos, de que poderia advir ao impetrante dano pela falta da norma regulamentadora.

Alerta também o autor que a questão, porém, não se encerrou com a decisão no MI n. 107 porque, daquela data até a presente, o Supremo Tribunal foi paulatinamente introduzindo soluções tendentes a dar eficácia ao instituto, coincidindo, confirma o autor, "com a nossa posição", inicialmente referida, de que a ele compete, no caso de mora do Poder Legislativo, a elaboração do preceito que permita a todos os que estejam na situação descrita a fruição do direito, cujo exercício esteja obstado por falta de regulamentação.

Menciona, ainda, que no MI n. 219-3, relativo ao número de deputados da bancada paulista na Câmara Federal, o Pretório Excelso reconheceu a omissão em que se encontra o Congresso Nacional quanto à elaboração da lei complementar prevista no art. 45, § 1.º, da Constituição e resolveu dar-lhe ciência dessa situação de mora constitucional, para que supra a omissão em tempo hábil.

E conclui que a imposição do termo final "em tempo útil" significa que o Supremo Tribunal Federal passou a entender que o instrumento constitucional tem força cogente, porque não se faz ordem ou determinação sem sanção, no sentido que lhe atribuiu Liebman, ou seja, consequência jurídica do reconhecimento do estado de determinada situação ou relação. Nesses termos, não se pode concordar com o Parecer do procurador-geral da República na reclamação interposta nesse mandado em virtude de não ter o Congresso legislado em tempo útil, o qual concluiu que em Mandado de Injunção não cabe reclamação. Não caberia se lhe fosse dada mera função declaratória, mas, no caso, houve a imposição de prazo, e essa imposição tem de ser resolvida em favor de se fazer valer a norma constitucional. E para fazer valer a norma constitucional, na hipótese concreta, em nosso entender a solução será a de fixar o número de deputados para o estado de São Paulo no máximo previsto na Constituição, até que venha a regulamentação feita pelo Congresso, que, aliás, não poderá ser diferente, dados os critérios estabelecidos na própria Carta Magna. Diz mais que nessa mesma linha decidiu o Supremo Tribunal no Mandado de Injunção n. 232-1/RJ.

A matéria é tormentosa, e a doutrina e a jurisprudência muito contribuirão no sentido de aperfeiçoar o uso daqueles institutos e na formação da jurisprudência. O importante é que se não criem entraves no emprego da injunção e que direcionamentos interpretativos que destoem do razoável não venham a restringir e empecer o uso do remédio excepcional que se traduz numa das mais importantes conquistas inscritas na Constituição.

Para J. M. Othon Sidou (*Mandado de Injunção*, artigo publicado *in* jornal *O Estado de S. Paulo*, 8.10.1989, p. 47), "visando embora o mesmo fim, não se confunde o Mandado de Injunção com a Ação de Inconstitucionalidade por omissão, espécie, recém-surgida, da ação direta de inconstitucionalidade e concedida hoje a um elenco de entes legitimados processualmente, o que até bem pouco era privilégio do Procurador-Geral da República. Essa ação, posta no art. 103, § 2.º da Carta, objetiva a fatura da medida para tornar efetiva regra constitucional: tende à regulamentação do direito, e assim o põe em execução, pelo menos em princípio, por via oblíqua. Uma vez declarada a inconstitucionalidade por omissão, o Tribunal dará ciência ao Poder competente para a adoção das medidas necessárias; em 30 dias, comanda o dispositivo, se se tratar de órgão administrativo. Ao diverso, o Mandado de Injunção, antes que a elaboração regulamentadora, pretende a prática do ato, para, desse modo, transformar o direito abstrato em direito concreto".

O Supremo Tribunal Federal, incumbido pela nova Carta de ser o guardião da Constituição, vem firmando entendimento no que é seguido pelo Superior Tribunal de Justiça no sentido de que "O Mandado de Injunção não autoriza o judiciário a suprir a omissão legislativa ou regulamentar, editando ato normativo omitido, nem, menos ainda, lhe permite ordenar, de imediato, ato concreto de satisfação do direito reclamado".

Vale dizer que aquela Excelsa Corte firma posição no sentido de que a sua competência limita-se a reconhecer a omissão da regra que assegure o exercício de um direito e comunicar ao poder competente (Legislativo) a omissão existente. Constatação feita por Lenio Luiz Streck (ob. cit., p. 30), citando como paradigma o MI n. 168-5. H. S/A e presidente da República e Departamento Autônomo de Estrada de Rodagem, relator: min. Sepúlveda Pertence, em 21.3.1990, *DOU*, n. 76, p. 3.047, 20.4.1990.

Segundo o autor citado, foi o que ocorreu por ocasião do julgamento do único Mandado de Injunção deferido pelo STF, em 22.8.1990. Nesse julgamento, o Pretório simplesmente reconheceu que o estado de São Paulo tem direito a aumentar o número de deputados de sessenta para setenta, nos termos do art. 45, § 1.º, da Constituição. No pedido de injunção, o Partido da Social Democracia Brasileira requereu que o STF editasse a norma faltante, determinando, *ipso facto*, o aumento do número de vagas. Entretanto, por sete votos a dois, o STF optou por somente comunicar ao Congresso Nacional para que editasse a norma faltante. Ou seja, negou o pedido de imediato provimento, sob o argumento de que, conforme jurisprudência dominante naquela Corte, não cabe ao Judiciário essa função, mesmo em sede de Mandado de Injunção. Esse julgamento, entretanto, oferece novas perspectivas, na medida em que os ministros dissidentes na votação, Marco Aurélio Melo e Carlos Veloso, optaram pelo imediato provimento do pedido injuntivo. É, pois, um importante começo na direção da mudança do entendimento jurisprudencial do STF.

Tem-se que se cuida do MI n. 219-3, citado por Vicente Greco Filho. E a não ordenação de imediato do ato concreto constitui demonstração de apreço entre Poderes. E a comunicação para que o Legislativo cumprisse a omissão em tempo útil não deixa de ter o significado de imposição. Mesmo porque, como bem fulcrou Greco, isso "significa que o Supremo Tribunal Federal passou a entender que o instrumento constitucional tem força cogente, porque não se faz ordem ou determinação sem sanção".

E nessa mesma linha de entendimento cita Vicente Greco Filho (artigo citado) o MI n. 232-1, em que, a partir do voto do relator, o eminente e sempre brilhante min. Moreira Alves, o mesmo que relatou MI n. 107, já há votos favoráveis a que se declare o estado de mora em que se encontra o Congresso Nacional, a fim de que, no prazo de seis meses, adote as providências legislativas que se impõem para o cumprimento da obrigação de legislar, decorrente do art. 195, § 7.º, da Constituição, sob pena de, vencido esse prazo sem legislar, passe a requerente a gozar da imunidade requerida. Houve assim, como consta o eminente autor, "mudança de interpretação, em evolução positiva, quanto ao objeto do Mandado de Injunção, assumindo o Supremo Tribunal Federal a função de exercer o suprimento normativo necessário à efetivação da norma constitucional". Nisso, há duas coisas a aplaudir, conclui o autor: "a assunção pela Corte Suprema e, consequentemente, por todo o judiciário, de um papel mais significativo no contexto do novo equilíbrio entre os Poderes e o reconhecimento de que as pessoas ganharam, pela Constituição de 1988, efetivamente mais um instrumento eficaz de tutela de seus direitos".

No MI n. 107, a Suprema Corte entendeu que, em face dos textos da nova Constituição relativos ao Mandado de Injunção, é ele ação outorgada ao titular de direito, garantia ou prerrogativa a que alude o art. 5.º, LXXI, dos quais o exercício esteja inviabilizado pela falta de norma regulamentadora. E, ainda, ação que visa a obter do Poder Judiciário a declaração de inconstitucionalidade por omissão (art. 103, § 2.º, da nova Carta), desde que caracterizada a mora em regulamentar, por parte do Poder Público, ou de órgão, entidade ou autoridade de que ele dependa. Vale dizer que o STF deu direcionamento diverso daquele preconizado por grande parte da doutrina. No que fez bem, pois desse modo deu vida ao Mandado de Injunção.

2.12. Do vazio jurídico e a nova Carta Política

Galeno de Lacerda *(apud* Lenio Luiz Streck, ob. cit., p. 49, *in* "Eficácia imediata do Mandado de Injunção", *Anais do Seminário sobre os Novos Direitos Fundamentais na Constituição Brasileira*, Rio de Janeiro, CEPAD, dez. 1988, p. 1-6), em discorrendo sobre o tema, afirma que: "Uma Constituição nova não produz vazio jurídico. Permanece, é claro, toda a legislação anterior, com ela não incompatível. Em especial, no caso do Brasil, quase todas as leis perduram.

Assim, quando inúmeros dispositivos da Carta Constitucional remetem àquilo que a lei estabelecer, a falsa impressão da necessidade de lei nova não procede. Na quase totalidade dos casos, a lei já existe e não precisa sequer de retoque. Conferimos uma a uma dessas remissões (da Nova Carta) e chegamos à conclusão de que, na esfera civil, não há quase lacunas a preencher".

Ensina José Afonso da Silva (*Curso de Direito Constitucional Positivo*, S. Paulo, Ed. RT, 1985, p. 16) que: "Do princípio da supremacia da Constituição resulta o da compatibilidade vertical das normas da ordenação jurídica de um País, no sentido de que as normas de grau inferior somente valerão se forem compatíveis com a norma de grau superior, que é a Constituição. As que não forem compatíveis com ela são inválidas, pois a incompatibilidade vertical resolve-se em favor das normas de grau superior, que funcionam como fundamento de validade das inferiores" (cf., Enrique A. Aftalión, Fernando García Olano e José Vilanova, *Introducción al Derecho*, 7. ed., Buenos Aires, La Ley, 1964, p. 201; v. tb., do Autor: *Aplicabilidade das Normas Constitucionais*, p. 200 e ss.). E prossegue: "Essa incompatibilidade não pode perdurar, porque contrasta com o princípio da coerência e harmonia das normas da ordenação jurídica, entendida, por isso mesmo, como reunião de normas vinculadas entre si por uma fundamentação unitária".

Preleciona Lenio Luiz Streck (ob. cit., p. 49) que "O princípio da recepção das normas infraconstitucionais é um instituto basilar no Direito Constitucional. Através dele, tudo o que a Constituição nova não revoga taxativamente e o que não se choca, de forma tácita, com o seu conteúdo, continuará vigorando. Tal é o conceito dominante, no âmbito da dogmática constitucional, do que seja o princípio da recepção das normas. Assim; deve haver compatibilidade de um dispositivo legal qualquer, infraconstitucional, com a norma constitucional recém-surgida. Havendo contradição entre qualquer norma preexistente dum preceito constitucional, esta deve, dentro do sistema, ser aferida com o máximo de rigor, uma vez que é indubitável o efeito ab-rogativo da Constituição Federal sobre as normas e atos normativos que com ela conflitarem, de forma expressa ou tácita".

Lembra o autor que "esse entendimento já se tornou dominante no Supremo Tribunal Federal, o que se depreende do julgamento do MI n. 152. Nesse pedido injuntivo, determinado cidadão, na qualidade de aposentado, requereu o benefício constante no art. 153, § 2.º, II, da CF (não incidência de Imposto de Renda sobre rendimentos provenientes de aposentadoria e pensão), dependente de norma regulamentadora. O Pretório Excelso, à unanimidade, fulminou a pretensão, com base no princípio da recepção das normas infraconstitucionais, consoante a seguinte ementa: 'Mandado de Injunção — Regulamentação — Art. 153, § 2.º, II, da CF — Omissão legislativa inexistente. Existindo lei disciplinando a matéria constitucional (redução de Imposto de Renda a aposentados e pensionistas com mais de 65 anos e renda constituída exclusivamente dos frutos do trabalho), não se justifica o aJuizamento do Mandado de Injunção, ação que pressupõe a ausência de norma que impeça o gozo de direitos ou prerrogativas instituídas pela Lei Maior.'"

E arremata o autor: "Eis aí, portanto, o primeiro obstáculo à eficácia do Mandado de Injunção. Com efeito, na esteira desse tipo de enfoque, calcado nessa interpretação do princípio de recepção das normas, chega-se à triste conclusão de que a preexistência de qualquer norma regulamentadora, de qualquer direito previsto na nova Carta, mesmo que [essa norma regulamentadora preexistente] nunca tenha sido aplicada, impede, *per si*, a utilização do *writ*. Ou, o que é pior, existindo uma norma que regule a matéria, mesmo que de forma prejudicial ao cidadão (como foi o caso do julgado antes transcrito, posto que o impetrante requeria isenção e a norma 'receptada' contém apenas uma mera redução do imposto), esta, também, *per si*, impossibilita o deferimento do *mandamus*".

Em outras palavras: para essa corrente de pensamento, que já plantou sua base nos tribunais superiores, o princípio da recepção das normas infraconstitucionais tem o escopo de limitar a utilização do Mandado de Injunção. Assim, basta que exista uma norma ou um regulamento qualquer que trate da matéria constante no preceito constitucional para que já não caiba o *writ*, uma vez que, nesse caso, conforme assevera Lacerda, "se a legislação vigente, não revogada pela Constituição, suprir as remissões feitas pelo texto, não há lacuna, descabendo a injunção" (Galeno de Lacerda, Eficácia imediata do Mandado de Injunção, *in Anais do Seminário...*, cit.)".

Nesse sentido decidiu o Tribunal de Justiça do Estado da Bahia: "Mandado de Injunção — Pressupostos — Ausência de norma regulamentadora — Majoração de vencimentos de servidores públicos. A ausência de norma regulamentadora é um dos pressupostos da admissibilidade do Mandado de Injunção. Se existe a lei, embora esta, na visão do impetrante, não atenda ao preceito constitucional da isonomia, a pretensão por esta via manejada, em última análise, consiste em fazer corrigir a ilegalidade ou a inconstitucionalidade existente, objetivo que não pode ser alcançado através da injunção. Assim, a majoração de vencimentos de servidores públicos, que são já fixados em lei, não pode ser perseguida pelo mandado com a injunção, que se converteria, se prosperasse, em supedâneo da ação judicial pertinente a esse propósito" (TJBA – Ac. un. – Sessão Plena – j. 8.3.1991 – MI n. 01/90 – Rel. Des. Paulo Furtado — SINDIFAZ — Sindicato único dos Servidores Fazendários do Estado da Bahia *vs.* Governador do Estado).

2.13. Da intenção em sede de injunção

O eminente Adhemar Ferreira Maciel (ob. cit., p. 370 e ss.) nos dá visão histórica e análise crítica a esta parte, onde se verifica que a intenção era uma e o que restou expresso na Constituição não premiou a fidelidade da intenção.

Assim é que o sen. Virgílio Távora, nas sugestões de ris. 156-2 e 155-4, ambas de 27.3.1987, justifica que "Enveredando por esse raciocínio, oferecemos uma outra sugestão de norma constitucional, que a este complementa e desta é desmembrada porque diz respeito a outro capítulo da Constituição, devendo, pois, ser encaminhada à apreciação da Comissão de Temática pertinente" (*Diário da Assembleia Nacional Constituinte*, 29.4.1987, p. 99-100).

Alerta Maciel que "como se viu, a intensão do ilustre representante do Ceará foi a de fazer um só instituto, com duas fases: nos "Direitos e garantias fundamentais, com o nome de 'Mandado de Injunção' e nas 'Disposições Transitórias', com o nome de 'inconstitucionalidade por omissão'. Acabou por não conseguir, como se verá".

"O § 2.º do art. 103, artigo esse que trata da 'ação de inconstitucionalidade', vale dizer, a positiva e a negativa, está assim redigido: 'Declarada a inconstitucionalidade por omissão de medida para tornar efetiva norma constitucional, será dada ciência ao Poder competente para a adoção das providências necessárias e, em se tratando de órgão administrativo, para fazê-lo em 30 dias".

Lembra o autor que "numa interpretação proveitosa, chega-se à conclusão de que, quando o órgão de omissão for a Câmara dos Deputados ou o Senado Federal, que são jurisdicionados ao Supremo Tribunal, este, após declarar a inconstitucionalidade por omissão, lhes dará ciência para que tomem as providências necessárias a fim de que a omissão seja sanada. Diferentemente, quando se tratar de órgão administrativo, é a própria Constituição que estabelece o prazo para sanar a omissão após a comunicação do Supremo Tribunal Federal: 30 dias".

Galeno de Lacerda (artigo publicado no jornal *Zero Hora*, de Porto Alegre, 25.10.1988, p. 4): "É que não haveria necessidade de Mandado de Injunção para suprir omissões do poder regulamentar da Administração. O Supremo Tribunal Federal, de longa data, em jurisprudência reiterada, já assentou que a ausência da norma regulamentar não pode importar na ineficácia do comando legal". E a seguir transcreve trecho do voto proferido pelo min. Bilac Pinto no RE n. 80.501/RJ, in *RTJ* 75/912: "... a inexistência da norma regulamentar, por deliberada omissão do órgão competente para baixá-la, não pode importar na ineficácia do comando da lei". Lembra o autor que "tal acórdão do Supremo Tribunal Federal se deu na discussão quanto a cabimento ou não da correção monetária no caso de seguros. Existia a lei (n. 5.488/68), que estava, ainda, pendente de regulamentação pelo Executivo".

E conclui Adhemar Ferreira Maciel: "Destarte, uma melhor interpretação nos leva à inteligência de que o art. 103, que cura da legitimação ativa para a ação de inconstitucionalidade comissiva ou omissiva, trata única e exclusivamente do controle abstrato, isto é, aquele a ser declarado – só pelo Supremo Tribunal Federal. Em outras palavras, este dispositivo concerne ao instituto da 'inconstitucionalidade por omissão' e não ao outro instituto, do 'Mandado de Injunção'. Este último — Mandado de Injunção — já está previsto no art. 102 e trata de caso concreto".

Também "o Anteprojeto Afonso Arinos, fortemente influenciado pela Constituição Portuguesa em seu texto original (1976), diz que o Supremo Tribunal Federal 'recomendará ao Poder competente a edição de norma que venha a suprir a lacuna. Antes da reforma constitucional portuguesa de 1982, o Conselho da Revolução (art. 279.º) tinha a faculdade de 'recomendar' aos órgãos legislativos competentes que emitissem, em tempo razoável, 'as medidas legislativas necessárias para tornar exequíveis as normas constitucionais'. Com a reforma de 1982, a competência passou para o Tribunal Constitucional, que 'aprecia e verifica o não cumprimento da Constituição por omissão das medidas legislativas necessárias para tornar exequível as normas constitucionais' (art. 283.º, 1). O Tribunal Constitucional, quando 'verificar a existência de inconstitucionalidade por omissão, dará disso conhecimento ao órgão legislativo competente' (art. 283.º, 2)."

2.14. Da relação processual

Em sede de injunção não existe aquele conflito de interesse nos moldes previstos nas ações comuns, posto que o impetrante também não é titular de direito substancial cuja resistência da parte no cumprimento conduz ao legítimo interesse jurídico de movimentar a jurisdição estatal.

Em verdade, o direito constitucional ainda pende de lei complementar ou de lei ordinária; e em muitos casos, existente a lei, depende de regulamentação para que possa produzir efeitos. Isso não significa que o impetrante da injunção tenha mera expectativa de direito. Sobre o tema, remetemos o leitor ao item 2.4.

Discorrendo sobre o tema, pontifica o insigne mestre José Afonso da Silva (*Mandado de Injunção* e *"Habeas Data"*, Ed. RT, 1989, p. 29 e ss.) que o Mandado de Injunção conduz a uma pretensão que não se refere a um conflito de interesses composto por uma relação jurídica material, bem regulado de modo específico pelo Direito objetivo, porque o direito, liberdade ou prerrogativa que se pretende fazer valer, por meio dele, é precisamente aquele cujo exercício carece de norma regulamentadora.

Lembra, aqui, o Autor que "Carnelutti reconhece a existência de pretensão referida tanto a conflito de interesses que seja ou não composto por uma relação jurídica" (cf., *Sistema del Diritto Processuale Civile*, v. 1/40, Pádua, CEDAM, 1936). Lembra, porém, que ao contrário, fundamenta-se em normas constitucionais conferidoras do direito, liberdade ou prerrogativa objeto da impetração. O saber se, no caso concreto, o fundamento da pretensão é procedente ou não é questão de mérito, e não de possibilidade jurídica da ação. Esta se caracteriza no fato de a Constituição prever direitos, liberdades e prerrogativas dependentes de regulamentação que viabilize seu exercício.

Prossegue o insigne autor: "O Mandado de Injunção é, assim, um meio de compor conflito de interesses, que se manifesta exatamente com sua propositura. Ele revela o conflito de interesses, digamos, ele suscita a lide (isto é, o conflito de interesse qualificado pela pretensão do impetrante e pela resistência de outro interessado, ele faz aparecer a lide, que estava encoberta pela falta de regulamentação da norma constitucional conferidora do direito, liberdade ou prerrogativa pretendida, para que venha a ser composta e solucionada pela decisão que se profira no seu processo. Em princípio, portanto, poder-se-ia dizer que a pretensão que move o impetrante, no Mandado de Injunção, é sempre de direito público, porque fundada em normas constitucionais. Acontece que direito previsto na norma constitucional invocada poderá ser ou não público. É certo que se a pretensão tiver como conteúdo o exercício de liberdades constitucionais ou de prerrogativas inerentes à nacionalidade, à soberania ou à cidadania, estaremos sempre diante de uma pretensão de Direito Público, porque só o Poder Público poderá satisfazê-las".

E conclui: "Muitos direitos sociais outorgados pela Constituição também constituem prestações estatais, pelo que a lide que os tenha por objeto estabelece uma relação de Direito Público. Mas há direitos outorgados pela Constituição que hão de ser satisfeitos concretamente por particulares, como são os direitos dos trabalhadores previstos no art. 7.º. Então, se o Mandado de Injunção visar obter um desses direitos, a lide que aí se manifesta gera uma relação privada, ou seja, uma relação entre um pretendente privado contra um resistente ou contestante também privado. Como se nota a natureza do conteúdo da relação processual depende da natureza da pretensão e da qualidade de quem seja obrigado a cumprir o direito pretendido: podendo ser, pois, de natureza pública ou privada".

Lembra Rodolfo de Camargo Mancuso (ob. cit., p. 110-111) que o interesse processual é hoje configurado pelo trinômio necessidade-utilidade-adequação, significando que a ação judicial: a) deve mostrar-se indispensável para a obtenção do bem de vida pretendido e que não poderia ser obtido de outra forma; b) deve trazer uma utilidade prática para o autor, seja acrescentando algo à sua situação jurídica pré-processual, seja removendo o obstáculo lamentado; c) deve, corolariamente, apresentar-se adequada, proporcionada aos pedidos mediato e imediato perseguidos em juízo (cf., Greco Filho). O interesse processual dá, assim, a necessária nota de concreção ao direito de ação, fazendo com que este seja informado por uma determinada realidade material, e evitando com isso que a ação paire no vácuo, como uma entidade em si mesma, desvinculada de uma finalidade prática. Já Calamandrei (cf., R. Orestano, verbete "Azione" in *Enciclopedia del Diritto*, p. 808, n. 26) temia uma visão asséptica, inodora da ação judicial; para ele, uma ação "pura" lembraria *"l'atmosfera alucinante dell'assurdo' processo di Kafka, in cui non si conosce mai l'accusa"*.

2.15. Da natureza subsidiária da injunção – Juízo da equidade

O Mandado de Injunção foi instituído para preencher vácuo existente em nosso ordenamento jurídico com o objetivo de evitar que preceitos constitucionais permaneçam inaplicáveis em âmbito de programatividade ou que leis não sejam cumpridas na dependência de alguma providência.

A injunção tem fundamento na equidade. Isso não significa que o juiz brasileiro, a exemplo do juiz anglo-americano, esteja autorizado a legislar. Mas o Mandado de Injunção determinou ampliação na atividade jurisdicional. Todavia, não terá cabimento, quando estiver previsto remédio processual específico, que não aqueles permissivos da injunção. Não se pode dirigir o foco para permitir que o legislador possa procrastinar a providência protetiva indefinidamente em desprestrigio o labor constituinte que deu proteção ao direito individual. O Mandado de Injunção veio para sanar esse abuso de poder que retira do indivíduo a possibilidade de fazer valer o seu direito. O direito existe, mas é resistido por manobra legislativa ou por ausência de um simples ato administrativo.

Segundo Ulderico Pires dos Santos (ob. cit., p. 47), a ordem de injunção que o Poder Judiciário deve expedir como intérprete da vontade da lei tanto poderá ser de caráter proibitivo como supletivo e será endereçada a quem tiver o dever de praticar o ato e de arcar com suas consequências econômicas. Só no caso de desobediência ou de resistência do devedor da prestação indireta ela adianta a sua satisfação ao impetrante contra o devedor indireto, que ficará com direito regressivo contra o culpado.

Alerta, todavia, que, se depois de concedida, sobrevier a regulamentação, esta não poderá afetar em absolutamente nada o direito em cujo gozo houver entrado. E conclui: isto significa que, ao exercer a jurisdição para fazer atuar o direito, o magistrado, se não assume propriamente o papel de legislador, completa-o em sua missão sempre que este último se mostrar displicente. Entretanto não pode, como é evidente, fazê-lo em caráter normativo para beneficiar o universo de pessoas na mesma situação do impetrante, porque a tanto equivaleria a legislar sobre Direito Público, o que lhe é defeso. Salvo, é claro, se a injunção concedida ao impetrante beneficiar a coletividade, por ter caráter genérico.

E exemplifica: "a Câmara dos Deputados promulga lei autorizando a construção de uma usina atômica, em local que poderá pôr em risco a saúde e a vida alheias e diz que as normas de segurança serão ditadas na sua Regulamentação. Antes desta, são iniciadas as suas obras. Qualquer pessoa física ou jurídica que se sentir ameaçada de sofrer as consequências desse perigo poderá impetrar o Mandado de Injunção contra a referida Casa Legislativa para regular, com urgência, a aludida lei e contra a Pessoa Jurídica de Direito Público para abster-se de levar avante as obras antes da sua regulamentação, pedindo, neste particular, para lhe ser concedida a liminar em face do *periculum in mora*. Nesse caso, enquanto a providência judicial seja requerida apenas pelo impetrante, se concedida, beneficiará não apenas a ele, mas a todos que podiam sofrer as consequências da construção inadequada".

O juízo da equidade estava previsto no art. 114 do CPC de 1939 e está previsto no art. 127 do Código Buzaid. No Direito anterior, quando tivesse de decidir por equidade, o juiz aplicaria a norma que estabeleceria se legislador fosse, o que vem a ser o conceito aristotélico desse instituto (Barbi, *Comentários*, v. 1, t. II). Pelo atual, o juiz somente decidirá por equidade nos casos previstos em lei (arts. 1.040, IV e 1.456 do CC e 1.075, IV do CPC). Isso significa que, ao decidir, o juiz aplicará em primeiro lugar a lei; na falta, decidirá com base na analogia, nos costumes e princípios gerais de direito.

Na equidade, o juiz é chamado "a substituir o legislador, porque só ele, como pessoa, pode achar-se em contato imediato com a realidade ocorrida e que exige uma solução. Reveste-se, assim, o Juiz da qualidade de árbitro, com uma certa *constantia jurisprudentis*, como diria Vico, traduzindo uma certa regularidade de manifestações e de movimento, próprios da consciência coletiva e que a história desconheceu através dos costumes. Por isso mesmo que a equidade pressupõe um critério todo pessoal do Juiz, não poderá a sua decisão ser reformada em superior instância sob fundamento de ser injusta ou contrária à lei". E para Chironi (*Istituzioni*, § 9.º), depois de salientar a diferença entre a equidade e os princípios gerais de Direito, acentua que ela apresenta uma consequência prática, que é a seguinte: "*La violazione dei principi generali di diritto è questione proponibile in cassazione; non così per violazione dei principi di equità, derivando questa da apprezzamento di fatto, tutto personale al Magistrato decidente*", (Carvalho Santos, *Código de Processo Civil Interpretado*, Freitas Bastos, 1964, v. II, p. 115 e ss.).

Lembra José Afonso da Silva (*Mandado de Injunção e "Habeas Data"*, cit., p. 43 e ss.) que "... o Juiz brasileiro também não terá o arbítrio de criar regras próprias, pois terá, em primeiro lugar, que se ater à pauta que lhe dá o ordenamento constitucional, os princípios gerais de direito, os valores jurídicos que permitam o sentir social, enfim, os vetores do justo natural que se aufere no viver social, na índole do povo, no envolver histórico. Aí é que seu critério estimativo fundamenta sua decisão na falta de regulamentação do direito, liberdades ou prerrogativas objeto da proteção do Mandado de Injunção".

Alerta o insigne autor: "Vê-se daí que esse juízo de equidade não se funda numa equidade individual, mas na equidade social que é revelação dos valores jurídicos mais profundos do viver social e da experiência histórica, que compreende o viver e a experiência jurídica. Aí o juízo da equidade vai intuir o direito não formulado, como se legislador fosse".

E discorrendo sobre as duas vertentes, que são a "formulação judicial de direito" e a "formulação legislativa do direito", complementa: "Para aquela 'o juiz se põe diretamente em contacto com a consciência popular, na qual o direito flutua ainda no estado de sentimento não fixado em precisas normas racionais, e, dessa consciência da qual ele mesmo é partícipe como membro da consociação, o juiz obtém a inspiração para resolver cada vez, de acordo com os princípios que ele não cria mas que encontra já existentes em si, as controvérsias que se apresentam a seu juízo, de sorte que, não interpondo nenhum obstáculo entre o direito e o juiz, este se encontra continuamente em contato com a viva e fresca realidade social, e pode sentir suas necessidades e seguir fielmente sua evolução. No caso sob nosso exame, não é que nada se interpõe entre o direito e o juiz, pois este tem que levar em conta o dispositivo constitucional delineador genérico do Direito. Claro que depois que for formulada norma regulamentadora, entre o juiz e o Direito mediará tal norma, quer dizer: a 'formulação legislativa do direito', quando, então 'a incumbência de interrogar a consciência coletiva', de valorar os interesses públicos, de coordenar o confuso fluir de sentimentos, de tendências, de aspirações, das quais nasce o direito de um povo em um certo momento de sua história, se retira do juiz e se assume pelo legislador, o qual, sem esperar que a formulação do direito se estabeleça caso a caso pela necessidade de resolver uma controvérsia concreta, infunde preventivamente a substância jurídica expressada pela mesma sociedade em que vive, em fórmulas de caráter abstrato e geral que o juiz aplicará depois quando se lhe apresentar a ocasião".

E arremata: "Enfim, a instituição constitucional do Mandado de Injunção alarga o âmbito da atividade jurisdicional, porque, por ele, a Constituição autoriza o juiz a decidir por equidade, o que significa determinar que ele aplique a norma que estabeleceria se fosse legislador. Por isso não está autorizado a legislar. Não formulará norma genérica na sua sentença, regulamentadora do exercício do direito, liberdade ou prerrogativa referidos no art. 5.º, LXXI, da Constituição. Sua função se limitará a explicitar o direito para o caso concreto. Ou seja, decidirá o caso explicitando o direito esboçado na norma Constitucional, em favor do impetrante, nos termos normativos por ele supostos, mentalizados (como se fora legislador), mas não formulará senão no estabelecimento das condições indispensáveis à correta aplicação da norma constitucional em causa".

A aplicação da injunção só terá cabimento naqueles casos em que não houver a possibilidade de uso de outro meio processual. A sua finalidade foi a de suprir vácuo existente em nosso ordenamento jurídico e de dar meio eficaz de pressão, principalmente sobre os Poderes Legislativo e Executivo, não o de substituir outros meios já existentes, *v.g.*, Mandado de Segurança etc.

Para Adhemar Ferreira Maciel (cit., p. 380), um dos requisitos do Mandado de Injunção é sua natureza subsidiária. Só deve ser usado se não se tiver outro meio processual.

E alerta: "Se não se fizer isso, acabará por transformar-se em panaceia judiciária, perdendo sua força e finalidade".

Cita o autor decisão do Supremo Tribunal Federal sobre o tema e no qual em Acórdão publicado no *DJU* de 18.11.1988, p. 30.022, aquela Excelsa Corte, em Mandado de Injunção interposto por procuradores da República contra ato omissivo do presidente da República, não conheceu da ação, por se tratar de ato administrativo, concreto e determinado. Assim dispõe a ementa:

MI n. 14-0 — Mandado de Injunção — Impetração por Procuradores da República, contra o Presidente da República, visando: 1) declaração de vacância do cargo de Procurador-Geral da República; 2) que o Presidente da República indique, ao Senado Federal, um nome de membro do Ministério Público Federal para se investir no cargo de Procurador-Geral da República, com observância do art. 128, § 1.º, da CF de 5.10.88 – Descabimento do Mandado de Injunção para tais fins — Interpretação do art. 5.º, LXI, da CF.

Não se presta o Mandado de Injunção à declaração de vacância de cargo, nem a compelir o Presidente da República a praticar ato administrativo, concreto e determinado, consistente na indicação, ao Senado Federal, de nome de membro do Ministério Público Federal, para ser investido no cargo de Procurador-Geral da República (Relator Min. Sydney Sanches).

2.16. Do Mandado de Injunção e da aplicabilidade das normas constitucionais

Procurou o constituinte tornar pelo Mandado de Injunção o exercício das prerrogativas inerentes à nacionalidade, à soberania e à cidadania.

Essa foi a preocupação constante. Conforme se vê em José Afonso da Silva (cit., p. 400, rodapé), o objetivo do constituinte era o de aparelhar meios para a eficácia imediata das normas constitucionais. A elaboração constituinte do Mandado de Injunção seguiu sempre esse rumo. O constituinte Gastone Righi, no dia 22.4.1987, na 3.ª reunião da Subcomissão dos Direitos Políticos, dos Direitos Coletivos e Garantias, clamou pela criação de um *mandamus*, uma forma de processo pela qual alguém possa exercer um direito social, digamos o direito social à saúde ou o direito da criança à escola. O constituinte Lysâneas Maciel propôs dois mecanismos: um na forma reclamada pelo constituinte Gastone Righi, no art. 3.º do seu anteprojeto, segundo o qual o povo exerceria a soberania: "VII – pelo mandado de garantia social por inexistência ou omissão de normas, atos jurisdicionais ou administrativos"; o outro no art. 40: "Na falta de regulamentação para tornar eficaz a norma constitucional, o Ministério Público ou qualquer interessado poderá requerer ao judiciário a aplicação do direito assegurado". A mesma preocupação acutilava a Subcomissão dos Direitos Individuais e Garantias do Homem e da Mulher, no dia 26.5.1987, pelo relator da Subcomissão dos Direitos e Garantias Individuais, dep. Darcy Pozza, quando disse que, "no rol dos Direitos e Garantias Individuais, ao lado do Mandado de Segurança, como instrumento de defesa dos interesses do cidadão, incluímos o Mandado de Injunção, visando permitir que a letra constitucional, à falta de Lei Complementar ou Ordinária que a regulamente, se torne realmente autoaplicável".

Dada a incipiência do instituto da injunção na estrutura jurídica brasileira, havia certa dificuldade para fixar os seus contornos, sua zona de abrangência no que diz respeito "ao exercício dos direitos e liberdades constitucionais; e o exercício das prerrogativas inerentes à nacionalidade, à soberania e à cidadania".

Louvamo-nos, aqui, no excelente trabalho desenvolvido por Wander Paulo Marotta Moreira — juiz de Direito em B. Horizonte — (ob. cit., p. 413 e ss.). Segundo preleciona, "direitos e liberdades constitucionais são os direitos e garantias fundamentais e os direitos sociais que o texto constitucional visa assegurar, na prática, aos destinatários de suas normas. Não apenas aqueles direitos expressamente previstos no art. 5.º (direitos fundamentais) e arts. 6.º a 11 (direitos sociais), mais quaisquer outros que a Constituição expressamente assegure, como, por exemplo, a criação do Banco de Desenvolvimento do Centro-Oeste (Art. 34, § 11, do ADCT)".

Prossegue o autor: "qual seria a abrangência do texto da parte final da norma, ou seja, quais as 'prerrogativas inerentes à nacionalidade, à soberania e à cidadania'? As prerrogativas inerentes à nacionalidade são as que estão relacionadas no art. 12 da Carta. A nacionalidade é *status* do indivíduo em referência ao Estado; ele pode ser, por esse prisma, nacional ou estrangeiro. Nacional quando é natural do Estado, e estrangeiro quando, por exclusão, a lei não lhe atribui a qualidade de nacional. A própria Constituição é que estabelece as distinções que se podem fazer entre brasileiros natos e naturalizados (art. 12, §§ 1.º, 2.º e 3.º). As prerrogativas inerentes à soberania estão em direta referência com o próprio exercício dos Poderes do Estado. [...]. Barbalho, comentando o dispositivo do texto (Constituição) de 1891, escrevia, de forma insuperável, que: 'Em vez, pois, de poderes rivais e vivendo em conflito, a Constituição os institui harmônicos, devendo cada um respeitar a esfera das atribuições dos outros e exercer as próprias, de modo que nunca de embaraço, mas de facilidade e coadjuvação, sirvam às dos demais, colaborando todos assim a bem da comunhão'. Prerrogativas inerentes à soberania são, pois, todas aquelas prerrogativas que visem assegurar e resguardar o exercício independente e harmônico dos Poderes da União, ou dos órgãos da soberania nacional, ou, ainda, dos Poderes Legislativo, Executivo e Judiciário. Constituirá intromissão indevida — e violará prerrogativa inerente à soberania — a omissão de norma tendente a tornar efetiva a 'autonomia financeira e administrativa do Judiciário' (art. 99 da Carta); a omissão de lei que institua os 'Juizados especiais' (art. 98, I) ou os Tribunais Regionais Federais, por exemplo. Em outros termos, prerrogativas inerentes à soberania são as prerrogativas de que gozam os poderes, harmônicos e independentes, Legislativo, Executivo e judiciário. Essas prerrogativas referem-se, ou aos próprios órgãos, ou, individualmente, aos seus membros, como *v.g.*, a irredutibilidade de vencimentos dos Magistrados e a inviolabilidade de Deputados e Senadores por suas opiniões, palavras e votos (art. 53). Prerrogativas inerentes à cidadania são aquelas referidas ao direito do voto, principalmente a elegibilidade e inelegibilidade. A cidadania é acréscimo de direitos políticos ao nacional, possibilitando que ele participe do governo, principalmente através do voto. A omissão de providências que objetivem assegurar, por exemplo, o direito de votar, fere as prerrogativas da cidadania. Foi o que ocorreu em 1988, quando, por impossibilidade material, omitiram-se providências que visassem resguardar o direito de voto do eleitor de 16 anos". E conclui o autor: "Há um campo enorme, de amplitude até indefinida, aberto à pesquisa; é mais do que um convite, é uma quase imposição à pesquisa e ao estudo sobre questões até então indevassadas pela doutrina brasileira. A conceituação precisa dos limites e da abrangência das prerrogativas mencionadas é um desses campos, a exigir a meditada atenção do estudioso do Direito Público brasileiro".

Sobre a amplitude maior ou menor em sede de injunção os autores ainda conservam posições de reservas que serão esclarecidas pelos julgamentos da excelsa Corte e demais tribunais.

Aricê Moacyr Amaral Santos (ob. cit., p. 23) alerta que "a comprida relação dos bens juridicamente protegidos, pode aparentar que todos os direitos estabelecidos na Constituição estariam amparados pelo instituto. Isso, no entanto, não corresponde ao jurisdicizado".

Previne Irineu Strenger (ob. cit., p. 37) que "A aplicabilidade do Mandado de Injunção está circunscrita, como é natural, à matéria enunciada no texto constitucional. Acontece, porém, que não será tarefa fácil delimitar sua extensão, se tivermos em conta que o campo referido indicativamente pela norma tem grandeza sem medidas à vista, a não ser em relação ao nexo causal originário, caracterizado pela ausência de regulamentação".

Completa o autor que "Temos assim um ponto inicial, mas não um ponto terminal, pois direitos e liberdades constitucionais, somados a prerrogativas de nacionalidade, soberania e cidadania, nos colocam em face de um objeto amplíssimo, cheio de caminhos intrincados que seguramente levarão a enfáticas controvérsias. [...] Assim sendo, as delimitações na aplicação do instituto devem nascer do exame acurado dos motivos que suportam a requesta jurídica, de modo a identificar como abrangente, pelo Mandado de Injunção, apenas aquelas situações que efetivamente ou com aparente incontestabilidade são passíveis de gerar em face do interessado prejuízo insuportável, seja de ordem material, moral ou funcional, devido à ausência de norma regulamentadora".

Percebe-se que a preocupação histórica que inspirou os constituintes foi a de instituir remédio processual eficaz a cobrir toda a área constitucional não abrangida pelos institutos existentes. Seu escopo era o de tornar toda norma constitucional autoexecutável. Assim, fiel ao espírito que animou ao constituinte, a interpretação há de ser da maior abrangência permitida pelo texto constitucional.

Deve o juiz dar vez ao novo *writ*, rompendo barreiras seculares com as quais o poder público usa de todos os artifício para descumprir a lei, e o Poder Legislativo e o Poder Executivo se colocam em posições ditatoriais, deixando de regulamentar direitos concedidos pela Constituição e que ficam diferido indefinidamente. O Mandado de Injunção veio para modificar esse estado de fato que prejudica o indivíduo e a coletividade e permite o abuso de poder e de direito contra um povo sem voz e sem vez. Ao contrário do que pode parecer, o Mandado de Injunção não traz poderes para legislar, mas para completar judicialmente aquilo que os Poderes Legislativo e Executivo não fizeram, por descumprimento ao dever de ofício, desprestigiando o Poder Constituinte e a própria Constituição. Pode-se dizer que o Mandado de Injunção, vencendo barreiras seculares, "torna todas as normas constitucionais potencialmente eficazes e de aplicabilidade imediata". No caso da autoridade pública recalcitrante, terá o prazo de trinta dias para resolver o impasse, prazo que, vencido, transferirá ao Poder Judiciário a resolução, sem prejuízo de sanções contra a autoridade pelos prejuízos que causou.

Manoel Afonso da Silva (*Mandado de Injunção...*, cit., p. 25), analisando o art. 5.º, § 1.º, da CF/88, pontifica: "Aí se estatui, para valer, que as normas definidoras dos direitos e garantias fundamentais têm aplicação imediata. Para que essa determinação seja também eficaz, é que se previu a declaração de inconstitucionalidade por omissão, criou-se a iniciativa legislativa popular. Destaca-se, neste contexto, o Mandado de Injunção, 'cuja principal finalidade será a de instrumentalizar a regra constitucional da imediata aplicabilidade das normas sobre direitos, liberdades e garantias individuais, de forma a afastar a inexecução dessas normas por omissão do legislador' (Wander Paulo Marotta Moreira, "Mandado de Injunção", *in* Jornal *Estado de Minas*, 06.09.1988, p. 2). Ocorre que o vazio normativo não pode prejudicar o exercício de direitos constitucionais. A imediata aplicação das normas da Lei Suprema, consignada no art. 5.º, § 1.º lembra o Desembargador e Prof. Régis Fernandes de Oliveira, 'significa que os juízes não poderão deixar de atender a toda e qualquer demanda que lhes for dirigida. Não poderão deixar de decidir, primeiro pelo monopólio jurisdicional (*non liquet*) e, em segundo lugar, porque têm, agora, à disposição o denominado Mandado de Injunção.'" E conclui Manoel Afonso da Silva: "Pode-se até extrair uma conclusão geral, qual seja: o Mandado de Injunção torna todas as normas constitucionais potencialmente eficazes e de aplicabilidade imediata. Tratou, assim, o constituinte de criar um instrumento processual que, incontinenti, transformasse em efetiva garantia a faculdade que a norma prevê" (Wander Paulo Marotta Moreira, "Mandado de Injunção", *in* Jornal *O Estado de Minas*, 13.9.1988).

2.17. Do uso da via administrativa

Discussão que por certo deverá ganhar corpo é a de saber se a parte estará ou não obrigada a recorrer primeiramente às vias administrativas antes de movimentar o poder jurisdicional do Estado com Mandado de Injunção.

Lembra Hely Lopes Meirelles (*Mandado de Segurança, Ação Popular, Ação Civil Pública, Mandado de Injunção e "Habeas Data"*, 13. ed., RT, 1989, p. 19 e ss.): quando a lei veda se impetre Mandado de Segurança contra "ato de que caiba recurso administrativo com efeito suspensivo, independente de caução" (art. 5.º, I), não está obrigando o particular a exaurir a via administrativa, para, após, utilizar-se da via judiciária. Está apenas condicionado a impetração à operatividade ou exequibilidade do ato a ser impugnado perante o judiciário. Se o recurso suspensivo for utilizado, ter-se-á que aguardar o seu julgamento, para se atacar o ato final; se transcorre o prazo para o recurso, ou se a parte renuncia a sua interposição, o ato se torna operante e exequível pela Administração, ensejando desde logo a impetração. O que não se admite é a concomitância do recurso administrativo (com efeito suspensivo) com o Mandado de Segurança, porque se os efeitos do ato já estão sobrestados pelo recurso hierárquico, nenhuma lesão produzirá enquanto não se tornar exequível e operante. Só então poderá o prejudicado pedir o amparo judicial contra a lesão ou a ameaça a seu direito. O que se exige sempre — em qualquer caso — é a exequibilidade ou a operatividade do ato a ser atacado pela segurança: a exequibilidade surge no momento em que cessam as oportunidades para os recursos suspensivos; a operatividade começa no momento em que o ato pode ser executado pela Administração ou pelo seu beneficiário.

É bem de ver que as lições do eminente publicista dizem respeito ao *Mandado de Segurança*. E muito embora, na prática, e na ausência de norma legal disciplinando para a espécie, estejam os Tribunais aplicando analogicamente os dispositivos que regem o Mandado de Segurança, direcionamento dado pelo próprio Supremo Tribunal Federal (vide "Supremo esclarece o Mandado de Injunção", artigo de Tito Costa publicado no Jornal *O Estado de S. Paulo*, de 11.3.1990), não nos parece tenha aplicação quando se tratar de injunção.

Existem diferenças estruturais entre ambos os institutos. No Mandado de Segurança, a autoridade, ao agir com abuso de poder ou com ilegalidade, estará ferindo o direito líquido e certo do impetrante. Vale dizer que existe norma disciplinando a matéria. E por isso mesmo existe o contencioso administrativo. No Mandado de Injunção, o direito existe, mas ainda não surte efeitos, posto que depende para o seu implemento de providências de algum poder ou autoridade. Vale dizer que o recurso administrativo não tem cabimento, e mesmo que tivesse, seria inóquo, já que nem sempre a autoridade que deve cumprir teria poderes para regulamentá-lo (sentido amplo do termo regulamentar). E ainda que a autoridade instada tivesse poderes para implementar aquele direito, o faria em termos gerais, e não com vista somente ao caso concreto. Vale dizer que possivelmente a parte teria de usar de algum remédio próprio junto ao Judiciário para fazer valer o seu direito no caso concreto. Por tudo isso, melhor é que use desde logo do Mandado de Injunção, posto que, no caso de resistência da autoridade, o Poder Judiciário resolverá para o caso concreto.

É bem de ver que no Mandado de Injunção n. 107-3/DF, em decisão unânime do Pleno, em 23.11.1989, entendeu a Suprema Corte que, em face dos textos da nova Constituição relativos ao Mandado de Injunção, é ele ação outorgada ao titular de direito, garantia ou prerrogativa a que alude o art. 5.º, LXXI, dos quais o exercício esteja inviabilizado pela falta de norma regulamentadora. É, ainda, ação que visa a obter do Poder judiciário a declaração de inconstitucionalidade dessa omissão (art. 103, § 2.º, da nova Carta), desde que caracterizada a mora em regulamentar, por parte do Poder Público, ou de órgãos, entidade ou autoridade de que ele dependa. Acrescenta, ainda, o aresto que, no âmbito da competência desta Corte (Constituição, art. 102, I, "*q*"), a *injunction* é autoexecutável, independentemente de norma jurídica que a regulamente, inclusive quanto ao procedimento. Relativamente a este, diz o Acórdão, aplicar-se-á, no que couber, e analogicamente, o relativo ao Mandado de Segurança.

Sobre o tema, Wander Paulo Marotta Moreira (ob. cit., p. 420) lembra que a jurisprudência e a doutrina mais moderna inclinam-se pela desnecessidade de esgotamento da via administrativa para a postulação de direitos perante o Judiciário. Essa via deve ser facultativa; o particular poderá optar por ela, se antevir nessa atitude algum proveito. Entretanto, o ingresso em juízo não deve ser condicionado ao prévio caminho extrajudicial, a não ser que, manipulando-o, o particular tenha demonstrado a sua inequívoca vontade de utilizá-lo. Deverá, nesse caso, ou esgotar a via eleita ou desistir, sem condicionamento, do recurso interposto. A mesma possibilidade estará aberta em caso de evidente retardamento da decisão administrativa, de forma injustificada e abusiva. Também nesse caso poderá o interessado ingressar com sua postulação em juízo, desistindo, anteriormente, do recurso interposto perante a repartição. Como vimos anteriormente, existe uma diferença estrutural entre o *mandamus* e o Mandado de Injunção que não admite o recurso administrativo.

2.18. Dos direitos fundamentais clássicos e dos direitos fundamentais sociais

Preleciona sobre o tema José Rubens Costa (*in* artigo publicado sobre a rubrica "O Mandado de Injunção como norma garantidora dos direitos sociais", coletânea Saraiva, *Mandados de Segurança e de Injunção*, coordenação de Sálvio de Figueiredo Teixeira, p. 433) que o conceito de direitos fundamentais sociais, também conhecidos como direitos econômicos e culturais, significa a pretensão jurídica — subjetiva, individual ou coletiva, a uma intervenção ativa do Estado, neste compreendido o aparato ou a sociedade civil, no sentido de se obter uma prestação ou uma regulamentação protetora.

Lembra o autor, com suporte em Bettermann, *DVBI* 75/548 r.Sp, que o entendimento tradicional, a respeito dos direitos fundamentais ou direitos de liberdade, os conceitua como direito de defesa (*Abwehrrecht*) do indivíduo contra o Estado, como pretensão à liberdade da coação estatal. Denominam-se, portanto, e em decorrência, também direitos negativos: negar a intromissão estatal ou condenar o Estado à inércia.

Conclui que se diferenciam, assim, os direitos fundamentais clássicos dos direitos fundamentais sociais: 2.1 Inverte-se o objeto clássico da pretensão jurídica, fundada num direito subjetivo, este também no sentido clássico. Os direitos fundamentais clássicos exigem uma inatividade ou não interferência do Estado diante da ordem jurídica privada. Os direitos fundamentais sociais visam à atuação do Estado; proíbem-lhe a omissão; são direitos à prestação ou à participação (*Leistungsrechte oder Teilhaberechte*): 2.2 A densidade de vinculação dos direitos fundamentais clássicos implica a judiciabilidade imediata da pretensão (limita-se a afastar a ingerência do Estado, um não fazer), ao passo que a judiciabilidade dos direitos sociais, por inovar a ordem jurídica, e não se satisfazer com um simples não agir, porém um efetivo agir, prestar, permitir a participação, exigirá um maior esforço do jurista burguês para a apreensão do direito lesado. Nesse ponto, adverte o autor, já se percebe o porquê de um Mandado de Injunção: a falta de regulamentação implicará, quase sempre, a ineficácia do direito. E conclui: 2.3 O definir em que consiste um direito social, ou a ausência de norma que o torna inviável, faz necessária uma visão ampla do contexto da Constituição, ou de se encará-la unitariamente. A interpretação deverá, necessariamente, estar apta a compreender e explicitar em que consiste: a) a dignidade da pessoa humana (art. 1.º, III); b) o significado dos valores sociais do trabalho e da livre iniciativa (art. 1.º, IV); c) construir uma sociedade livre, justa e solidária (art. 3.º, I); d) erradicar a pobreza (art. 2.º, III); e) erradicar a marginalização (art. 2.º, IV); f) reduzir as desigualdades sociais (art. 3.º, III); g) política do pleno emprego (art. 170, VIII); h) meio ambiente ecologicamente equilibrado (art. 225).

2.19. Dos direitos protegíveis pela injunção

Embora *prima face* pareça de fácil compreensão a fixação dos limites e do alcance do texto em vista da amplitude com que fora redigido o art. 5.º, LXXI, da CF/88, todavia, assim não é. Os limites e o alcance do texto somente se definirão com o tempo, no julgamento dos casos concretos e na superação das dificuldades que por certo advirão. Dispõe o art. 5.º, LXXI: "Conceder-se-á Mandado de Injunção sempre que a falta de norma regulamentadora torne inviável o exercício dos direitos e liberdades constitucionais e das prerrogativas inerentes à nacionalidade, à soberania e à cidadania".

Adverte Irineu Strenger (ob. cit., p. 5 e ss.) que "aparentemente essa faculdade está claramente conceituada, sem gerar qualquer dúvida quanto ao seu alcance e limites. Para que caiba o exercício da injunção, basta que não haja regulamentação de qualquer direito enunciado na Constituição, para o qual a autoridade considere exigível esse requisito.

Lembra que, desde logo, contudo, se coloca o primeiro grande problema: em que casos devemos reconhecer a prévia necessidade de regulamentação? E ainda: em que medida para muitos casos a aplicação da norma constitucional é aplicável sem lei regulamentadora? Essas e outras indagações terão de ser enfrentadas, para que a ambiguidade ou multivocidade das palavras legais não ponha em crise seus intérpretes, na tarefa de delimitar adequadamente o sentido e alcance da lei. Realça do insigne autor que, restringindo o aspecto da visão exegética do problema, diríamos que, numa primeira abordagem, temos de admitir que o uso desse remédio jurídico está facultado desde logo a todo aquele que aponte um nexo causal entre a falta de regulamento e a "inviabilidade" de exercer os direitos constitucionalmente previstos, sem exceção de quaisquer deles, dado que a abrangência entrevista no texto é total. Mas volve a advertir: "O conceito constitucional não permite grandes voos, exatamente por causa de sua amplitude expressional, lançando apenas princípios, cujos enunciados sintéticos repousam em generalidades".

José Afonso da Silva (ob. cit., p. 25) preleciona: "Pode-se até extrair uma conclusão geral, qual seja: o Mandado de Injunção torna todas as normas constitucionais potencialmente eficazes e de aplicabilidade imediata". E completa, com respaldo em Wander Paulo Marotta Moreira ("Mandado de Injunção", *in* Jornal *O Estado de Minas* de 6.9.1988, p. 2): Tratou, assim, o constituinte de "criar um instrumento processual que, incontinenti, transformasse em efetiva garantia a faculdade que a norma prevê".

Para Celso Agrícola Barbi (cit., p. 388), a proteção é ampla: "Cabe uma observação inicial, de que há um elemento comum nas três categorias, isto é todos eles — direitos, liberdades e prerrogativas — são assegurados na Constituição, mas dependem de uma norma regulamentadora, cuja falta está tornando inviável o seu exercício". E conclui: "Por isso, devem-se excluir do campo de proteção do Mandado de Injunção os direitos, liberdades e prerrogativas autoaplicáveis, isto é, que não dependem de norma regulamentadora. Outra observação pertinente é que as liberdades e prerrogativas constitucionalmente asseguradas constituem direitos, pelo simples fato de estarem assegurados na Lei Maior: tudo aquilo que a lei assegura a uma pessoa torna-se direito desta".

Tem-se, pois, que a tendência demonstrada na doutrina é a de proteção de todo e quaisquer direitos assegurados na Constituição.

2.20. Do Mandado de Injunção e da usurpação de poderes

Celso Ribeiro Bastos (ob. cit., p. 358), em tecendo considerandos sobre hipóteses por ele formuladas, afirma que: "É inimaginável que diante de um poder constituído com a função precípua de editar leis, como é o caso do Legislativo, admita-se que, para suprir suas omissões, a solução seja a transferência do encargo de legislar para outro poder absolutamente despreparado para o exercício deste mister e já integralmente absorvido pelas funções de exercer a jurisdição. Seria a mesma coisa que diante de um juiz moroso ou de um Tribunal omisso se aplicar a solução de transferir a competência para o julgamento do cargo para o Poder Legislativo".

A resposta é dada pelo próprio autor (p. 359): "Nem se diga que a omissão do legislador poderá, na espécie, procrastinar indefinidamente a proteção que o constituinte quis dar às participações individuais. Além da independência do Mandado de Injunção, que formalizará o Legislativo na posição de devedor inadimplente da sua obrigação legislativa, sempre resta às próprias associações de classe desencadearem o processo legislativo fazendo uso da iniciativa popular que a Constituição consagra".

Em suma, no Mandado de Injunção, o Poder Judiciário não legislar, não assume nenhuma função usurpativa, apenas recebeu do legislador constituinte poder e legitimidade para completar aquilo que o Legislativo ou autoridade pública deixou de fazer impedindo a fruição de direito existente, mas impedido de ser usufruído por desídia ou apatia daquele que tinha o dever de regulamentar ou de editar o ato. Não existe direito à postergação do direito de alguém! Nesse caso, a postergação traduz abuso de poder! O abuso de poder traduz ato doloso e poderá ser objeto de reparação pecuniária.

Como assinala Ulderico dos Santos (ob. cit., p.13): o detentor do direito "era obrigado a conformar-se com a negligência alheia e a retardar o gozo de seu direito por causa imputável à autoridade pública. Hoje, o interessado tem à sua disposição o Mandado de Injunção, instituto jurídico destinado a reduzir a limites mais estreitos o comportamento dos desidiosos, pois foi criado exatamente para conjurar atos omissivos dessa natureza, além de outros, como livre exercício das liberdades constitucionais no que toca à nacionalidade, à soberania e à cidadania".

Em comento ao tema, Ulderico Pires dos Santos (ob. cit., p. 60 e ss.) alerta que: "ao expedir a ordem de injunção o Poder Judiciário não usurpará as faculdades legais dos Poderes Legislativo e Executivo, nem se apropriará de suas funções específicas como alguns estão supondo. Nem isto podia acontecer porque, constitucionalmente, os Poderes da República são independentes. O que o Poder judiciário deve fazer no exercício de seu poder jurisdicional é examinar se o direito subjetivo do postulante da injunção está sendo postergado em face da apatia de quem tem o dever de regulamentar. Se se convencer de que o ato omissivo está realmente lhe causando lesão, marcará prazo para o responsável pela violação fazer o regulamento, de modo a poder o titular do direito entrar no seu exercício, sob pena dessa providência ser tomada pelo poder jurisdicional. Esgotado o prazo marcado para a autoridade executiva ou legislativa tomar a providência que lhe compete, sem que o faça, deverá ser expedido o Mandado de Injunção assegurando ao impetrante o direito que reclama. Se houver recalcitrância do devedor da prestação, esta será convertida em indenização por perdas e danos [...]".

Lembra José Afonso da Silva (ob. cit., p. 45) que: "Por isso não está autorizado a legislar [refere-se ao juiz]. Não formulará norma genérica na sua sentença, regulamentadora do exercício do direito, liberdade ou prerrogativa referidos no art. 5.º, LXXI, da Constituição. Sua função se limitará a explicitar o direito para o caso concreto. Ou seja, decidirá o caso explicitando o direito esboçado na norma constitucional, em favor do impetrante, nos termos normativos por ele supostos, mentalizados (como se fora legislador), mas não formulará senão no estabelecimento das condições indispensáveis à correta aplicação da norma constitucional à causa".

Não há, pois, falar em usurpação de poder de legislar. Muito embora a decisão possa até atingir toda uma categoria ou mesmo uma coletividade, *v.g.*, no caso dos interesses difusos, ou, ainda, em certos casos, ser estendida, o seu âmbito de atuação não se traduz *erga omnes*, mas no caso concreto.

2.21. Da limitação prática em sede de injunção

É preciso cuidar para que o Mandado de Injunção não venha a transformar-se em panaceia, a exemplo do que hoje ocorre com o Mandado de Segurança e com a ação rescisória. E essa fiscalização só poderá ser exercida pelo Poder Judiciário. Não se pode olvidar, reconhecemos, que em se tratando de instituto novo existem sérias dificuldades em se delimitar os seus contornos. E a proximidade existente entre a injunção e a declaração de inconstitucionalidade por omissão mais intensifica a dificuldade, muito embora a injunção se insinue em casos concretos com efeitos entre as partes, enquanto a ação de inconstitucionalidade por omissão atue em sede de generalidade, declara a omissão para que o Poder competente edite a norma faltante.

Lembra Hely Lopes Meirelles (ob. cit., p. 141) que essa decisão não fará coisa julgada *erga omnes*, mas apenas *inter partes*. Somente a norma regulamentadora, expedida pela autoridade impetrada, terá aquele efeito, cessando, com isso, a competência do Judiciário.

Todavia, como bem comenta Vicente Greco Filho (artigo cit.), "o Supremo Tribunal Federal no Acórdão proferido no MI n. 07-3/DF, de 23.11.1989, optou por identificar o escopo do Mandado de Injunção ao daquela outra providência constitucional. Nessa oportunidade, o STF concluiu pela alternativa de considerá-lo assemelhado à inconstitucionalidade por omissão, isto é, que ele se encerra pela comunicação da mora ao Poder competente para a edição da norma, para que adote as providências necessárias, tendo como efeito residual a suspensão das providências judiciais administrativas, de que poderia advir ao impetrante dano pela falta da norma regulamentadora".

Lembra o autor que "a questão, porém, não se encerrou com a decisão do MI n. 107 porque daquela data até o presente, o STF foi paulatinamente introduzindo soluções tendentes a dar eficácia ao instituto, coincidindo com a nossa posição [do autor], inicialmente referida, de que a ele compete, no caso de mora do Poder Legislativo, a elaboração de preceito que permita a todos os que estejam na situação descrita a fruição do direito, cujo exercício esteja obstado por falta de regulamentação".

E conclui o autor: "Assim, no MI n. 219-3 [...] resolveu dar-lhe ciência dessa situação de mora constitucional, para que supra (ao Congresso Nacional) a omissão em tempo hábil. Ora, a imposição do termo final 'em tempo útil' significa que o STF passou a entender que "o instrumento constitucional tem força cogente, porque não se faz ordem ou determinação sem sanção, no sentido que lhe atribui Liebman, ou seja, consequência jurídica do reconhecimento do estado de determinada situação ou relação. Nesses termos, não se pode concordar com o parecer do Procurador-Geral da República na reclamação interposta nesse mandado em virtude de não ter o Congresso legislado em tempo útil, o qual conclui que em Mandado de Injunção não cabe reclamação. Não caberia se se lhe desse mera função declaratória, mas, no caso, houve a imposição de prazo e essa imposição tem de ser resolvida em favor de se fazer valer a norma constitucional. E para fazer valer a norma constitucional, na hipótese concreta, em nosso entender a solução será a de fixar o número de deputados para o Estado de São Paulo no máximo previsto na Constituição, até que venha a regulamentação feita pelo Congresso que, aliás, não poderá ser diferente, dados os critérios estabelecidos na própria Carta Magna. Outra não é a linha que está sendo assumida pelo STF no MI n. 232-1/RJ [...] onde há votos favoráveis a que se declare o estado de mora em que se encontra o Congresso Nacional, a fim de que no prazo de seis meses adote as providências legislativas que se impõem para o cumprimento da obrigação de legislar, decorrente do art. 195, § 7.º, da Constituição, sob pena de, vencido esse prazo sem legislar, passe a requerente a gozar da imunidade requerida. Houve, portanto, mudança de interpretação, em evolução positiva, quanto ao objeto do Mandado de Injunção, assumindo o STF a função de exercer o suprimento normativo necessário à efetivação da norma constitucional".

Tem-se, pois, que através da injunção pode-se atacar a inconstitucionalidade por omissão, resolvendo-se para o caso concreto. Esse direcionamento salutar, face a interpretação sistemática (arts. 5.º, LXXI e o 103), amplia o âmbito da injunção, mesmo porque a ação de inconstitucionalidade por omissão estaria gizada a legitimidades ativas restritas (art. 103, *caput*).

Lembra Celso Agrícola Barbi (ob. cit., p. 396) que "A função jurisdicional tem limitações naturais na sua atividade, o que a leva a não poder satisfazer a todos os direitos que sejam reclamados. Basta que a complexidade exigida para a proteção de um direito seja tal que, na prática, o juiz não possa chegar a um resultado eficaz e no tempo adequado. Como exemplo, pode-se apontar o direito ao salário mínimo, assegurado no art. 5.º, IV. A complexidade dos dados necessários à fixação desse salário é de tal monta que é impossível, do ponto de vista prático, o juiz, dentro das limitações próprias dos autos judiciais, e no tempo oportuno, decidir com segurança qual o salário mínimo a ser pago ao demandante. Do mesmo modo, o direito à educação, previsto no art. 205, poderá ser assegurado com uma sentença que mande matricular em uma escola pública fundamental a pessoa ali recusada por falta de vaga. A colocação de mais um aluno na classe não irá, normalmente, trazer prejuízo de monta aos seus colegas. Más, se na localidade não houver escola, a sentença não poderá pretender criar uma, para atender ao direito do demandante, porque a complexidade dessa criação e funcionamento não é compatível com o poder que se contém em uma sentença. O êxito do instituto dependerá essencialmente da capacidade inventiva dos advogados e do sadio critério dos juízes para criação dos meios práticos adequados e para a precisa delimitação do campo do Mandado de Injunção".

Temos para nós que a matrícula em determinada escola ou mesmo a hospitalização de um doente grave ou terminal poderá ser resolvida por meio de Mandado de Segurança ou mesmo de medida cautelar. Não se cuida aí de ausência de norma regulamentadora, mas de ausência de capacidade material na escola e no hospital. Vale dizer, a ausência de vaga. Mas em havendo a impossibilidade material do cumprimento, não haveria como obrigar a autoridade, *v.g.*, escola onde já existe grande carga de alunos excedentes e hospital sem a mínima condição de atendimento, com doentes espalhados no chão dos corredores. O mesmo exemplo serve para os presídios. Em tais casos, não se viabiliza a injunção por não haver falta de norma regulamentadora, mas, sim, de falta de capacidade material. E onde existe remédio processual protetivo a injunção não se insinua.

2.22. Da injunção em sede de discricionariedade

Muito bem lembra Celso Agrícola Barbi (ob. cit., p. 396) que: "O êxito do instituto dependerá essencialmente da capacidade inventiva dos advogados e do sadio critério dos juízes para criação dos meios práticos adequados e para a precisa delimitação do campo do Mandado de Injunção".

O art. 114 do CPC/1939 já dispunha: "Quando autorizado a decidir por equidade, o Juiz aplicará a norma que estabeleceria se fosse legislador". O Código atual dispõe em seu art. 127 que: "O Juiz só decidirá por equidade nos casos previstos em lei". Decidiu o Supremo Tribunal Federal que: "Se o Juiz pode e deve preferir entre várias interpretações aquela que atende mais às aspirações da Justiça e ao bem público, se ele é o adaptador consciente da lei ao fato, da norma legal à vida e, dentro nessa função, move-se com liberdade, não pode jamais perder de vista o ponto de partida de sua atividade e que é a lei, em sua letra e em seu espírito, e que lhe cumpre aplicar inteligentemente não modificar ou alterar, com habilidade e argúcia, fazendo contra ela, prevalecer seus sentimentos pessoais de cidadão e de jurista" (STF, *RDA n.* 2/112, *apud* Alexandre de Paula, *Código de Processo Civil Anotado*, RT, 1977, v. 1/352).

Em comentários ao tema "discricionariedade" nas decisões injunctórias, preleciona Irineu Strenger (ob. cit., p. 34) que: "Desde que devemos ser obedientes aos mandamentos da Carta Magna e em face da eficácia atribuída dispositivamente ao Mandado de Injunção, será válido instituir as decisões discricionárias como solução imediata mediante adoção de métodos legalmente previstos em nosso Direito cogente, como é o caso da já noticiada regra do art. 4.º da Lei de Introdução ao Código Civil". E antes já havia o autor aconselhado ser "possível tomar quaisquer parâmetros legais existentes para encontrar qual a melhor adequação aos casos em debate, de modo a não agravar a situação de quem reclama o corretivo previsto constitucionalmente".

2.23. Do Mandado de Injunção e do Mandado de Segurança

São institutos com peculiaridades próprias. A segurança labora em sede de proteção a direito individual ou coletivo, desde que líquido e certo, malferido por ato ilegal de autoridade ou abusivo. O Mandado de Injunção tem por objetivo a proteção das garantias fundamentais constitucionais expressas na Carta Magna (art. 5.º, LXXI); dizem respeito ao exercício dos direitos e liberdades constitucionais e das prerrogativas inerentes à nacionalidade, à soberania e à cidadania. Alerta Hely Lopes Meirelles (ob. cit., p. 137) que a soberania referida no inciso diz respeito à soberania popular, expressa no art. 14, e não à soberania do Estado, só invocável pelo próprio Estado no exercício de seus poderes absolutos e incontrastáveis. Enquanto no Mandado de Segurança o sujeito passivo é ente público (autoridade pública ou agente de pessoa jurídica no exercício de atribuições do Poder Público), o Mandado de Injunção poderá ter no polo passivo pessoa jurídica de direito público, pessoa jurídica de direito privado, pessoa natural, pessoas jurídicas sem personalidade jurídica (sociedade de fato, a massa falida, o espólio, a herança jacente, o condomínio, a massa do devedor civil insolvente). A segurança é admitida no prazo de 120 dias, pena de obstá-la a decorrência do prazo decadencial. O uso da injunção tem lugar a qualquer momento não firmando residência em prazo preclusivo. Mas, a exemplo da segurança, a competência se firma em função da pessoa colocada no polo passivo da injunção. Ambos são ação de natureza processual civil e de rito sumaríssimo. Mas, ao contrário da segurança, o Mandado de Injunção não repele a instância probatória. Muito embora na maior parte das vezes a prova seja preconstituída, caso haverá em que não se poderá dispensar a instrução probatória. Não obstante as semelhanças encontradas, seus objetivos são diversos. São ambos garantia constitucional, com peculiaridades próprias, mas o Mandado de Injunção tem amplitude maior, posto que abrange âmbito maior de situações.

2.24. Dos interesses difusos em sede de injunção

Temos para nós que o Mandado de Injunção também veio cobrir esta parte do direito popular que diz respeito aos interesses difusos, desde que presentes os pressupostos de ausência de regulamentação no seu sentido amplo.

Óbice que se poderia antever seria a impossibilidade de indicar-se o titular legitimado para agir, quando se trata de interesses difusos, face à impossibilidade de determinação.

Como bem coloca Rodolfo de Camargo Mancuso (*Interesses Difusos*, RT, 1988, p. 125), "a questão começa a se tornar complexa quando se trata de atribuir legitimação para agir em sede de interesses coletivos *lato sensu*, isto é, dos interesses super ou metaindividuais. Nesse passo, é preciso distinguir: já foi visto que entre os interesses 'coletivos' *stricto sensu* e os 'difusos', o que existe é uma diferença de intensidade, de grau de agregação: os primeiros, bem determinados e afetados a segmentos ou categorias sociais bem definidos (por exemplo, os interesses dos metalúrgicos ou dos advogados) são representados em Juízo por entidades adredemente constituídas, que desempenham, mesmo, uma função quase pública": Sindicato dos Metalúrgicos; Ordem dos Advogados. Ao passo que os interesses difusos, por definição, não comportam agregação definitiva, seja pela indeterminação dos sujeitos (por exemplo, os "consumidores"), seja pela fluidez e generalidade do objeto ("ar atmosférico"); ("qualidade de vida").

Tem-se, pois, que a indeterminação do titular em sede de interesses difusos não constitui óbice à proteção, vez que perfeitamente possível a interposição da ação através de sujeitos coletivos, a exemplo do que acontece com o Mandado de Segurança (art. 5.º, LXX, CF/88).

Exige-se apenas que tenha como pressupostos a falta de norma regulamentadora (sentido amplo) que torne inviável o exercício dos interesses difusos.

É bem de ver que os direitos são exercíveis, desde a sua criação. Nesse sentido dispõe Pontes de Miranda (*Tratado de Direito Privado*, v. 6, § 657, RT, p. 87): "com o nascimento deles começa a eficácia e, pois, a exercibilidade". Assim, se a ausência de norma regulamentadora constituir óbice ao pleno exercício do direito, cabível a injunção.

Lembra José da Silva Pacheco (*O Mandado de Segurança e outras Ações Constitucionais Típicas*, RT, 1990, p. 245) que "às vezes, o direito subjetivo, propriamente, ainda não se formou por haver, apenas, previsão dele na Constituição, mas dependente de norma regulamentadora. Nesse caso, não há, ainda, direito subjetivo, mas apenas previsão constitucional, que mais se assemelha a simples promessa constitucional, que há de valer e prevalecer, mediante o Mandado de Injunção".

Vale aqui o desabafo de Cappelletti ("Formazioni sociaii e interessi di gruppo davanti alta giustizia civile", *in Rivista di Diritto Processuale*, n. 3/1976, *apud* Rodolfo de Camargo Mancuso, p. 134): "É chegado o momento de dar 'voz e voto' a esses 'interesses párias', que até agora foram esquecidos ou ignorados pela consideração simplista de que 'o que pertence a todos não pertence a ninguém, e assim ninguém pode pretender sua tutela'."

O Mandado de Injunção veio para acabar de vez com tais situações de desrespeito, principalmente do Poder Legislativo e do Poder Executivo.

Realça Ulderico Pires dos Santos (ob. cit., p. 13 e ss.) que o titular do direito que se via diante dessa impossibilidade objetiva ficava com ele em suspenso, temporária e às vezes definitivamente, porque o indivíduo ou a entidade encarregada do ato regulamentador não podia ser compelido a cumprir o seu dever. Ficava, bem se pode dizer, à mercê de sua boa ou má vontade. Diante dessa situação, só lhe restava conformar-se em vê-lo postergado ou, apenas, resolvido pela metade, sem poder fazer nada, pois não contava com meios legais para forçar o obstinado a cumprir a sua tarefa e lhe possibilitar o gozo do direito em cujo exercício ainda não entrava, por depender do regulamento que somente dele dependia. Quer dizer: era obrigado a conformar-se com a negligência alheia e a retardar o gozo de seu direito por causa imputável à autoridade pública. E conclui: "Hoje, o interessado tem à sua disposição o Mandado de Injunção, instituto jurídico destinado a reduzir a limites mais estreitos o comportamento dos desidiosos, pois foi criado exatamente para conjurar atos omissivos dessa natureza, além de outros, como livre exercício das liberdades constitucionais no que toca à nacionalidade, à soberania e à cidadania".

Como veremos na oportunidade própria, os sindicatos, as associações, as entidades de classe e, principalmente, os partidos políticos terão papel preponderante no fazer valer esse direito da população.

Realça Marcelo Figueiredo (ob. cit., p. 35 e ss.) que o Mandado de Injunção é ação constitucional, é uma das garantias constitucionais postas à disposição de todos aqueles que têm o direito de usufruir dos 'direitos constitucionais. Quem são eles? São exatamente os titulares de direito individual, coletivo e difuso, já que a Constituição albergou estas categorias de direito em seu conjunto. Assim, é significativo que o Capítulo I consagre os direitos individuais e coletivos. O segundo argumento a corroborar a impetração da injunção apta à tutela coletiva e difusa é encontrado nos arts. 129, III, 182 e 225. Como é possível ao Ministério Público, por exemplo, "zelar pelo efetivo respeito dos poderes públicos e dos serviços de relevância pública aos direitos assegurados nesta Constituição, promovendo medidas necessárias a sua garantia", se lhe for negado o direito à injunção? Notem, para a promoção dos direitos a que alude a competência do Ministério Público, fatalmente se inserem os direitos individuais, coletivos e difusos, podendo ser tutelados através do Mandado de Injunção. O art. 8.º, notem, inserido no mesmo título constitucional estabelece: "Ao sindicato cabe a defesa dos direitos e interesses coletivos e individuais da categoria, inclusive em questões judiciais ou administrativas". Destarte, no Mandado de Injunção, ação constitucional que visa concretizar valores individuais, coletivos e difusos, não vemos como negar legitimidade dessas entidades. Tudo, enfim, nos encaminha a esse entendimento (confira-se ainda o art. 5.º, LXX, da CF).

E à p. 62 o autor exemplifica: "Art. 182. A política de desenvolvimento urbano, executada pelo Poder Público municipal, conforme diretrizes gerais fixadas em lei, tem por objetivo ordenar o pleno desenvolvimento das funções sociais da cidade e garantir o bem-estar de seus habitantes. § 1.º O plano diretor, aprovado pela Câmara Municipal, obrigatório para cidades com mais de 20 mil habitantes, é o instrumento básico da política de desenvolvimento e de expansão urbana". Imaginemos município que não tenha qualquer tipo de regulamentação urbana. É certo que a hipótese é cerebrina, mas possível. Neste caso, penso ser possível impetrar o Mandado de Injunção para que se regulamente no caso concreto este direito constitucional, que pode estar embaraçando a fruição do direito do impetrante. Que direito? — O direito difuso albergado no termo "funções sociais" da cidade, do artigo supra.

Alerta Diomar Ackel Filho (ob. cit., p. 106-107): "Enfatize-se que, quando a Carta menciona o cabimento do Mandado de Injunção ante a falta de norma regulamentadora, inviabilizando o exercício dos direitos e liberdades constitucionais e as prerrogativas inerentes à nacionalidade, soberania do povo e cidadania, na verdade referiu-se a todos os direitos básicos previstos diretamente na Lei Maior. Nem era necessário que se incluísse a expressão 'prerrogativas', inerentes à nacionalidade etc., porque tais prerrogativas evidentemente se traduzem em direitos explícitos ou implícitos, com matiz constitucional. O Mandado de Injunção é uma inovação auspiciosa e corrige grave falha do sistema constitucional. Até aqui, por falta de regulamento, muitos direitos tornavam-se letra morta. O regulamento é ato inferior à norma criativa de direito e jamais a sua falta poderia obstar o exercício do que é previsto pela fonte criadora".

O Mandado de Injunção, a exemplo da ação civil pública, constitui instrumento posto nas mãos do indivíduo (unitário ou coletivo) para fazer valer direitos procrastinados pelo poder público, em ato omissivo de desídia, de desmandos e de abuso de poder. Enquanto a ação pública veio para deixar claro que a coisa pública tem dono, o Mandado de Injunção veio para rebelar-se contra o costume nocivo de relegar direitos a planos terciários, arrostando a soberania e a cidadania.

2.25. Do posicionamento atual do STF

O posicionamento adotado inicialmente pela excelsa Corte neutralizava o Mandado de Injunção, dando-lhe o mesmo tratamento instrumentário da inconstitucionalidade por omissão. Fora relegada ao oblívio a diferença estrutural do Mandado de Injunção que era destinado a resolver a omissão nos casos concretos e da inconstitucionalidade por omissão talhado para resolver questões no plano abstrato. O fundamento inicialmente fora o de que a excelsa Corte não tinha legitimidade para legislar, sob pena de permitir-se a usurpação de poderes (princípio da independência de poderes). Com esse encolhimento procedimental, o Supremo Tribunal Federal neutralizava instituto do Mandado de Injunção e retirava do indivíduo a possibilidade de fazer o seu direito, deixando que direitos permanecessem em berço explêndido sem nunca se tornar realidade. Permitia-se, com esse procedimento negativo, omissão ditatorial do Congresso Nacional e o abuso de direito e de poder de órgãos e de autoridades públicas. Com esse posicionamento da excelsa Corte perdia o titular do direito e o próprio Poder Judiciário pelo descrédito.

Em se tratando de instituto novo, dotado de peculiaridades próprias e diversas de similares alienígenas, deu ensejo à formação de entendimentos diversos: a) As regras constitucionais, por si só, não autorizavam o manejo do Mandado de Injunção. Seria necessário que o instituto fosse regulamentado. Essa entendimento congelava o instituto e por isso não teve maior influência; b) surgia entendimento menos radical no sentido de que, sendo o Mandado de Injunção remédio processual dirigido contra a omissão impeditiva do exercício de direito protegido constitucionalmente, caberia ao juiz prolatar decisão que regrasse o exercício de direito naquele caso concreto. Esse entendimento, como veremos mais adiante, por ser o mais razoável, acabou por prevalecer; c) um outro entendimento era no sentido de que deveria haver uma regra geral aplicável, não só naquele caso concreto, mas nos demais casos semelhantes.

A possibilidade de regra normativa em Mandado de Injunção, diziam alguns, seria impossível, tendo em conta que as decisões proferidas pela excelsa Corte em sede de injunção e de inconstitucionalidade por omissão tem caráter obrigatório ou mandamental (Heli Lopes Meirelles, *apud* Gilmar Ferreira Mendes e Outros, Curso de Direito Constitucionl, 2. ed. Saraiva, São Paulo, p. 1.207).

> O <mandado> de <injunção> nem autoriza o Judiciário a suprir a omissão legislativa ou regulamentar, editando o ato normativo omitido, nem, menos ainda, lhe permite ordenar, de imediato, ato concreto de satisfação do direito reclamado: mas, no pedido, posto que de atendimento impossível, para que o Tribunal o faça, se contém o pedido de atendimento possível para a declaração de inconstitucionalidade da omissão normativa, com ciência ao órgão competente para que a supra. (MI n. 168, rel. Min. Sepúlveda Pertence, julgamento em 21.3.1990, Plenário, DJ de 20.4.1990.

Conforme verificamos na obra de Gilmar Mendes (p. 1.209), no julgamento do Mandado de Injunção n. 107-DF, 21.9.1990, rel. min. Moreira Alves (RTJ, 133), o Supremo Tribunal Federal deixou firmadas algumas regras:

a) o mandado de injunção, segundo a sua própria natureza, destinava-se a garantir os direitos constitucionais assegurados, inclusive aqueles derivados da soberania popular, como o direito de prebiscito, o direito de sufrágio, a iniciativa legislativa popular (CF, art. 14, I, III), bem como os chamados direitos sociais (CF, art. 6.º), desde que o impetrante estivesse impedido de exercê-los em virtude da omissão do órgão legiferante.

b) Como omissão, deveria ser entendida não só a chamada omissão absoluta do legislador, isto é, a total ausência de norma, como também a omissão parcial, na hipótese de cumprimento imperfeito ou insatisfatório de dever constitucional de legislar (MI n. 542/SP, rel. Celso de Melo, DJ 28.6.2002).

c) Ao contrário da orientação sustentada por uma das correntes doutrinárias (MI n. 107, rel. Moreira Alves, RTJ 133/11-31), o mandado de injunção afigurava-se adequado à realização de direitos constitucionais que dependiam da edição de normas de organização, pois, do contrário, esses direitos não ganhariam qualquer significado (MI n. 107, rel. Moreira Alves, RTJ 133/33).

d).Todavia, o Tribunal entendeu, e assim firmou sua jurisprudência, no sentido de que deveria limitar-se a constatar a inconstitucionalidade da omissão e a determinar que o legislador empreendesse as providências requeridas (Hely Lopes Meirelles, Mandado de segurança, cit., p. 277).

Segundo o autor, após o Mandado de Injunção n. 107, *"leading case"* na matéria relativa à omissão, a Corte passou a promover alterações significativas no instituto do Mandado de Injunção, conferindo-lhe, por conseguinte, conformação mais ampla do que a até então admitida.

No Mandado de Injunção n. 283, de relatoria do ministro Sepúlveda Pertence, o Tribunal, pela primeira vez, estipulou prazo para que fosse colmatada a lacuna relativa à mora legislativa, sob pena de assegurar ao prejudicado a satisfação dos direitos negligenciados. Explicita a ementa do acórdão:

Mandado de Injunção: Mora legislativa na edição da lei necessária ao gozo do direito à reparação econômica contra a União, outorgado pelo art. 8.º, § 3.º, ADCT: deferimento parcial, com estabelecimento de prazo para purgação da mora e, caso subsista a lacuna, facultando o titular do direito obstado a obter, em juízo, contra a União, sentença líquida de indenização por perdas e danos".

1. O STF admite — não obstante a natureza mandamental do mandado de injunção (MI n. 107-QO) — que no pedido constitutivo ou condenatório, formulado pelo impetrante, mas de atendimento impossível, se contém o pedido, de atendimento possível, de declaração de inconstitucionalidade da omissão normativa, com ciência ao órgão competente para que a supra (cf. Mandados de Injunção ns. 168, 107 e 232).

2. A norma constitucional invocada (ADCT, art. 8.º, § 3.º) — Aos cidadãos que foram impedidos de exercer a vida civil, atividade profissional específica, em decorrência das Portarias Reservadas do Ministério da Aeronáutica n. S-50-GM5, de 19 de junho de 1964, e n. S-285-GM5, será concedida reparação econômica, na forma que dispuser a lei de iniciativa do Congresso Nacional e a entrar em vigor no prazo de doze meses a contar da promulgação da Constituição — vencido o prazo nela previsto, legitima o beneficiário da reparação mandada conceder e a impetrar mandado de injunção, dada a existência, no caso, de um direito subjetivo constitucional de exercício obstado pela omissão legislativa denunciada.

3. Se o sujeito passivo de direito constitucional obstado é a entidade estatal à qual igualmente se deve imputar a mora legislativa que obsta ao seu exercício, é dado ao Judiciário, ao deferir a injunção, somar, ao seus efeitos mandamentais típicos, o provimento necessário a acautelar o interessado contra a eventualidade de não se ultimar o processo legislativo, no prazo razoável que fixar, de modo a facultar-lhe, quanto possível, a satisfação provisória do seu direito.

4. Premissas, de que resultam, na espécie, o deferimento do mandado de injunção para:

a) declarar em mora o legislador com relação à ordem de legislar contida no art. 8.º, § 3.º, ADCT, comunicando-o ao Congresso Nacional e à Presidência da República;

b) assinar o prazo de 45 dias, mais 15 dias para a sanção presidencial, a fim de que se ultime o processo legislativo da lei reclamada;

c) se ultrapassado o prazo acima, sem que esteja promulgada a lei, reconhecer ao impetrante a faculdade de obter, contra a União, pela via processual adequada, a sentença líquida de condenação à reparação constitucional devida, pelas perdas e danos que as arbitrem:

d) declarar que, prolatada a condenação, a superveniência de lei não prejudicará a coisa julgada, que, entretanto, não impedirá o impetrante de obter os benefícios da lei posterior, nos pontos em que lhe for mais favorável (MI n. 283m, rel. Sepúlveda Pertence, DJ de 14.11.1991).

No Mandado de Injunção n. 232, do relator ministro Moreira Alves, o tribunal reconheceu que, passados seis meses sem que o Congresso Nacional editasse a lei referida no art. 195, § 7.º, da Constituição Federal, o requerente passaria a gozar a imunidade requerida. Nesse mesma direção, o Mandado de Injunção n. 284, também do relator Celso Melo.

STF — Mora legislativa: exigência e caracterização: critério de razoabilidade. A mora — que é pressuposto da declaração de inconstitucionalidade da omissão legislativa — é de ser reconhecida, em cada caso, quando, dado o tempo corrido da promulgação da norma constitucional invocada e o relevo da matéria, se deva considerar superado o prazo razoável para a edição do ato legislativo necessário à efetividade da Lei Fundamental; vencido o tempo razoável, nem a inexistência de prazo constitucional para o adimplemento do dever de legislar, nem a pendência de projetos de lei tendentes a cumpri-lo podem descaracterizar a evidência da inconstitucionalidade da persistente omissão de legislar. [...] <Mandado> de <injunção>: natureza mandamental (MI n. 107-QO, M. Alves, RTJ n. 133/11): descabimento de fixação de prazo para o suprimento da omissão constitucional, quando, por não ser o Estado o sujeito passivo do direito constitucional de exercício obstado pela ausência da norma regulamentadora (*v.g.*, MI n. 283, Pertence, RTJ n. 135/882) –, não seja possível cominar consequências à sua continuidade após o termo final da dilação assinada. (MI n. 361, rel. p/ o ac. Min. Sepúlveda Pertence, julgamento em 8.4.1994, Plenário, DJ de 17.6.1994.)

STF — Mora Legislativa — Ocorrência, no caso, em face do disposto no art. 59 do ADCT, de mora, por parte do Congresso, na regulamentação daquele preceito constitucional. <Mandado> de <injunção> conhecido, em parte, e, nessa parte, deferido para declarar-se o estado de mora em que se encontra o Congresso Nacional, a fim de que, no prazo de seis meses, adote ele as providências legislativas que se impõem para o cumprimento da obrigação de legislar decorrente do art. 195, § 7.º, da Constituição, sob pena de, vencido esse prazo sem que essa obrigação se cumpra, passar o requerente a gozar da imunidade requerida." (MI n. 232, rel. Min. Moreira Alves, julgamento em 2.8.1991, Plenário, DJ de 27.3.1992.). STF-MI-n.708, rel. Ministro Gilmar Mendes, Julgamento em 25.10.2007, Plenário, DJE de 31.10.2008

<Mandado> de <injunção>. Garantia fundamental (CF, art. 5.º, inciso LXXI). Direito de greve dos servidores públicos civis (CF, art. 37, inciso VII). Evolução do tema na jurisprudência do STF. Definição dos parâmetros de competência constitucional para apreciação no âmbito da Justiça Federal e da Justiça estadual até a edição da legislação específica pertinente, nos termos do art. 37, VII, da CF. Em observância aos ditames da segurança jurídica e à evolução jurisprudencial na interpretação da omissão legislativa sobre o direito de greve dos servidores públicos civis, fixação do prazo de sessenta dias para que o Congresso Nacional legisle sobre a matéria. <Mandado> de <injunção> deferido para determinar a aplicação das Leis ns. 7.701/1988 e 7.783/1989. Sinais de evolução da garantia fundamental do <mandado> de <injunção> na jurisprudência do STF. No julgamento do MI n. 107/DF, rel. Min. Moreira Alves, *DJ* de 21.9.1990, o Plenário do STF consolidou entendimento que conferiu ao <mandado> de <injunção> os seguintes elementos operacionais: i) os direitos constitucionalmente garantidos por meio de <mandado> de <injunção> apresentam-se como direitos à expedição de um ato normativo, os quais, via de regra, não poderiam ser diretamente satisfeitos por meio de provimento jurisdicional do STF; ii) a decisão judicial que declara a existência de uma omissão inconstitucional constata, igualmente, a mora do órgão ou poder legiferante, insta-o a editar a norma requerida; iii) a omissão inconstitucional tanto pode referir-se a uma omissão total do legislador quanto a uma omissão parcial; v) a decisão proferida em sede do controle abstrato de normas acerca da existência, ou não, de omissão é dotada de eficácia *erga omnes*, e não apresenta diferença significativa em relação a atos decisórios proferidos no contexto de <mandado> de <injunção>; iv) o STF possui competência constitucional para, na ação de <mandado> de <injunção>, determinar a suspensão de processos administrativos ou judiciais, com o intuito de assegurar ao interessado a possibilidade de ser contemplado por norma mais benéfica, ou que lhe assegure o direito constitucional invocado; vi) por fim, esse plexo de poderes institucionais legitima que o STF determine a edição de outras medidas que garantam a posição do impetrante até a oportuna expedição de normas pelo legislador. Apesar dos avanços proporcionados por essa construção jurisprudencial inicial, o STF flexibilizou a interpretação constitucional primeiramente fixada para conferir uma compreensão mais abrangente à garantia fundamental do <mandado> de <injunção>. A partir de uma série de precedentes, o Tribunal passou a admitir soluções "normativas" para a decisão judicial como alternativa legítima de tornar a proteção judicial efetiva (CF, art. 5.º, XXXV). Precedentes: MI n. 283, rel. Min. Sepúlveda Pertence, *DJ* de 14.11.1991; MI n. 232/RJ, rel. Min. Moreira Alves, *DJ* de 27.3.1992; MI n. 284, rel. Min. Marco Aurélio, rel. p/ o ac. Min. Celso de Mello, *DJ* de 26.6.1992; MI n. 543/DF, rel. Min. Octavio Gallotti, *DJ* de 24.5.2002; MI n. 679/DF, rel. Min. Celso de Mello, *DJ* de 17.12.2002; e MI n. 562/DF, relª. Minª. Ellen Gracie, *DJ* de 20.6.2003. [...] Em razão da evolução jurisprudencial sobre o tema da interpretação da omissão legislativa do direito de greve dos servidores públicos civis e em respeito aos ditames de segurança jurídica, fixa-se o prazo de 60 (sessenta) dias para que o Congresso Nacional legisle sobre a matéria. <Mandado> de <injunção> conhecido e, no mérito, deferido para, nos termos acima especificados, determinar a aplicação das Leis ns. 7.701/1988 e 7.783/1989 aos conflitos e às ações judiciais que envolvam a interpretação do direito de greve dos servidores públicos civis. (**MI n. 708**, rel. Min. **Gilmar Mendes**, julgamento em 25.10.2007, Plenário, *DJE* de 31.10.2008.) **No mesmo sentido: MI n. 670**, rel. p/ o ac. Min. **Gilmar Mendes**, e **MI n. 712**, rel. Min. **Eros Grau**, julgamento em 25.10.2007, Plenário, *DJE* de 31.10.2008.

Decorridas mais de duas décadas do advento da Constituição Federal e, por consequência, do Mandado de Injunção, a jurisprudência do Supremo Tribunal Federal evoluiu para dar implementabilidade ao Mandado de Injunção, separando-o cirurgicamente da inconstitucionalidade por omissão, deixando que cada qual siga o leito que lhe foi traçado pela atual Carta Política. A excelsa Corte firmou posição que indica a valorização dos institutos e deixou no pretérito todo e qualquer entendimento doutrinário que desmerecesse o instituto do Mandado de Injunção, neutralizando-o, congelando-o, ou tornando-o letra morta. O procedimento injuncional não significa usurpação de competência a tisnar ou obscurecer a legitimidade da excelsa Corte. Pemite apenas que o Poder Judiciário intervenha para tornar exequível um direito resistido por algum Poder da República ou por órgãos ou autoridades administrativas que, em última instância, agem com desídia, inapetência, abuso de poder ou de direito, obstando a fruição de direito garantido pela Constituição. Sendo o STF o guardião da Constituição, nada mais salutar que dê a cada instituto o perfil jurisprudencial necessário, com maior razão no caso do Mandado de Injunção, dada a sua instrumentalidade extremamente social.

3. Competência

3.1. Da competência constitucional

Supremo Tribunal Federal: competência originária — art. 102, I, *"q"*: "o Mandado de Injunção, quando a elaboração da norma regulamentadora for atribuição do Presidente da República, do Congresso Nacional, da Câmara dos Deputados, do Senado Federal, das Mesas de uma dessas Casas Legislativas, do Tribunal de Contas da União, de um dos Tribunais Superiores, ou do próprio Supremo Tribunal Federal;" [...] competência recursal — art. 102, II, *"a"*: "... o Mandado de Injunção decidido em única instância pelos Tribunais Superiores, se denegatória a decisão."

Superior Tribunal de Justiça: competência originária — art. 105, I, *"h"*: "o Mandado de Injunção, quando a elaboração da norma regulamentadora for atribuição de órgão, entidade ou autoridade federal, da Administração direta ou indireta, excetuados os casos de competência do Supremo Tribunal Federal e dos órgãos da Justiça Militar, da Justiça Eleitoral, da Justiça do Trabalho e da Justiça Federal;" — "III – julgar em recurso especial, as causas decididas em única ou última instância pelos Tribunais Regionais Federais ou tribunais dos Estados, do Distrito Federal e Territórios, quando a decisão recorrida: a) contrariar tratado ou lei federal ou negar-lhes vigência: b) julgar válida lei ou ato de governo local contestado em face de lei federal; c) der a lei federal interpretação divergente da que lhe haja atribuído outro tribunal. Parágrafo único. Funcionará junto ao Superior Tribunal de Justiça o Conselho da Justiça Federal, cabendo-lhe, na forma da lei, exercer a supervisão administrativa e orçamentária da Justiça Federal de primeiro e segundo graus".

Tribunais Regionais Federais e Juízes Federais: aqui o instituto da injunção aparece de forma indireta ao final (art. 105, I, *"h"*): "excetuados os casos de competência do Supremo Tribunal Federal e dos órgãos da Justiça Militar, da Justiça Eleitoral, da Justiça do Trabalho e da Justiça Federal". Os Regimentos Internos dos TRF deverão prover para o assunto. No Mandado de Injunção n. 571 QQ-SP, o Supremo Tribunal Federal decidiu que a omissão normativa imputada à autarquia federal (Banco Central do Brasil), a competência originária é do juiz federal, e não do STF, nem do STJ (inteligência da ressalva final do art. 105, I, *"h"*, da Constituição).

Tribunal Superior do Trabalho: como vimos retro, o instituto aparece de forma indireta ao final do art. 105, I, *"h"*.

Tribunais Regionais e Juízes do Trabalho: não há qualquer referência na Constituição, a não ser de forma indireta (art. 105, I, *"h"*). Mas o Tribunal Superior do Trabalho, em ganhando competência para o julgamento da injunção de forma originária, também te-la-á de forma recursal.

Todavia, nos termos do art. 113 da Constituição, está a cargo da lei (ordinária) dispor sobre a competência da Justiça do Trabalho.

Tribunal Superior Eleitoral: também aqui o instituto da injunção aparece de forma indireta (art. 105, I, *"h"*). Mas o art. 121, § 4.º, preceitua que "Das decisões dos Tribunais Regionais Eleitorais somente caberá recurso quando: V – denegarem *habeas corpus,* Mandado de Segurança, *habeas data* ou Mandado de Injunção". Isso significa que os Regionais têm competência para a espécie.

Mas de acordo com o que dispõe o art. 121, *caput,* ficará a cargo de "Lei Complementar" dispor sobre a competência dos tribunais, dos juízes de Direito e das juntas eleitorais. Juízes de Direito, naturalmente, quando investidos de função eleitoral.

Justiça Militar: afora a referência de forma indireta (art. 105, I, *"h"*), não existe qualquer outra referência. Todavia, nos termos do art. 124, parágrafo único, a lei disporá sobre a organização, o funcionamento e a "competência" da Justiça Militar.

Justiça Estadual (Tribunais de Justiça, Tribunais de Alçada e Juízes de Direito): Dispõe o art. 125 da Constituição, § 1.º, que a competência dos tribunais será definida na Constituição do estado, sendo a Lei de Organização Judiciária de iniciativa do Tribunal de Justiça. Isso significa que caberá à Constituição de cada estado da Federação dar competência aos Tribunais de Justiça para a apreciação de Mandado de Injunção.

A Constituição do Estado de São Paulo prevê no seu art. 74, V, que compete ao Tribunal de Justiça processar: "os Mandados de Injunção, quando a inexistência de norma regulamentadora estadual ou municipal, de qualquer dos Poderes inclusive da Administração indireta, quando torne inviável o exercício de direitos assegurados nesta Constituição. Na Lei de Organização judiciária essa competência poderá ser estendida aos Tribunais de Alçada e Juízes de Direito". (*Vide* item 7.4). Nota. Não existem mais tribunais de alçada.

Registre-se que o Tribunal Regional Federal da 5.ª Região apreciou em grau de recurso (apelação cível) Mandado de Injunção apreciado em primeiro grau por juiz federal (Proc. n. 91.05.00487-0), Ap. Cível n. 8.469-PG, cuja ementa transcrevemos:

Mandado de Injunção — Aposentadoria da Previdência Social — Impetração contra o Superintendente Regional do INSS — Revisão de Benefício: arts. 201 e 202 da CF/88 — Falta de norma regulamentadora — Legitimidade passiva *ad causam*.

1. A autoridade contra a qual deve ser dirigido o Mandado de Injunção é aquela a quem compete ou competiria o deferimento da prerrogativa ou do direito assegurado pela Constituição, e não aquela à qual compete editar ou pôr em vigor a norma regulamentadora desse direito.

2. Caso em que o impetrante pretende seja compelido o Superintendente Regional do INSS a revisar seus proventos da aposentadoria de acordo com os arts. 201 e 202 da CF/88, tendo em vista a falta da lei regulamentadora ali prevista.

3. Na conformidade das normas já existentes, compete às Superintendências Regionais do INSS conceder, manter e revisar os benefícios devidos aos segurados do Instituto e seus dependentes. Logo, é o Superintendente Regional parte legítima para figurar no polo passivo do Mandado de Injunção que busca a revisão de aposentadoria previdenciária segundo os critérios estabelecidos no art. 202 da Constituição.

4. Apelação provida. Sentença anulada, para que seja apreciado o mérito da impetração (Relator Juiz Orlando Rebouças – Ac. un. 1.ª T. – 17.5.1991 – *ADV – Informativo Sémanal* n. 31/91, p. 482, Ementa n. 55.046).

3.2. Da edição de normas sobre competência

O Mandado de Injunção, a exemplo do que acontece com o Mandado de Segurança, firmará a competência em razão da autoridade colocada no polo passivo (autoridade pública ou agente de pessoa jurídica no exercício de atribuições do Poder Público). Em se tratando de particular, serão aplicáveis as regras do Código de Processo Civil que regem para a espécie.

Lembra Agrícola Barbi (ob. cit., p. 394 e ss.) que a Constituição não tem normas sobre a competência originária ou recursal de vários outros tribunais, em matéria de Mandado de Injunção, salvo na Justiça Eleitoral, na qual cabe recurso para o Tribunal Superior Eleitoral das decisões dos Tribunais Regionais Eleitorais, denegatórias de Mandado de Injunção (art. 121, § 4.º, V), o que pressupõe a competência destes para julgar aqueles mandados. O Supremo Tribunal Federal tem competência para julgar, em recurso ordinário, os mandados de injunção decididos em instância única pelos Tribunais Superiores, se denegatória a decisão (art. 102, II, "*a*").

E conclui: "Como a competência originária desses Tribunais, nesse assunto, salvo a do Superior Tribunal de Justiça, não foi fixada na Constituição, a lei ordinária ou os regimentos internos deverão fazê-lo".

3.3. Da competência para os demais órgãos

José Afonso da Silva (*Mandado de Injunção e "Habeas Data"*, RT, 1989, p. 373 e ss.) lembra que a Constituição cuida da competência para processar e julgar o Mandado de Injunção em três dispositivos: art. 102, I, "*q*"; II, "*a*" (STF); e art. 105, I, "*h*" (STJ).

Quando este último dispositivo (refere-se ao art. 105, I, "*h*") ressalva a competência dos órgãos da Justiça Militar, dos órgãos da Justiça Eleitoral, dos órgãos da Justiça do Trabalho e dos órgãos da Justiça Federal, temos que buscar outras normas constitucionais para sabermos em que consistem tais órgãos, e aí veremos que são órgãos: a) da Justiça Federal, tanto os Tribunais Regionais Federais como os juízes federais de primeira instância (art. 106); b) da Justiça do Trabalho, o Tribunal Superior do Trabalho, os Tribunais Regionais do Trabalho, assim como as Juntas de Conciliação e Julgamento, hoje Varas do Trabalho (art. 111); c) da Justiça Eleitoral, o Tribunal Superior Eleitoral, os Tribunais Regionais Eleitorais, os juízes e juntas eleitorais (art. 118); e d) da Justiça Militar, o Superior Tribunal Militar e os tribunais e juízes militares instituídos em lei (art. 122).

Realça o eminente autor que tudo isso mostra que a Constituição, embora de maneira bastante inadequada, reconhece competência a juízes de primeira instância para o processo e julgamento do Mandado de Injunção, e o faz em caráter principal com relação à competência originária do STJ. De fato, quando dá competência a este, ressalvada a competência do STF e de outros órgãos da Justiça Militar, Eleitoral, do Trabalho e Federal, está reconhecendo a ele uma competência que se afere após a dos demais. Ressalva não é exceção, é primazia. Portanto, a competência originária de tribunais é restrita, é excepcional. O normal e geral é a competência originária dos órgãos judiciais de primeiro grau e competência recursal dos tribunais. A competência originária destes faz-se em função da qualidade de determinadas pessoas e só se determina como tal enquanto essas pessoas são parte da relação processual.

Sobre o tema, diz Wander Paulo Marotta Moreira (ob. cit., p. 409), referindo-se à Constituição de Minas Gerais, que: "não vejo razões científicas que possam justificar a retirada dessa competência dos juízes de primeiro grau. Há, claramente manifestada, uma intensa desconfiança partida de alguns setores representados na Constituinte e acatados pelos Tribunais. Isso vai significar, por exemplo, que uma funcionária pública de prefeitura de um município da comarca de Manga, no extremo norte do Estado, terá de deslocar-se para B. Horizonte a fim de impetrar Mandado de Injunção contra omissão do Prefeito em regulamentar a licença-maternidade, ou o trabalho noturno, ou qualquer outro dos direitos que o art. 7.º e o art. 39, § 2.º, da Constituição, asseguram. Essa exigência vai inviabilizar esses direitos, pois as despesas de viagem a B. Horizonte seriam muito superiores à vantagem econômica que decorreria de seu exercício, ainda que impetrado sob assistência judiciária, pois as custas seriam uma despesa desprezível se comparada com as do deslocamento".

Prossegue: "Às presidiárias serão asseguradas condições para que possam permanecer com seus filhos durante o período de amamentação (art. 5.º, "L", da Carta); se o Secretário da Segurança se omitir, ou qualquer outra autoridade estadual competente para regulamentar essa faculdade, como essa pobre mulher poderá exercitar esse direito? Recorrendo ao Tribunal de Justiça? Quando o Tribunal receber o seu pedido, seu filho já terá morrido de inanição e o provimento será inútil. O Juiz de Direito, na comarca, deferiria a injunção e a ordem seria cumprida imediatamente."

Registre-se aqui (cf., autor citado) o protesto do min. Carlos Mário da Silva Velloso: "Ora, seria, muito melhor para o jurisdicionado se pudesse ele se dirigir ao Juiz Federal, dele muito mais próximo, com recurso para o Tribunal Regional e só então para o Superior Tribunal de Justiça. Não se justifica a posição adotada pelo constituinte em relação à Justiça Federal, pois os Juízes Federais brasileiros são Magistrados do mais alto nível intelectual, que ingressam na carreira mediante concurso público de provas e títulos, concurso duríssimo, que tem selecionado os melhores" ("Os Tribunais Federais e a Justiça Federal", *in* Conferência no II Forum jurídico, realizado em B. Horizonte, Forense Universitária, 1988, p. 241).

A verdade é que o Constituinte, tímido, desconhecendo o alcance protetivo do instituto que estava sendo criado, houve por bem situar-se em posição de não comprometimento, deixando que a lei ordinária, complementar, leis de organização judiciária definissem a matéria. Mas com isso, deixou porta aberta para que os Estados cuidassem da matéria sem uniformidade.

Agrícola Barbi (ob. cit., p. 395) espera que a jurisprudência venha a sanar as possíveis incoerências perpetradas em sede de competência. Mas alerta que, enquanto isso não acontecer, é necessário que os tribunais, nos casos concretos que forem surgindo, criem, pelo método da *construction*, regras adequadas para processar e julgar esses pedidos.

A jurisprudência deve ser formada de baixo para cima, com a participação de advogados e juízes de primeiro grau. De alguma forma, a matéria já está se assossegando.

E prossegue: essa construção deve inspirar-se no princípio da hierarquia da autoridade, que sempre prevaleceu na competência para Mandado de Segurança, e que também informa os casos de competência do Supremo Tribunal Federal e do Superior Tribunal de Justiça em matéria de Mandado de Injunção.

Nessa linha de princípio, prossegue, a competência originária para processar e julgar Mandado de Injunção, quando a elaboração da norma incumbir a governador de estado, Assembleia Legislativa ou secretário de estado, deve ser o Tribunal de Justiça. Na competência interna deste, deve-se observar o que estiver disposto para julgamento de Mandado de Segurança, cujo parentesco com o Mandado de Injunção é sempre bom lembrar. Se a elaboração da norma cabe a autoridade estadual inferior, ou a prefeito ou Câmara Municipal, a competência será de juiz de direito, nos mesmos, termos em que a lei dispõe para o Mandado de Segurança.

E conclui: esse trabalho de construção tem de ser feito pelos tribunais e juízes federais e estaduais, de justiças especializadas ou não, para evitarem a falta de proteção de direito constitucionalmente garantido. O Poder Judiciário foi grandemente reforçado na Constituição de 1988, tanto no que toca à autonomia administrativa e financeira como no poder de legislar ou de ter privilégio da iniciativa de várias leis de sua organização. A esse um aumento de responsabilidade na prestação jurisdicional, o Judiciário certamente fará bom uso de tudo isso para maior garantia dos cidadãos.

Registre-se que o Tribunal Regional Federal da 5.ª Região apreciou em grau de recurso (apelação cível) Mandado de Injunção decidido em primeiro grau (Ap. Cível n. 8.469-PR – Rel. Juiz Orlando Rebouças – 1.ª T. – 17.5.1991 – cf., *Informativo ADV* 31/91, p. 482, Ement. n. 55.046) (*Vide* item 3. 1). E o Superior Tribunal de Justiça MI n. 54-PR (Reg. n. 90.10455-6) decidiu: "Sem pretender discutir o acerto da via a que se propôs percorrer o postulante, o certo é que, na hipótese dos autos, a impetração deve ser julgada pelo Tribunal de Justiça do Estado, onde se debate o ato de seu Presidente, tal como dispõe a Constituição Estadual".

3.4. Da competência da Justiça do Trabalho

Dispõe o art. 105, I, "*h*" que compete ao Superior Tribunal de Justiça processar e julgar, originariamente, o Mandado de Injunção, quando a elaboração da norma regulamentadora for de atribuição de órgão, entidade ou autoridade federal, da Administração direta ou indireta, excetuados os casos de competência do Supremo Tribunal Federal e dos órgãos da Justiça Militar, da Justiça Eleitoral, da Justiça do Trabalho e da Justiça Federal.

Tem-se, assim, que, além da Justiça do Trabalho, outros ramos foram excepcionados.

Em suas lições, o eminente José Afonso da Silva, ao excepcionar a Constituição, admitiu a competência dos Tribunais Regionais e dos juízes de primeiro grau para o processo e julgamento de Mandado de Injunção.

Assim, muito embora disponha o art. 113 da Constituição (Justiça do Trabalho), 121 *caput* (Justiça Eleitoral) e 124, parágrafo único (Justiça Militar), e remetam para a lei ordinária ou complementar, a doutrina, como vimos no item 3.3, vem demonstrando a necessidade de que essa construção se faça via jurisprudência.

A participação de juízes de primeiro grau sem dúvida viria dar maior ânimo ao instituto, com a desejada celeridade.

E, ao contrário do que pode parecer à primeira vista, face à analogia com o Mandado de Segurança, as Varas do Trabalho teriam competência para processar e julgar o Mandado de Injunção. É que o Mandado de Segurança só tem cabimento contra atos judiciais e judiciários. O que vale dizer que o juiz de primeiro grau estará, sempre, envolvido como autoridade coatora.

Por outro lado, não tem cabimento a segurança quando se tratar de ente público na qualidade de empregador. Ao contratar sob o regime celetista, a autoridade perde esse *status* nos moldes exigidos pela lei.

A ressalva constante do art. 105, I, "*h*", da CF nos remete a outros comandos constitucionais que didaticamente expõem a competência: l. art 106 – Justiça Federal (Tribunais Regionais e Juízes de primeiro grau); 2. art. 111 – Justiça do Trabalho (Tribunal Superior do Trabalho, Tribunais Regionais e Varas do Trabalho); 3. art. 118 – Justiça Eleitoral (Tribunal Superior Eleitoral, Tribunais Regionais Eleitorais, Juízes e Juntas Eleitorais); art. 122 – Justiça Militar (Tribunal Superior Militar, tribunais e juízes militares instituídos em lei). Da análise retro verifica-se que a Constituição, embora de forma indireta, pois usou da exceção (art.105, I, "*h*"), reconheceu a competência dos Tribunais Regionais e dos Juízes de primeiro grau. Como bem disse José Afonso da Silva (Mandado de Injunção e Hábeas Data, Ed.RT, São Paulo, 1989, p. 38), "ressalva não é exceção, é primazia. Portanto, a competência originária dos tribunais é restrita, é excepcional. O normal e geral é competência originária dos órgãos judiciais de primeiro grau e competência recursal dos Regionais. A competência originária destes faz-se em função da qualidade de determinadas pessoas e só determina como tal enquanto essas pessoas são partes da relação processual".

A escassa jurisprudência demonstra que existe um estado latente de timidez por parte dos regionais e juízes de primeiro grau em sede de Mandado de Injunção. A maioria dos regionais sequer o registra no seu Regimento Interno. No Tribunal Superior do Trabalho, o Mandado de Injunção sequer faz parte do Regimento Interno, como nos dá conta o art. 87. A competência segue as mesmas regras de funcionamento do corpo humano. À medida que não é exercitada, atrofia. Pior. Encontrará logo quem lhe ocupe o lugar por meio de esforço interpretativo.

4. Partes

4.1. Da titularidade ativa no Mandado de Injunção

A titularidade ativa em sede de injunção é ampla. Vale dizer que pode ser pessoa jurídica, pessoa natural, de direito público ou de direito privado. Poderá, ainda, ser uma figura despersonalizada, *v.g.*, o espólio, a herança jacente, a massa falida, o condomínio etc. Poderá, ainda, haver a substituição processual (legitimação extraordinária) por meio de organização sindical (sindicato, federação, confederação); de entidade de classe ou associação legalmente constituída; dos partidos políticos.

São exigidos em sede de injunção os mesmos requisitos gerais de uma ação comum: pressupostos processuais e condições da ação. Todavia, face à singularidade da ação de injunção, o titular ou o substituído deverá ter legítimo interesse na expedição da norma regulamentadora.

Tem-se, pois, que titular ativo na injunção é aquele que se diz titular do interesse firmado na pretensão no dizer (Humberto Theodoro Júnior, *Processo de Conhecimento*, Forense, 1978, v. 1, p. 76). Se titular não for, o processo será extinto nos moldes do art. 267, VI, do CPC.

Para Adhemar Ferreira Maciel (ob. cit., p. 380), qualquer pessoa que tenha interesse jurídico poderá usar da injunção. Mesmo as pessoas jurídicas ou aquelas figuras despersonalizadas. E adverte Wander Paulo Marotta Moreira (ob. cit., p. 410) que não se deve, em face dos termos amplos em que foi concebido o texto constitucional, instituir qualquer limitação quanto à legitimidade para a postulação do mandado; desde que se demonstre a inviabilidade do direito por falta de norma regulamentadora, surge a oportunidade para a formação do pedido perante o judiciário. Adverte Marcelo Figueiredo (ob. cit., p. 34) que o Texto Constitucional é amplo, e não compete ao intérprete restringi-lo. Não pode o intérprete discriminar onde a lei não discrimina (princípio de hermenêutica). Nessa mesma linha de raciocínio trilha Ulderico Pires dos Santos (ob. cit., p. 53): o Mandado de Injunção, a exemplo das demais ações, exige que o impetrante possua interesse e legitimidade para pedir a tutela jurisdicional. E alerta que o interesse não precisa ser necessariamente de ordem pecuniária: pode ser incorpórea.

Completa o autor que são sujeitos do Mandado de Injunção todas as pessoas físicas ou jurídicas que tiverem seus direitos subjetivos postergados em consequência de omissão de qualquer um dos sujeitos passivos (pessoas jurídicas de direito público e, em certos casos, algumas de direito privado). As primeiras são a União, os estados, municípios, autarquias, empresas públicas, de economia mista, sem qualquer preocupação com o fato da norma regulamentadora estar dependendo da autoridade, de agente do poder, ou seja lá quem for, que por ação ou omissão estiver interrompendo, impedindo ou estorvando, de qualquer modo, o livre exercício de seu direito e das liberdades individuais ou coletivas (p.50).

Em âmbito injuncional, não se perquire o motivo que ocasionou a omissão, nem se a parte colocada no polo passivo agiu com culpa ou com dolo. Isso pouco importa para o julgamento da injunção, cuja sentença é constitutiva, não condenatória. Prejuízos porventura causados serão buscados em ação própria contra a autoridade.

> O <mandado> de <injunção> é ação constitutiva; não é ação condenatória, não se presta a condenar o Congresso ao cumprimento de obrigação de fazer. Não cabe a cominação de pena pecuniária pela continuidade da omissão legislativa." (MI n. 689, rel. Min. Eros Grau, julgamento em 7.6.2006, Plenário, DJ de 18.8.2006).

4.2. Da legitimidade ativa do partido político, da organização sindical, da entidade de classe ou associação

Dispõe o art. 5.º, LXX, da CF/88 que o Mandado de Segurança Coletivo pode ser impetrado por: a) partido político com representação no Congresso Nacional; b) organização sindical, entidade de classe ou associação legalmente constituída e em funcionamento há pelo menos um ano, em defesa dos interesses de seus membros ou associados.

Essa legitimidade, em sede de Mandado de Segurança tem plena aplicação, em se cuidando de Mandado de Injunção.

Dissemos em nossa obra (*Mandado de Segurança e Controle Jurisdicional*, RT, 2001, p. 259) que tem legitimação para titular o Mandado de Segurança coletivo o partido político com representação no Congresso Nacional. Embora *prima fatie* possa parecer que o interesse do partido político estaria fulcrado no âmbito partidário, todavia, assim não é, já que a lei nenhuma restrição fez para a espécie. Vale dizer, em existindo ofensa ou ameaça a direitos ligados à coletividade, o partido político terá legitimidade para o *writ*. Exemplo foi a impetração de segurança pelo PDS, em defesa dos contribuintes do IPTU, em São Paulo *in* jornal *O Estado de S. Paulo*, de 9.2.1992, caderno "Cidade", p. 3.

Dispõe o art. 17, § 2.º, da CF que: "Os partidos políticos, após adquirirem personalidade jurídica, na forma da lei civil, registrarão seus estatutos no Tribunal Superior Eleitoral. Quer isso dizer que a representação para a espécie será daqueles designados em estatuto".

Como organização sindical, hão de entender-se os sindicatos, as federações e as confederações.

Temos aqui um caso típico de substituição processual de que fala Chiovenda ou substituição extraordinária ou anômala de que fala a doutrina.

Procurou o legislador precaver-se contra sindicalistas de plantão e exigiu que a organização sindical esteja em funcionamento a pelo menos um ano, em defesa dos interesses de seus membros ou associados. A ausência desse requisito deságua na ilegitimidade e terá por consequência o indeferimento da petição inicial. Assim, deverá o órgão sindical comprovar com a petição inicial essa sua qualidade e que se traduz num dos pressupostos de admissibilidade. Exigência também imposta às associações (art. 5.º, XXI, da CF/88).

Embora não haja a previsão constitucional do Mandado de Injunção coletivo, a similitude com o Mandado de Segurança torna possível a conclusão. Mesmo porque a ausência de regulamento poderá prejudicar toda uma categoria.

Nessa esteira interpretativa opina Wander Paulo Marotta Moreira (ob. cit., p. 410): "Creio que a impetração, tal como ocorre com o Mandado de Segurança Coletivo, pode ser feita por partidos políticos com representação no Congresso ou na Assembleia Legislativa; organização sindical; entidade de classe ou associação legalmente constituída, em defesa de seus membros ou associados (art. 5.º, LXX, da Carta). A semelhança entre os dois institutos aconselha essa interpretação e nada há, a rigor, que obste essa possibilidade, que deveria, aliás, ser contemplada na própria lei do Mandado de Injunção". Esse também o entendimento de Marcelo Figueiredo (ob. cit., p. 35-36).

Pontifica Ulderico Pires dos Santos (ob. cit., p. 77) que o Mandado de Injunção tanto pode ser impetrado individual como coletivamente, em litisconsórcio ativo, ou ainda por associações de classe, partidos políticos com representação no Congresso Nacional, associações civis legalmente constituídas e em funcionamento pelo menos há um ano antes do dia 5.10.1988. Estas, é claro, só poderão fazê-lo em nome de seus membros ou associados. Para citarmos apenas algumas, podemos apontar a OAB, CRM, CRO, CREA, CRECI, do Ministério Público, de defensores públicos, dos delegados de polícia, de funcionários públicos, Sindicatos; enfim, há uma gama de entidades que portam legitimação para impetrá-lo em favor de seus membros ou associados.

4.3. Da titularidade ativa em Ação de Inconstitucionalidade por omissão

O Mandado de Injunção, diferentemente do que sucede com a Ação de Inconstitucionalidade por omissão, não exige legitimação específica. Qualquer um que demonstrar interesse jurídico poderá fazer uso da injunção.

Dispõe o art. 103, *caput*, da Constituição que podem propor a ação de inconstitucionalidade: I – o presidente da República; II – a Mesa do Senado Federal; III – a Mesa da Câmara dos Deputados; IV – a Mesa de Assembleia Legislativa; V – o governador do estado; VI – o procurador-geral da República; VII – o Conselho Federal da Ordem dos Advogados do Brasil; VIII – partido político com representação no Congresso Nacional; IX – confederação sindical ou entidade de classe de âmbito nacional.

4.4. Da titularidade passiva em Mandado de Injunção

Dispõe o art. 5.º, LXXI, da CF/88 que "conceder-se-á Mandado de Injunção sempre que a falta de norma regulamentadora torne inviável o exercício dos direitos e liberdades constitucionais e das prerrogativas inerentes à nacionalidade, à soberania e à cidadania".

Disso resulta claro que o Mandado de Injunção deverá ser impetrado contra aquela pessoa que detenha competência e poderes para atender ao objeto da injunção: promover a elaboração de norma regulamentadora. Entenda-se o termo "regulamentar" no seu *sentido amplo*. E a ausência de norma regulamentadora poderá ter origem em omissão de órgão ou de autoridade federal, estadual, municipal, bem assim de algum dos Poderes da Federação: Executivo, Legislativo e Judiciário.

Nessa mesma linha de entendimento trilha Wander Paulo Marotta Moreira (ob. cit., p. 410 e ss.): "A titularidade passiva também não deve ser limitada: pode ser qualquer órgão da Administração direta ou indireta, pessoas jurídicas de direito público ou não, e até mesmo pessoas jurídicas de direito privado ou fundações de serviço público, como, por exemplo, as empresas que estiverem obrigadas a conceder participação nos lucros a seus empregados e propiciar creches e pré-escolas, a deferir licença paternidade etc.".

É interessante atentar para o fato de que, em sendo o Mandado de Injunção remédio excepcional, também possui peculiaridades que lhes são próprias. Vale dizer que a pessoa colocada no polo passivo com o dever de regulamentação não é aquela com legitimação *ad causam* passiva de que cuidam as ações normais. Assim, a lide é traçada em função da sua obrigação de regulamentar. A lide se forma não em função da obrigação de cumprir aquilo que prevê a norma constitucional, mas pela resistência em não viabilizar, por meio de regulamento, o direito previsto constitucionalmente. Tem-se aí o descumprimento de uma obrigação de fazer.

A matéria foi muito bem colocada por Marcelo Figueiredo (ob. cit., p. 76 e ss.), cujo conteúdo transcrevemos aqui: "Em tema de legitimidade passiva, portanto, o Mandado de Injunção requer enfoque novo. No conceito clássico do direito processual civil, a legitimidade passiva advém da circunstância de estar a parte situada como obrigada, ou seja, no polo passivo da obrigação de direito material que se pretende fazer valer em juízo, ou como integrante da relação jurídica a ser desconstituída ou declarada, ou ainda como titular do direito a ser declarado inexistente. Decorre de uma situação criada no processo com a apresentação do pedido do autor, onde um conflito de interesse é suscitado e aí adquire consistência jurídico-processual mesmo que inexistente o direito nele questionado. Nesse aspecto, sempre que o réu estiver vinculado como parte passiva ou integrante de uma situação jurídica criada pela alegação do autor, real ou não, na sua petição inicial, estará legitimado *ad causam* de forma a possibilitar apreciação judicial do mérito do processo".

E conclui: "Tais conceitos merecem adaptação diante da novidade que representa o Mandado de Injunção, porque o conceito de lide tradicional (conflito de interesses qualificados por uma pretensão resistida) não se amolda ao instituto. Na verdade, pode-se dizer que inexiste lide no sentido clássico. Existe, isto sim, direito constitucional que deve ser exercitado pela eficácia imediata dos direitos contidos no art. 5.º".

A eexcelsa Corte firmou jurisprudência no sentido da impossibilidade de o Mandado de Injunção ser dirigido contra o particular. No MI n. 352, Pleno, rel. min. Néri da Silveira, j. 04.09.1991, DJ 12.12.1997, foi dito que: "Não é viável dar curso a Mandado de Injunção, por ilegitimidade passiva *ad causam*, da ex-empregadora do requerente, única que se indica como demandada, na inicial". Essa orientação foi confirmada no MI n. 513, rel. Maurício Correia, DJ 19.04.1996.

4.5. Do litisconsórcio ativo e passivo

Muito embora seja o Mandado de Injunção uma ação com peculiaridades próprias, como de resto sucede com o Mandado de Segurança, haverá caso em que o litisconsórcio será aconselhável e outros mesmos em que a formação litisconsorcial seja indispensável. Para tanto, basta que se apresentem as hipóteses dos arts. 46 e I, II, III, IV e 47 do CPC.

Adverte Ulderico Pires dos Santos (ob. cit., p. 83 e ss.) "que todas as vezes que a prestação jurisdicional invocada atingir de qualquer modo direito de terceiro, este terá de integrar o *writ* como litisconsorte necessário". Nesse sentido, é a manifestação do Supremo Tribunal Federal, ou seja: "o litisconsórcio necessário, à conta de natureza da relação jurídica, tem lugar se a decisão da causa propende a acarretar obrigação direta para o terceiro, a prejudicá-lo ou a afetar o seu direito subjetivo (RE n. 100.411/RJ – 2.ª T. – Relator Min. Francisco Rezek)". Exemplifica: "a injunção é requerida por empregados de empresa privada que desejem a regulamentação da lei que lhes assegura participação nos lucros da mesma. A decisão a ser proferida afetará, por sua própria natureza, a relação jurídica do empregador. Logo, não poderá deixar de integrar a lide em caráter obrigatório, posto que litisconsorte passivo necessário (art. 47 do CPC)".

Prossegue o autor: "Do mesmo modo entendemos que o litisconsorte de que trata o art. 46, I, II, III e IV, do CPC é perfeitamente cabível na hipótese, sempre que entre a pretensão de uns e de outros houver comunhão de direitos relativamente ao que se pede no *writ*, ou quando os direitos e obrigações derivarem do mesmo fundamento de fato e de direito, ou ainda quando ocorrer afinidade de questões por um ponto comum de fato ou de direito que não possa ser recusado, como decidiu a Corte Maior: é descabida a recusa do litisconsórcio ativo previsto no art. 46, IV do Código de Processo Civil, salvo quando fundada na impossibilidade legal de cumulação. O dispositivo, ademais, estabelece como requisito do litisconsórcio a afinidade de questões e não os rigores próprios e necessários à caracterização da conexidade (STF – RE n. 108.741/PR – 2.ª T. – Relator Min. Francisco Rezek – *RT* 608/263-265)". Alerta, todavia, o autor que, em razão da celeridade que deve ser imprimida ao Mandado de Injunção, o litisconsórcio ativo só deverá ser admitido antes da autoridade responsável pelo ato omissivo ser citada para os termos do pedido de injunção. A contrário senso, o remédio constitucional terá o seu andamento retardado.

Nessa mesma linha interpretativa segue Wander Paulo Marotta Moreira (cit., p. 418). Lembra que haverá, ainda, o estabelecimento do litisconsórcio necessário quando na forma do art. 47 do CPC, o juiz tiver de decidir a lide de modo uniforme para todas as partes, caso em que a eficácia da sentença dependerá da citação de todos os litisconsortes. Pela própria natureza da relação jurídica, haverá litisconsórcio necessário quando, por exemplo, a injunção for impetrada para obrigar uma empresa a prestar assistência gratuita aos filhos de seus empregados em creches ou pré-escolas. O empregador, dada a sua evidente submissão ao pedido e à decisão, deverá ser citado para o processo. Assim outros casos em que o terceiro for atingido pelo comando a ser proferido pelo Judiciário.

Nessa mesma esteira são os ensinamentos de José Afonso da Silva (ob. cit., p. 31 e ss.): "Poderá haver litisconsórcio ativo facultativo, quando mais de um interessado tenham os mesmos direitos, liberdades ou prerrogativas e postularem, sob o mesmo fundamento, contra o mesmo obrigado". É possível haver litisconsórcio passivo especialmente em Mandado de Injunção impetrado por sindicatos em defesa de direitos constitucionais da categoria profissional. Claro que, em tal caso, será proposto contra todas as empresas que empregam a categoria do sindicato ou sindicatos impetrantes.

Alerta, entretanto, o eminente autor que: "Não cabe litisconsórcio passivo entre particulares e Poder Público. No máximo, será admissível que se dê ciência ao Poder Público competente para elaborar a norma regulamentadora, mas a sentença proferida contra particular não será exequível contra ele, pois não é parte no feito. A ciência pode ser conveniente para provocar a elaboração da norma cuja falta fundamenta a impetração. Alguma hipótese, contudo, pode fundamentar o chamamento de entidade pública ao processo, assim os casos em que o Poder Público é que responde, em última análise, por determinada prestação pecuniária paga pelo empregador".

O Supremo Tribunal Federal, todavia, em julgamento recente, ao decidir em sede de injunção (STF – Ac. un. – Sessão Plenária – MI n. 328-8/DF – Relator Min. Moreira Alves – j. 14.2.1992). I – Materiais de Construção Ltda. vs. Congresso Nacional e fazendo remissão a outro julgamento também em sede de injunção (MI n. 335), deixou claro que "em face da natureza mandamental do Mandado de Injunção, como já afirmado por este Tribunal, ele se dirige às autoridades ou órgãos públicos que se pretendem omissos quanto à regulamentação que viabilize o exercício dos direitos e liberdades constitucionais e das prerrogativas inerentes à nacionalidade, à soberania e à cidadania, não se configurando, assim, hipótese de cabimento de litisconsorte passivo entre essas autoridades e órgãos públicos que deverão, se for o caso, elaborar a regulamentação necessária, e particulares que, em favor do impetrante do Mandado de Injunção, vierem a ser obrigados ao cumprimento da norma regulamentadora, quando vier esta, em decorrência de sua elaboração, a entrar em vigor".

Tem-se, pois, que o direcionamento experimentado pela Suprema Corte não era o mesmo que na doutrina se materializava, ainda que de forma incipiente. Todavia, o caminho ora indicado pela excelsa Corte é de real importância face ao princípio da *una lex, una jurisdictio*.

Dizíamos que, dada a natureza ímpar do instituto e o noviciado que todos aqueles que militam na área experimentavam, todo e qualquer pronunciamento haveria de ser recebido com reservas, posto que somente o tempo e a experiência do dia a dia é que determinariam o ponto de equilíbrio sobre a matéria e a certeza de aportamento em lugar seguro. Ver item 2.25 sobre posição atual do STF.

4.6. Da assistência

Temos para nós que, de conformidade com o art. 50 do CPC, a assistência será sempre possível. O terceiro poderá demonstrar possuir legítimo interesse em que a sentença seja favorável a uma das partes. Assim, poderá intervir no processo como assistente. O art. 54 do CPC dispõe sobre a assistência qualificada ou litisconsorcial, toda vez que a sentença houver de influir na relação jurídica entre ele e o adversário do assistido. "Pode o assistente litisconsorcial intervir em qualquer tempo e grau de jurisdição, antes de se tornar irrecorrível a sentença, em face do permissivo do parágrafo único do art. 50 do Código, que o admite em todos os graus de jurisdição, embora receba o processo no estado em que se encontra" (TJPR – Ac. un. – 1.ª Câm. Civ. – AI n. 534/85 – Relator Des. Nunes do Nascimento – j. 11.3.1986 – *ADV* 28.229, *apud* Silva Pacheco, ob. cit., p. 176).

4.7. Do Ministério Público como *custos legis*

Comanda o art. 12, parágrafo único da Lei n. 12.016/2009, que, findo o prazo a que se refere o item I do art. 7.º e ouvido o representante do Ministério Público dentro de cinco dias, os autos serão conclusos ao juiz, independentemente de solicitação da parte, para a decisão, a qual deverá ser proferida em cinco dias, tenham sido ou não prestadas as informações pela autoridade coatora.

Tem-se, pois, que essa lei reguladora de segurança está sendo aplicada com as reservas e adaptações necessárias. Dispõe o Regimento Interno do Superior Tribunal de Justiça (art. 126) que: "No Mandado de Injunção e no *Habeas Data*, serão observadas as normas da legislação de regência. Enquanto estas não forem promulgadas, observar-se-ão, no que couber, o Código de Processo Civil e a Lei n. 1.533, de 1951". Como vimos antes, essa também é a orientação da Suprema Corte.

Assim, também aplicáveis em sede de injunção as lições do insigne Hely Lopes Meirelles (*Mandado...*, cit., p. 38): "O Ministério Público é oficiante necessário [...], não como representante da autoridade [...] ou da entidade estatal a que pertence, mas como parte pública autônoma incumbida de velar pela correta aplicação da lei e pela regularidade do processo. Daí por que, ao oficiar nos autos, não está no dever de secundar as informações [leia-se defesa em sede de injunção] e sustentar o ato impugnado quando verifique a sua ilegalidade". Lembra que "o dever funcional do Ministério Público é o de manifestar-se sobre a impetração, podendo opinar pelo seu cabimento ou descabimento, pela sua carência, e, no mérito, pela concessão ou denegação da segurança, bem como sobre a regularidade ou não do processo, segundo a sua convicção pessoal, sem estar adstrito aos interesses da Administração Pública na manutenção de seu ato".

E conclui: "Quanto aos fatos, o Ministério Público não os pode negar ou confessar, porque isto é matéria das informações, privativa do impetrado, mas, quanto ao direito, tem ampla liberdade de manifestação dada a autonomia de suas funções em relação a qualquer das partes. Da mesma liberdade desfruta o Ministério Público para interpor os recursos cabíveis, com prazos duplicados, nos expressos termos do art. 188 do CPC. A falta de intimação do Ministério Público acarreta nulidade do processo, a partir do momento em que deveria oficiar no feito (CPC, art. 84), se não for suprida pela manifestação superior da Procuradoria-Geral".

Para Wander Paulo Marotta Moreira (ob. cit., p. 419), a intervenção do Ministério Público no processo de Mandado de Injunção não deve ser obrigatória. Como ocorre no Mandado de Segurança, a autoridade coatora vem sempre bem assessorada e coadjuvada por competentes departamentos jurídicos encarregados de defesa do seu ato.

Por outro lado, não é raro que o Ministério Público se posicione a favor do impetrante, que, por seu turno, também não tem necessidade desta manifestação.

Medida de extrema importância para acelerar o processo seria, pois, dispensar essa audiência obrigatória, ficando sempre aberta ao Ministério Público a possibilidade de intervir no feito pela faculdade assegurada pelo art. 82, III, do CPC, segundo o qual compete-lhe essa intervenção "em todas as demais causas em que há interesse público, evidenciado pela natureza da lide ou pela qualidade da parte".

Nessa mesma linha, Ulderico Pires dos Santos (ob. cit., p. 87) aceita a presença do Ministério Público tão somente como *custos legis*, quando afirma que sempre entendemos que no Mandado de Segurança o Ministério Público só deve atuar como fiscal da Lei. Nunca, porém, como mandatário da pessoa jurídica de Direito Público, para dar arremate à defesa da autoridade coatora. Esta deve ser feita por ela, contendo todos os elementos fáticos e indispensáveis à justificação de seu procedimento. Se nela a autoridade coatora explicita o motivo por que praticou o ato; se apresenta argumentos refutando a pretensão do impetrante, adentrando-se no mérito do ato impugnado; se repele o pedido de invalidação daquele e procura mostrar, ao seu talante, que ele não contém ilegalidade alguma nem reflete abuso de poder, ou desvio de finalidade, não se vê, por isto, nenhum propósito sadio na intervenção do Ministério Público no *mandamus* e com muito maior razão no Mandado de Injunção, a menos que se lhe queira dar um sucessor processual, em evidente imolação ao princípio de igualdade que deve existir entre as partes. E conclui: não tem qualquer sentido esse protetorado que toca à extremação, posto que sua função não seja a de superar possíveis falhas do sujeito passivo da obrigação.

Adhemar Ferreira Maciel (*in RT* 618/12-29), mais radical sobre a matéria (*apud* Ulderico Pires dos Santos, ob. cit., p. 88), lembra muito bem que, a despeito do reforço da atuação do Ministério Público no Mandado de Segurança advindo da Lei n. 4.384/64 (revogada): "penso que em uma próxima reforma que se fizer no instituto do Mandado de Segurança, no caminho de seu aperfeiçoamento, deve-se suprimir a audiência obrigatória do Ministério Público. É perda de tempo tal audiência. A defesa, como vimos, já foi feita pela autoridade coatora. Com isso o andamento processual ganharia em rapidez e simplificação".

Sobre o tema assim decidiu o antigo Tribunal Federal de Recursos Ap. Cível 104.221, 2.3 T.: "a Lei especial n. 6.439/77, no art. 3.º está em pleno vigor, e com isso a autarquia é plena na posse das prerrogativas de Pessoa jurídica, sendo dispensável a intervenção do Ministério Público, ou da União como assistente". E logo a seguir concluiu: "não há como acolher a preliminar sob pena de ser decretada a falência da personalidade jurídica do instituto".

4.8. Do Ministério público como parte em sede de injunção

Com o advento da Lei n. 6.938, de 31.08.1981, regulamentada pelo Decreto n. 88.351, de 1º.06.1983, fora definida a Política Nacional do Meio Ambiente. Posteriormente, com a edição da Lei n. 7.347, de 24.07.1985, deu-se ênfase ao que dispõe o art. 1.º, III, da Lei Complementar 40, de 14.12.1981, e regulou-se a ação civil pública de responsabilidade por danos ao meio ambiente, ao consumidor, a bens e direitos de valor artístico, estético, histórico, turístico e paisagístico.

Verifica-se, pois, que referida lei enfoca enfaticamente os interesses difusos e coletivos e no seu art. 5.º e dá titularidade ao Ministério Público para a propositura da ação de responsabilidade. Dispõe, ainda, que "O Ministério Público, se não intervier no processo como parte, atuará obrigatoriamente como fiscal da lei".

Ora, entre aqueles direitos constitucionais garantidos e exigíveis pela via da injunção estão os interesses difusos. Logo, é lógico e curial que se conceda ao Ministério Público titularidade para exigir a regulamentação do direito constitucional que encontre resistência da autoridade ou de ente público que dificulte a sua exequibilidade.

À míngua de lei para a espécie, entendemos que, a exemplo do que sucede com a Lei n. 12.016/2009, art. 12, parágrafo único, o art. 5.º da Lei n. 7.347/85 deverá servir de orientação em Mandado de Injunção, dando-se titularidade ao Ministério Público.

Por outro lado, tem-se que a Constituição (art. 5.º, LXXI) silencia a respeito dos titulares da injunção. Vale dizer que toda pessoa física, jurídica, privada ou pública, entes despersonalizados têm o direito à injunção. Ver item 4.1.

Nessa mesma esteira trilha Marcelo Figueiredo (ob. cit., p. 35): "O Mandado de Segurança Coletivo confere legitimidade a partidos políticos com representação no Congresso Nacional, organização sindical, entidades de classe etc. Deveras, o Mandado de Injunção é ação constitucional, é uma das garantias constitucionais postas à disposição de todos aqueles que têm o direito de usufruir dos direitos constitucionais. Quem são eles? São exatamente os titulares de direito individual, coletivo ou difuso, já que a Constituição albergou estas categorias de direito em seu conjunto. Assim, é significativo que o Capítulo I consagre os direitos individuais e coletivos".

E prossegue: "O segundo argumento a corroborar a impetração da injunção apta à tutela coletiva e difusa é encontrada nos arts. 129, III, 182 e 225. Como é possível ao Ministério Público, por exemplo, 'zelar pelo efetivo respeito dos Poderes Públicos e dos serviços de relevância pública aos direitos assegurados nesta Constituição, promovendo as medidas necessárias a sua garantia' se lhe for negado o direito à injunção? Notem, para a promoção dos direitos a que alude na competência do Ministério Público, fatalmente se inserem os direitos individuais, coletivos e difusos, podendo ser tutelados através do Mandado de Injunção".

E lembra o eminente autor (ob. cit., p. 77) que, em figurando o Ministério Público como titular ativo da via de injunção, "não será necessária a intervenção de outro membro do Ministério Público sob pena de vulnerar os próprios princípios que norteiam a instituição, que é dotada de característica permanente, essencial à função jurisdicional do Estado, incumbindo-lhe a defesa da ordem jurídica, do regime democrático e dos interesses sociais e individuais indisponíveis".

A presença do Ministério Público como titular, também da ação de injunção é providência que se nos afigura inarredável. E não nos parece tenham razão aqueles que afirmam que o Ministério Público tem a sua estrutura e funcionamento demasiadamente conexos e subjacentes à estrutura do poder estatal, disso resultando o comprometimento da sua autonomia, quando se tratar de tutela aos interesses supraindividuais.

A presença do Ministério Público se faz necessária como titular, também, em Mandado de Injunção, principalmente no âmbito dos interesses difusos.

Registre-se, por auspicioso, que o Projeto de Lei do dep. Maurílio Ferreira Lima, em seu art. 2.º, "c", coloca o Ministério Público como parte legítima para "a proteção do patrimônio público e social, do meio ambiente e de outros interesses difusos e coletivos, bem como na defesa dos direitos e interesses da população indígena".

5. Impetração

5.1. Da petição inicial

Enquanto não existir lei regendo especialmente para a espécie, aplicar-se-ão ao Mandado de Injunção os preceitos da Lei n. 1.533/51 e do CPC, no que couber. Essa é a orientação emanada do Supremo Tribunal Federal, no Acórdão proferido no MI n. 107-3/DF, relator min. Moreira Alves. A mesma orientação está expressa no art. 216 do Regimento Interno do Superior Tribunal de Justiça.

Dispõe o art. 6.º da Lei n. 12.016, de 7 de agosto de 2009, que: "A petição inicial, que deverá preencher os requisitos estabelecidos na lei processual, será apresentada em duas vias com os documentos que instruírem a primeira reproduzidos na segunda e indicará, além da autoridade coatora, a pessoa jurídica que esta integra, à qual se acha vinculada ou da qual exerce atribuições". As remissões ao Código de Processo Civil correspondem aos arts. 282 e 283 do Código Buzaid. Os documentos reproduzidos não necessitam de autenticação cartorária.

O processo tem início com a ação (arts. 262 e 263 do CPC). Esta, por sua vez, se materializa com a petição inicial e com a defesa, que devem ser escritas, atendidos os pressupostos indispensáveis. Deve a inicial atender aos requisitos dos arts. 282 e 283, sem as falhas do art. 295 do CPC.

A linguagem há de ser objetiva, concisa, sem malabarismos intelectivos, sem prescindir da terminologia jurídica. Deve-se evitar a construção de períodos longos que comprometam a clareza. A narração dos fatos há de obedecer a uma sequência lógica, evitando-se repetições ociosas, salvo para tornar mais claro o conteúdo.

5.2. Dos pressupostos processuais e das condições da ação

O Mandado de Injunção, como ação que é, não prescinde dos pressupostos normais de qualquer outra ação para que o processo possa ter desenvolvimento válido e regular.

Tem-se na divisão de Galeno de Lacerda que os pressupostos processuais se apresentam sob dois aspectos, uns como requisitos subjetivos, outros como requisitos objetivos, sendo que os requisitos subjetivos dizem respeito aos sujeitos principais da relação processual, juiz e partes. São pressupostos processuais referentes ao juiz: a) que se trate de órgão estatal investido de jurisdição; b) que o juiz tenha competência originária ou adquirida; c) que o juiz seja imparcial. São pressupostos processuais referentes às partes: a) que tenham capacidade de ser parte; b) que tenham capacidade processual; c) que tenham capacidade de postular em juízo.

Os requisitos objetivos são de duas ordens (Galeno de Lacerda): a) uns extrínsecos à relação processual e dizem respeito à inexistência de empecilhos; b) outros intrínsecos à relação processual e dizem respeito à subordinação do procedimento às normas legais (*apud* Amaral Santos, *Primeiras Linhas de Direito Processual Civil*, 11. ed., Saraiva, 1984, v. 1/328 e ss.).

Ter-se-á, ainda, presentes as condições da ação: possibilidade jurídica do pedido, interesse processual e qualidade para agir. Além dos pressupostos processuais e das condições da ação peculiares a toda e qualquer ação, o Mandado de Injunção deverá apresentar, ainda, os seguintes requisitos que se traduzem em condições especiais ou pressupostos específicos para que a injunção tenha cabimento: a) deverá provar que tem legitimidade para o exercício de algum direito ou liberdade, implícita ou expressamente, previstos na Constituição Federal, cujo exercício deseja tornar exequível; b) que haja óbice para o exercício do direito por ausência de norma regulamentadora (sentido amplo); c) a petição inicial deverá indicar o fundamento legal e o fundamento jurídico, a exemplo do que sucede com o Mandado de Segurança.

5.3. Do prazo para a impetração do Mandado de Injunção

Pergunta que se faz tendo em conta algumas semelhanças que envolvem os institutos do Mandado de Segurança e do Mandado de Injunção, é se este tem prazo preclusivo. E, em caso positivo, qual seria este prazo? O mesmo do Mandado de Segurança?

A matéria ainda não se definiu, havendo, todavia, forte tendência no sentido de que não existirá prazo preclusivo para a impetração da injunção, a exemplo do que sucede com a ação civil pública.

Temos para nós que, em se cuidando de ausência de norma reguladora que torne viável o exercício de direitos e liberdades constitucionais e das prerrogativas inerentes à nacionalidade, à soberania e à cidadania, inexiste qualquer razão de cunho lógico ou jurídico para que se libere a autoridade recalcitrante de cumprir a sua obrigação, prevendo para tanto prazo preclusivo. Entendemos, portanto, que não haverá prazo preclusivo para a impetração da injunção. O que significa que a pessoa titularizada poderá fazê-lo a qualquer momento. A escolha é sua. Não estará atrelado a qualquer prazo. A imposição de prazo teria como consequência imediata a neutralização do instituto e deixaria o órgão ou autoridade à vontade para continuar produzindo o ato abusivo.

De resto, o constituinte usou da palavra "sempre" no inc. LXXI, art. 5.º, da CF/88, forma eloquente de indicar a não capitulação do instituto a qualquer prazo preclusivo: "conceder-se-á Mandado de Injunção sempre que a falta de norma regulamentadora torne inviável o exercício dos direitos e liberdades...".

Preleciona Hely Lopes Meirelles (ob. cit., p. 140) que "não há decadência nem prescrição para a impetração do Mandado de Injunção, mas a lei processual pertinente, que vier a ser expedida, poderá estabelecer limitação temporal a respeito".

Discordamos do autor. Nenhuma lei poderá impor limite temporal pela prescrição ou pela decadência em sede de obrigação constitucional, retirando direito adquirido, mas não usufruído, em face da resistência dolosa de órgão ou de autoridade. A injunção poderá ser manejada a qualquer momento pelo titular do direito impedido de usufruí-lo.

Para José Afonso da Silva (ob. cit., p. 52), "o direito subjetivo de impetrar o Mandado de *Injunção* é imprescritível e também não poderá estar sujeito a prazo decadencial, pela simples, mas relevante, razão de que o exercício de direitos e liberdades *constitucionais* e das prerrogativas objeto desse remédio é igualmente imprescritível. Uma coisa fundamenta a outra".

Realça Ulderico Pires dos Santos (ob. cit., p. 65 e ss.) que, ao contrário do que ocorre com o Mandado de Segurança, que estabelece em 120 dias o prazo para a sua impetração, contados do ato lesivo ao direito individual, o Mandado de *Injunção* não está sujeito a prazo algum, pois a norma constitucional é por demais clara ao preceituar: "conceder-se-á Mandado de Injunção sempre que a falta de norma regulamentadora torne inviável o exercício dos direitos". "Se a Constituição Federal usa o adjetivo sempre, que significa a qualquer tempo ou ocasião, englobando o tempo pretérito e o futuro, que corresponde ao que já aconteceu e o que está por acontecer, não vemos como se possa determinar limites para a sua impetração. Qualquer balizamento que se lhe queira atribuir nesse sentido só poderá ser dado por outra norma de igual hierarquia." Vale dizer que a lei ordinária não poderá dispor sobre a matéria que a Constituição proibiu expressamente.

Temos para nós que uma Emenda Constitucional encontraria óbice no direito adquirido do autor ou dos autores (art. 5.º, XXXVI) e, por consequência, neutralizaria o manejo da injunção, possibilitando, assim, que o direito adquirido, possivelmente, jamais fosse usufruído. Estar-se-ia incentivando o procedimento ditatorial de órgão ou de autoridade que estaria agindo dolosamente, com abuso de direito e de poder. Ainda que, em termos, isso seja possível, não teria nenhum sentido num regime de direito. A Emenda Constitucional não seria norma da mesma hierarquia do art. 5.º, XXXVI, instituída pela Assembleia Constituinte, quando aquela estaria na hierarquia de derivada.

5.4. Do objeto da injunção

O Mandado de Injunção traduz-se em providência processual que permite à parte (pessoa física ou jurídica, pessoa de direito público ou privado etc.) que se sente prejudicada por negligência ou resistência de quem tem poderes para tornar o preceito constitucional exequível usufruir no caso concreto de direitos e liberdades constitucionais ainda não regulamentados.

Para Humberto Theodoro Júnior ("Mandado de Injunção", Parecer, coletânea Saraiva, *Mandados de Segurança e de Injunção*, p. 426), "o objetivo do Mandado de Injunção é o de obter do Poder Judiciário, contra a autoridade pública, ou qualquer pessoa, natural ou jurídica, mesmo de direito privado, ordem de fazer, ou de não fazer, capaz de, no caso concreto, proteger o direito constitucionalmente assegurado, mas não usufruído por falta de regulamentação".

Lembra o autor que o alcance que se logrou dar ao novo remédio processual constitucional, o Direito brasileiro superou a simples reclamação contra a inconstitucionalidade por omissão até agora utilizada em alguns países europeus.

Para Hely Lopes Meirelles (ob. cit., p. 135), "é a proteção de quaisquer direitos e liberdades constitucionais, individuais ou coletivos, de pessoa física ou jurídica, e de franquias relativas à nacionalidade, à soberania popular e à cidadania, que torne possível sua fruição por inação do Poder Público em expedir normas regulamentadoras pertinentes".

Na visão de Irineu Strenger (ob. cit., p. 15): "Mandado de Injunção é o procedimento pelo qual se visa obter ordem judicial que determine a prática ou a abstenção de ato, tanto da Administração Pública, como do particular, por violação de direitos constitucionais, fundada na falta de norma regulamentadora".

5.5. Do deferimento da petição inicial

De posse da petição inicial, o juiz examinará da existência ou não dos requisitos legais. Em não sendo o caso de Mandado de Injunção, indeferirá a inicial e determinará o arquivamento de imediato, *v.g.*, Mandado de Injunção para promover a equiparação de vencimentos entre o impetrante e um seu colega de repartição. Poderá acontecer de a inicial apresentar falhas insupríveis, *v.g.*, Mandado de Injunção impetrado por "A" objetivando regulamentar direitos de "B", não caracterizada a substituição processual, inicial inepta etc.

Poderá a inicial, todavia, apresentar falhas sanáveis, *v.g.*, a parte não instrui o *writ* com a 2.ª via da petição e documentos juntados; documentos não foram autenticados, não dá valor à causa etc. Em tais casos, jurisprudência liberal aconselha dê-se à parte a oportunidade de suprir falhas nos termos do art. 284 do CPC, em homenagem ao princípio da economia processual.

5.6. Da impetração urgente

Dispõe o art. 4.º da Lei n. 12.016/2009 que, "em caso de urgência, é permitido, observados os requisitos legais, impetrar o Mandado de Segurança por telegrama, radiograma, fax ou ouro meio eletrônico de autenticidade comprovada".

O juiz competente poderá determinar seja feita pela mesma forma a notificação à autoridade coatora. Inclua-se também a mensagem via telex. Em tais casos, a impetração deverá atender às exigências do art. 374 e ss. do CPC.

Essa via de impetração exige do interessado providências posteriores, qual seja, a prova do reconhecimento da firma no original, depositado no órgão expedidor. E na segurança, em havendo documentos, deve a parte requerer prazo para a juntada. O Supremo Tribunal Federal, relator min. Octávio Gallotti, RE n. 109.166-5/RJ, não conheceu de Embargos Declaratórios que não atendiam às exigências do art. 374, parágrafo único do CPC.

Entendemos que essas regras para impetração urgente poderão ser utilizadas em sede de injunção, se e quando for o caso. Entendemos que no Mandado de Injunção não haverá prazo preclusivo (prescrição ou decadência), mas poderá haver caso em que a urgência se faça necessária. E se tal ocorrer, não vemos por que não utilizarmos das regras anteriormente referidas.

5.7. Da citação

Analisada a petição inicial, presentes os requisitos legais (item 5.2), o juiz ou o relator despachará a inicial. E ao despachar a inicial, ordenará que seja citada a pessoa colocada no polo passivo da injunção (item 4.4) e, se for autoridade, a pessoa jurídica pública à qual pertence, ocasião em que lhe será entregue a cópia do Mandado de Injunção (2.ª via), bem assim cópias dos documentos juntados com a petição inicial.

Em havendo litisconsorte necessário, este também deverá ser citado, devendo o impetrante instruir petição inicial com tantas vias quantos forem os litisconsortes, assistentes etc., e respectivos documentos.

O ofício citatório deve retornar aos autos em cópia autêntica com prova da entrega ou da recusa da pessoa impetrada, posto que daí fluirá o prazo.

Alerta Wander Paulo Marotta Moreira (ob. cit., p. 411) que: "A citação deve ser feita na pessoa do representante legal da União, do Estado ou do Município; dos Diretores de empresas privadas; e, tratando-se de autarquias, do seu representante referido em lei".

Adverte Ulderico Pires dos Santos (ob. cit., p. 51 e ss.) que, "ao contrário do que ocorre nos casos de Mandado de Segurança, em que os sujeitos passivos são notificados para prestar informações, no Mandado de Injunção, entendemos que deverão ser citados por Oficial de Justiça, ou por carta dos escrivães ou secretários. E assim deve ser porque, nesse caso, são chamados para se defender, uma vez que o novo instituto há de ser entendido como mandamento da autoridade judiciária, ordem escrita e emitida para ser cumprida sob as penas da Lei. Se o seu caráter é de imposição, forçosamente não poderão ser notificados, pois, como se sabe, a notificação destina-se apenas a dar ciência a alguém dos autos e termos do processo que já se acha em curso (art. 234 do CPC). A citação, ao contrário, convoca o réu ou o interessado para integrar a lide".

E conclui:

> Insistimos: o chamamento do devedor da prestação a Juízo não pode deixar de ser por citação, porque a sentença proferida na ordem de injunção, tendo efeito cominatório, compele o órgão Público a praticar ato de seu ofício, ou de sua responsabilidade e lhe aplica sanção, uma vez que supre a sua manifestação de vontade caso não a enuncie na forma da ordem recebida. Sua natureza é supletiva porque implementa a obrigação de a quem tem o dever de regulamentar e se queda omisso, ou ainda quando pratica o ato de modo insatisfatório, pois, nesses casos, exerce ato de poder porque investe coercitivamente o titular do direito subjetivo em seu exercício.

> A ordem judicial, deverá conter coercibilidade sucessiva. Se a autoridade pública não prestar a declaração de vontade regulamentando o ato objeto da pretensão do impetrante, ela valerá como documento que autentique a sua investidura no exercício do direito reclamado. Por ser garantia constitucional, a sentença nela proferida deverá ter força mandamental e coercitiva porque imporá ao devedor a obrigação de praticar o ato, ou de vê-lo praticado por ela. Sua natureza deverá ser petitória, de conhecimento e de poder atual; reconhecerá objetivamente a necessidade de regulamentar, ordenará a regulamentação e poderá suplementá-la.

5.8. Da defesa ou informações

Devolvido o ofício citatório e juntado aos autos em cópia autêntica com prova de entrega ou de recusa da pessoa colocada no polo passivo da injunção, o prazo passará a fluir (art. 11, Lei n. 12.916/2009), posto que se considerará citada a parte.

A doutrina e a jurisprudência ainda não se definiram no sentido de considerar-se defesa ou simples informações. A terminologia empregada, informações ou defesa, não nos parece tenham a importância que se pretende dar. O próprio instituto do Mandado de Segurança ainda é alvo de tais divergências. Assim é, de conformidade com as regras anteriores do Código de Processo Civil de 1939, desde antes do advento da Lei n. 1.533/51, hoje substituída pela Lei n. 12.016/2009. Notificava-se o coator para prestar informações e citar a pessoa jurídica. A Lei atual manda apenas notificar a autoridade coatora. Todavia, o art. 3.º da Lei n. 4.348, de 26.6.64 (revogada), comandava que, ao receber a notificação, remeta-se cópia desta e das informações ao Ministério ou ao órgão a que se acha subordinada a autoridade que a receber, e advogado-geral da União ou do Estado, ou ao procurador ou a quem tiver a representação da entidade coatora para a *necessária defesa* (destaque nosso). Ver art. 12 da Lei n. 12.016/2009.

Tem-se na doutrina (Silva Pacheco, *Mandado de Segurança*, Ed. RT, 1990, p. 177) que, "além das informações, poderá haver a defesa paralela. Todavia, mais acertado é que as informações integrem uma peça de defesa".

Dissemos em nossa obra (*Mandado de Segurança e Controle Jurisdicional*, 3. ed., RT, 2001, p. 125-126) que, embora a Lei n. 1.533/51 fale em "notificação", cuida-se desenganadamente de "citação", vez que se trata de chamamento para a autoridade coatora integrar a relação processual. Assim deverá, além de prestar informações, defender-se. O ofício citatório deve retornar aos autos em cópia autêntica com prova da entrega ou da recusa da autoridade coatora, posto que daí fluirá o prazo (art. 11). A mesma regra há de ser aplicada no Mandado de Injunção. E consequência disso é que as informações integrem uma peça de defesa. Mas por questão mesma de lealdade intelectual, devemos concordar que os Tribunais Superiores STF (MIs ns. 233-9/DF e 241-0/DF), Superior Tribunal de Justiça (MIs ns. 75/RJ e 53/SC) Tribunal de Justiça da Bahia (MI n. 01/90) usam o termo "informações", e não defesa. Mas isso, repetimos, não nos parece tenha o condão de tirar do instituto, quer da segurança, quer da injunção, a sua natureza de ação civil de rito sumaríssimo. Evidente que, diferente das ações comuns, tem as suas próprias peculiaridades.

5.9. Da ausência de defesa ou informações: prazo; revelia

Embora haja uma forte tendência de igualar-se o prazo para informações ou defesa ao do Mandado de Segurança (*v.g.*, Projeto de Lei do dep. Maurílio Ferreira Lima), vale dizer que a autoridade deverá pronunciar-se em dez dias, nada impede que a lei que vier a regulamentar a matéria diminua ou aumente esse prazo. Enquanto isso não acontece, é razoável que se utilize do mesmo prazo.

Em sede de segurança, a autoridade dita coatora terá o prazo de dez dias para prestar informações (art. 7.º, da Lei n. 12.016/2009).

Pergunta que se faz é se a parte (autoridade) não apresentar defesa ou informações, que a tanto equivale, sofrerá as consequências da revelia, nos moldes do art. 319 do CPC.

Também aqui, face à similitude existente entre o Mandado de Segurança e o Mandado de Injunção e bem assim face a ausência de lei disciplinando a espécie e jurisprudência que direcione a matéria, o intérprete não terá outro caminho a não ser trazer o escólio do quanto já foi dito em matéria de Mandado de Segurança a este enfoque.

Temos para nós que, embora, como veremos a seguir, a doutrina se bifurque no entendimento, ora conduzindo para a revelia, ora não a aceitando, o melhor direcionamento está com aqueles que não aceitam a revelia em sede de segurança. Assim inaplicáveis os preceitos do art. 319 do CPC, próprio das ações comuns, mais o art. 320, II do mesmo diploma legal, posto que se cuidam de direitos indisponíveis. Por outro lado, a revelia poderia levar a situações inusitadas. Suponha-se injunção contra autoridade que já havia tomado as providências para a exequibilidade do direito reclamado e que o impetrante, por negligência ou qualquer outro motivo, desconhecia. Expedir-se-ia uma determinação (obrigação de fazer) ociosa.

Para Celso Agrícola Barbi (*Mandado de Segurança*, 4. ed., Rio de Janeiro, Forense, 1984, p. 139, 146 e 147), a não apresentação de defesa no prazo legal não deve ser considerada como confissão ficta. Para Othon Sidou (*Mandado de Segurança*, RT, 1969, p. 179), a autoridade apontada como coatora, que descumpre o pedido de informações, em Mandado de Segurança, deixando de acudir, implicitamente, ao chamamento a juízo, torna-se revel na melhor conceituação, arrastando a entidade de Direito Público às consequências patrimoniais acaso decorrentes da sua contumácia. Preleciona Hely Lopes Meirelles (*Mandado de Segurança*, cit., p. 24) que a omissão das informações pode importar confissão ficta dos fatos arguidos na inicial, se a isto autorizar a prova oferecida pelo impetrante. Por outro lado, as informações merecem credibilidade até prova em contrário, dada a presunção de legitimidade dos atos de administração e da palavra de seus agentes. Segundo Adhemar Ferreira Maciel ("Observações sobre Autoridade Coatora no Mandado de Segurança", in *Mandado de Segurança e de Injunção*, S. Paulo, Saraiva, 1990, coord. de Sálvio de Figueiredo Teixeira), informações que, em regra, contêm a defesa são "ônus" ou "dever" do impetrado? Não obstante os foros constitucionais da ação de Mandado de Segurança e sua natureza típica de *Urkundenprozess* (processo que exige prova documental prévia), penso que, no particular da defesa, não se pode dar-lhe tratamento especial diferenciado em relação às demais ações.

Nas lições de Humberto Theodoro Júnior (*Processo de Conhecimento*, 3. ed., Forense, p. 397), o réu não tem o "dever" ou a "obrigação" de contestar. Há para ele apenas o ônus da defesa, pois, se não se defender, sofrerá as consequências da revelia (arts. 319 e 322).

Alerta, todavia, Ada Pellegrini Grinover (Os *Princípios Constitucionais e o Código de Processo Civil*, Bushatsky, p. 99) que o Código de Processo Civil faz distinção entre "revelia" e seus "efeitos". No caso de decretar-se a revelia da pessoa jurídica de direito público por ausência de informações/defesa do impetrado, deve-se, em regra, aplicar o disposto no inc. II do art. 320 do CPC.

Coqueijo Costa (*Mandado de Segurança e Controle Constitucional*, LTr, 1982, p. 106) lembra que a citação no Mandado de Segurança é feita para que a autoridade coatora forneça informações, e ela, em geral, não é um técnico no direito. Em consequência, a falta ou a intempestividade dessa resposta não acarreta confissão ficta, prevista no art.

319 do CPC. E observa, com Celso Agrícola Barbi, que essa regra não atine a procedimentos regidos por leis especiais e que, por suas características, "não se coadunam com aquele princípio". Alerta-se, aqui, que há possibilidade de juntada intempestiva de informações, como dispôs anteriormente Coqueijo Costa. O prazo para informações é preclusivo.

Lembra, a esta parte, Adhemar Ferreira Maciel (ob. cit., p. 193) que no Mandado de Segurança (AMS n. 77.531/SP, relator min. Aldir Passarinho, *DJU* 4.11.77, p. 7.736) foi dito que: "A revelia da ré, por falta ou apresentação a destempo das informações/defesa, não tem evidentemente, o condão de gerar, em princípio, os efeitos do art. 319 do CPC". E citando José Olympio de Castro Filho (artigo *in RF* 246/208): "No caso de decretar-se a revelia de pessoa jurídica de direito público por ausência de informações/defesa do impetrado, deve-se, em regra, aplicar o disposto no inc. II do art. 320 do CPC". Isso porque a revelia se perfaz com a ausência das informações/defesa, mas não terá as consequências do art. 319, do CPC

Temos para nós que a regra do Código de Processo comum no que concerne à revelia não tem sede em <andado de Segurança, onde as informações, embora sejam um misto de informação e defesa, não têm a prestigia-las aquele rigor que se impõe para as ações ordinárias. Ao depois, o art. 7.º da Lei n. 12.016/2009, a exemplo do art. 10 da Lei n. 1.533/1951, não comina com as consequências da revelia a ausência de informações. A jurisprudência é no sentido de não se admitir a revelia em Mandado de Segurança. Nesse sentido o entendimento de Silva Pacheco (*Mandado...*, cit., p. 193).

Estamos convencidos de que essas regras que impedem a revelia em âmbito da segurança devem ser aplicadas para o Mandado de Injunção. A similitude dos institutos aconselha esse direcionamento.

5.10. Do uso da precatória

A exemplo do que sucede com o Mandado de Segurança, a celeridade exigida no processo de injunção não aconselha o uso da carta precatória citatória.

Em residindo a autoridade e/ou litisconsorte necessário em outra localidade, dever-se-á fazer uso do registro postal. Embora a entrega em mão de ofício citatório pelo impetrante seja também meio hábil, deve ser evitado, vez que poderá ser usado pela autoridade como meio procrastinador com a recusa simplesmente de recebimento ou ainda pelo uso de outros artifícios, *v.g.*, não se encontrando a pessoa hábil para o recebimento e não indicando quem poderia receber e assinar o ofício citatório. De qualquer maneira, a carta precatória é incompatível com a celeridade exigida no processo do *writ*. E nessa direção indica a melhor doutrina (Hely Lopes Meirelles, *Mandado...*, cit., p. 49; Celso Agrícola Barbi, *Do Mandado...*, p. 222).

Essa dificuldade que a princípio existe, em se tratando de Mandado de Injunção face à limitação competencial, *v.g.*, Tribunal de Justiça de São Paulo, julgando Mandado de Injunção contra a prefeitura de Santa Fé do Sul, Santa Rita do Taboado, cidades que fazem divisa com o estado do Mato Grosso, se dissipará com a ampliação de competência para os juízes de direito.

5.11. Da necessidade de advogado

Pela redação dada ao art. 8.º da Lei n. 1.533/51, que o Mandado de Segurança não prescindia da presença de advogado, dado o rigorismo processual, podendo, inclusive, desaguar, em certos casos, no indeferimento da inicial. O art. 14, § 2.º, da Lei n. 12.016/2009, nova lei do Mandado de Segurança permite que a autoridade recorra diretamente, sem a presença do advogado. Sobre o assunto, ver ADI 4403 ajuizada pelo Conselho Federal da Ordem dos Advogados, especificamente contra o § 2.º. A ADI n. 4403 foi anexada pelo min. Ricardo Lewandowski à ADI 4296, por prevenção, relator min. Marco Aurélio.

Na prática, o óbice é superado, sendo o órgão ou a autoridade representado pela AGU (União), pelas Procuradorias nos estados e nos municípios, quando houver.

Por outro lado, dificuldades existem no que concerne à autoridade a ser colocada no polo passivo e que desafiam, por vezes, a argúcia do próprio advogado. Que dizer de leigos. O § 2.º do art. 14 foi de má inspiração para vigorar em sede de segurança. Deve ser exigida a presença do advogado nos *writs*.

Essa mesma argumentação vale para o processo do trabalho, onde as partes detêm o *jus postulandi*, nos termos do art. 791 da CLT, já que o art. 133 da Constituição não deu peso de obrigatoriedade à presença de advogado em sede trabalhista. Todavia, isso em relação às ações ordinárias individuais.

Assim, para impetrarem Mandado de Segurança contra atos judiciários ou jurisdicionais, o empregado e o empregador deverão fazê-lo com advogado habilmente constituído.

Não tem aplicação em Mandado de Segurança a liberalidade prevista para o *Habeas Corpus* (art. 654 do CPP). Consequentemente, também não haverá para o Mandado de Injunção.

Toda e qualquer intimação durante o trâmite será feita aos advogados por meio de publicação em órgão oficial. Mas a intimação da sentença para o cumprimento do julgado será feita pessoalmente na autoridade coatora.

Essa orientação também se nos afigura a correta para a impetração do Mandado de Injunção.

O eminente des. Régis Fernandes de Oliveira, quando presidente da Federação Latino Americana de Magistrados, em artigo de doutrina publicado no jornal *O Estado de S. Paulo* de 20.11.88, p. 56, sob o título "Ideias sobre o Mandado de Injunção", alerta para o fato de que o rigorismo exacerbado poderá trazer como consequência a neutralização do instituto da injunção ou mesmo a sua pouca utilização. Assim, propõe direcionamento em que se evitem, à maneira do *Habeas Corpus*, os requisitos processuais (condições da ação e pressupostos processuais). Alerta: "O que se pretende, em suma, é que o rigor processual não torne ineficaz o exercício da garantia constitucional. Vivemos em País pobre, de sociedade marginalizada e carente de recursos. O formalismo ritual deve ser dispensado. Há um mínimo de formalidade, sem dúvida, que é a garantia da regularidade do procedimento. O que não se pode aceitar é sua prevalência sobre os legítimos interesses".

Preceitua a Constituição atual (art. 133) que o advogado é indispensável à administração da Justiça, sendo inviolável por seus atos e manifestações no exercício da profissão, nos limites da lei. Sobre o assunto, dissemos (em nossa obra *O Processo na Justiça do Trabalho*, 5. ed., LTr, 2008) que norma idêntica há muito já constava do Estatuto da Ordem dos Advogados (Lei n. 4.215, de 27.04.63, art. 68), *in verbis*: "No seu ministério privado o Advogado presta serviço público, constituindo com os juízes e membros do Ministério Público elemento indispensável à administração da Justiça". E acrescentamos que a nova Carta Magna não inovou na matéria quando declara que o advogado é indispensável à administração da Justiça. A previsão ora feita na Constituição, quando antes estava prevista em lei especial, em nada modifica a situação. As exceções sempre existiram, *v.g.*, art. 75, I, II e III da Lei n. 4.215/63; Lei n. 7.244, de 07.11.84, que dispõe sobre a criação e funcionamento do Juizado de Pequenas Causas, já garantia o *jus postulandi* aos litigantes, salvo na fase recursal (arts. 9.º e 41, § 2.º); Leis ns. 5.478, de 25.7.68, art. 2.º, ação de alimentos; 6.367, de 19.10.76, art. 13, acidentes do trabalho; e 818, de 18.09.49, art. 6.º, § 5.º, aquisição, perda, reaquisição de nacionalidade; Decreto-lei n. 7.661, de 21.06.45 (hoje, Lei n. 11.101/2005), art. 81, habilitação em falência; Leis ns. 6.649, de 16.05.79, purgação de mora; 6.830, de 22.09.80, art. 8.º, pagamento de débito fiscal; 6.015, de 31.12.73, art. 109, retificação de registro civil. E nessa exceção, sempre se incluiu o processo trabalhista nos termos do art. 791 da CLT. E concluímos: por outro lado, é interessante notar que a Constituição atual, art. 127, preceitua que o Ministério Público é instituição permanente, essencial à função jurisdicional do Estado, incumbindo-lhe a defesa da ordem jurídica, do regime democrático e dos interesses sociais e individuais indispensáveis. O termo essencial é sinônimo de indispensável. Os interesses individuais do hipossuficiente, por ter caráter alimentar, são, em regra, indisponíveis. E nem por isso o Ministério Público é chamado a funcionar em todos os processos da Justiça Civil. E na Justiça do Trabalho, não fixa residência na primeira instância.

Pergunta que se faz é se o Mandado de Injunção poderia ser impetrado diretamente pela parte, prescindindo da presença do elemento técnico, o advogado?

O eminente des. Régis Fernandes de Oliveira, presidente da Federação Latino-Americana de Magistrados... (*in* trab. cit.), pugna pela impetração por elemento leigo em sede de injunção:

> Penso, também, que pode haver a impetração independentemente do concurso de Advogado. Embora este seja indispensável para a administração da Justiça (art. 133) sua ausência não pode frustrar que alguém exerça ato de legítima cidadania, dirigindo-se ao judiciário para postular direito individual ou coletivo.

Dispensados os requisitos processuais, nada impede que o leigo (porque atécnico) possa dirigir-se ao Juiz e este assegurar o exercício de direito inviolável da pessoa humana.

A ideia defendida num primeiro momento é sem dúvida tentadora. Mas não se pode perder de vista que a injunção busca suprir a falta de norma regulamentadora que torna inviável o exercício dos direitos e liberdades constitucionais e das prerrogativas à nacionalidade, à soberania e à cidadania. Cuida-se de matéria a que o leigo estará pouco ou nada afeito a ela e que muitas vezes o próprio advogado tem dificuldades em direcioná-la em pedido claro, objetivo, com a indicação do direito do impetrante e da norma constitucional que deverá ser regulamentada. A prática judicante confirma essa dificuldade em Mandado de Injunção impetrado por advogados, *v.g.*: MI n. 233-9/DFSTF — não conhecido por falta de legitimidade *ad causam*; MI n. 241-0/DF-STF — não conhecido por falta de legitimação do impetrante; MI n. 204-5/RO-STF – não conhecido por falta de legitimidade do impetrante; MI n. 296-7/400-Pleno — STF — não conhecido por carecedor da ação; MI n. 75/RJ-STJ – não conhecido por falta de objeto; MI n. 53/SC--STJ — não conhecido; MI n. 54-PRSTJ — não conhecido porque direcionado a tribunal incompetente; MI n. 02/88-TJR — denegado; MI — Tribunal de Justiça da Bahia — inadequação do meio utilizado.

A supressão de formalismo, quando ocioso, há de merecer, sempre, o apoio de quantos militam na área. Somente aquele formalismo necessário a dar segurança há de ser preservado. Assim, nos parece que as custas poderão ser dispensadas quando o impetrante venha a sucumbir, a exemplo do que sucede com a ação popular, em que, se improcedente, o autor ficará, "salvo comprovada a má-fé, isento de custas judiciais e de ônus da sucumbência" (art. 5.º, LXXIII, CF/88).

A presença do advogado nos *writs* é exigência para que a ação seja levada a bom termo, sem maiores percalsos ou incidentes.

5.12. Do fundamento jurídico: causa de pedir

Deverá o impetrante alegar que a falta de norma regulamentadora está tornando inviável a exequibilidade de algum direito constitucionalmente protegido (dos direitos e liberdades constitucionais e das prerrogativas inerentes à nacionalidade, à soberania e à cidadania).

Realça Aricê Moacyr Amaral Santos (ob. cit., p. 28) que "o objeto da ação de injunção consiste no pedido formulado pelo impetrante. O pedido (res) é imediato ou mediato. Na injuncional o pedido imediato encerra-se na providência jurisdicional invocada: uma sentença constitutiva. O pedido mediato consiste na utilidade que se pretende obter pela sentença. Tal utilidade reside na declaração que faça viável o exercício do direito fundamental do impetrante".

Ao pedido corresponde uma causa de pedir. A *causa petendi* da injunção esteia-se no direito fundamental inoperante (causa remota) e no impedimento de sua fruição pela ausência de norma regulamentadora (causa próxima).

A locução "norma regulamentadora" tem sentido amplo e abrange toda e qualquer providência que torne inviável o exercício do direito.

Para Diomar Ackel Filho (ob. cit., p. 104), o regulamento a que atine a injunção é aquele em sua acepção material, ampla e compreensiva de todas as modalidades de normas necessárias para operar a exequibilidade de um dispositivo constitucional ou legal (leis complementares, leis ordinárias, decretos, resoluções etc.). Alerta que, por isso, a expressão regulamento não deve ser tomada em seu sentido literal. Formalmente, o regulamento é um ato legislativo ou administrativo que traduz a norma primária em seus aspectos menores, aclarando-a e disciplinando a sua exequibilidade. Mas, sob o aspecto material, regulamento é o ato legal necessário para a exequibilidade de outra norma superior. Em se tratando de matéria constitucional, a regulamentação é feita, via de regra, por lei complementar. Porém, no caso em análise, não será tão só a falta de lei complementar que autorizará a impetração da injunção. Sim, porque haverá casos em que a regulamentação dependerá não da lei complementar propriamente dita, mas de regulamentos outros, uns de natureza legal, outros meramente administrativos. E conclui o autor: no contexto das situações que surgirão concretamente é que se constatará se a hipótese de carência de lei complementar, de lei ordinária, de decreto, portaria ou ato administrativo ou de outro qualquer. O que importa é que por falta de uma disciplina de sua aplicabilidade, por um ato tido como necessário para a execução da norma, o direito não pode ser negado. Se tal vier a ocorrer, a injunção será cabível.

É bem de ver que a natureza de ação civil de rito sumário especial exige que o impetrante, desde logo, indique com clareza qual o óbice que torna inviável o exercício do direito do impetrante constitucionalmente protegido. O ajuizamento da injunção deverá ser precedido de rigorosa análise para se saber qual a espécie de regulamentação necessária. É que da espécie de regulamento é que se chegará à autoridade competente para a eliminação do óbice. E nesta parte temos por inarredável a presença do advogado, posto que o leigo encontraria enormes dificuldades, e muitas vezes intransponíveis, com direcionamento errado da via injunctória e, por consequência, para tribunais incompetentes.

5.13. Do fundamento legal

Vimos que o Mandado de Injunção, embora com objetivo diverso do Mandado de Segurança, guarda com este similitude a ponto de ser aplicada à espécie o mesmo direcionamento processual à míngua de norma regulamentadora. Esse o direcionamento aconselhado pela doutrina para não tornar a injunção ineficaz, esse o posicionamento adotado pelo Supremo Tribunal Federal.

A parte, ao impetrar a segurança, além da narrativa dos fatos (*causa petendi*) que consubstancia o fundamento jurídico do pedido, deve também indicar especificamente o fundamento legal hostilizado pela autoridade e que deságua no abuso de poder ou na ilegalidade.

Pontifica Milton Flacks (*Mandado...*, cit., p. 115) que o entendimento dominante é o de que inexistirá certeza do direito se não tem como supedâneo uma norma expressa, cujo descumprimento configura a lesão que se pretende corrigir. Lembra, contudo, que essa formulação, como toda regra, comporta exceções, porém em casos muito particulares. Lembra o que, consoante já se decidiu: "o direito que resulta, não da letra da lei, mas do seu espírito, exsurgindo implicitamente do texto, também pode apresentar a liquidez e a certeza que exigem para a concessão do Mandado de Segurança". Realça que "apreciando recurso extraordinário em Mandado de Segurança, assentou o STF, por unanimidade, não ser necessário demonstrar que dispositivo constitucional se negou vigência ou se lhe contrariou a letra. Basta mostrar que a Lei Magna não foi cumprida, em sua letra ou em seu espírito (RE n. 71.166/ES-Pleno, Ac. 3.3.71, in *RTJ* 57/286)".

A Lei n. 191, de 16.1.1936 e o Código de 1939 (art. 321) exigiam expressamente a indicação do suporte legal. A singularidade do *writ* também não permite o julgamento por analogia ou por equidade. Regras aplicáveis ao Mandado de Injunção.

A Lei n. 12.016/2009 (art. 6.º) menciona a aplicação da lei processual sem indicar artigos, no que faz bem. Essa mesma regra deve ser aplicada no caso do Mandado de Injunção. "O direito invocável, para ser amparável por Mandado de Segurança, há de vir expresso em norma legal" (Hely Lopes Meirelles, *Mandado...*, p. 13-14). Ainda, segundo o mesmo autor (*RDA* 73/40), "O direito invocado, para ser amparável por Mandado de Segurança, há de vir expresso em norma legal e trazer em si todos os requisitos e condições de sua aplicação ao impetrante". Nesse mesmo sentido Celso Agrícola Barbi (*RDA* 75/429) e Caio Tácito (*RDA* 56/25).

Segundo Celso Ribeiro Bastos (*Comentários à Constituição do Brasil*, Saraiva, 1989, v. 2/328), pode dar-se que o direito líquido e certo para o efeito de justificar o adentramento pelo juiz no mérito do feito, uma vez que já se encontra convencido do suporte fático em que se arrima o autor, sem que, contudo, seja aquele subsumível à norma jurídica invocada, do que deverá resultar, é óbvio, o indeferimento da medida. É que nesta hipótese o magistrado reconhece que o enquadramento legal dos fatos invocados não é aquele pretendido pelo impetrante.

Alerta Theotonio Negrão (*CPC e Legislação Processual em Vigor*, 18. ed., São Paulo, RT, 1988, p. 677) que: "Em Mandado de Segurança, não cabe a concessão com alteração da fundamentação de direito que o embasar, sendo-lhe inaplicável o princípio *jura novit curia* (*RTJ* 63/784, 85/314; *RJTJESP* 45/317, 68/286)". Nesse mesmo sentido decidiu o Supremo Tribunal no RE n. 87.613-SP, 1.ª T., relator min. Bilac Pinto: "Mandado de Segurança. Seu deferimento, pelo acórdão, por fundamento não invocado na inicial e nem nas razões de apelação. Afronta ao princípio inscrito no art. 515 do CPC" (*RTJ* 85/314).

No Mandado de Injunção a parte deverá também indicar com a possível precisão o seu direito constitucional relegado (fundamento legal).

Deverá indicar a previsão do seu direito na Constituição, na lei complementar ou ordinária. Casos existirão em que o exercício do direito dependerá de alguma providência meramente administrativa e que a autoridade pública teima em relegar para segundo plano a sua exequibilidade.

Em princípio, como ensina José Afonso da Silva (ob. cit., p. 23), "o exercício das liberdades constitucionais independe de normas regulamentadoras. Elas são conferidas, por regra, em normas constitucionais de eficácia plena e aplicabilidade imediata. Se alguma normatividade é prevista, normalmente será para restringir o alcance da norma e não para integrar a sua eficácia. Pois aí se situam as normas de eficácia contida". E adverte: "Mas existem normas constitucionais conferidoras de direitos e prerrogativas que não prevêm uma normatividade expressa e específica. Contudo, é certo que por seu enunciado se percebe que não dispõe de completude bastante para sua aplicabilidade imediata. Por exemplo, o art. 5.º, L, assegura às presidiárias condições para que possam permanecer com seus filhos durante o período de amamentação, isso não demanda lei, mas alguma providência criadora das condições".

5.14. Do direito líquido e certo

Doutrinam os doutos que "Direito líquido e certo é o que se apresenta manifesto na sua existência, delimitado na sua extensão e apto a ser exercitado no momento da impetração", Themístocles Cavalcanti (*Do Mandado...*, p. 83); e Hely Lopes Meirelles (*Mandado...*, cit., p. 13 e ss.).

Por outras palavras, o direito invocado, para ser amparável por Mandado de Segurança, há de vir expresso em norma legal e trazer em si todos os requisitos e condições de sua aplicação ao impetrante (Themístocles Cavalcanti). Deve, pois, ser comprovado de plano. Se depender de comprovação posterior, não é líquido nem certo, para fins de segurança (Hely Lopes Meirelles).

A norma constitucional habilmente não falou em direito líquido e certo. E isso se fez, sintomaticamente, porque o direito perseguido em via de injunção não é aquele direito que já tenha entranhado no patrimônio do impetrante (material ou moral), mas que paira em âmbito de não exequibilidade. Se assim não fosse, se existisse o direito líquido e certo, o remédio processual cabível seria o Mandado de Segurança.

O Mandado de Injunção tem cabimento, não porque o direito perseguido seja "líquido e certo", mas por desrespeitar um direito da coletividade de que todas as normas devem ser autoaplicáveis. E cumpre àquele que detém essa possibilidade tomar as providências necessárias à implementação da norma constitucional.

Salienta Ulderico Pires dos Santos (ob. cit., p. 80) que "não há, pois, que se cogitar de direito líquido e certo para o pedido de injunção, porque o direito que está na dependência apenas de regulamentação já possui, embora em tese, existência determinada quanto ao seu objeto e possui forma objetiva e subjetivamente suficiente".

Em verdade, o direito já existe, apenas a sua fluição se traduz em direito diferido, retardado. Trata-se de direito adquirido e não usufruído por resistência ou negligência de algum órgão ou de alguma autoridade.

Pode-se dizer que o Mandado de Injunção tem por escopo perseguir e eliminar essa expectativa, tornando realizável e usufluível o direito em cada caso concreto. Vale dizer, a partir da Constituição de 1988, ninguém será obrigado a aceitar passivamente a negligência de autoridade pública ou mesmo de particulares, em sendo o caso, que retardem o gozo e a fruição de direitos que hibernam em sede de não aplicabilidade por ausência de norma regulamentadora, dita aqui no seu sentido amplo. Não nos parece que a similitude com o Mandado de Segurança deve levar, obrigatoriamente, à existência de direito líquido e certo, como defende Diomar Ackel Filho (ob. cit., 108). Se assim fosse, seria o caso de Mandado de Segurança, não de Injunção.

5.15. Da instrução probatória

O Mandado de Segurança não admite dilação probatória, pois toda prova deve ser preconstituída pelo autor e pelo réu. No Mandado de Injunção também não haverá dilação probatória, simplesmente porque ao autor compete apenas demonstrar que a lei que lhe concede um direito não tem aplicação por falta de regulamento, entendido este no seu sentido amplo. Poderá ser a ausência de uma lei (complementar) ou de um simples ato administrativo que dê implementabilidade para a lei. Trata-se, no caso, de um direito adquirido, mas não usufruído. No Mandado de

Injunção não se perquire a razão pela qual o regulamento ou o ato não foi produzido. Isso pouco importa, posto que não existe razão que possa dispensar o órgão ou a autoridade do dever de dar implementabilidade à lei.

Em fundamentado despacho, o des. Sylvio do Amaral, vice-presidente do Tribunal de Justiça de São Paulo, à época, mandou desentranhar prova documental apresentada depois das informações, declarando que "é indiscutivelmente descabida, em face da natureza deste processo, a pretensão do impetrante, de produzir novos documentos, em complementação àqueles com que instruiu a inicial". Despacho publicado no *DJE* de 16.4.1983, p. 12, e no mesmo sentido: (TJSP, *RT* 255/371, 264/459, 441/65, *apud* Hely Lopes Meirelles, *Mandado*..., cit., p. 14, nota 2).

Tudo indica que a instrução probatória será rara, mas haverá aquele caso em que tal exigência se manifeste.

Alerta Celso Agrícola Barbi (ob. cit., p. 393): "No que toca ao procedimento, entendemos que se os fatos alegados pelo autor forem indiscutíveis, certos, provados por documentos, pode ser usado o procedimento do Mandado de Segurança, previsto na Lei n. 1.533, de 31.12.1951, e legislação posterior sobre o assunto".

Realça o autor que "é preciso lembrar que o Mandado de Injunção tem em comum com o Mandado de Segurança um elemento essencial: ambos, quando concedidos, resultam em uma ordem a ser obedecida pela autoridade, sempre que isto for necessário para garantir o direito do autor da demanda. Há casos nos quais o Mandado de Injunção equivale ao Mandado de Segurança e com ele se confunde. Isto acontece quando os fatos forem certos, provados por documentos, e a lesão decorrer de omissão do órgão público que deveria ter feito a norma. E, como já se disse mais acima, o Mandado de Segurança tem caráter de injunção, de imposição, porque nele se pode compelir a autoridade a praticar um ato, ou proibi-la de praticá-lo".

E conclui: "Todavia, quando os fatos em que se fundar o autor forem incertos, isto é, dependerem de prova testemunhal, pericial etc., nesse caso não se poderá usar o procedimento do Mandado de Segurança. Haverá necessidade de audiência de instrução e julgamento, para a colheita de prova testemunhal. Nesse caso, enquanto o legislador não estabelecer procedimento especial, deve-se aplicar o procedimento ordinário do Código de Processo Civil após a fase de prestação de informações pela autoridade".

Se a prova do direito líquido e certo depender de instrumento probatório, com oitiva de testemunhas etc., será o caso de ação ordinária, e não de *writ*.

Tem-se pela proposta do dep. Federal Maurílio Ferreira Lima que poderá o juiz, se entender necessária a instrução do processo, determinar a realização de exame pericial, nomeando perito e fixando prazo não superior a 45 dias para a entrega do laudo, bem como designará data para ouvida das testemunhas arroladas. Tal audiência será realizada no prazo máximo de vinte dias, a contar da data de sua designação, ou da entrega do laudo pericial e, no caso de competência originária dos tribunais, a instrução seria feita pelo relator ou por juiz singular a quem seja delegada a instrução (art. 13 do Projeto), *apud* Ivo Dantas (*Mandado de Injunção*, Aide, 1. ed., 1989, p. 84).

Não vemos como o Mandado de Injunção possa necessitar de prova testemunhal ou de laudo pericial. O objeto do Mandado de Injunção é restrito e poderá ser demonstrado com uma simples visita ao site do Planalto ou de bibliotecas especializadas para concluir-se se a lei, não sendo autoaplicável, está impedindo que o autor usufrua o direito por ausência de regulamento ou de ato administrativo. De resto, repetimos, pouco importa o motivo que deu causa à omissão.

Para Ivo Dantas (ob. cit., p. 84), cuida-se de boa política legislativa, levando-se em conta que a injunção, diferente do Mandado de Segurança, admitirá dilação probatória, pena de se esvaziar o instituto para aqueles casos em que a parte não consiga provar de plano, documentalmente. Diz o autor que nem sempre será fácil provar, de plano (embora seja este o ideal, quando possível), a inviabilidade que caracteriza o Mandado de Injunção. Dando-se ao impetrante oportunidade de provar o alegado em audiência, mesmo que isto implique uma dilação de tempo na solução do processo, teremos menos possibilidades de improcedência do pedido por falta de provas, conseguindo-se, assim, o fim verdadeiro do instituto: tornar efetiva a prática dos direitos e liberdades constitucionais. No que couber, aplicar-se-ão os princípios constantes do Código de Processo Civil, por exemplo, quanto à perícia (arts. 420 a 439, parágrafo único).

Exemplifique-se com hipótese de depoimentos de testemunhas. Todos aqueles que militam na justiça sabem que a prova testemunha é a pior prova que existe. A testemunha poderá ser "industriada" direcionando o depoimento para determinado foco, restando provado que não existe regulamento, quando na realidade existe. A parte contrária terá o direito para ouvir testemunhas para fazer contraprova e restar provado testemunhalmente que existe regulamento. Nada disso tem validade, a existência de regulamento ou de ato administrativo necessário para a implementabilidade ao direito do autor deve ser provada de forma mais séria, com facilidade, sem arrobos ou malabarismos probatórios.

Temos para nós que, a exemplo do que acontece com o seu similar Mandado de Segurança, em sede de injunção, não fará coisa julgada àquele julgamento que concluir pela improcedência com supedâneo na insuficiência de prova. Nessa mesma esteira trilha Celso Agrícola Barbi (ob. cit., p. 73) ao pontificar que "não se forma coisa julgada se não houver decisão de mérito, a qual só pode acontecer se os fatos estiverem satisfatoriamente provados; assim, qualquer deficiência da atividade probatória impede a decisão de mérito e a formação da coisa julgada". Esse posicionamento parece-nos mais se adequar com o objetivo perseguido pelo instituto, que é o de tornar viável direito constitucional carente de regulamentação. Mesmo porque esse seria um dever de ofício da autoridade. E não seria razoável impedir-se a rediscussão da matéria com provas plenas.

5.16. Das sanções

Em se cuidando de ente público, a obrigação é a de enviar informações (defesa) no prazo assinalado pelo juiz ou pela lei, em havendo regulamento para a espécie.

Dispõe o art. 12 da Lei n. 12.016/2009 que, findo o prazo de dez dias para as informações, será ouvido o Ministério Público, que opinará dentro de dez dias improrrogáveis. O julgamento será levado a efeito, com ou sem as informações da autoridade e com ou sem a manifestação do Ministério Público. Não vemos qualquer óbice a que se utilize em sede de injunção também essa regra processual que agiliza o julgamento.

Dispunha o art. 8.º da Lei n. 4.348, de 26.6.1964 (revogada pela Lei n. 12.016/2009) que: "Aos magistrados, funcionários da Administração Pública e aos serventuários da Justiça que descumprirem os prazos mencionados nesta lei aplicam-se as sanções do Código de Processo Civil e do Estatuto dos Funcionários Públicos Civis da União" (A Lei n. 1.711/1952 foi revogada pela Lei n. 8.112, de 11. 12.1990, art. 253). Em se cuidando de Mandado de Segurança e de Injunção, a apresentação de informações (defesa) não se traduz em mero ônus da autoridade, mas em dever de ofício face ao princípio da indisponibilidade. As peculiaridades estruturais desses institutos assim o exigem. O mesmo se diga do Ministério Público.

5.17. Da tramitação durante as férias forenses

A exemplo do que sucede com o Mandado de Segurança, a matéria discutida através de Mandado de Injunção, por sua própria origem constitucional e fim perseguido exige tramitação rápida e pronta decisão, só cedendo lugar ao *Habeas Corpus*. Deve, pois, ter preferência sobre as demais causas. Nesse sentido, em se tratando de segurança, vem sendo o entendimento dos tribunais (cf., Hely Lopes Meirelles, TJPR – *RT* 522/75; *RJTJESP* 192/274, 495/84, 534/98).

Não se legitima a paralisação do feito durante as férias forenses, posto que isso viria frustrar a celeridade e também desvirtuar os objetivos perseguidos pelo remédio constitucional em desprestígio do direito do impetrante, injustamente resistido por autoridade que teima em não dar exequibilidade ao comando da Lei Maior.

Atento ao problema, Castro Nunes (*Do Mandado de Segurança*, 7. ed., atualizada por José Aguiar Dias, p. 289) realça que nas férias coletivas, um dos processos que tramitará será necessariamente o Mandado de Segurança. E alerta que também a preferência ou prioridade, ainda que não expressa absolutamente, está subentendida, atenta à natureza do remédio de urgência que é o Mandado de Segurança. Nessa mesma esteira, Dirceu Galdino, advogado em Maringá, em trabalho publicado no *Boletim COAD-Informativo* 11/115-116, sob o título "Mandado de Segurança e Férias Forenses", aponta que: "... como premissa maior, verifica-se que o procedimento do Mandado de Segurança é mais que sumaríssimo. É 'sumarissíssimo', na denominação de Seabra Fagundes. Consequentemente, se, no procedimento sumaríssimo, há tramitação do processo nas férias (premissa menor) é óbvio que, se o Mandado de Segurança não tramitasse naqueles períodos, ficaria em situação inferior à das ações de procedimento sumaríssimo: enquanto essas caminham, ele dormitaria e hibernaria. Ou seja, aquele que era o 'maximus' ficaria como '*minor*'." *E* conclui o articulista: "Assim, o que se nota é que a conclusão do Simpósio de Curitiba, com a devida vênia, foi um tanto apressada, embora várias decisões a respaldem, como se vê nas *RT* 524/92, 524/140, 540/104, 588/103 e 607/55 e nos *JTA* 57/51. Tal enfoque desprestigia o Mandado de Segurança, colocando-o em nível inferior ao das ações de procedimento sumaríssimo, bem como lhe dá tratamento eminentemente processual (e não constitucional). É preciso levar em conta que no seu bojo está entranhada a celeridade, um dos motivos pelos quais ele foi criado, a fim de que o mais rápido possível o abuso de poder seja extirpado e a legalidade volte a reinar (inclusive para extirpar a própria ilegalidade daquela conclusão...)."

Feitas as devidas adaptações, posto que antes do julgamento do Mandado de Injunção poderá haver, ainda que excepcionalmente, dilação probatória, as regras de celeridade são também virtuais. E a resistência do Poder Público em tornar exequível direito constitucional da parte impetrante se traduz em abuso que deve ser o quanto antes extirpado, não se descartando para tanto o uso de liminares.

5.18. Do valor da causa

O Mandado de Injunção, a exemplo do Mandado de Segurança, como ação que é, deverá também atender a essa exigência processual expressa no art. 282 do CPC (art. 6.º da Lei n. 12.016/2009) e indicar o valor da causa. A petição inicial deverá atender aos requisitos dos arts. 282 e 283 do CPC, sem os vícios do art. 295 do mesmo Código.

O valor da causa há de refletir aquilo que economicamente se pleiteia nos moldes dos arts. 258 e ss. do CPC. Se não envolver valor econômico ao pedido, será dado o valor das causas inestimáveis.

5.19. Das custas

Em se tratando de ação que busca corrigir o procedimento desidioso daquele que tem o dever de implementar as normas necessárias à fruição do direito constitucionalmente protegido e que recalcitra em fazê-lo, parece-nos de boa política que se aplique ao impetrante as mesmas regras previstas para aquele que se serve da ação popular para defender interesse público. Vale dizer que as custas deverão ser dispensadas quando o impetrante sucumbir, salvo comprovada a má-fé (art. 5.º, LXXIII, CF/88).

5.20. Dos honorários advocatícios

Os honorários advocatícios constituem a paga ao trabalho executado pelo causídico. A responsabilidade como regra é da parte que inadimpliu e deu causa a que o credor fosse obrigado a movimentar o Poder Jurisdicional do Estado para pedir o que por direito lhe pertence.

E é até mesmo intuitivo que a parte credora que nenhuma causa deu e que em nada contribuiu para a inadimplência do mau pagador venha a ser onerada com o custo da demanda, malferindo-se assim o princípio da *restitutio in integrum* e da *perpetuatio jurisdictionis*.

O ente público ou particular que vier a sucumbir deverá arcar com honorários advocatícios, tendo o ente público possibilidade de cobrar regressivamente do funcionário ou autoridade que agiu desidiosamente. É simples questão de moralização.

Maurílio Wagner de Paula Reis, juiz de Direito da Justiça do Distrito Federal ("Os Honorários na Ação de Mandado de Segurança", trabalho publicado na coletânea Saraiva, 1990, coordenação de Sálvio de Figueiredo Teixeira, p. 327-335) adverte que "não se pode olvidar o art. 37, § 6.º, da CF de 5.10.1988 — as pessoas jurídicas de direito público e as de direito privado prestadoras de serviços públicos respondem pelos danos que seus agentes, nessa qualidade, causem a terceiros. Ora, no momento em que o terceiro se valer do judiciário para assegurar direito seu líquido e certo, é evidente que a autoridade coatora está a lhe causar dano. Lembro que o particular (*v.g.*, educandário) também pode ser parte no Mandado de Segurança. Não se pode exigir que terceiro, mesmo vencedor, tenha que desembolsar com advogado. Em havendo dolo ou culpa da autoridade, em face desta terá o órgão a que pertencer ação regressiva, portanto aqui, a responsabilidade é subjetiva, enquanto que a primeira parte do mencionado § 6.º consagra a responsabilidade objetiva do Estado, adotando a teoria do risco administrativo". Realça o articulista que as posições dos ministros, à época, Oscar Corrêa (RE n. 101.214/RS, j. 16.12.1983) e Djaci Falcão (RE n. 91.497/RJ, j. 18.9.1980), embora acompanhassem a Suprema Corte, referendando a Súmula 512, tinham opiniões pessoais no sentido da condenação em honorários.

Tem-se pela Súmula n. 512 do STF que aquela Excelsa Corte cristalizou o entendimento no sentido de que: "Não cabe condenação em honorários de advogado na ação de Mandado de Segurança".

Temos para nós que face às peculiaridades do Mandado de Injunção, a exemplo mesmo do Mandado de Segurança e da ação popular, a condenação em verba honorária teria objetivo moralizador (art. 12 da Lei n. 4.717, de 29.6.1965) e também seria uma sinalização para coibir o ajuizamento de mandados de injunções manifestamente temerários. O tema "honorários advocatícios" foi por nós desenvolvido em nossa obra *Mandado de Segurança e Controle jurisdicional*, 3.ª ed., RT, 2001, p. 340-349, para onde remetemos o leitor interessado.

5.21. Do Mandado de Injunção Coletivo

As regras dispostas pela Constituição em tema de Mandado de Segurança coletivo servem também para que se impetre o Mandado de Injunção coletivo. Neste passo, são exigíveis os mesmos requisitos (art. 5.º, LXX): a) partido político com representação no Congresso Nacional; b) organização sindical, entidade de classe ou associação legalmente constituída e em funcionamento há pelo menos um ano, em defesa dos interesses de seus membros ou associados.

Como organização sindical, hão de entender-se os sindicatos, as federações e confederações. É bem de ver que procurou o legislador precaver-se contra sindicalistas de plantão e exigiu que a organização sindical esteja funcionando a pelo menos um ano, em defesa dos interesses de seus membros ou associados. A ausência desse requisito deságua na ilegitimidade e terá por consequência o indeferimento da petição inicial. Assim, deverá o órgão sindical comprovar com a petição inicial essa sua qualidade e que se traduz num dos pressupostos de admissibilidade. Exigência também imposta às associações (art. 5.º, XXI, CF/88).

Quanto ao partido político, tem legitimação para o Mandado de Injunção aquele partido político com representação no Congresso Nacional. E embora *prima fatie* possa parecer que o interesse do partido político esteja fulcrado no âmbito partidário, todavia, assim não é, já que a lei nenhuma restrição faz para a espécie. Vale dizer, em existindo ofensa a direitos constitucionais ligados à coletividade, o partido político terá legitimidade. Além da representatividade, dispõe o art. 17, § 2.º, da CF/88 que "Os partidos políticos, após adquirirem personalidade jurídica, na forma da lei civil, registrarão seus estatutos no Tribunal Superior Eleitoral. Quer isso dizer que a representação para a espécie coletiva será daqueles designados em estatuto. Assim, o partido político deverá comprovar o registro dos seus estatutos no TSE, sem o qual não existirá personalidade jurídica e bem assim a sua representatividade no Congresso Nacional. Sem essa providência, a petição inicial será indeferida. Nada impede que o juiz dê ao impetrante a oportunidade prevista no art. 284 do CPC. É até razoável que o faça face ao princípio de economia processual.

5.22. Do memorial

O memorial é peça importante no processo e possibilita que as partes, antes da apreciação do mérito da ação injuncional, analisem os fatos que envolvem a discussão e apresentem subsídios para o julgamento. Nessa mesma linha instrumentária de oferecimento de subsídios está a sustentação oral quando do julgamento de recurso no tribunal.

5.23. Do Ministério Público

Dada oportunidade às partes para apresentação de memorial, os autos serão enviados ao Ministério Público para emitir Parecer. Tem aplicação no julgamento do Mandado de Injunção as mesmas regras previstas no art. 12 e respectivo parágrafo único da Lei n. 12.016/2009. Com ou sem o pronunciamento do órgão ou autoridade pública ou com ou sem o parecer do órgão ministerial, o Mandado de Injunção será apreciado e julgado meritoriamente. Nota: sobre a matéria remetemos o leitor ao item 4.7.

5.24. Da concessão de Medida Liminar

Em dependendo do caso concreto que se examine, poderá haver a necessidade da concessão de liminar a pedido da parte e até mesmo de ofício, desde que presentes os requisitos do *fumus boni juris* e do *periculum in mora*.

De conformidade com o art. 7.º, *caput*, da Lei n. 12.016/2009, ao despachar a petição inicial, o juiz ordenará:

I – que se notifique o coator do conteúdo da petição inicial, enviando-lhe a segunda via apresentada com as cópias dos documentos, a fim de que, no prazo de dez dias, preste informações;

II – que se dê ciência do feito ao órgão de representação judicial da pessoa jurídica interessada, enviando-lhe cópia da inicial sem documentos, para que, querendo, ingresse no feito;

III – que se suspenda o ato que deu motivo ao pedido, quando houver fundamento relevante e do ato impugnado puder resultar a ineficácia da medida, caso seja finalmente deferida, sendo facultativo exigir do impetrante caução, fiança ou depósito, com objetivo de assegurar o ressarcimento à pessoa jurídica.

O inciso I tem aplicação em sede de injunção, à míngua de lei ou regulamento dando outro direcionamento. A aplicação do inciso II parece-nos de bom alvitre quando se tratar de órgão ou de autoridade pública, pois certamente estará vinculado a alguma pessoa jurídica de direito público, ou privado, como seria o caso da empresa pública e da sociedade de economia mista. O inciso III é inaplicável em sede de injunção em relação à exigência para a concessão da liminar. Referido inciso terá resistência até mesmo em sede de segurança. O legislador inverteu os papéis ao prever caução, fiança ou depósito para garantir futuro ressarcimento à pessoa jurídica de direito público. Partiu da premissa falsa de que todo impetrante do *mandamus* age de forma dolosa ou procrastinatória. A inspiração legislativa não tem suporte na realidade e se apresenta com acentuado estrabismo. Quem age de forma arbitrária, culposa e muitas vezes dolosa, afrontando a lei, o direito adquirido, o ato jurídico perfeito e a própria coisa julgada, na grande maioria dos casos, é o poder público. O impetrante da segurança, na quase totalidade dos casos, tem o seu direito vilipendiado por autoridade pública pelas mais variadas razões, entre elas a incompetência, pois são políticos guindados a cargos para os quais não estão preparados. Com tudo isso, o poder público é beneficiado pela Súmula 512 do Supremo Tribunal Federal. Referida súmula tem cerca de meio século e não mais atende à realidade. A liminar ou a tutela antecipada especial em obrigação de fazer dificilmente serão concedidas em âmbito injuncional. Em sendo o caso, todavia, será de bom alvitre que o juiz aguarde o término do prazo concedido para o cumprimento da obrigação. Havendo recalcitrância e dependendo do tempo projetado pelo tribunal para o julgamento, a liminar ou a tutela especial poderá tornar-se uma providência inarredável. A exemplo do *mandamus,* a limitar e a tutela especial poderá ser concedida de ofício, não havendo pedido formulado pela parte. Compete ao juiz prover para que injunção tenha as consequências requeridas no menor tempo possível.

Embora não seja comum, nada impede, tudo aconselha, que em certos casos seja a liminar concedida de ofício. Mesmo porque de nada valeria a concessão da segurança quando o ato ilegal ou abusivo já se houvesse consumado e exercitado todos os seus reflexos danosos. Ter-se-ia uma segurança inexequível. Todavia, deve a parte, por seu advogado, pedir sempre a concessão de liminar, se e quando for o caso, evitando correr riscos em face dos desencontros doutrinários.

O direito à liminar (cf., Carmen Lúcia Antunes, "Liminar no Mandado de Segurança", in *Mandado de Segurança e de Injunção*, S. Paulo, Saraiva, 1990, coord. de Sálvio de Figueiredo Teixeira, p. 218 e ss.) surge "no momento mesmo em que aqueles dois pressupostos legais (refere-se ao art. 7.º, II, Lei n. 1.533/51) apresentam-se de modo claro na ação, o que, a rigor, ocorre na oportunidade mesma da impetração do Mandado de Segurança. Daí porque a lei refere-se ao primeiro despacho, na peça exordial da ação, como sendo próprio para a ordenação da suspensão liminar do cometimento público impugnado". Observa que "nem faz a lei remissão ao pedido de liminar pelo impetrante como condição imprescindível à expedição da ordem, nem restringe a sua determinação àquele único momento preambular do processo. Assim, a concessão da liminar deve ocorrer quando, aperfeiçoados os dois pressupostos legais, fiquem estes demonstrados cabalmente quando da impetração, sejam eles estampados após a manifestação da autoridade indigitada coatora em sua peça informativa". Alerta para a "desnecessidade do pedido de liminar pelo impetrante como condição para a ordem determinada pelo julgador".

E adverte, referindo-se ao juiz: "Cabendo-lhe a prestação eficiente da garantia constitucional do Mandado de Segurança, compete-lhe tomar todas as providências cabíveis para a realização da finalidade posta na norma fundamental e que é de sua estrita função ver aperfeiçoada, o que inclui, evidentemente, a medida acautelatória liminar asseguradora da plena eficácia do mandado que poderá vir, ao final, a ser concedido. Destarte, conquanto seja ela, em regra, requerida pelo impetrante, preocupado em ver restabelecida a sua segurança jurídica rompida pela nódoa de ilegalidade maculadora do comportamento público questionado, nada há a impedir que o julgador aja de ofício na concessão de liminar, cumprindo a sua função especificada na norma constitucional concernente ao Mandado de Segurança. Esta não pode ficar ao desabrigo pela inapetência processual do impetrante ou pela inabilidade técnica do seu representante". E conclui: "De resto, aliás, o Juiz dispõe de competência para aviar as medidas acauteladoras da produção final do resultado útil buscado pelo pedido de prestação jurisdicional, nos termos dos arts. 798 e 799 do CPC".

Comandava a Lei n. 191/36, art. 8.º, § 9.º, "quando se evidenciar, desde logo, a relevância do fundamento do pedido, e decorrendo do ato impugnado lesão grave irreparável do direito do impetrante, poderá o Juiz a requerimento do mesmo impetrante mandar, preliminarmente, sobrestar ou suspender o ato aludido". E em se comparando o comando legal emergente daquela Lei com a atual, Lei n. 12.016/2009, art. 7.º, inciso III, verifica-se que o atual é mais incisivo, ao dispor: ao despachar a inicial, o juiz ordenará que se suspenda o ato se houver fundamento relevante e se a permanência do ato puder resultar na ineficácia da medida que vier ser deferida.

Lembra Wander Paulo Marotta Moreira (ob. cit., p. 418) que "todas as redações sugeridas na Assembleia Nacional Constituinte mandavam observar, no Mandado de Injunção, o rito processual estabelecido para o Mandado de Segurança, inclusive, é claro, com a possibilidade de liminar. Embora a redação final tenha omitido essa orientação, deixando o legislador com maior liberdade para estabelecer e criar rito adequado, nada impede, consideradas as evidentes semelhanças entre os dos institutos, que a medida seja liminarmente deferida, desde que provados os requisitos essenciais à sua concessão.

Tendo em vista o direito perseguido pelo Mandado de Segurança e pelo Mandado de Injunção, seguramente, haverá número menor de casos que desafie medida liminar em âmbito injuncional. Mas a possibilidade da concessão da medida liminar é providência que se fará inarredável em certos casos. E o vivenciamento diário dirá quais serão esses casos.

Ulderico Pires dos Santos (ob. cit., p. 47 e ss.) dá exemplo de Mandado de Injunção proibitivo, onde a concessão da liminar se apresenta inarredável, pena de perecimento do direito: "A Câmara dos Deputados promulga lei autorizando a construção de uma usina atômica, em local que poderá pôr em risco a saúde e a vida alheias e diz que as normas de segurança serão ditadas na sua Regulamentação. Antes desta, são iniciadas as suas obras".

"Qualquer pessoa física ou jurídica que se sentir ameaçada de sofrer as consequências desse perigo poderá impetrar o Mandado de Injunção contra a referida Casa Legislativa para regular, com urgência, a aludida lei e contra a Pessoa jurídica de Direito Público para abster-se de levar avante as obras antes da sua regulamentação, pedindo, neste particular, para lhe ser concedida a liminar em face do *periculum in mora*." E conclui: "Nesse caso, conquanto a providência judicial seja requerida apenas pelo impetrante, se concedida, beneficiará não apenas a ele, mas a todos que podiam sofrer as consequências da construção inadequada".

Tem-se, pois, que, regra geral, aqueles mandados de injunção de caráter proibitório desafiarão a imediata concessão da liminar a pedido da parte impetrante ou mesmo de ofício pelo juiz, pena de a decisão que vier a ser proferida não ter qualquer valor protetivo, se já consumado o ato hostilizado.

Da concessão ou negativa de concessão de liminar caberá agravo de instrumento (art. 7.º, § 1.º, da Lei n. 12.016/2009.

5.24.1. Do prazo da liminar em sede de injunção

As peculiaridades próprias do Mandado de Injunção têm reflexos no prazo a ser concedido em caso de concessão de liminar. É que o Poder Judiciário, antes de tornar exequível o direito do impetrante no caso concreto, dará prazo à autoridade ou particular que detenha poderes para a regulamentação para que torne exequível o direito pleiteado (obrigação de fazer). É intuitivo que o prazo a ser concedido não poderá ser inferior àquele concedido, pena de não surtir o efeito desejado.

Essa particularidade não passou desapercebida para Ulderico Pires dos Santos (ob. cit., p. 67) quando afirma que "a medida acauteladora concedida no processo de injunção há de ter prazo diferente do que é estabelecido para o Mandado de Segurança. E tal se dá porque, se a injunção concede um prazo à autoridade pública para regulamentação de norma *sub judice*, a liminar não poderá ter prazo inferior, para que não se exaura antes da providência final do poder regulamentador. Esse prazo, se necessário, será dosado pelo aplicador da lei, que levará em conta o prazo que houver de estabelecer para o cumprimento do Mandado de Injunção, a não ser que, sendo menor, possa ser prorrogado".

Em tema de Mandado de Segurança reinava discussão sobre a eficácia temporal da medida liminar.

Sobre o tema, ressalta Antônio de Pádua Ribeiro ("Mandado de Segurança: Alguns aspectos atuais", *in Mandado de Segurança e de Injunção*, São Paulo, Saraiva, 1990, coord. de Sálvio de Figueiredo Teixeira, p. 158) que "em tema de Mandado de Segurança, caso interessante consistia em saber se ainda prevalecia o art. 1.º, 'b', da Lei n. 4.348, de 26.6.1964, que restringe a 90 dias, a contar da data de sua concessão, prorrogável por mais 30 dias, o prazo de eficácia da liminar. A Lei n. 4.348/1964 foi revogada expressamente pela Lei n. 12.016/2009".

Dizia Pádua Ribeiro que no Agravo Regimental interposto no MS n. 104.549/RJ: "sustentei com apoio, unânime, da 2.ª Seção do antigo Tribunal Federal de Recursos, baseado em Hely Lopes Meirelles e no decidido pelo Pleno no AgRg 46.300/DF, Relator Min. Antônio Neder, que o prazo de eficácia da medida pode ser interrompido pelas férias, impedimento de natureza judiciária ou delonga causada pelo litisconsorte passivo, como naquele caso". Acrescentou que, "a partir da vigência do atual Código de Processo Civil, que conferiu ao Juiz o poder geral de cautela, pode o Magistrado deferir liminar com eficácia até o julgamento da causa. Isso porque a liminar tem natureza cautelar e, portanto, visa a assegurar a eficácia da decisão de mérito. Daí que, no caso de segurança não ser julgada no prazo de duração da liminar, fixada pela referida lei, a decisão de mérito, que nela vier a ser proferida, poderá ter a sua eficácia comprometida". Ponderava o eminente Ministro: "Que adiantaria conceder liminar sustando a realização de uma praça ou leilão se, vencido aquele prazo, fosse ela cassada antes de a segurança ser decidida pelo seu merecimento? O resultado seria o mesmo se, em tal caso, a lei vedasse a concessão da liminar".

Verifica-se que mesmo antes da atual lei do Mandado de Segurança, a doutrina e a jurisprudência direcionavam no sentido de que a medida liminar deveria viger até a prolação da decisão de mérito, em primeiro grau ou nos tribunais. A Lei n. 4.348/64 (revogada) foi de péssima inspiração, sem qualquer sentido prático ou jurídico, pois carreava para o impetrante a culpa pela demora do judiciário e a liminar seria cassada num prazo máximo de 120 dias. Disso resultava que a decisão que viesse a ser proferida posteriormente à cassação não teria nenhum sentido prático, pois não resolveria o impasse e deixava a parte, contra a qual fora cometido o arbítrio, a ilegalidade ou abuso de poder ou de direito, à calva de qualquer proteção. A nova lei de segurança dispõe no art. 7.º, § 3.º que "os efeitos da medida liminar, salvo se revogada ou cassada, persistirão até a prolação da sentença". Tem-se, pois, que a nova lei adotou o entendimento doutrinário e jurisprudencial formado a partir do advento do Código de Processo Civil de 1973. Referido § 3.º tem aplicabilidade no Mandado de Injunção. Ver item 5.24.

Nessa mesma linha trilha Milton Flack (*Mandado de Segurança:* Pressupostos da Impetração, Rio, Forense, 1980, p. 216-217): "... não se deve inferir que o prazo máximo fixado em lei, para eficácia das medidas liminares, é insuscetível de dilatação, pois tal entendimento levara a inomináveis injustiças. Existem casos em que, à luz dos princípios genéricos do Direito Processual, a regra geral cede lugar às exceções, mas àquelas expressamente previstas: acresce que cabe a cassação da Medida Liminar quando ocorre a inércia ou a negligência por parte do impetrante, mas não esclarece a lei qual a solução a ser dada quando o processo fica parado por culpa da autoridade administrativa. Seria cabível, em tal hipótese, a caducidade da Medida Liminar pelo simples decurso do prazo? Tal solução implicaria em conceder a administração meio fácil para combater as medidas liminares. Bastaria prender o processo e aguardar o decurso do prazo necessário para a caducidade".

Dizia o art. 1.º da Lei n. 4.348/1964, letra "b": a medida liminar somente terá eficácia pelo prazo de noventa (90) dias a contar da data da respectiva concessão, prorrogável por trinta dias quando comprovadamente o acúmulo de processos pendentes de julgamento justifica a prorrogação.

Cuidou-se, à época, de uma lei estrábica, incoerente e ilógica. A liminar seria cassada em noventa dias, se não houvesse acúmulo de processos. O impetrante era punido pela desídia, pela preguiça, pela falta de zelo do julgador. Se houvesse acúmulo de processos, o impetrante seria punido trinta dias depois! Essa lei foi ungida em 26 de junho de 1964, na vigência de regime militar, e somente foi revogada em 2009, depois de 45 longos anos, mas sem qualquer aplicação a partir do advento do Código de Processo Civil de 1973, mercê da doutrina e da jurisprudência.

Como vimos, a matéria restou superada com o advento do Código Buzaid, que em seu art. 798 dá poderes cautelares ao juiz. Esse poder cautelar deverá ser usado de ofício se para tanto depender a exequibilidade da decisão que se irá proferir.

Alerta Ulderico Pires dos Santos (ob. cit., p. 68) que "para evitar controvérsia a respeito, entendemos que se o juiz marcar prazo de duração da liminar, por acaso concedida no Mandado de Injunção, não poderá ser inferior ao que houver sido dado para o ato ser praticado. Naturalmente que o seu deferimento dependerá de prova concreta do *periculum in mora* e uma vez concedida, o impetrante não poderá afrouxar o andamento do processo, sob pena de ser a mesma cassada".

Da liminar concedida ou negada em sede de injunção caberá agravo de instrumento nos termos do § 1.º do art. 7.º da Lei n. 12.016/2009.

5.25. Da tutela antecipada

O juiz poderá, a requerimento da parte, antecipar, total ou parcialmente, os efeitos da tutela pretendida no pedido inicial, desde que, verificando a presença de prova inequívoca, se convença da verossimilhança (aparência de direito), haja fundado receio de dano irreparável ou de difícil reparação ou fique caracterizado o abuso de direito (art. 273, CPC). Em se cuidando de obrigação de fazer ou de não fazer, há a tutela específica prevista no art. 461 e respectivos parágrafos, CPC.

No Mandado de Injunção pode ser comprovada de plano a existência de um direito dependendo de regulamentação ou de ato de órgão ou de autoridade para dar implementabilidade ao direito adquirido e não usufruído, fato que vai de imediato além da mera verossimilhança. O abuso de direito está na resistência do órgão regulamentador, decorridos vários meses ou até vários anos. Todavia, a antecipação da tutela estará sempre na dependência do douto critério do juiz, tendo em vista o conteúdo do § 2.º do art. 273 do CPC, já que a tutela não será concedida quando houver perigo de irreversibilidade do provimento antecipado. A tutela poderá ser modificada ou revogada a qualquer momento (§ 3.º, do art. 461 do CPC)

A antecipação da tutela tem, ao lado da coerção legal, um componente psicológico a desacoroçoar a demora no atendimento. Em se tratando de obrigação de fazer regulamentação, o juízo poderá indicar prazo razoável para atendimento, pena de aplicação de astreintes diária (art. 461, § 4.º), sem prejuízo de responder por perdas e danos(§ 2.º).

O Supremo Tribunal Federal decidiu que no Mandado de Injunção não tem aplicação a norma processual que autoriza a pena pecuniária (*astreintes*) nas obrigações de fazer.

> O mandado de injunção é ação constitutiva; não é ação condenatória, não se presta a condenar o Congresso ao cumprimento de obrigação de fazer. Não cabe a cominação de pena pecuniária pela continuidade da omissão legislativa. (MI n. 689, rel. min. Eros Grau, julgamento em 7.6.2006, Plenário, DJ de 18.8.2006.)

6. Decisão

6.1. Da decisão injuncional

Em se tratando de instituto novo e sem similitude no Direito Comparado, a classificação do conteúdo decisório em um dos tipos estabelecidos na teoria processual (meramente declaratória, condenatória, constitutiva ou mandamental) é tarefa por demais árdua, já que dependerá em princípio dos reflexos que a decisão exteriorizará. O efeito estará diretamente ligado ao tipo de decisão prolatada. Portanto, essa classificação só poder-se-á averiguar em cada caso concreto.

Pontifica Pontes de Miranda (*Comentários ao Código de Processo Civil*, Rio de Janeiro, Forense, 1974, v. IV/200-201) que existe apenas uma predominância entre os tipos estabelecidos pela teoria processual: "A sentença declarativa é a sentença que tem a sua força no declarar. Não se pode dizer que a declaração lhe exaure a eficácia. Apenas que nenhuma outra — a de constituição, a de condenação, a de mandamento, a de execução — lhe passa à frente, em relevância teórica e prática. A sentença constitutiva é aquela em que prevalece a eficácia da constituição. Portanto aquela em que tutela jurídica de declarar não supera as outras tutelas, em que se constitui mais do que se declara, do que se condena, do que se manda, do que se executa. A sentença de condenação tem cognição e, pois, elemento declarativo e de constituição, que serve mesmo, em combinação com a declaração, ao fato novo, ao *novitu* processual da condenação".

E arremata: "Ao lado destes efeitos, que alguns chamam de principais, outros há, que independem das vontades das partes e/ou do juiz, mas que existem em razão direta da Lei. Tais efeitos, apesar da designação dada aos anteriores, e como bem lembra Liebman, são tão importantes como aquelas, com a única diferença de que não são autônomos. Noutras palavras, deverá sempre o juiz declarar sua existência — dos chamados efeitos secundários — sem que haja dependência entre estes e aqueles. Assim, o regime de bens na sentença que decreta a dissolução da sociedade conjugal, a hipoteca no caso da sentença condenatória, tal como se vê do art. 466 do CPC: 'A sentença que condena o réu ao pagamento de uma prestação, consistente em dinheiro ou em coisa, valerá como título constitutivo de hipoteca judiciária, cuja inscrição será ordenada pelo juiz na forma prescrita na Lei de Registros Públicos'".

Para o eminente José Afonso da Silva (ob. cit., p. 47), essa preocupação classificatória é desprovida de qualquer interesse "pelo menos em relação à sentença prolatada no Mandado de Injunção, pois seus efeitos só serão definidos em cada caso concreto, tendo em vista a natureza do direito pleiteado, a qualificação ou posição do impetrado e outras circunstâncias que a prática do instituto por certo revelará".

6.1.1. Da mora injuncional

Ao processar o Mandado de Injunção, o tribunal oficiará ao órgão ou à autoridade requerido com poderes para resolver o impasse indicando prazo para o cumprimento, que poderá ser a regulamentação pelo Legislativo ou pelo Executivo, ou a edição de um ato por órgão ou por autoridade pública que dê implementabilidade ao direito adquirido do requerente e não usufruído pela omissão. Vencido o prazo sem o cumprimento, o requerido será considerado em mora e o tribunal transformará em realidade o pedido. O prazo deverá ser razoável em função da dificuldade apresentada.

STF — MANDADO DE INJUNÇÃO — EXCLUSÃO DO INSS DA RELAÇÃO PROCESSUAL — FALTA DE REGULAMENTAÇÃO DO INCISO V DO ART. 203 DA CONSTITUIÇÃO — MORA DO CONGRESSO NACIONAL — Deferimento, em parte, do mandado de injunção, para reconhecer a mora do Congresso Nacional, dando-se a este ciência para que seja regulamentado o inciso V do art. 203 da Constituição Federal. (STF – MI n. 448 – RS – TP – Rel. p/ Ac. Moreira Alves – DJU 6.6.1997)

STF — Na marcha do delineamento pretoriano do instituto do mandado de injunção, assentou este Supremo Tribunal que a mera superação dos prazos constitucionalmente assinalados é bastante para qualificar, como omissão juridicamente relevante, a inércia estatal, apta a ensejar, como ordinário efeito consequencial, o reconhecimento, hic et nunc, de uma situação de inatividade inconstitucional. (MI n. 543, voto do Min. Celso de Mello, in DJ de 24.5.2002). Logo, desnecessária a renovação de notificação ao órgão legislativo que, no caso, não apenas incidiu objetivamente na omissão do dever de legislar, passados quase quatorze anos da promulgação da regra que lhe criava tal obrigação, mas que, também, já foi anteriormente cientificado por esta Corte, como resultado da decisão de outros mandados de injunção. Neste mesmo precedente, acolheu esta Corte proposição do eminente Min. Nelson Jobim, e assegurou "aos impetrantes o imediato exercício do direito a esta indenização, nos termos do direito comum e assegurado pelo § 3.º do art. 8.º do ADCT, mediante ação de liquidação, independentemente de sentença de condenação, para a fixação do valor da indenização." Reconhecimento da mora legislativa do Congresso Nacional em editar a norma prevista no § 3.º do art. 8.º do ADCT, assegurando-se aos impetrantes o exercício da ação de reparação patrimonial, nos termos do direito comum ou ordinário, sem prejuízo de que se venham, no futuro, a beneficiar de tudo quanto, na lei a ser editada, lhes possa ser mais favorável que o disposto na decisão judicial. O pleito deverá ser veiculado diretamente mediante ação de liquidação, dando--se como certos os fatos constitutivos do direito, limitada, portanto, a atividade judicial à fixação do quantum devido. (MI n. 562, rel. p/ o ac. Minª. Ellen Gracie, julgamento em 20.2.2003, Plenário, DJ de 20.6.2003.)

STF — Ocorrência, no caso, em face do disposto no art. 59 do ADCT, de mora, por parte do Congresso, na regulamentação daquele preceito constitucional. <Mandado> de <injunção> conhecido, em parte, e, nessa parte, deferido para declarar-se o estado de mora em que se encontra o Congresso Nacional, a fim de que, no prazo de seis meses, adote ele as providências legislativas que se impõem para o cumprimento da obrigação de legislar decorrente do art. 195, § 7.º, da Constituição, sob pena de, vencido esse prazo sem que essa obrigação se cumpra, passar o requerente a gozar da imunidade requerida. (MI n. 232, rel. Min. Moreira Alves, julgamento em 2.8.1991, Plenário, DJ de 27.3.1992.)

No MI n. 712 a Excelsa Corte deixou claro que, ao decidir em sede de injunção, possui o poder de editar norma jurídica em substituição àquela devida pelo legislador, sem que isso venha a representar, de alguma forma, violação ao princípio da independência dos poderes da República ou a ausência de harmonia entre eles (arts. 20 e 60, § 4.º, III, da CF). O Mandado de Injunção permite ao STF agir como poder fiscalizador, fazendo aquilo que um dos Poderes ou a autoridade e órgão pública resistem em fazer, causando, com isso, prejuízo a outrem.

Tem-se aí uma guinada importante de 180 graus: Vejamos como fora o entendimento antes:

O <mandado> de <injunção> nem autoriza o Judiciário a suprir a omissão legislativa ou regulamentar, editando o ato normativo omitido, nem, menos ainda, lhe permite ordenar, de imediato, ato concreto de satisfação do direito reclamado: mas, no pedido, posto que de atendimento impossível, para que o Tribunal o faça, se contém o pedido de atendimento possível para a declaração de inconstitucionalidade da omissão normativa, com ciência ao órgão competente para que a supra. (MI n. 168, rel. Min. Sepúlveda Pertence, julgamento em 21.3.1990, Plenário, DJ de 20.4.1990.)

6.2. Da prioridade no julgamento

Dispõe o art. 12 da Lei n. 12.016/2009 que: "Findo o prazo a que se refere o inciso I do *caput* do art. 7.º desta Lei, o juiz ouvirá o representante do Ministério Público, que opinará, dentro do prazo improrrogável de dez (10) dias".

Isso significa que o *mandamus* será julgado mesmo que a autoridade não tenha prestado as informações. O prazo do inciso I do art. 7.º é de dez dias, improrrogável. Isso significa que as informações enviadas após esse prazo não serão recebidas e, se recebidas, serão desentranhadas. A ausência das informações/defesa deságua na revelia, do ponto de vista formal, mas não tem as consequências do art. 319 do CPC, mas do art. 320, II (direitos indisponíveis). O que significa que o impetrante deverá produzir a prova do direito líquido e certo.

Dispõe o art. 12, parágrafo único, da Lei n. 12.016/2009 que: "Com ou sem o parecer do Ministério Público, os autos serão conclusos ao juiz, para a decisão, a qual deverá ser necessariamente proferida em 30 (trinta) dias".

Em suma, o Mandado de Segurança deverá ser apreciado e julgado no prazo de trinta dias, mesmo que não haja informações e o Ministério Público não tenha apresentado parecer.

Na prática, o prazo ministerial acaba por não ser peremptório, dado o volume de processos. Decorrido o prazo para informações, juntadas ou não as informações/defesa, os autos são enviados para o Ministério Público, prática que, quase sempre, atrasa do julgamento do *writ*. Todavia, de conformidade com a determinação de julgamento em trinta dias, essa prática deverá ser abolida e o julgamento deverá ser efetuado no prazo legal. A prática diária dirá se a lei será ou não cumprida. Todavia, não vemos razão para que a decisão não seja proferida no prazo. De alguma forma, o legislador minimizou o parecer do órgão ministerial em sede de segurança. Não vemos nenhum impecilho para que as mesmas regras sejam aplicadas no julgamento do Mandado de Injunção.

Embora a segurança ceda preferência somente ao *Habeas Corpus*, a verdade é que o mau uso do *writ* acabou por desvirtuar o seu objetivo, contribuindo também para o aumento das ações de segurança, "a prepotência disseminada no Poder Público", como adverte Adhemar Ferreira Maciel. Verifica-se que a sentença há de ser prolatada de imediato, ainda que não haja informações (defesa) da autoridade mencionada como coatora. Entretanto, era inarredável, sob pena de nulidade, o pronunciamento do Ministério Público. A exigência do parecer sob pena de nulidade não mais existe e a segurança será julgada mesmo sem o parecer. Do que resulta que, a exemplo da ausência das informações/defesa, o parecer não poderá ser juntado aos autos após o vencimento. Os elementos da litis se completam com o esgotamento do prazo para informações/defesa e para o parecer. O Mandado de Injunção padecerá no seu julgamento dos mesmos vícios de que padece o Mandando de Segurança. E isto porque o Poder Judiciário e o Ministério Público não estão estruturalmente preparados. Pela nova lei de segurança, todavia, os juízes (varas e tribunais) deverão dar preferência no julgamento e cumprir o prazo. Para isso, a lei abdicou das informações/defesa e do parecer ministerial, por atos omissivo do impetrado e do representante do Ministério Público. Com isso, não haverá razão para que a lei não seja cumprida. Para tanto, pode e deve o Corregedor Regional fazer esse controle sobre o julgamento nas varas. Nos tribunais, os presidentes deverão fazer esse controle sobre os colegiados.

A possibilidade de dilação probatória em sede de injunção em nada modificaria a situação do réu e do representante do Ministério Público, que terão de cumprir o prazo.

6.2.1. Do tratamento dado a coisas heterogêneas

Num primeiro momento, o legislador usou do mesmo critério e deu o mesmo tratamento às informações defensórias da impetratada e ao parecer do representante do Ministério Público. Por serem coisas diversas, não deveriam (não poderiam) receber o mesmo tratamento.

A impetrada não está obrigada a enviar informações e muito menos a arquitetar defesa, dado que nenhuma consequência advirá. Já no que toca ao órgão ministerial, o seu parecer poderá ser de grande valia, se e quando bem elaborado. Não se pode conceber que um órgão como o do Ministério Público tenha a prerrogativa de produzir parecer ao seu bel prazer, quando bem entenda. Mesmo porque é uma instituição organizada, com sede própria nas várias localidades da federação, com o escopo de *custos legis*, e todo esse aparato custa muito caro para o contribuinte.

Razão tem o legislador, todavia, quando determina o julgamento, mesmo sem as informações/defesa, uma vez que nenhuma prestação jurisdicional, mormente de Mandado de Segurança, poderá ficar na dependência da autoridade dita coatora enviar informações.

Por outro foco, simplesmente dispensar o Ministério Público da obrigação que é o cerne do seu ofício, que é uma das razões da existência da instituição, é premiar a desídia dos seus componentes. Como regra, o Ministério Público sempre cumpre a sua obrigação e continuará, certamente, a fazê-lo no prazo legal de dez dias. Isso se dará, mesmo porque não haverá razão que autorize a proceder de modo diverso, salvo acontecimento de força maior.

Embora a doutrina e a jurisprudência, formadas na vigência da Lei n. 1.533/1951, hoje revogadas, fossem unânimes em considerar indispensável o parecer, sob pena de nulidade, a nova lei de segurança retirou expressamente essa necessidade (art. 12, parágrafo único, Lei n. 12.016/2009). Lembra Lafayete que a lei pode tornar obsoleta toda uma biblioteca jurídica. No caso, a lei derrubou toda a doutrina e toda a jurisprudência, numa interpretação literal. Numa interpretação axiológica, a doutrina e a jurisprudência já formadas poderão subsistir, por questão mesmo de razoabilidade, posto que apresentar pareceres é uma das obrigações primordiais da instituição do Ministério Público. Por isso, não haveria razão para dispensar o parecer e há obrigação para que o parecer seja feito no prazo. O não cumprimento da lei pelo Ministério Público não poderá tornar-se óbice ao julgamento, mas também não pode ser entendido como prerrogativa da qual possa dispor.

Não se tenha da redação obscurada do parágrafo único do art. 12 a liberação do órgão ministerial para apresentar parecer quando achar conveniente. Diferentemente, as ações comuns, cuja matéria simplesmente fática poderá prescindir de parecer, no caso da segurança, a matéria é eminentemente de direito, obrigando ao pronunciamento. Por isso o membro do Ministério Público deverá fazê-lo sempre, salvo apresentando motivo de força maior. Na ausência de parecer sem justificativa, o juiz ou o relator deverá oficiar ao Parquet para as providências administrativas cabíveis contra o membro desidioso. Entretanto, a Lei n. 12.016/2009 não prevê nenhuma penalidade pelo descumprimento do dever de ofício.

6.3. Da decisão proferida na injunção e a coisa julgada

A exemplo das demais ações, em havendo a decisão de mérito, a consequência é a formação da coisa julgada. Mas a coisa julgada será *inter partes*, e não *erga omnes*. Tendo em conta a peculiaridade da ação de injunção, temos como salutar a aplicação de certas regras firmadas pela prática em Mandado de Segurança.

Tem-se em âmbito doutrinário e mesmo jurisprudencial que não haverá a formação de coisa julgada em julgamento de Mandado de Segurança quando a denegação se deveu à insuficiência de prova. Vale dizer que em tais casos possibilitar-se-á a rediscussão da matéria por ação própria.

Em Mandado de Injunção possibilitar-se-á ao impetrante que renove a ação já agora com possibilidades probatórias. Temos para nós que a formação de coisa julgada, mesmo quando a denegação se houver fundado na insuficiência de prova, neutralizaria o uso da injunção pelo impetrante e impediria a discussão de direitos constitucionais, de resto imprescritíveis. E como vimos no item 5.3, o Mandado de Injunção não está adstrito a prazo decadencial ou prescricional.

6.4. Da sentença proferida sem informação (defesa): revelia

Levando em conta os pontos que aproximam e os pontos que distanciam o Mandado de Injunção do Mandado de Segurança, surge imediatamente na cabeça do intérprete a dúvida sobre as consequências que advirão se a parte impetrada não apresentar informações (defesa). Ter-se-iam as consequências do estado de revel de que fala o art. 319 do CPC? Ou a consequência seria aquela prevista no art. 320, II, do mesmo diploma legal?

Temos para nós que, face à similitude dos institutos, a ausência de lei disciplinadora e bem assim jurisprudência direcionando o assunto, o intérprete não terá outro caminho a não ser trazer o vivenciamento do quanto já foi dito em matéria de Mandado de Segurança.

E muito embora, como veremos a seguir, a doutrina se bifurque no entendimento, temos para nós que o melhor direcionamento é aquele que direciona para a revelia, pela ausência de informações/defesa, sem as consequências, entretanto, do art. 319, e sim do inciso II do art. 320, ambos do CPC, como visto anteriormente.

Como demonstrado, parte da doutrina defende a aplicação da revelia e as consequências do art. 329, CPC. Em ambos os casos, trazem peso intelectual jurídico.

Para Theodoro Júnior (ob. cit., p. 397), o réu não tem o "dever" ou a "obrigação" de contestar. Há para ele apenas o ônus da defesa, pois, se não se defender, sofrerá as consequências da revelia (arts. 319 e 322).

Alerta, todavia, Ada Pellegrini Grinover (ob. cit., p. 99) que o Código de Processo Civil faz distinção entre "revelia" e seus "efeitos". No caso de decretar-se a revelia da pessoa jurídica de direito público por ausência de informações/defesa do impetrado, deve-se, em regra, aplicar o disposto no inc. II do art. 320 do CPC. Nesse mesmo sentido José Olympio de Castro Filho (artigo publicado na *RF* 246/208); Celso Agrícola Barbi (ob. cit., p. 139), Hely Lopes Meirelles (ob. cit., p. 24); em sentido contrário, Othon Sidou (*Mandado de Segurança*, RT, 1969, p. 169); Adhemar Ferreira Maciel (ob. cit., p. 193). Todavia, lembra Maciel que no Mandado de Segurança (AMS n. 77.531/SP, relator min. Aldir Passarinho, *DJU* 4.11.77, p. 7.736) foi dito que: "A revelia da ré, por falta ou apresentação a destempo das informações/defesa, não tem evidentemente, o condão de gerar, em princípio, os efeitos do art. 319 do CPC". (Sobre o tema, remetemos o leitor ao item 5.9).

6.5. Da ciência do julgamento

Dispõe o art. 13 da Lei n. 12.016/2009 que, julgado procedente o pedido, o juiz transmitirá em ofício, por mão de oficial de juízo ou pelo Correio, mediante registro com recibo de volta, ou por telegrama radiograma ou telefonema, conforme requerer o peticionário, o inteiro teor da sentença à autoridade coatora e à pessoa jurídica impetrada. Os originais, no caso de transmissão telegráfica, radiofônica ou telefônica, deverão ser apresentados à agência expedidora com a firma do juiz devidamente reconhecida (art. 4.º, da Lei n. 12.016/2009).

Tem-se presente que a indicação ali constante é apenas exemplificativa, podendo a comunicação ser feita pela via mais rápida e segura que houver.

Nas grandes capitais, a intimação é feita pelo *Diário Oficial do Estado*, sem prejuízo do envio do ofício com cópia da sentença ou acórdão. Essas mesmas regras são aplicáveis ao Mandado de Injunção. E a intimação far-se-á no *Diário Oficial da União*, quando for o caso.

6.6. Do âmbito da coisa julgada

A peculiaridade que emerge do Mandado de Injunção também reflete no julgamento que vier a ser proferido. Vale dizer, a coisa julgada que se forma tem efeitos *inter partes*, não se lançando *erga omnes*.

Isso porque "não poderá a Justiça legislar pelo Congresso Nacional, mesmo porque a Constituição manteve a independência dos Poderes (art. 2.º). Em vista disso, o judiciário decidirá o mandado de Injunção, ordenando à autoridade impetrada que tome as providências cabíveis, fixando-lhe um prazo, se necessário. Essa decisão não fará coisa julgada *erga omnes*, mas apenas *inter partes*. Somente a norma regulamentadora, expedida pela autoridade impetrada, terá aquele efeito, cessando, com isso, a competência do judiciário" (cf., Hely Lopes Meirelles, ob. cit., p. 141).

7. Recursos

7.1. Breve enfoque

É de mediano entendimento o inconformismo, regra geral, da parte vencida na ação. E esse inconformismo, muitas vezes, tem razão de existir. Poderá ocorrer também que sobre a matéria *in judicio deducta* haja divergência doutrinária e jurisprudencial. É o recurso, portanto, meio hábil pelo qual poderá a parte demonstrar o seu inconformismo. Há, por assim dizer, uma presunção de que a jurisdição *ad quem*, de formação colegiada, tenha melhores condições de bem apreciar a matéria.

Dispõe Pedro Batista Martins (*Recursos e Processos de Competência Originária dos Tribunais*, Ed. Forense, 1957, p. 144) que: "É o poder que se reconhece à parte vencida em qualquer incidente ou no mérito da demanda de provocar o reexame da questão decidida, pela mesma autoridade judiciária, ou por outra de hierarquia superior".

É interessante notar que dado o volume de processos julgados e consequentemente o volume de recursos aviados, os tribunais têm, cada vez mais, criado inúmeros empecilhos de admissibilidade com o escopo de reduzir o número de recursos e barrá-los no nascedouro. Isso tem sido feito por meio de leis, cujos projetos tiveram inspiração nos próprios tribunais, e também, quando possível, por meio do regimento interno. Criou-se uma tendência perigosa, no afã de reduzir recursos, de se dar maior peso valorativo a filigranas processuais do que ao resultado desejado. Com isso, perde a justiça e o jurisdicionado.

7.2. Dos Embargos Declaratórios

Embora os Embargos Declaratórios figurem no art. 496 do CPC no rol dos recursos admitidos, em verdade, de recurso não se cuida, mas de simples pedido ao mesmo juízo prolator da sentença ou do acórdão (relator) para que sane omissão, obscuridade ou contradição porventura existentes no julgado. Não têm os embargos a dignidade de verdadeiro recurso. O seu emolduramento como recurso foi, na verdade, cochilo do legislador. O seu cabimento em via injuncional não desafia outras indagações.

7.3. Do Recurso de Ofício

Do mesmo modo que o uso do cachimbo deixa a boca do fumante torta, o uso da expressão "recurso *ex officio*", indevidamente usada para exprimir o duplo grau de jurisdição acabou por dar visão errônea do real significado.

Não se cuida, evidentemente, de nenhum recurso, mas de simples remessa de ofício pelo órgão *a quo* ao órgão *ad quem* para que se cumpra o duplo grau de jurisdição, face ao princípio da indisponibilidade que envolve o Poder Público. Assim dispõe o art. 475 do CPC, que: "Está sujeita ao duplo grau de jurisdição, não produzindo efeito senão depois de confirmada pelo tribunal, a sentença".

Isso significa que o juízo que julgou a ação, prolatando a sentença, tem por dever de ofício determinar a remessa dos autos ao órgão superior a quem está afeta a revisão, pena de, omitindo a providência, proceder o órgão superior à avocação dos autos a pedido de qualquer dos interessados, da parte vencedora ou mesmo de ofício, se de tanto tiver conhecimento.

Do indeferimento da petição inicial caberá o recurso de apelação (§ 1.º do art. 10 da Lei n. 12.016/2009). Da sentença denegando ou concedendo a segurança caberá apelação (art. 14). Das decisões concedidas em jurisdição única caberá o recurso especial e o extraordinário, nos casos legalmente previstos; quando a segurança for denegada, terá cabimento o recurso ordinário. O uso do recurso ordinário em casos de denegação faz parte do regimento interno do STF, e a sua aplicação nas jurisdições *ad quem* inferiores não tem o menor sentido. Deveria ter conservado em todos os casos o recurso de apelação, que é símile do recurso ordinário.

É bem de ver que tanto o art. 475 do CPC quanto o art. 14, § 1.º, da Lei n. 12.016/2009 falam expressamente em sentença. E não foi por outra razão que o legislador ordinário usou da terminologia "sentença". Não usou aqui da forma genérica, abrangente, da espécie "acórdão", não. Ao falar simplesmente em sentença, quis o legislador ordinário deixar claro que o duplo grau de jurisdição somente tem lugar naqueles julgamentos levados a efeito por juízo monocrático. Vale dizer que naqueles julgamentos efetuados por órgão colegiado, de competência originária dos tribunais, não há falar em duplo grau de jurisdição.

7.4. Da Apelação

A matéria ainda se apresenta imprecisa e indefinida em certos órgãos jurisdicionais. Uma lei especial em sede de injunção deverá ser editada para que defina a competência, possivelmente com a abrangência desejada dos órgãos de primeiro grau.

Nos Tribunais Regionais Federais e para os juízes federais, o instituto da injunção aparece de forma indireta ao final (art. 105, I, "h", CF/88): "excetuados os casos de competência do Supremo Tribunal Federal e dos órgãos da Justiça Militar, da Justiça Eleitoral, da Justiça do Trabalho e da Justiça Federal".

O Regimento Interno daqueles tribunais poderá prover para o assunto. E o Regimento do Tribunal Regional Federal da 3.ª Região regulamentou a matéria com referência à sua competência originária (arts. 181 *usque* 183). Nada se disse sobre o juiz monocrático de primeiro grau.

Enquanto isso não acontece, o direcionamento poderá ser dado pelos tribunais, que aos poucos vão firmando entendimento jurisprudencial dentro das exigências do dia a dia. É o que sucedeu, *v.g.*, com a Ap. Cível n. 8.469/PB, em que o Tribunal Federal Regional da 5.ª Região conheceu em jurisdição recursal Mandado de Injunção apreciado em primeiro grau e que não havia adentrado ao mérito. Aquele sodalício anulou a decisão de primeiro grau e determinou o retorno dos autos ao juízo de origem para a apreciação do mérito da injunção como de direito.

Para os Tribunais de Justiça Estaduais, a Constituição de cada Estado proverá para o assunto (art. 125, § 1.º, CF/88). Verifica-se, regra geral, uma certa resistência dos constituintes estaduais em tornar amplo o uso do Mandado de Injunção. Assim é que a Constituição do Estado de São Paulo (art. 74) deu competência originária apenas ao Tribunal de Justiça para processar e julgar (inc. V) "os Mandados de Injunção, quando a inexistência de norma regulamentadora estadual ou municipal, de qualquer dos Poderes inclusive da Administração indireta, torne inviável o exercício de direitos assegurados nesta Constituição".

Ora, quando a Constituição Federal (art. 125, § 1.º) deixou para a Constituição de cada estado a fixação da competência, não restringiu essa competência somente ao Tribunal de Justiça. Apenas a lei de organização judiciária é da iniciativa do Tribunal de Justiça. Com isso, a Constituição do estado restringiu a competência da Justiça do Estado, alijando os Tribunais de Alçada (extintos) e os juízes de primeiro grau. A competência a ser definida na Constituição do estado não era apenas a originária, mas também a recursal.

Com isso chega-se ao inusitado de exigir-se de um impetrante de Mandado de Injunção que desloque da comarca de Santa Rita do Taboado, que dista de São Paulo cerca de 2.000 quilômetros, ida e volta, para hostilizar ato desidioso do prefeito daquela localidade, que teima em não editar algum ato que permita a implementabilidade de algum direito garantido pela Constituição.

Salta aos olhos que lei que assim exija não está cumprindo a sua finalidade, mas está negando a prestação jurisdicional, de resto obrigação primeira do Poder Judiciário.

A Constituição do estado de São Paulo (art. 74) contraria preceito genérico da Constituição Federal (art. 125, § 1.º). Logo, nada impede, tudo aconselha, que, por meio dos seus Regimentos Internos os Tribunais de Justiça de cada estado da Federação, dê a amplitude desejada para o julgamento do Mandado de Injunção, distribuindo a Justiça plena em todos os rincões do território nacional.

7.5. Do Recurso Ordinário em âmbito trabalhista

Não há qualquer referência na Constituição, a não ser de forma indireta (art. 105, I, "h"). Assim, a matéria dependerá da edição de lei que dê competência para o Superior Tribunal do Trabalho e também para os Tribunais Regionais, nos termos do art. 113 da CF.

O ideal é que a lei que vier a dispor sobre o assunto dê competência originária e recursal para o Tribunal Superior do Trabalho e para os Tribunais Regionais do Trabalho e competência originária para as Varas do Trabalho. Do contrário, incidir-se-á nos mesmos defeitos cometidos pela Constituição do estado de São Paulo.

A Justiça deve ser distribuída pelos vários órgãos, não concentrada nas mãos de alguns.

7.6. Do Recurso Especial e Ordinário para o STJ

Dispõe o art. 105, I, "*h*", CF/88 que "o Mandado de Injunção, quando a elaboração da norma regulamentadora for atribuição de órgão, entidade ou autoridade federal, da administração direta ou indireta, excetuados os casos de competência do Supremo Tribunal Federal e dos órgãos da Justiça Militar, da Justiça do Trabalho e da Justiça Eleitoral".

Os incs. II (recurso ordinário) e III (recurso especial) não registram a competência recursal do Superior Tribunal de Justiça em sede de Injunção.

E o Regimento Interno do STJ (art. 255) repete o que diz a Constituição nesta parte (art. 105, III, "*a*" *usque* "*c*"). Nada impede, tudo aconselha, que lei venha aumentar a abrangência recursal do Superior Tribunal de Justiça.

7.7. Do Recurso Ordinário no STF

Dispõe o art. 102, II, "*a*" que é da competência do Supremo Tribunal Federal "II – julgar, em recurso ordinário: a) o *habeas corpus*, o Mandado de Segurança, *o habeas data* e o Mandado de Injunção decididos em única instância pelos Tribunais Superiores, se denegatória a decisão".

7.8. Do Agravo Regimental

Do indeferimento *in limine* da petição inicial do Mandado de Injunção pelo juiz relator caberá Agravo Regimental. O Agravo Regimental funciona nas jurisdições superiores como o agravo de instrumento em primeiro grau. Do indeferimento do *mandamus* em primeiro grau cabível é a apelação.

Todavia, do deferimento ou indeferimento de medida liminar em primeiro grau, cabível será o agravo de instrumento (art. 7º, § 1º, da Lei n. 12.016/2009). Do deferimento ou indeferimento pelo relator, cabível o agravo regimental que deverá estar previsto no regimento interno de cada tribunal.

Decidiu o Supremo Tribunal Federal no MI n. 323-8 (AgRg)-DF, relator min. Moreira Alves que: "Já se firmou o entendimento desta Corte, no sentido de que, em Mandado de Injunção, não cabe agravo regimental contra despacho que indefere pedido de concessão de liminar".

7.9. Dos Embargos Infringentes

O assunto foi abordado, em tema de Mandado de Segurança, pelo eminente ministro do Superior Tribunal de Justiça, Eduardo Ribeiro de Oliveira, "Recursos em Mandado de Segurança (algumas questões controvertidas)", artigo publicado na coletânea sob denominação *Mandados de Segurança e de Injunção* (coordenação de Sálvio de Figueiredo Teixeira, Saraiva, 1990, p. 227-290). Lembra o articulista que nada obstante opiniões doutrinárias divergentes (Celso Agrícola Barbi, *Revista da Faculdade de Direito da Universidade de Uberlândia* 5/175; Jacy de Assis, *juriscível* do STF 70/7; Othon Sidou, *Revista de Curso de Direito da Universidade Federal de Uberlândia* 10/12; Luiz Melíbio Macha do, *Ajuris* 1/99), a Jurisprudência firmou-se, após a edição da Súmula 597/STF, no sentido de que incabíveis de acórdão que julga Apelação em Mandado de Segurança. A Súmula n. 294 não admite Embargos Infringentes de decisão do STF. O entendimento generalizou-se nos tribunais e, não obstante tratar-se de tema teoricamente interessante, parece imprófícua sua discussão do ponto de vista prático. Tratando-se de Mandado de Segurança, decidido originariamente pelos tribunais, o Código vigente não mais permite sejam utilizados os Embargos Infringentes, ao contrário do que poderia resultar do art. 833 do Código de 1939 e que ensejava alguma discussão.

A Súmula n. 293/STF dispõe que "são incabíveis Embargos Infringentes contra decisão em matéria constitucional submetida ao plenário dos Tribunais".

Lembra Roberto Rosas, em comentando referida súmula (*Direito Sumular — Comentários às Súmulas do STF e do STJ*, RT, 1991, p. 121), que a enumeração dos recursos é taxativa. O Código de Processo Civil só admite Embargos

Infringentes quando a decisão não for unânime, em Apelação ou Ação Rescisória (art. 530). Ora, a competência da União para legislar sobre processo é exclusiva (CF, art. 22, I). Se a organização judiciária ou regimento do Tribunal permitir outro recurso, essa norma é inconstitucional.

E em comentário à Súmula n. 597/STF, que diz *in verbis*: "não cabem Embargos Infringentes de acórdão que em Mandado de Segurança decidiu por maioria de votos, a apelação"; realça o autor (ob. cit., p. 296) que a questão fora suscitada com relevo no Tribunal Federal de Recursos através de aprofundados despachos dos mins. Paulo Távora e Décio Miranda, negando seguimento a Embargos Infringentes em Mandado de Segurança. Assim decidiram porque a Lei n. 6.014 que adotou a apelação como o recurso cabível das sentenças em Mandado de Segurança não visava a criar outro recurso além da apelação, e sendo o Mandado de Segurança regulado por lei especial, portanto, não são aplicáveis todas as normas do Código de Processo Civil, e sim aquelas mencionadas expressamente pela lei do Mandado de Segurança, como é o caso do litisconsórcio. Ainda mais, tendo os embargos efeitos suspensivos, choca-se com a índole do Mandado de Segurança a rapidez.

A opinião contrária, lembra o eminente autor, no Tribunal Federal de Recursos foi esposada pelo eminente min. José Néri da Silveira. Para ele, o Código de Processo Civil mandava adaptar os processos regulados em leis especiais, o caso do Mandado de Segurança, ao sistema do Código (art. 1.217). Logo, se a lei nova adaptou a lei especial ao Código novo, também incorporou os Embargos Infringentes, isto é, todo o sistema do Código. Na doutrina, defenderam o cabimento dos Embargos: Celso Agrícola Barbi in *Revista da Faculdade de Direito de Uberlândia* 5/157; e *RT* 481/11; Egas Moniz de Aragão, *Rev. Ajuris* 10/156, Porto Alegre; Jacy de Assis, "Embargos Infringentes em Mandado de Segurança", *RF* 263/61; *RT* 109/431; 103/824.

Registra-se que o Tribunal de Justiça de Minas Gerais (Ac. 1.ª Câm. Civ. – 3.6.1987, EAp. 69.991 – Rel. Des. Oliveira Leite – j. 3.6.87) decidiu pelo cabimento (cf., *ADV* 39.689).

Tendo em conta a similitude existente entre o Mandado de Injunção e o Mandado de Segurança, a rapidez perseguida, as características próprias que por vezes superam ao próprio Mandado de Segurança, é de se dar o mesmo tratamento em tema de injunção onde se aplica a Lei n. 12.016/2009 e de resto limitados os embargos infringentes ao comando do art. 530 do CPC.

7.10. Do Agravo de Instrumento

Tem-se que a jurisprudência do Tribunal Federal de Recursos estabilizou-se no sentido do não cabimento do agravo de instrumento no processo de Mandado de Segurança, salvo para impugnar despacho que de algum modo obste o processamento da apelação em primeiro grau. Nesse sentido: Ag. 49.574/SP; Ag. 44.903, *DJ* 9.3.84; Ag. 40.933, *DJ* 13.11.80; Ag. 40.493, *DJ* 23.4.80; Ag. 42.090, *DJ* 2.9.82; Ag. 41.811, *DJ* 27.11.80; Ag. 40.589, *DJ* 11.9.80; Ag. 39.757, *DJ* 23.3.79; Ag. 50.505, *DJ* 13.5.87; cf., Eduardo Ribeiro de Oliveira, ob. cit., p. 279, rodapé.

Othon Sidou (*As Garantias Ativas dos Direitos Coletivos*, Forense, 1977, p. 323 *apud* Eduardo Ribeiro de Oliveira) excepciona o Mandado de Segurança porque "a técnica processual da garantia não lhe abre oportunidade", ou, como explicita em obra posterior (Revista cit., p. 11), em virtude não "de incompatibilidade, porém de inconveniência pragmática". Considera esse autor que, "nas poucas hipóteses em que se apresentasse a oportunidade de utilização do recurso em exame poderia ser substituído, com vantagem, pela impetração de outra segurança". Lembra Eduardo Ribeiro de Oliveira (ob. cit., p. 279 e ss.) que os argumentos contrários ao cabimento do agravo de instrumento, extraídos dos julgados sobre o tema, podem ser brevemente sumariados. A lei discrimina os dispositivos do Código de Processo Civil aplicáveis ao processo de Mandado de Segurança, discriminação esta que se haveria de entender como exaustiva. São eles os relativos à petição inicial (art. 6.º) e ao litisconsórcio (art. 19). A conclusão se reforçaria com o fato de que o art. 20 da Lei do Mandado de Segurança revogou, expressamente, não apenas os dispositivos do Código de Processo Civil sobre o assunto, como as demais disposições em contrário. Assim não fosse, a lei, de qualquer sorte, enumeraria os recursos admissíveis e, além deles, apenas poderia ser cabível o Recurso Extraordinário, em virtude da previsão constitucional. Por fim, arremata o insigne articulista que o Agravo de Instrumento não se compadeceria com o rito célere, peculiar ao Mandado de Segurança.

O Tribunal de Justiça da Bahia decidiu que a referência expressa a determinados recursos da Lei n. 1.533/51 não afasta a incidência genérica de outros, inclusive os previstos no Código de Processo Civil, sempre que presentes situações permissivas do seu manejo. Dessa forma, cabível é o Agravo de Instrumento contra as decisões interlocutórias proferidas no curso da ação de segurança nos precisos termos do art. 522 do CPC (TJBA – Ac. un. – 4.ª Câm. Cív. – AI n. 285/85 – Relator Des. Paulo Furtado – j. 2.4.1986 – *ADV* 29.344, *apud* Silva Pacheco, *Mandado*..., cit., p. 199-200).

Sobre o tema, decidiu o Tribunal de Justiça de São Paulo que: "Salvo no caso expresso do art. 13 e na hipótese do art. 8.º da Lei 1.533/51, em Mandado de Segurança não cabe Agravo de Instrumento, retido ou não" (TJSP – Ac. un. – 16.ª Câm. – 9.11.83 – Ap. n. 53.478-2 – Relator Des. Álvaro Lazarini – j. 9.11.1983 – *RJTJSP* 87/179).

Como temos visto, a singularidade do Mandado de Injunção e a sua similitude com a segurança e, em certos pontos, até mais exigente, aconselha que se dê a este o mesmo procedimento, aplicando a Suprema Corte para a injunção os preceitos da Lei n. 1.533/51. Muito embora, em casos excepcionais, o Mandado de Injunção admita a dilação probatória excepcionalmente, nada obstante a rapidez na entrega da prestação jurisdicional seja também da sua índole, isso não significa que se deva concluir pela necessidade do emprego do agravo de instrumento na amplitude prevista no art. 522 do CPC. Temos para nós que o procedimento melhor a ser perseguido é o da irrecorribilidade daquelas decisões que não sejam terminativas do feito (finais terminativas e finais definitivas), devendo a parte demonstrar o seu inconformismo, e a matéria, em havendo recurso, será apreciada antes do julgamento do mérito, a exemplo do que ocorre com o processo trabalhista. Ou na melhor das hipóteses, em caso de dilação probatória, seja admitido, apenas e tão somente, o agravo de instrumento retido. Direcionamento diverso atentará contra a vocação do próprio instituto que é o da entrega jurisdicional rápida. De qualquer maneira, o julgamento do agravo retido estaria condicionado ao que dispõe o § 1.º do art. 522 do CPC. Todavia, o seu cabimento estará sempre presente naqueles casos em que o recurso em sede de injunção seja de alguma maneira obstado. Para Ulderico dos Santos (ob. cit., p. 94-95), o agravo de instrumento tem cabimento normal.

7.11. Do Projeto de Lei para a Injunção

Pelo projeto do dep. Maurílio Ferreira Lima (*apud* Ivo Dantas, ob. cit., p. 98), qualquer que seja a espécie recursal cabível, será de quinze dias o prazo para recorrer contra a concessão ou denegação definitiva do Mandado de Injunção, determinando-se, ainda, que nenhum dos recursos terá efeito suspensivo ou prejudicará o imediato cumprimento do Mandado de Injunção (art. 17). Estabelece o Projeto (art. 18, parágrafo único) que, na instância recursal, o Mandado de Injunção será levado a julgamento no prazo máximo de vinte dias a contar da devolução dos autos pelo Ministério Público, observado o exposto no art. 12 e seu parágrafo único. A indicação de prazo para julgamento dependerá sempre do excesso de recursos no tribunal. Todavia, a preferência no julgamento deverá constar do regimento interno dos tribunais. Será oportuna a fiscalização pela Corregedoria Geral do efetivo cumprimento.

8. Execução

8.1. Breve enfoque

A execução no processo do Mandado de Injunção, quer seja provisória ou definitiva, haverá de embeber-se na experiência vivenciada na ação de segurança. O recurso não terá efeito suspensivo, posto que a concessão de ambos os efeitos destoaria da própria essência do instituto, retirando a sua praticidade e celeridade.

Lembra Hely Lopes Meirelles (ob. cit.) em tema de segurança que a execução provisória se distingue da execução provisória contemplada no Código de Processo Civil (art. 588, revogado, ver. Art. 475-0). Prossegue o autor (ob. cit., p. 68 e ss.) que a execução provisória foi estendida à sentença concessiva da segurança pela Lei n. 6.071, de 3.7.1974 (revogada), mas daí não se conclua que essa provisoriedade exija a caução e a carta de sentença referidas no art. 588 do CPC. E assim já se decidiu, conforme Acórdão proferido pelo TFR, Ap. n. 38.115/MG, in *DJU* 11.6.76; e Ap. n. 84.890/SP, *in DJU* 31.10.79; TJRJ – *RT* 519/226. Pois se a liminar é executada independentemente desses requisitos, ilógico seria exigi-los para a execução da decisão de mérito, ainda que sujeita a recurso. O Mandado de Segurança tem rito próprio, e suas decisões são sempre de natureza mandamental que repele o efeito suspensivo e protelatório de qualquer de seus recursos. Assim sendo, cumprem-se imediatamente tanto a liminar como a sentença ou o acórdão concessivo da segurança, independentemente de caução ou de carta de sentença, ainda que haja apelação ou recurso extraordinário. Cita Acórdão do STF nesse sentido: RE n. 70.655/RS, *in DJU* 24.9.1971, p. 5.135.

Realça Ulderico Pires dos Santos (ob. cit., p. 34 e ss.) que, em se tratando de medida judicial contra autoridade pública, não nos parece que a mais indicada seja a que se materializa em pena pecuniária, enquanto ela não prestar o fato que houver motivado o pedido de injunção. Por outro lado, não basta sujeitar a processo criminal quem, acintosamente, não cumprir a injunção. Esta será uma providência satisfativa para o Poder Judiciário, mas sem préstimo para o titular do direito lesionado, porque a prisão do responsável pela lesão não lhe proporcionará a reparação desejada.

Logo, conclui o autor, mais racional e consentânea com o poder coercitivo, que deve ter a injunção brasileira, será a decisão judicial marcar prazo para o poder regulamentador praticar o ato que lhe compete (regulamentar o que estiver dependendo de regulamentação), isto é, para dentro dele prestar sua declaração de vontade, sob pena de a ter por enunciada pela ordem judicial, caso em que esta servirá como título autêntico para investir o titular do direito no seu efetivo exercício, independentemente da regulamentação faltante. Com essa providência, o devedor da prestação pode não dar a satisfação exigida e deixar de cumprir a ordem judicial, porque nossa lei não permite a coercibilidade absoluta. Mas o direito do impetrante não restará prejudicado porque a execução específica, consubstanciada no suprimento de sua declaração de vontade, o acatará, pois, investido no exercício de seu direito, passará a colher o resultado econômico.

E arremata Ulderico Pires dos Santos: "Nem se diga que a obrigação de regulamentar, sendo de natureza fungível, não se ajusta ao preceito cominatório e à execução específica, porque os arts. 287, 632 e 633 do CPC, que substituíram os arts. 302, XII, 1.005 e 1.006 do estatuto processual de 1939, são expressivos: o primeiro para assegurar ao titular do direito a faculdade de poder exigir a prestação do fato; o segundo e terceiro, assegurando-lhe o direito de compelir o devedor a cumprir a sentença no prazo que lhe for marcado, ou pagar-lhe perdas e danos, caso em que estas serão convertidas em indenização. Tudo isto está a demonstrar que o credor do fato, pode perfeitamente pleitear, na via preceitual criada pela lei nova ordem constitucional, que o devedor presta sob pena de ficar sujeito à execução direta da obrigação mediante a execução específica".

Evidentemente, em se cuidando de autoridade ou funcionário que esteja obstaculando a exequibilidade e recalcitre no cumprimento de liminar, tutela ou decisão em Mandado de Injunção terá o ente público ao qual pertença direito regressivo sobre ele. Em sendo o caso, o crime de desobediência e a expedição da ordem de prisão não estão descartados.

O Projeto de Lei do dep. Maurílio Ferreira Lima dispõe no art. 19 que "É da responsabilidade do Poder judiciário, no processamento do Mandado de Injunção, assegurar a imediata eficácia das normas constitucionais que fundamentam o pedido, e o exercício dos direitos, liberdades e prerrogativas do impetrante".

Por isso mesmo, deverá o Poder Judiciário ser enérgico no cumprimento, e para tanto, poderá e deverá usar de todos os meios postos à sua disposição para que se façam cumprir em prazo razoável as suas determinações. Para tanto, deverá usar das "astreintes" (arts. 287, 644 e 645 do CPC), do seu poder de coerção, para que a autoridade cumpra o seu dever de regulamentar para a espécie. Isso porque, em produzindo efeito apenas no caso concreto, todo e qualquer interessado teria de impetrar o Mandado de Injunção, enquanto a autoridade ou quem de direito não se dignasse a cumprir ordem emanada do judiciário e regulamentasse para a espécie. Isso determinaria uma concentração muito grande de ações de injunção com o assoberbamento dos trabalhos em âmbito jurisdicional.

Todavia, decidiu o STF: "Mandado de Injunção é ação constitutiva; não é ação condenatória, não se presta a condenar o Congresso ao cumprimento de obrigação de fazer. Não cabe a cominação de pena pecuniária pela continuidade da omissão" (MI n. 689, rel. Min. Eros Grau, julgamento em 7.6.2006, Plenário, DJ 18.8.2006).

Cabe, pois, ao Poder Judiciário, sempre que as coisas se coloquem de forma afrontosa e de desrespeito à ordem judicial, proceder também de forma mais convincente, fazendo com que a autoridade recalcitrante tenha uma visão mais clara de que só lhe compete cumprir a determinação judicial.

Para Hely Lopes Meirelles (ob. cit.), "O não atendimento do mandado judicial caracteriza o crime de desobediência à ordem legal (CP, art. 330), e por ele responde o impetrado renitente, sujeitando-se até mesmo à prisão em flagrante, dada a natureza permanente do delito".

8.2. Da execução de Medida Liminar

Como vimos no item 5.24, a liminar poderá ser concedida a pedido do impetrante ou mesmo de ofício pelo juiz. Dispõe o art. 7.º, III, da Lei n. 12.016/2009 que, ao despachar a inicial, o juiz ordenará que se suspenda o ato que deu motivo ao pedido quando for relevante o fundamento e do ato impugnado puder resultar a ineficácia da medida, caso seja finalmente deferida.

Embora não comum, nada impede, tudo aconselha que, em certos casos, seja a liminar concedida de ofício. Mesmo porque de nada valeria a concessão da injunção quando o ato ilegal ou abusivo já se houvesse consumado e exercitado todos os seus reflexos danosos, muito embora o detentor do direito possa acionar o órgão público ao qual pertence a autoridade para ressarcir-se dos prejuízos causado.

Assim, o deferimento ou indeferimento de liminar em Mandado de Injunção deverá ser sempre fundamentado. E, expedida a liminar, o seu cumprimento também será imediato. O mesmo acontecerá se, não concedida a liminar, a sentença proferida for concessiva, vez que o recurso com efeito devolutivo, a exemplo do que sucede com o Mandado de Segurança, não impedirá a execução imediata.

8.3. Da exigência de Depósito ou Caução

Pergunta que se faz em sede de segurança é se na execução de medida liminar ou de decisão, pendente recurso com efeito devolutivo, poderia o juiz exigir do impetrante caução ou depósito garantidor. Doutrina e jurisprudência se dividiam, ora num sentido, ora noutro. Assim é que não concorda o min. Carlos Velloso com a praxe que vem sendo instaurada de se exigir depósito ou caução para conceder-se medida liminar em Mandado de Segurança, uma vez que, ocorrendo os pressupostos objetivos da medida liminar, deve o juiz concedê-la, não podendo desfigurar ou desvirtuar a ação constitucional do Mandado de Segurança, com exigência descabida de depósito, não previsto em lei (cf., Ulderico dos Santos, ob. cit., p. 191).

De conformidade com o inciso III do art. 7.º da Lei n. 12.016/2009, é facultado ao juiz exigir do impetrante caução, fiança ou depósito. Não nos parece que essa exigência seria correta na via da injunção. Diferente do próprio *mandamus,* o juiz, ao conceder a liminar em sede de injunção, tem certeza da ausência de regulamento ou de ato necessário à implementação do direito do autor. E a liminar somente deverá ser concedida depois de esgotado o prazo dado ao órgão para o cumprimento. A exigência posta no inciso III não teria nenhum sentido.

Caberá ao juiz em cada caso usar do seu douto critério. O que não se pode permitir é a prodigalização de liminares. Por isso que para a concessão ou para negar-se a liminar deverá o juiz fundamentá-la.

Essa mesma linha de prudência adotará o juiz em sede de injunção. Vale aqui a advertência de Hely Lopes Meirelles (ob. cit., p. 52): "A liminar não é uma liberalidade da Justiça; é medida acauteladora do direito do impetrante, que não pode ser negada quando ocorrem os seus pressupostos, como também não deve ser concedida quando ausentes os requisitos de sua admissibilidade".

Antes da Lei n. 12.016/2012, a concessão ou não de limitar era entendida pelos juízes como ato discricionário. Como magistrado, nunca concordamos com essa asserção, em face mesmo do que dispunha o inciso II do art. 7.º da Lei n. 1.533/1951, repetida pela nova lei no art. 7.º, inciso III. Da lei antiga e da atual aflora claro que o juiz tem o dever de ofício de conceder a liminar quando houver motivo relevante e a negativa puder tornar ineficaz a concessão da segurança. Daí as lições lúcidas de Hely Lopes Meirelles no período retro.

A nova lei acabou de vez com a discussão, concedendo ao impetrante e ao impetrado a possibilidade de discutir a concessão ou a negativa de liminar em sede primária, pelo manejo do agravo de instrumento (art. 7.º, § 1.º). Nos tribunais, a impugnação da concessão ou não será feita pela via do agravo regimental, quando a concessão ou a negativa for originária de juiz monocrático (relator). Diferente da cautelar, a liminar em Mandado de Segurança e de Injunção é a entrega adiantada do próprio mérito. Se a liminar for concedida ou negada pelo colegiado do tribunal, a parte que se sentir prejudicada poderá utilizar do recurso devido.

8.4. Da intervenção e das perdas e danos

Como vimos no item 8.1, eventualmente o poder regulamentador poderá resistir à ordem judicial. Em se apresentando a hipótese, cabe ao tribunal respectivo tornar exequível o direito resistido sem mais delongas. Se a resistência vier a causar prejuízo monetário ao autor do *mandamus*, deverá o tribunal já deixar claro que a parte poderá ressarcir-se na própria ação, independente de sentença condenatória. Nesse sentido, decidiu o STF:

<injunção>. Neste mesmo precedente, acolheu esta Corte proposição do eminente Min. Nelson Jobim, e assegurou "aos impetrantes o imediato exercício do direito a esta indenização, nos termos do direito comum e assegurado pelo § 3.º do art. 8.º do ADCT, mediante ação de liquidação, independentemente de sentença de condenação, para a fixação do valor da indenização." Reconhecimento da mora legislativa do Congresso Nacional em editar a norma prevista no § 3.º do art. 8.º do ADCT, assegurando-se aos impetrantes o exercício da ação de reparação patrimonial, nos termos do direito comum ou ordinário, sem prejuízo de que se venham, no futuro, a beneficiar de tudo quanto, na lei a ser editada, lhes possa ser mais favorável que o disposto na decisão judicial. O pleito deverá ser veiculado diretamente mediante ação de liquidação, dando-se como certos os fatos constitutivos do direito, limitada, portanto, a atividade judicial à fixação do quantum devido. (MI n. 562, rel. p/ o ac. Min. Ellen Gracie, julgamento em 20.2.2003, Plenário, DJ de 20.6.2003.)

É bem de ver que compete à autoridade cumprir sem mais delongas a determinação do Poder Judiciário. Todavia, não é tão incomum a imprensa noticiar que esta ou aquela autoridade não vai cumprir a ordem judicial, como se isso fosse possível.

A prática demonstra que existe, mormente no âmbito dos Poderes Executivo e Legislativo, a chamada corrupção afetiva. Vale dizer pessoas sem nível suficiente para ocupar determinado cargo e sem assessoria competente pretendem, por vezes, não acatar a ordem judicial. Os exemplos pululam: *v.g.*, governador de estado que se nega a cumprir determinação do Supremo Tribunal sob o argumento de que os salários dos funcionários eram elevados e que não poderia pagá-los sem comprometimento das obras; presidente do Banco Central que se negava a cumprir determinação do Juízo para liberação de "cruzados". Até mesmo jornalistas se mostram despreparados ao cuidar da matéria técnica de direito: determinada jornalista de projeção nacional, ao lhe perguntarem sobre as liminares concedidas por juízes federais sobre a liberação de "cruzados", respondera que "a liberação estaria na dependência do Presidente do Banco Central acatar ou não a ordem judicial". Em verdade quando as coisas se colocam em tais patamares de desrespeito à ordem judicial de modo afrontoso, não resta ao juiz outra alternativa senão a de proceder, também, de forma um pouco mais convincente, fazendo com que a autoridade recalcitrante tenha imediatamente uma visão mais clara de que só lhe compete cumprir a determinação judicial. Nada mais.

Todavia, o açodamento não é aconselhável.

Deve o juiz dar sempre uma outra oportunidade à autoridade. O Conselho da Justiça Federal, apreciando representação da Procuradoria-Geral da República contra juiz que prendeu e processou o diretor de uma faculdade paulista, por retardar o cumprimento de Mandado de Segurança por ele expedido, firmou doutrina que se mostra, sob todos os títulos, a mais recomendável, lembra Milton Flaks (*Mandado de Segurança – Pressupostos da Impetração*, Rio de Janeiro, Forense, 1980, p. 225 e ss.). Assentou aquele Conselho: 1.º) os Mandados de Segurança devem ser cumpridos por meio da comunicação respectiva ou ofício executório, de acordo com a Lei n. 1.533/71, art. 11; 2.º) ocorrendo reclamação do impetrante, o juiz reiterará a ordem, pedirá esclarecimentos e decidirá conforme lhe parecer acertado; 3.º) verificando, afinal, que a decisão foi desatendida, mandará apurar responsabilidade da autoridade infratora, nos termos da lei (CJF – Proc. n. 4.679/77 – Relator min. Amarílio Benjamin – Ac. un. – *DJ* 14.11.1977, p. 8.105).

Temos para nós que o decreto de prisão em flagrante, "dada a natureza permanente do delito" (art. 330, do CP), embora medida excepcional, não está descartado, pena de comprometer-se o direito da parte. Não existe no Poder Público nenhum "santuário" inatacável.

Lembra Milton Flaks (ob. cit., p. 222 e ss.) que a regulamentação em vigor do Mandado de Segurança, através da Lei n. 1.533/51 e alterações subsequentes, não reproduziu norma constante da Lei n. 191, de 16.1.36, revogada (art. 10), e do Código de Processo Civil de 1939 (art. 327), segundo a qual seria enquadrada, nas penas de responsabilidade e desobediência, a autoridade que se negasse a cumprir, *incontinenti*, a decisão judicial. Presentemente, apenas o art. 3.º da Lei n. 5.021/66(revogada) considera crime, inexistindo crédito orçamentário para atender a sentenças concessivas de vantagem pecuniárias ao funcionalismo, deixar a autoridade de encaminhar, imediatamente, pedido de recursos suplementares. Não se cuida, obviamente, do cumprimento em si da decisão judicial, mas de ato de ofício dela decorrente, cuja omissão o legislador equiparou ao delito doloso de "corrupção passiva privilegiada", para efeitos penais (CP, art. 317, § 2.º).

Realça que, "nada obstante, Castro Nunes, De Plácido e Silva e Hely Lopes Meirelles sustentam que o não atendimento ao mandado judicial importa no crime de "desobediência à ordem legal" (CP, art. 330). Themístocles Cavalcanti o admite, mas recomenda sensatez, condenando a "estranha providência de prender autoridade administrativa a braços com dificuldades burocráticas para cumprimento da ordem de segurança".

Razão tem Hely Lopes Meirelles: "O não atendimento do mandado judicial caracteriza o crime de desobediência à ordem legal (CP, art. 330), e por ele responde o impetrado renitente, sujeitando-se até mesmo à prisão em flagrante, dada a natureza permanente do delito".

É bem de ver que poderá haver caso em que não haja a possibilidade de cumprimento da ordem judicial, *v.g.*, liberação de "cruzados" já retirados anteriormente. Em situações como exemplificado, excepcionais, deve a autoridade peticionar imediatamente, dando ao Juízo os esclarecimentos que impedem o cumprimento.

Em suma, o juiz deverá ser cauteloso dentro do razoável. Deverá, sempre, dar outra oportunidade à autoridade recalcitrante. Persistindo esta, usará o juiz de todos os meios colocados à sua disposição para fazer cumprir a decisão judicial, não estando descartada, em certos casos, até mesmo a intervenção a pedido do impetrante.

Esse direcionamento próprio da ordem de segurança (v. nossa obra *Mandado de Segurança e Controle Jurisdicional*, RT, 1992, p. 307, item 14.6) tem aplicação no Mandado de Injunção, guardadas as peculiaridades de um e outro instituto.

Lembra Ulderico Pires dos Santos (ob. cit., p. 61) que, "eventualmente, o poder regulamentador pode deixar de cumprir a ordem judicial. Nesse caso, o Poder Judiciário implementará o ato e o investirá no exercício de seu direito. Mas, pode ocorrer a hipótese de Pessoa jurídica de Direito Público se obstinar também, e não cumpri-la. Que fazer? A solução deverá ser a que apontamos anteriormente: a prestação deverá ser convertida em perdas e danos (arts. 632, 633 e 641 do CPC). Poderá o impetrante, se quiser, requerer até mesmo a intervenção na Pessoa Jurídica de Direito Público renitente, mas isto pouco adiantará à satisfação do seu direito. Se o rebelde for Pessoa Jurídica de Direito Privado, a coisa se torna mais fácil; o beneficiário poderá requerer ao juiz que marque prazo ao seu representante legal para cumprir a injunção, sob pena de passar a pagar a pena pecuniária que houver sido pedida pelo impetrante na inicial, em valor razoável, até que cumpra a injunção. O valor dessa multa deverá ser, obviamente, corrigido monetariamente".

Em sendo o objeto do Mandado de Injunção perseguir obrigação de fazer ou de não fazer, o não cumprimento se reverte em perdas e danos (art. 247 do CC de 2002). Assim a aplicação das "astreintes" (art. 287, CPC) funcionará como elemento de persuasão a mais. Vale dizer que, além das perdas e danos, a autoridade deverá pagar também o valor das "astreintes", que, por não ser cláusula penal, não estará gizada ao que dispõe o art. 412 do CC de 2003.

Todavia, a providência retro somente não teria a eficiência esperada, posto que o Mandado de Injunção resolveria apenas para aquele caso concreto. Isso significaria que todos aqueles que seriam beneficiados pelo regulamento da autoridade recalcitrante teriam, também, de ajuizar Mandado de Injunção, vez que a decisão proferida não tem efeito *erga omnes*, valendo apenas para o caso concreto. Consequência disso seria o assoberbamento do Poder Judiciário por volume vultoso de ações injuncionais e, por consequência, o desprestígio deste.

Assim, concomitantemente com as perdas e danos complementadas pelas "astreintes", deverá o juízo tomar todas as providências para que a autoridade não recalcitre, expedindo, sim, a ordem de prisão, se necessária. Por outro lado, não se descarta o deferimento do pedido de intervenção (art. 34, VI, CF/88), se a hipótese assim o aconselhar.

8.5. Das despesas processuais

O réu do Mandado de Injunção, a exemplo do que acontece com o Mandado de Segurança, não será o órgão impetrado, mas a pessoa jurídica da qual é integrante. Nesse sentido também as lições de Adhemar Ferreira Maciel (ob. cit., p. 380) ao exemplificar que "se a Mesa do Senado Federal, por exemplo, não elabora a norma, quem sofrerá as consequências (pagamento de despesas processuais etc.) da omissão será a União Federal e não ela (órgão omissor)".

8.6. Dos benefícios patrimoniais

A ordem de injunção, desde que concedida, poderá em certos casos ter reflexos patrimoniais. E, transitada em julgado, a decisão (art. 584, CPC) deverá ser executada.

"A ordem de injunção segundo a nossa concepção deverá compelir o devedor a prestar declaração de vontade e se ele não prestá-la, o Poder Judiciário deverá tê-la por enunciada, emitindo o impetrante no exercício de seu direito. Logo, condena-o a cumprir a ordem mandamental que desse modo passará a produzir efeitos patrimoniais a partir da data da sua concessão. Se houver necessidade de se apurar o valor de indenização, a apuração será feita nos mesmos autos, expedindo-se, ao final, o competente precatório para o recebimento de seu valor" (Ulderico Pires dos Santos, ob. cit., p. 93).

Decidiu o STF:

> <injunção>. Neste mesmo precedente, acolheu esta Corte proposição do eminente Min. Nelson Jobim, e assegurou "aos impetrantes o imediato exercício do direito a esta indenização, nos termos do direito comum e assegurado pelo § 3.º do art. 8.º do ADCT, mediante ação de liquidação, independentemente de sentença de condenação, para a fixação do valor da indenização." Reconhecimento da mora legislativa do Congresso Nacional em editar a norma prevista no § 3.º do art. 8.º do ADCT, assegurando-se aos impetrantes o exercício da ação de reparação patrimonial, nos termos do direito comum ou ordinário, sem prejuízo de que se venham, no futuro, a beneficiar de tudo quanto, na lei a ser editada, lhes possa ser mais favorável que o disposto na decisão judicial. O pleito deverá ser veiculado diretamente mediante ação de liquidação, dando-se como certos os fatos constitutivos do direito, limitada, portanto, a atividade judicial à fixação do quantum devido. (MI n. 562, relª. p/ o ac. Minª. Ellen Gracie, julgamento em 20.2.2003, Plenário, DJ de 20.6.2003.)

Pelo projeto do dep. Maurílio Ferreira Lima: "É da responsabilidade do Poder Judiciário, no processamento do Mandado de Injunção, assegurar a imediata eficácia das normas constitucionais que fundamentam o pedido, e o exercício dos direitos, liberdades e prerrogativas do impetrante" (art. 19). "Para cumprimento do disposto no presente artigo, o órgão ou autoridade judiciária disporá de poder cautelar geral, podendo determinar, de ofício ou a requerimento da parte, as medidas provisórias que julgar adequadas" (§ 1.º). "Sem prejuízo da responsabilidade civil do Estado, responderá por perdas e danos a autoridade judiciária que descumprir os prazos estipulados nesta lei ou omitir-se na adoção das providências necessárias ao seu cumprimento" (§ 2.º). Aplicam-se subsidiariamente ao Mandado de Injunção as normas do Código de Processo Civil e as disposições contidas nos regimentos dos tribunais.

Para Hely Lopes Meirelles (ob. cit., p. 144), o Mandado de Injunção é executado por meio de comunicação ao poder, órgão ou autoridade competente para cumpri-la, nos termos indicados na decisão judicial. Essa comunicação equivale a ordem de execução do julgado, que é mandamental e poderá ser feita por ofício, com a transcrição completa da decisão a ser cumprida nos termos e condições do julgado.

Pontifica José Afonso da Silva (ob. cit., p. 50-51) que as sentenças condenatórias injuncionais serão executadas por meio de medidas específicas destinadas a efetivar o direito reconhecido, eventualmente até mesmo mediante responsabilização penal do agente renitente. E conclui: "A sentença condenatória típica, aquela que condena a uma prestação material, como participação nos lucros, indenização como garantia da relação de emprego, a ser efetivada por entidade ou instituição particular, comporta execução forçada nos próprios autos do Mandado de Injunção, como se dá com qualquer execução de sentença condenatória".

E adverte: "Enfim, para cada caso, o Juiz, com sua experiência própria, aparelhará a forma de fazer cumprir a sentença favorável ao impetrante. Não será por aí que o direito reconhecido há de permanecer inerte".

9. Jurisprudência

Supremo Tribunal Federal

1. STF — AGRAVO REGIMENTAL — MANDADO DE INJUNÇÃO — ART. 135 DA CONSTITUIÇÃO FEDERAL — Texto constitucional não se regulamenta originariamente por ato administrativo normativo, mas, sim, por Lei, ou Ato Normativo a esta equivalente. Não se confunde com regulamentação — que só é necessária quando o dispositivo constitucional não é autoaplicável — o ato normativo expedido pela administração pública para disciplinar sua conduta interna na aplicação de lei vigente ou de texto constitucional autoaplicável. E o mandado de injunção só é cabível quando o dispositivo constitucional, por não ser autoaplicável, demanda regulamentação. É certo que essa regulamentação pode não exaurir-se com a lei regulamentadora, por exigir este decreto que, por sua vez, a regulamente, e até, as vezes, por necessitar o decreto regulamentador da lei, que regulamenta o dispositivo constitucional, de ato normativo por parte da administração que o torne exequível. Nessa hipótese, que pressupõe sempre a existência de lei que visa a aplicabilidade do texto constitucional, o mandado de injunção será cabível, por ter sido insuficiente a regulamentação feita pela lei. O art. 135 da Constituição estabeleceu um princípio geral concernente a advocacia como instituição — a de ser o advogado em geral órgão indispensável a administração da justiça, sendo inviolável por seus atos e manifestações no exercício da profissão, nos limites da lei —, mas não disciplinou, obviamente, a carreira dos assistentes jurídicos da União, para ter-se que e ela uma das carreiras disciplinadas neste título, como exige o art. 135 da Carta Magna a fim de que se aplique a extensão nele determinada. Não há sequer que falar-se em não autoaplicabilidade do art. 39, § 1.º, a que se reporta o 135, ambos da Constituição, porquê a lei, prevista naquele, já existe. (Lei n. 8.112, de 12.12.1990, art. 12), e está em vigor por independer, nesse particular, de regulamentação. (STF – AGRMI n. 304 – DF – T.P. – Rel. Min. Moreira Alves – DJU 13.8.1993)

2. STF — AGRAVO REGIMENTAL — MANDADO DE INJUNÇÃO — DESCUMPRIMENTO DO PRAZO DE CENTO E VINTE DIAS, PREVISTO NO ART. 29, § 1.º, DO ADCT DA CONSTITUIÇÃO, PARA O PRESIDENTE DA REPÚBLICA ENVIAR AO CONGRESSO NACIONAL PROJETO DE LEI COMPLEMENTAR — PRÁTICA DO ATO PELA AUTORIDADE REQUERIDA NO CURSO DO PROCESSO — PERDA DE OBJETO — PEDIDO PREJUDICADO (RI-STF, ART. 21, IX) - REPARAÇÃO DE DANO, PELA MORA (CÓDIGO CIVIL, ART. 159) — O mandado de injunção não é sucedâneo da ação de indenização. Seus limites foram riscados no MI n. 107-3-DF (questão de ordem). (STF – AGRMI n. 175 – DF – T.P. – Rel. Min. Paulo Brossard – DJU 6.4.1990)

3. STF — AGRAVO REGIMENTAL — MANDADO DE INJUNÇÃO — ILEGITIMIDADE PASSIVA DO PRESIDENTE DO SENADO FEDERAL SE A INICIATIVA DA LEI É DA ALÇADA PRIVATIVA DO PRESIDENTE DA REPÚBLICA (CF, ARTS. 37, VIII, E 61, § 1.º, II, C) — CONCURSO PÚBLICO — CANDIDATA REPROVADA — A exigência de caráter geral, de aprovação em concurso, não pode ser afastada nem mesmo pela reserva de percentual dos cargos e empregos públicos para as pessoas portadoras de deficiência. (CF, art. 37, II e VIII). (STF – AGRMI n. 153 – DF – T.P. – Rel. Min. Paulo Brossard – DJU 30.3.1990)

4. STF — ANISTIA — ART. 8.º DO ATO DAS DISPOSIÇÕES CONSTITUCIONAIS TRANSITÓRIAS — EXTENSÃO — A anistia de que cuida o art. 8.º do Ato das Disposições Transitórias da Lei Fundamental de 1988 beneficiou civis e militares, estando, entre os primeiros, servidores, empregados e profissionais liberais, alfim, todo e qualquer cidadão qualificado como trabalhador. ANISTIA — CERTIDÃO — DECRETOS NS. 1.500/95 E 2.293/97 — NATUREZA — As normas insertas nos citados decretos sobre a competência da Comissão Especial de Anistia, a par de não se mostrarem exaustivas quanto aos destinatários da certidão de anistiado, revelam simples disciplina organizacional, não tendo caráter normativo abstrato. ANISTIA — EXTENSÃO — BENEFÍCIOS — EFICÁCIA — MANDADO DE INJUNÇÃO — IMPROPRIEDADE — À exceção do preceito do § 3.º, o teor do art. 8.º do Ato das Disposições Transitórias da Lei Fundamental veio à balha com eficácia plena, sendo imprópria a impetração de mandado de injunção para alcançar-se o exercício de direito dele decorrente. (STF – MI n. 626 – SP – TP – Rel. Min. Marco Aurélio – DJU 18.6.2001 – p. 00003)

5. STF — AVISO PRÉVIO PROPORCIONAL — CONSTITUIÇÃO, ART. 7.º, INCISO XXI — MANDADO DE INJUNÇÃO AJUIZADO POR EMPREGADO DESPEDIDO, EXCLUSIVAMENTE, CONTRA A EX-EMPREGADORA — NATUREZA DO MANDADO DE INJUNÇÃO — Firmou-se, no STF, o entendimento segundo o qual o mandado de injunção há de dirigir-se contra o Poder, órgão, entidade ou autoridade que tem o dever de regulamentar a norma constitucional, não se legitimando ad causam, passivamente, em princípio, quem não estiver obrigado a editar a regulamentação respectiva. Não é viável dar curso a mandado de injunção, por ilegitimidade passiva ad causam, da ex-empregadora do requerente, única que se indica como demandada, na inicial. (STF – MI n. 352 – TP – Rel. Min. Néri da Silveira – DJU 12.12.1997)

6. STF — COMPETÊNCIA — MANDADO DE INJUNÇÃO — A competência para o julgamento do mandado de injunção é definida pelo Órgão ou Autoridade a que caiba a edição do diploma legal regulamentador. Impõe-se observar o balizamento subjetivo da própria inicial do mandado de injunção, não cabendo ao Tribunal no qual tenha sido ajuizado emendá-la quanto a autoridade apontada como omissa. Dirigida a impetração contra o Instituto Nacional de Previdência Social, firma-se a competência do Superior Tribunal de Justiça, a teor do disposto no art. 105, inciso I, alínea "h" da Constituição Federal. (STF – MIQO 176 – PE – T.P. – Rel. p/ Ac. Marco Aurélio – DJU 14.8.1992)

7. STF — CONSTITUCIONAL — MANDADO DE INJUNÇÃO — ESTABILIDADE — SERVIDOR PÚBLICO MILITAR — CF, ART. 42, § 9.º FALTA DE LEGITIMAÇÃO PARA AGIR — 1. Militares convocados. inexistência de direito concedido pela Constituição e cujo exercício esteja inviabilizado pela ausência de norma infraconstitucional. CF, art. 42, § 9.º. 2. Precedente do STF: MI n. 235-5-RJ. (STF – MI n. 269 – DF – T.P. – Rel. Min. Carlos Velloso – DJU 9.11.1990)

8. STF — CONSTITUCIONAL — MANDADO DE INJUNÇÃO — FUNCIONÁRIO — GRATIFICAÇÃO — ISONOMIA — Inexistência de direito, concedido pela Constituição, a uma certa gratificação. De outro lado, a disposição inscrita no art. 39, § 1.º, da Lei Maior, exige a satisfação de requisitos que não poderiam ser examinadas na ação de mandado de injunção. (STF – MI n. 135 – RJ – T.P. – Rel. Min. Carlos Velloso – DJU 23.9.1994)

9. STF — CONSTITUCIONAL — MANDADO DE INJUNÇÃO — LEGITIMIDADE — DEFENSORIA PÚBLICA — INEXISTÊNCIA DE VÍNCULO — ADCT, ART. 22 — 1. Somente tem legitimidade ativa para a ação o titular do direito ou liberdade constitucional, ou de prerrogativa inerente a nacionalidade, a soberania e a cidadania, cujo exercício esteja inviabilizado pela ausência da norma infraconstitucional regulamentadora. 2. No caso, o requerente não tem legitimidade ativa, dado que não se enquadra na norma do art. 22 do ADCT, por isso que a data da instalação da Assembleia Nacional Constituinte, não exercia cargo de defensor público, nem mantinha vínculo de emprego com o Estado. (STF – MI n. 356 – RJ – T.P. – Rel. Min. Carlos Velloso – DJU 4.2.1994)

10. STF — CONSTITUCIONAL — MANDADO DE INJUNÇÃO — PENSIONISTAS DE MILITARES — CF, ART. 40, § 5.º, ART. 42, § 10 — PENSÃO INTEGRAL — AUTOAPLICABILIDADE DO § 5.º DO ART. 40 — Lei n. 8.112/1990, Arts. 215 E 42 — 1. O Mandado de Injunção tem por finalidade viabilizar o exercício de direito concedido pela Constituição e cujo exercício é inviável em razão da ausência de norma infraconstitucional regulamentadora. CF, art. 5.º, LXXI. 2. Estabelecendo o § 5.º do art. 40 que a pensão corresponderá a totalidade dos vencimentos ou proventos do servidor falecido, segue-se a impossibilidade de uma lei dispor a respeito de um limite que esteja abaixo da totalidade referida. A frase, posta no citado § 5.º do art. 40 até o limite estabelecido em lei – deve ser entendida da seguinte forma: observado o limite posto em lei a respeito da remuneração dos servidores públicos, vale dizer, a lei referida no inc. XI do art. 37 da Constituição, lei já existente, Lei n. 8.112, de 11.12.1990, arts. 215 e 42. 3. Aplicabilidade as pensionistas de militares, *ex vi* do disposto no § 10 do art. 42 da Constituição. 4. Precedente: MI n. 211-DF. (STF – MI n. 263 – DF – T.P. – Rel. p/ Ac. Min. Carlos Velloso – DJU 18.3.1994)

11. STF — CONSTITUCIONAL — MANDADO DE INJUNÇÃO — SEGUIMENTO NEGADO PELO RELATOR — COMPETÊNCIA DO RELATOR PARA NEGAR SEGUIMENTO A PEDIDO OU RECURSO: RI/STF, ART. 21, § 1.º; LEI N. 8.038, DE 1990, ART. 38; CPC, ART. 557, REDAÇÃO DA LEI N. 9.756/98: CONSTITUCIONALIDADE — MANDADO DE INJUNÇÃO: PRESSUPOSTOS — CF, ART. 5.º, LXXI — LEGITIMIDADE ATIVA — 1. É legítima, sob o ponto de vista constitucional, a atribuição conferida ao Relator para arquivar ou negar seguimento a pedido ou recurso 3/4 RI/STF, art. 21, § 1.º; Lei n. 8.038/90, art. 38; CPC, art. 557, redação da Lei n. 9.756/98 3/4 desde que, mediante recurso, possam as decisões ser submetidas ao controle do Colegiado. 2. A existência de um direito ou liberdade constitucional, ou de prerrogativa inerente à nacionalidade, à soberania ou à cidadania, cujo exercício esteja inviabilizado pela ausência de norma infraconstitucional regulamentadora, constitui pressuposto do mandado de injunção. 3. Somente tem legitimidade ativa para a ação o titular do direito ou liberdade constitucional, ou de prerrogativa inerente à nacionalidade, à soberania e à cidadania, cujo exercício esteja inviabilizado pela ausência da norma infraconstitucional regulamentadora. 4. Negativa de seguimento do pedido. Agravo não provido. (STF – AGRMI n. 595 – TP – Rel. Min. Carlos Velloso – DJU 23.4.1999 – p. 15)

12. STF — CONSTITUCIONAL — MANDADO DE INJUNÇÃO — SEGUIMENTO NEGADO PELO RELATOR — COMPETÊNCIA DO RELATOR (RI/STF, ART. 21, § 1.º; LEI N. 8.038, DE 1.990, ART. 38): CONSTITUCIONALIDADE — PRESSUPOSTOS DO MANDADO DE INJUNÇÃO — LEGITIMIDADE ATIVA — É legítima, sob o ponto de vista constitucional, a atribuição conferida ao Relator para arquivar ou negar seguimento a pedido ou recurso intempestivo, incabível ou improcedente e, ainda, quando contrariar a jurisprudência predominante do Tribunal ou for evidente a sua incompetência (RI/STF, art. 21, § 1.º; Lei n. 8.038/1990, art. 38), desde que, mediante recurso — agravo regimental — possam as decisões ser submetidas ao controle do colegiado. A existência de um direito ou liberdade constitucional, ou de uma prerrogativa inerente a nacionalidade, a soberania ou a cidadania, cujo exercício esteja inviabilizado pela ausência de norma infraconstitucional regulamentadora, constitui pressuposto do mandado de injunção. Somente tem legitimidade ativa para a ação o titular do direito ou liberdade constitucional, ou de prerrogativa inerente a nacionalidade, a soberania e a cidadania, cujo exercício esteja inviabilizado pela ausência da norma infraconstitucional regulamentadora. Inocorrência, no caso, do pressuposto de inviabilização de exercício de prerrogativa constitucional. (STF – AGRMI n. 375 – PR – T.P. – Rel. Min. Carlos Velloso – DJU 15.5.1992)

13. STF — CONSTITUCIONAL ART. 8.º, § 3.º DO ADCT. ANISTIA. REPARAÇÃO ECONÔMICA ÀQUELES QUE FORAM IMPEDIDOS DE EXERCEREM, NA VIDA CIVIL, ATIVIDADE PROFISSIONAL. Portarias reservadas do Ministério da Aeronáutica. Mora do Congresso Nacional. Projetos de lei vetados pelo Chefe do Poder Executivo. Writ pretende a mudança de orientação deste Tribunal, para que este fixe os limites da reparação e acompanhe a execução do acórdão. O Tribunal decidiu assegurar, de plano, o direito à indenização, sem constituir em mora o Congresso Nacional, para, mediante ação de liquidação, independentemente de sentença de condenação, a fixar o valor da indenização. Mandado de Injunção deferido em parte. (STF, MI n. 543/DF, rel. Min. Octavio Gallotti, TP, DJU 24.5.2002)

14. STF — CONSTITUCIONAL. COMPETÊNCIA POR PRERROGATIVA DE FUNÇÃO. ARTS. 5.º, LIV E 96, III DA CF. EXAME DA CAUSA PELO ÓRGÃO COLEGIADO. Intenta reconhecimento ao direito de apelação. Inexistência de ofensa ao princípio do duplo grau de jurisdição. Ausência dos pressupostos ensejadores do mandado de injunção. Precedentes. Mandado de injunção não conhecido. (STF. MI n. 635 AgR/DF, rel. Min. Nelson Jobim, TP, DJU)

15. STF — CONSTITUCIONAL. MANDADO DE INJUNÇÃO COLETIVO. SINDICATO: LEGITIMIDADE ATIVA. PARTICIPAÇÃO NOS LUCROS: C.F., art. 7.º, XI. I – A jurisprudência do Supremo Tribunal Federal admite legitimidade ativa *ad causam* aos sindicatos para a instauração, em favor de seus membros ou associados, do mandado de injunção coletivo. II – Precedentes: MMII 20, 73, 342, 361 e 363. III - Participação nos lucros da empresa: C.F., art. 7.º, XI: mandado de injunção prejudicado em face da superveniência de medida provisória disciplinando o art. 7.º, XI, da C.F. (STF. MI n. 102 AgR/PE, red. para o acórdão, Min. Carlos Velloso, TP, DJU)

16. STF — CONSTITUCIONAL. MANDADO DE INJUNÇÃO: CF, ART. 202, § 2.º: adimplemento da norma constitucional. I – Com a edição da Lei n. 9.796, de 05.5.99, ficou sem objeto o mandado de injunção. II – M.I. julgado prejudicado. (STF, MI n. 475/SP, Red. para o acórdão, Min. Carlos Velloso, TP, DJU)

17. STF — DELEGADOS DE POLÍCIA DO DISTRITO FEDERAL — PRETENSÃO A ISONOMIA DE VENCIMENTOS, COM AS CHAMADAS CARREIRAS JURÍDICAS (ARTS. 39, § 1.º, 135 E 241 DA CONSTITUIÇÃO) — Mandado de injunção de que não conhece o Tribunal, por impropriedade do instrumento processual utilizado, dado que não se aponta falta de norma reguladora, postulando-se, efetivamente, o reconhecimento de automática equiparação, decorrente de norma constitucional, que seria autoaplicável. (STF – MI n. 292 – DF – T.P. – Rel. Min. Octávio Gallotti – DJU 11.10.1991)

18. STF — DEMANDA — Definição, prevalece, em detrimento da nomenclatura empregada, a natureza em si da demanda, considerados o pedido da parte autora e a fundamentação deste. Se se trata de mera demanda trabalhista e não de mandado de injunção, a competência e da Justiça do Trabalho. (STF – MI n. 99 – GO – T.P. – Rel. Min. Marco Aurélio – DJU 14.9.1990)

19. STF — DIREITO CONSTITUCIONAL E PROCESSUAL CIVIL — MANDADO DE INJUNÇÃO — SERVIDORES AUTÁRQUICOS — ESCOLA SUPERIOR DE AGRICULTURA DE LAVRAS — ESAL (AUTARQUIA FEDERAL SEDIADA EM LAVRAS, MINAS GERAIS) — APOSENTADORIA ESPECIAL — ATIVIDADES INSALUBRES — ARTS. 5.º, INC. LXXI, E 40, § 1.º, DA CONSTITUIÇÃO FEDERAL — 1. O § 1.º do art. 40 da Constituição Federal apenas faculta ao legislador, mediante lei complementar, estabelecer exceções ao disposto no inciso III, *a* e *c*, ou seja, instituir outras hipóteses de aposentadoria especial, no caso de exercício de atividades consideradas penosas, insalubres ou perigosas. 2. Tratando-se de mera faculdade conferida ao legislador, que ainda não a exercitou, não há direito constitucional já criado, e cujo exercício esteja dependendo de norma regulamentadora. 3. Descabimento do Mandado de Injunção, por falta de possibilidade jurídica do pedido, em face do disposto no inc. LXXI do art. 5.º da Constituição Federal, segundo o qual somente e de ser concedido mandado de injunção, quando a falta de norma regulamentadora torne inviável o exercício de direitos e liberdades constitucionais e das prerrogativas inerentes a nacionalidade, a soberania e a cidadania. 4. Mandado de Injunção não conhecido. Votação unânime. (STF – MI n. 444 – MG – T.P. – Rel. Min. Sydney Sanches – DJU 4.11.1994)

20. STF — DIREITO CONSTITUCIONAL E TRABALHISTA. MANDADO DE INJUNÇÃO DESTINADO A COMPELIR O CONGRESSO NACIONAL A ELABORAR A LEI COMPLEMENTAR A QUE SE REFERE O INCISO I DO ART. 7º DA CONSTITUIÇÃO FEDERAL. 1. Existindo norma, na própria Constituição Federal, mais precisamente no art. 10, I, do A.D.C.T., que regula, provisoriamente, o direito previsto no inciso I do art. 7.º da Parte Permanente, enquanto não aprovada a lei complementar a que se refere, mostra-se descabido o Mandado de Injunção destinado a compelir o Congresso Nacional a elaborá-la. 2. Precedentes: Mandados de Injunção nos 487 e 114. 3. Mandado de Injunção não conhecido. (STF, MI n. 628 AgR/RJ, rel. Min. Sydney Sanches, TP, DJU)

21. STF — DIREITO CONSTITUCIONAL. MANDADO DE INJUNÇÃO. TAXA DE JUROS REAIS: LIMITE DE 12% AO ANO. ARTS. 5º, INCISO LXXI, E 192, § 3.º, DA CONSTITUIÇÃO FEDERAL. 1. Em face do que ficou decidido pelo Supremo Tribunal Federal, ao julgar a ADI n. 4, o limite de 12% ao ano, previsto, para os juros reais, pelo § 3.º do art. 192 da Constituição Federal, depende da aprovação da Lei regulamentadora do Sistema Financeiro Nacional, a que se refere *caput* do mesmo dispositivo. 2. Estando caracterizada a mora do Poder Legislativo, defere-se, em parte, o Mandado de Injunção, para se determinar ao Congresso Nacional que elabore tal Lei. 3. O deferimento é parcial porque não pode esta Corte impor, em ato próprio, a adoção de tal taxa, nos contratos de interesse dos impetrantes ou de quaisquer outros interessados, que se encontrem na mesma situação. 4. Precedentes. (STF, MI n. 611/SP, rel. Min. Sydney Sanches, TP, DJU...)

22. STF — ENTIDADES DE ASSISTÊNCIA SOCIAL. IMUNIDADE DAS CONTRIBUIÇÕES SOCIAIS (CF, ART. 195, § 7.º). arguições plausíveis de inconstitucionalidade das restrições impostas à imunidade por dispositivos da L. 9.732/98, por isso, objeto de suspensão cautelar na ADIn n. 2.028, pendente de decisão definitiva. MANDADO DE INJUNÇÃO. não se prestando sequer para suprir, no caso concreto, a omissão absoluta do legislador — tal a modéstia de suas dimensões, conforme demarcadas pelo STF, e que o Congresso vem de negar-se a ampliar — menos ainda se prestaria o malfadado instrumento do mandado de injunção a remediar os vícios de inconstitucionalidade que possa ostentar a lei editada para implementar a Constituição. (STF, MIQO 608/RJ, rel. Min. Sepúlveda Pertence TP, DJU 25.8.2000 P. 60)

23. STF — IMPORTAÇÕES FAVORECIDAS POR DECRETO-LEI TRANSFORMADO EM MEDIDA PROVISÓRIA, QUE NÃO VEIO A SER CONVERTIDA EM LEI (ART. 25, § 2.º, DO ADCT) – Pretensão de que sejam regulados os efeitos consumados da medida. não é idôneo, para esse fim, o mandado de injunção, por demandar-se a regulamentação de situação decorrente da aplicação de norma ordinária, não de alguma regra que torne viável o exercício de liberdade constitucional, de direito ou liberdade constitucional, ou de prerrogativa inerente a nacionalidade, a soberania e a cidadania. (art. 5.º, LXXI, da CF). (STF – AGRMI n. 415 – SP – T.P. – Rel. Min. Octávio Gallotti – DJU 7.5.1993)

24. STF — IMUNIDADE TRIBUTARIA — ENTIDADES VOLTADAS A ASSISTÊNCIA SOCIAL. A norma inserta na alínea *"c"* do inciso VI do art. 150 da Carta de 1988 repete o que previa a pretérita — alínea *"c"* do inciso III do art. 19. Assim, foi recepcionado o preceito do art. 14 do Código Tributário Nacional, no que cogita dos requisitos a serem atendidos para o exercício do direito a imunidade. (STF. MI n. 420/RJ, rel. Min. Marco Aurélio, TP, DJU 23.9.1994)

25. STF — INÉRCIA DO CONGRESSO NACIONAL E DESPRESTÍGIO DA CONSTITUIÇÃO. A regra inscrita no art. 192, § 3.º, da Constituição, por não se revestir de suficiente densidade normativa, reclama, para efeito de sua integral aplicabilidade, a necessária intervenção concretizadora do Poder Legislativo da União. Inércia legiferante do Congresso Nacional. O desprestígio da Constituição — por inércia de órgãos meramente constituídos — representa um dos mais tormentosos aspectos do processo de desvalorização funcional da Lei Fundamental da República, ao mesmo tempo em que, estimulando gravemente a erosão da consciência constitucional, evidencia o inaceitável desprezo dos direitos básicos e das liberdades públicas pelos poderes do Estado. O inadimplemento do dever constitucional de legislar, quando configure causa inviabilizadora do exercício de liberdades, prerrogativas e direitos proclamados pela própria Constituição, justifica a utilização do mandado de injunção. (STF. MI n. 472/DF, rel. Min. Celso de Mello, TP, DJU 2.3.2001)

26. STF — ISENÇÃO DE CONTRIBUIÇÃO DAS ENTIDADES BENEFICENTES DE ASSISTÊNCIA SOCIAL PARA A SEGURIDADE SOCIAL (ART. 195, § 7.º, DA CONSTITUIÇÃO) — Inadmissibilidade do mandado de injunção para tornar viável o exercício desse direito, por não se tratar da falta de norma regulamentadora, mas da arguição de inconstitucionalidade de normas já existentes, causa de pedir incompatível com o uso do instrumento processual previsto no art. 5.º, LXXI, da Constituição. (STF – AGRMI n. 609 – TP – Rel. Min. Octavio Gallotti – DJU 22.9.2000 – p. 70)

27. STF — JUROS REAIS: LIMITAÇÃO CONSTITUCIONAL (ART. 192, § 3.º) DE EFICÁCIA PENDENTE DE LEI COMPLEMENTAR, CONFORME DECISÃO MAJORITÁRIA DO STF — Procedência parcial do mandado de injunção, na linha dos numerosos e improfícuos precedentes a respeito para declarar a mora legislativa e comunicá-la ao Congresso Nacional. (STF – MI n. 587 – MT – TP – Rel. Min. Sepúlveda Pertence – DJU 31.10.2001 – p. 00006)

28. STF — MANDADO DE INJUNÇÃO — (art. 5.º, inciso LXXI, da Constituição Federal), para implementação da norma do § 3.º do art. 192, sobre "taxa de juros reais" de 12% ao ano. Mandado de Injunção deferido, em parte, pelo STF, para determinar ao Congresso Nacional que elabore a Lei de que trata o caput do art. 193, definindo e tornando aplicável a referida "taxa de juros reais", nas operações de concessão de crédito. Precedentes. (STF – MI n. 337-8 – DF – Plenário – Rel. Min. Sydney Sanches – DJU 10.5.1996)

29. STF — MANDADO DE INJUNÇÃO — 2. Aposentadoria. Atividades consideradas insalubres ou perigosas. Previsão no § 2.º, do art. 186, da Lei n. 8112/1990, que instituiu o regime único dos servidores públicos da União, de "lei específica", aos fins da aposentadoria especial. 3. Mandado de injunção para compelir o Chefe do Poder Executivo a encaminhar projeto de lei sobre a matéria. 4. Nos Mandados de Injunção ns. 425 e 444, o STF afirmou, acerca da espécie, a impossibilidade jurídica do pedido, eis que não há direito previsto na Constituição, no caso, a amparar os requerentes. 5. A Constituição prevê, apenas, que Lei Complementar poderá diminuir o tempo de serviço à aposentadoria; não há, destarte, direito previsto na Constituição, especificamente, invocável pelos requerentes. Somente lei complementar poderia fazer-lhes nascer título de direito ao que pretendem. 6. Mandado de injunção não conhecido. (STF – MI n. 446-3 – TP – Rel. Min. Néri da Silveira – DJU 4.4.1997)

30. STF — MANDADO DE INJUNÇÃO — 2. Organização da Defensoria Pública da União, Distrito Federal e Territórios. 3. Credenciados junto à Justiça Federal, para o exercício de assistência judiciária, em conformidade com o Provimento n. 210/1981, do Conselho da Justiça Federal. 4. Por força da Lei Complementar n. 80, de 12.01.1994, dispôs-se sobre a organização da Defensoria Pública da União, com estrutura definida em seu art. 5.º, disciplinando-se a respectiva carreira, forma de ingresso, nomeação e correspondente regime jurídico (arts. 19 e seguintes). 5. Se os requerentes fazem jus ou não a integrar-se na carreira, em virtude das condições de prestação de assistência judiciária que alegam deter, é matéria a apreciar-se em ação própria, não sendo o mandado de injunção sequer substitutivo ou sucedâneo do mandado de segurança. 6. Mandado de injunção prejudicado. (STF – 424-2 – TP – Rel. Min. Néri da Silveira – DJU 25.4.1997)

31. STF — MANDADO DE INJUNÇÃO — AGRAVO REGIMENTAL — PARTICIPAÇÃO DOS EMPREGADOS NOS LUCROS OU RESULTADOS DA EMPRESA (ART. 7.º, XI, CF/1988) — PRELIMINAR DE INCOMPETÊNCIA E DE ILEGITIMIDADE ATIVA — Não compete ao Supremo Tribunal Federal processar e julgar mandado de injunção impetrado contra o Instituto Nacional de Seguridade Social e a Caixa Econômica Federal. Ainda que fosse de ser admitido na lide o Congresso Nacional, não poderia a impetração prosperar, já que não cabe a própria empresa postular direito constitucional reconhecido em favor dos empregados. (STF – AGRMI n. 403 – PR – T.P. – Rel. Min. Ilmar Galvão – DJU 30.9.1994)

32. STF — MANDADO DE INJUNÇÃO — AGRAVO REGIMENTAL CONTRA DESPACHO QUE NÃO ADMITIU LITISCONSÓRCIO PASSIVO E INDEFERIU LIMINAR – Já se firmou o entendimento desta Corte, no sentido de que, em mandado de injunção, não cabe agravo regimental contra despacho que indefere pedido de concessão de liminar. Por outro lado, na Sessão Plenária do dia 8.8.1991, ao julgar este Plenário agravo regimental interposto no Mandado de Injunção n. 335, decidiu ele, por maioria de votos, que, em face da natureza mandamental do mandado de injunção, como já afirmado por este Tribunal, ele se dirige as autoridades ou Órgãos Públicos que se pretendem omissos quanto a regulamentação que viabilize o exercício dos direitos e liberdades constitucionais e das prerrogativas inerentes a nacionalidade, a soberania e a cidadania, não se configurando, assim, hipótese de cabimento de litisconsórcio passivo entre essas autoridades e órgãos públicos que deverão, se for o caso, elaborar a regulamentação necessária, e particulares que, em favor do impetrante do mandado de injunção, vierem a ser obrigados ao cumprimento da norma regulamentadora, quando vier esta, em decorrência de sua elaboração, a entrar em vigor. (STF – AGRMI n. 323 – DF – T.P. – Rel. Min. Moreira Alves – DJU 14.2.1992)

33. STF — MANDADO DE INJUNÇÃO — AGRAVO REGIMENTAL INTERPOSTO CONTRA DESPACHO QUE INDEFERIU PEDIDO DE LIMINAR — Já se firmou a jurisprudência desta Corte no sentido de que não é cabível agravo regimental contra despacho que indefere liminar requerida em mandado de injunção. (STF – AGRMI n. 342 – SP – 1.ª T. – Rel. Min. Moreira Alves – DJU 6.12.1991)

34. STF — MANDADO DE INJUNÇÃO — ALEGAÇÃO DE FALTA DE REGULAMENTAÇÃO DO DISPOSTO NO INCISO I DO ART. 202 DA CONSTITUIÇÃO — Legitimação ativa dos impetrantes reconhecida porque o citado dispositivo constitucional lhes conferiu direito para cujo exercício é mister sua regulamentação. Regulamentação que se fez pela Lei n. 8.213, de 24 de julho de 1991, posteriormente, portanto, a impetração deste mandado, mas antes da conclusão de seu julgamento. (STF – MI n. 183 – RS – T.P. – Rel. Min. Moreira Alves – DJU 28.2.1992)

35. STF — MANDADO DE INJUNÇÃO — Alegação de ter o parágrafo único do art. 23 do ADCT concedido aos Censores Federais direito de serem transformados em Delegados de Polícia, direito esse cujo exercício estaria inviabilizado por falta de regulamentação. Inexistência de direito pretendido como resulta manifesto da conjugação do disposto nos arts. 21, XVI, e parágrafo único do art. 23, o primeiro do texto permanente da Constituição e o segundo do ADCT – Falta, em consequência, legitimação ao impetrante para propor o Mandado de Injunção. (STF – MI n. 241 – DF – T.P. – Rel. Min. Moreira Alves – DJU 8.2.1991)

36. STF — MANDADO DE INJUNÇÃO — APOSENTADORIA ESPECIAL, NOS CASOS DE EXERCÍCIO DE ATIVIDADES PENOSAS, INSALUBRES OU PERIGOSAS — O § 1.º do art. 40 da Constituição prevê, apenas, que lei complementar poderá estabelecer exceções ao disposto no inciso III, "a" e "c"; não concede, desde logo, a Constituição direito a uma aposentadoria especial, nas circunstâncias referidas de trabalho. Precedentes do STF, nos Mandados de Injunção ns. 425 e 444. Mandado de Injunção não conhecido. (STF – MI n. 484 – TP – Rel. Min. Néri Da Silveira – DJU 3.10.1997)

37. STF — MANDADO DE INJUNÇÃO — ART. 7.º, INC. XI, DA CF — SUPERVENIENTE IMPLEMENTAÇÃO DO DISPOSITIVO CONSTITUCIONAL — Tendo em vista a edição, superveniente ao ajuizamento do presente mandado de injunção, da Medida Provisória n. 1.136, de 26 de setembro de 1995, que dispõe sobre a participação dos trabalhadores nos lucros ou resultados da empresa e da outras providências, verifica-se a perda de objeto da impetração. Mandado de injunção que se tem por prejudicado. (STF – MI n. 426 – PR – TP – Rel. Min. Ilmar Galvão – DJU 16.2.1996)

38. STF — MANDADO DE INJUNÇÃO — ART. 192 § 3.º DA CONSTITUIÇÃO — JUROS REAIS SUPERIORES A DOZE POR CENTO AO ANO — I. O Supremo Tribunal Federal, no julgamento da ADI n. 4, decidiu que o § 3.º do art. 192 da Constituição Federal não é autoaplicável. II. Situação de mora do legislador ordinário na atividade de regulamentar a cobrança de juros reais, como previsto no mencionado dispositivo da Carta da República. Mandado de injunção parcialmente deferido, com o reconhecimento da mora do Congresso Nacional e a exortação a que legisle, como manda a Constituição. (STF – MI n. 362-9 – RJ – TP – Rel. p/Ac. Min. Francisco Rezek – DJU 3.5.1996)

39. STF — MANDADO DE INJUNÇÃO — ART. 5.º, LXXI, E 201, § 6.º, DA CONSTITUIÇÃO — Se os impetrantes pretendem compelir o Ministro da Previdência e Assistência Social é complementar o pagamento do 13.º salário, porque consideram autoaplicável a norma do § 6.º do art. 201 da Constituição, não e o mandado de injunção instrumento processual adequada, pois só cabe, quando a falta de norma regulamentadora torne inviável o exercício dos direitos, liberdades e prerrogativas a que se refere o inciso LXXI do art. 5.º. (STF – RMI n. 182 – DF – 1.ª T. – Rel. Min. Sydney Sanches – DJU 22.3.1991)

40. STF — MANDADO DE INJUNÇÃO — ART. 7.º XXI DA CONSTITUIÇÃO — AVISO PRÉVIO PROPORCIONAL AO TEMPO DE SERVIÇO — SITUAÇÃO DE MORA DO LEGISLADOR ORDINÁRIO NA ATIVIDADE DE REGULAMENTAR O AVISO PRÉVIO, COMO PREVISTO NO Art. 7.º XXI DA CONSTITUIÇÃO — Falta de perspectiva de qualquer benefício ao peticionário, visto que dispensado em perfeita sintonia com o direito positivo da época. Circunstância impeditiva de desdobramentos, no caso concreto, em favor de impetrante. Mandado de injunção parcialmente deferido, com o reconhecimento da mora do Congresso Nacional. (STF – MI n. 369 – DF – T.P. – Rel. p/ Ac. Min. Francisco Rezek – DJU 26.2.1993)

41. STF — MANDADO DE INJUNÇÃO — Atos praticados pelo governador do Estado e pela Mesa da Assembleia Legislativa. Incompetência do STF para julgar, originariamente, o pedido (art. 102, I, da CR). Não conhecimento. (STF – MI n. 7-7 – AM – TP – Rel. Min. Djaci Falcão – DJU 11.11.1988) (RJ 136/86)

42. STF — MANDADO DE INJUNÇÃO — ATOS PRATICADOS PELO GOVERNADOR DO ESTADO E PELA MESA DA ASSEMBLEIA LEGISLATIVA – Incompetência do Supremo Tribunal Federal para julgar, originariamente, o pedido (art. 102, inc. I, da Constituição da República). (STF – MIQO 7 – AM – T.P. – Rel. Min. Djaci Falcão - DJU 11.11.1988)

43. STF — MANDADO DE INJUNÇÃO — AUMENTO DO NÚMERO DE DEPUTADOS FEDERAIS — AUTOAPLICABILIDADE DO § 1.º DO ART. 45, DA CONSTITUIÇÃO — EXEGESE DESSE DISPOSITIVO E DO § 2.º DO ART. 4.º DO ATO DAS DISPOSIÇÕES CONSTITUCIONAIS TRANSITÓRIAS — HIPÓTESE DE CONVOCAÇÃO DE SUPLENTES DE DEPUTADOS FEDERAIS — ILEGITIMIDADE ATIVA DOS SUPLENTES — O § 1.º do art. 45 da Constituição Federal, como resulta claramente de seu próprio texto, não é autoaplicável. A interposição de Mandado de Injunção, que visa a compelir o Congresso Nacional a editar a Lei complementar a que se refere esse dispositivo, não se concilia, por incoerência, com a afirmação de sua autoaplicabilidade, a depender apenas de atos executórios da Câmara dos Deputados. Por outro lado, quando o texto do § 1.º do art. 45 da Constituição manda proceder, no ano anterior as eleições, aos reajustes necessários nos números de deputados fixados na lei complementar de que ela cuida, não permite a conclusão de que essa alteração inicial na composição da Câmara dos Deputados atinja a legislatura em curso, com o preenchimento das vagas criadas, pela convocação de suplentes. Essa exegese, que emerge clara do texto do citado dispositivo, que só tem aplicação a eleições subsequentes a edição da Lei complementar, e também confirmada pelo disposto no § 2.º do art. 4.º do Ato das Disposições Constitucionais Transitórias, que prevê a irredutibilidade do número atual de representantes das unidades federativas na Câmara Federal, na legislatura imediata. Nos termos do § 1.º do art. 56 da Constituição Federal, os suplentes de Deputados Federais, além das hipóteses de substituição temporária, nos casos de afastamento dos titulares para investidura em função compatível ou licença por mais de 120 dias, somente são convocados, para substituições definitivas, em vagas ocorrentes, e não para a hipótese de criação de mandatos por aumento da representação. Ocorrência, portanto, de falta de legítimatio ad causam dos autores. (STF – MI n. 233 – DF – T.P. – Rel. Min. Moreira Alves – DJU 8.2.1991)

44. STF — MANDADO DE INJUNÇÃO — Ausência de lei regulamentadora do direito ao aviso prévio proporcional; ilegitimidade passiva do empregador suprida pela integração ao processo do Congresso Nacional; mora legislativa. Critério objetivo de sua verificação: procedência, para, declarada a mora, notificar o legislador para que a supra. (STF – MI n. 95 – RR – T.P. – Rel. p/ Ac. Min. Sepúlveda Pertence – DJU 18.6.1993)

45. STF — MANDADO DE INJUNÇÃO — COISA JULGADA — Tendo o mandado de injunção a natureza de ação, e ocorrendo, no caso, a hipótese de que esta Corte já julgou anteriormente mandado de injunção — o MI n. 513, de que foi relator o eminente Ministro Maurício Corrêa — idêntico entre as mesmas partes, com a mesma causa de pedir e o mesmo pedido, há coisa julgada, que se dá quando se repete ação que já foi decidida por sentença, de que não cabe recurso (art. 301, § 3.º, *in fine*, do CPC). (STF – MI n. 516 – SP – TP – Rel. Min. Moreira Alves – DJU 6.6.1997)

46. STF — MANDADO DE INJUNÇÃO — COMPANHIA TEPERMAN DE ESTOFAMENTOS — Objetivando compelir o Congresso Nacional a regulamentar o § 3.º, do art. 192, da Carta Magna. Limite de 12% ao ano, das taxas de juros reais. Sustentação de estar sujeita a iminente cobrança judicial bancária, caso inocorra a regulamentação pretendida. 2. Cautelar indeferida. Ilegitimidade passiva do Banco credor, ao mandado de injunção. 3. Informações prestadas. Regulamentação questionada encontrando-se em tramitação no Congresso Nacional. 4. Parecer da Procuradoria-Geral da República pelo não conhecimento. 5. Coisa julgada. Precedente: Mandado de Injunção n. 513-3, com as mesmas partes, mesma causa de pedir e mesmo pedido, em que ficou decidido que instituições financeiras não integram a relação jurídica processual como litisconsortes passivos necessários. Deferido parcialmente para comunicar ao Poder Legislativo sobre a mora em que se encontra. 6. Mandado de injunção não conhecido. (STF – MI n. 507 – TP – Rel. Min. Néri da Silveira – DJU 6.4.2001 – p. 00069)

47. MANDADO DE INJUNÇÃO — COMPETÊNCIA — Competente para conhecer de mandado de injunção contra Órgão, Entidade ou Autoridade Federal é o Superior Tribunal de Justiça (Constituição art. 105, I, letra *"h"*). Enquanto não instalado esse Tribunal, cabe ao Egrégio Tribunal Federal de Recursos exercer tal competência. (STF – MIQO 51 – DF – T.P. – Rel. Min. Carlos Madeira – DJU 16.12.1988)

48. STF — MANDADO DE INJUNÇÃO — COMPETÊNCIA DO STF (ART. 102, ITEM I, LETRA *"G"*, DA CF) — INOCORRÊNCIA — Sendo o mandado de injunção requerido contra o DNOCS, e não contra qualquer das pessoas ou entidades constantes da letra q, do item I, do art. 102 da CF, a competência para processá-lo e julgá-lo não é do Supremo Tribunal Federal. Encaminhamento dos autos ao Superior Tribunal de Justiça, em face do disposto no art. 105, I, a também da Constituição Federal, para apreciá-lo, como couber, tendo em vista não haver qualquer norma regulamentadora para definir a competência, quanto a mandados de injunção, da Justiça Militar, da Justiça Eleitoral, da Justiça do Trabalho e da Justiça Federal. (STF – MIQO 158 – CE – T.P. – Rel. Min. Aldir Passarinho – DJU 10.11.1989)

49. STF — MANDADO DE INJUNÇÃO — COMPETÊNCIA DO STF, (ART. 102, ITEM I, LETRA *"Q"*, DA CF) – INOCORRÊNCIA – Sendo o mandado de injunção requerido contra o Ministério da Previdência e Assistência Social, e não contra qualquer das pessoas ou entidades constantes da letra q, do item I, do art. 102 da CF, a competência para processá-lo e julgá-lo não é do Supremo Tribunal Federal. Encaminhamento dos autos ao Superior Tribunal de Justiça, em face do disposto no art. 105, I, a também da Constituição Federal, para apreciá-lo, como couber, tendo em vista não haver qualquer norma regulamentadora para definir a competência quanto a mandados de injunção, da Justiça Militar, da Justiça Eleitoral, da Justiça do Trabalho e da Justiça Federal. (STF – MIMC 197 – SP – T.P. – Rel. Min. Aldir Passarinho – DJU 27.4.1990)

50. STF — MANDADO DE INJUNÇÃO — CONDIÇÕES DA AÇÃO — ILEGITIMIDADE *AD CAUSAM* — Suposta provisoriamente a veracidade dos fatos alegados pelo autor, a existência em abstrato e em hipótese, do direito, afirmado como suporte da pretensão de mérito ou de relação jurídica prejudicial dele, ainda se comporta na questão preliminar da legitimação ativa para a causa: carece, pois, de legitimação ad causam, no Mandado de Injunção, aquele a quem, ainda que aceita provisoriamente a situação de fato alegada, a Constituição não outorgou o direito subjetivo cujo exercício se diz inviabilizado pela omissão de norma regulamentadora. Advocacia Geral da União. Procuradores Autárquicos federais. A Constituição não conferiu aos Procuradores das Autarquias Federais direito subjetivo a integração no futuro quadro de advogados da Advocacia-Geral da União. (STF – MI n. 188 – RJ – T.P. – Rel. Min. Sepúlveda Pertence – DJU 22.2.1991)

51. STF — MANDADO DE INJUNÇÃO — DIREITO DE GREVE — CONSTITUIÇÃO, ART. 37, VII – 1. Legitimado está Sindicato a requerer Mandado de Injunção, com vistas a ser possibilitado o exercício não só de direito constitucional próprio, como dos integrantes da categoria que representa, inviabilizado por falta de norma regulamentadora. Precedente no Mandado de Injunção n. 347-5/SC. 2. Sindicato da área de Educação de Estado-Membro. Legitimidade ativa. 3. Reconhecimento de mora do Congresso Nacional, quanto a elaboração da lei complementara que se refere o art. 37, VII, da Constituição. Comunicação ao Congresso Nacional e ao Presidente da República. 4. Não é admissível, todavia, o Mandado de Injunção como sucedâneo do Mandado de Segurança, em ordem a anulação de ato judicial ou administrativo que respeite ao direito constitucional cujo exercício pende de regulamentação. Nesse sentido, não cabe mandado de injunção para impugnar ato judicial que haja declarado a ilegalidade de greve no serviço público, nem por essa mesma via é de ser reconhecida a legitimidade da greve. Constituição, art. 5.º, LXXI. (STF – MI n. 438 – GO – T.P. – Rel. Min. Néri da Silveira – DJU 16.6.1995)

52. STF — MANDADO DE INJUNÇÃO — ESTABILIDADE DE SERVIDOR PÚBLICO MILITAR — ART. 42, § 9.º, DA CONSTITUIÇÃO FEDERAL — FALTA DE LEGITIMAÇÃO PARA AGIR — Esta Corte, recentemente, ao julgar o Mandado de Injunção n. 188, decidiu por unanimidade que só tem legitimatio ad causam ,em se tratando de mandado de injunção, quem pertença a categoria a que a Constituição Federal haja outorgado abstratamente um direito, cujo exercício esteja obstado por omissão com mora na regulamentação daquele. Em se tratando, como se trata, de servidores públicos militares, não lhes concedeu a Constituição Federal direito a estabilidade, cujo exercício dependa de regulamentação desse direito, mas, ao contrário, determinou que a lei disponha sobre a estabilidade dos servidores públicos militares, estabelecendo quais os requisitos que estes devem preencher para que adquiram tal direito. Precedente do STF: MI n. 235. (STF – MI n. 107 – DF – T.P. – Rel. Min. Moreira Alves – DJU 2.8.1991)

53. STF — MANDADO DE INJUNÇÃO — EXCLUSÃO DO INSS DA RELAÇÃO PROCESSUAL — FALTA DE REGULAMENTAÇÃO DO INCISO V DO ART. 203 DA CONSTITUIÇÃO — MORA DO CONGRESSO NACIONAL — Deferimento, em parte, do mandado de injunção, para reconhecer a mora do Congresso Nacional, dando-se a este ciência para que seja regulamentado o inciso V do art. 203 da Constituição Federal. (STF – MI n. 448 – RS – TP – Rel. p/ Ac. Moreira Alves – DJU 6.6.1997)

54. STF — MANDADO DE INJUNÇÃO — IMPETRAÇÃO CONTRA ATO DE DEMISSÃO, OBJETIVANDO A REINTEGRAÇÃO DOS REQUERENTES — INADEQUAÇÃO DO INSTRUMENTO. Direito social consagrado no art. 7.º, I, da Constituição, já provisoriamente regulamentado pelo art. 10 do ADCT e que depende de nova norma regulamentar para viabilizar o seu exercício. Argumento não atacado pelo agravo. (STF – AGRMI n. 111 – RJ – T.P. – Rel. Min. Paulo Brossard – DJU 24.8.1990)

55. STF — MANDADO DE INJUNÇÃO — IMPETRAÇÃO POR PROCURADORAS DA REPÚLICA, CONTRA O PRESIDENTE DA REPÚBLICA, VISANDO — 1. Declaração de vacância do cargo de Procurador-Geral da República; 2. Que o Presidente da República indique, ao Senado Federal, um nome de membro do Ministério Público Federal para se investir no cargo de Procurador-Geral da República, com observância do art. 128, §1.º, da Constituição Federal de 05.10.1988. Descabimento do mandado de injunção para tais fins. Interpretação do art. 5.º, inciso LXXI, da CF não se presta o mandado de injunção a declaração judicial de vacância de cargo, nem a compelir o Presidente da República a praticar ato administrativo, concreto e determinado, consistente na indicação, ao Senado Federal, de nome de membro do Ministério Público Federal, para ser investido no cargo de Procurador-Geral da República. (STF – MIQO 14 – DF – T.P. – Rel. Min. Sydney Sanches – DJU 18.11.1988)

56. STF — MANDADO DE INJUNÇÃO — IMPETRADO CONTRA A UNIÃO FEDERAL — Na Questão de Ordem no Mandado de Injunção n. 2-6-DF, o STF decidiu que não se lhe prevê competência para processar e julgar mandado de injunção contra a União Federal e não se pode sequer dizer se a petição inicial preenche ou não os requisitos de um pedido de mandado de injunção. Precedente, também, no Mandado de Injunção n. 113-8-DF. (STF – MI n. 468 – PR – TP – Rel. Min. Néri da Silveira – DJU 6.6.1997)

57. STF — MANDADO DE INJUNÇÃO — IMPLEMENTAÇÃO DE DISPOSIÇÕES CONSTANTES DO ART. 202, I, DA CONSTITUIÇÃO, BEM ASSIM DO ART. 59, DO ADCT DE 1988 — Embora ultrapassados os prazos do art. 59 do ADCT, certo é que foram promulgadas as Leis ns. 8.212 e 8.213, ambas de 24.7.1991, as quais aprovaram, respectivamente, os planos de custeio e de benefícios da Previdência Social. (STF – MI n. 306 – DF – T.P. – Rel. Min. Néri da Silveira – DJU 2.4.1993)

58. STF — MANDADO DE INJUNÇÃO — INSTITUIÇÃO DE DEFENSORIA PÚBLICA POR OMISSÃO NA REGULAMENTAÇÃO DE PRECEITO CONSTITUCIONAL ESTADUAL A ELA RELATIVO — ILEGITIMIDADE ATIVA AD CAUSAM – Inconstitucionalidade do § 1.º do art. 18 ADCT da Constituição do Estado de Pernambuco por infringência dos arts. 37, II, e 134, parágrafo único, da Carta Magna Federal. Em consequência, não têm os autores do mandado de injunção legitimidade para impetrá-lo. (STF – RE n. 170.672-4 – 1.ª T. – Rel. Min. Moreira Alves – DJU 29.9.1995)

59. STF — MANDADO DE INJUNÇÃO — ISONOMIA DE VENCIMENTOS — § 1.º DO ART. 39 DA CONSTITUIÇÃO FEDERAL — A par de o aludido parágrafo estar jungido ao regime único de que cogita o *caput*, ficando, assim, a eficácia respectiva na dependência do que se contem no art. 24 do Ato das Disposições Constitucionais Transitórias, constata-se que diz respeito a impossibilidade de o legislador, futuramente, vir a deixar de observar o princípio isonômico. Trata-se de norma informativa e que proíbe o tratamento diferenciado quanto aos servidores nela referidos. (STF – AGRMI n. 60 – DF – T.P. – Rel. Min. Marco Aurélio – DJU 28.9.1990)

60. STF — MANDADO DE INJUNÇÃO — ISONOMIA DE VENCIMENTOS — CONSTITUIÇÃO, ART. 39, § 1.º — SINDICATO DE SERVIDORES FEDERAIS, EM UMA UNIDADE DA FEDERAÇÃO, QUE VINDICA IGUALDADE DE VENCIMENTOS PARA CERTA CATEGORIA FUNCIONAL, TENDO EM CONTA OS VENCIMENTO DE OUTRA CATEGORIA FUNCIONAL — LEGITIMIDADE ATIVA DO SINDICATO REQUERENTE — CONSTITUIÇÃO, ART. 8.º, III — Embora legitimado o suplicante, o Mandado de Injunção, no caso, não pode ser conhecido, por não ser via adequada a vindicar isonomia de vencimentos, que são fixados em lei. Os vencimentos dos servidores que compõem a categoria a que se refere a inicial decorrem de lei, tanto quanto os vencimentos dos servidores indicados como paradigmas. Não cabe discutir, em Mandado de Injunção, os conteúdos ocupacionais dos cargos em confronto, aos efeitos do art. 39, § 1.º, da Constituição, nem é ele meio adequado para obter aumento de vencimentos mediante alteração de lei já em vigor. Precedentes do STF. (STF – MI n. 347 – SC – T.P. – Rel. Min. Néri da Silveira – DJU 8.4.1994)

61. STF — MANDADO DE INJUNÇÃO — Julga-se prejudicado, se, após seu ajuizamento, veio a ser editada a norma regulamentadora indispensável ao exercício do direito previsto na Constituição é objeto da inicial. (STF – MI n. 316 – DF – T.P. – Rel. Min. Néri da Silveira – DJU 18.3.1994)

62. STF — MANDADO DE INJUNÇÃO — JUROS – LIMITE CONSTITUCIONAL DE 12% — AUSÊNCIA DE NORMA REGULAMENTADORA DO Art. 192, § 3.º, DA CONSTITUIÇÃO — 1. Mora do Congresso Nacional reconhecida, para a regulamentação do dispositivo. Precedentes. 2. Mandado de injunção parcialmente deferido para comunicar ao Poder Legislativo sobre a mora em que se encontra, cabendo-lhe tomar as providências para suprir a omissão. (STF – MI n. 621 – TP – Rel. Min. Maurício Corrêa – DJU 16.11.2001 – p. 00008)

63. STF — MANDADO DE INJUNÇÃO — JUROS REAIS — § 3.º DO Art. 192 DA CONSTITUIÇÃO — Esta Corte, ao julgar a ADIn. n. 04, entendeu, por maioria de votos, que o disposto no § 3.º do art. 192 da Constituição Federal não era autoaplicável, razão por que necessitava de regulamentação. Passados mais de cinco anos da promulgação da Constituição, sem que o Congresso Nacional haja regulamentado o referido dispositivo constitucional, e sendo certo que a simples tramitação de projetos nesse sentido não é capaz de elidir a mora legislativa, não há duvida de que esta, no caso, ocorre. Mandado de injunção deferido em parte, para que se comunique ao Poder Legislativo a mora em que se encontra, a fim de que adote as providências necessárias para suprir a omissão. (STF – MI n. 457 – SP – T.P. – Rel. Min. Moreira Alves – DJU 4.8.1995)

64. STF — MANDADO DE INJUNÇÃO — JUROS REAIS — PARÁGRAFO 3.º DO ART. 192 DA CONSTITUIÇÃO FEDERAL — Esta Corte, ao julgar a ADIN n. 4, entendeu, por maioria de votos, que o disposto no § 3.º do art. 192 da Constituição Federal não era autoaplicável, razão por que necessita de regulamentação. — Passados mais de doze anos da promulgação da Constituição, sem que o Congresso Nacional haja regulamentado o referido dispositivo constitucional, e sendo certo que a simples tramitação de projetos nesse sentido não é capaz de elidir a mora legislativa, não há dúvida de que esta, no caso, ocorre. Mandado de injunção deferido em parte, para que se comunique ao Poder Legislativo a mora em que se encontra, a fim de que adote as providências necessárias para suprir a omissão, deixando-se de fixar prazo para o suprimento dessa omissão constitucional em face da orientação firmada por esta Corte. (MI n. 361). (STF – MI n. 584 – SP – TP – Rel. Min. Moreira Alves – DJU 22.2.2002 – p. 00036)

65. STF — MANDADO DE INJUNÇÃO — LEGITIMIDADE ATIVA DA REQUERENTE PARA IMPETRAR MANDADO DE INJUNÇÃO POR FALTA DE REGULAMENTAÇÃO DO DISPOSTO NO § 7.º DO ART. 195 DA CONSTITUIÇÃO FEDERAL — Ocorrência, no caso, em face do disposto no art. 59 do ADCT, de mora, por parte do Congresso, na regulamentação daquele preceito constitucional. Mandado de injunção conhecido, em parte, e, nessa parte, deferido para declarar-se o estado de mora em que se encontra o Congresso Nacional, a fim de que, no prazo de seis meses, adote ele as providências legislativas que se impõem para o cumprimento da obrigação de legislar decorrente do art. 195, § 7.º, da Constituição, sob pena de, vencido esse prazo sem que essa obrigação se cumpra, passar o requerente a gozar da imunidade requerida. (STF – MI n. 232 – RJ – T.P. – Rel. Min. Moreira Alves – DJU 27.3.1992)

66. STF — MANDADO DE INJUNÇÃO — Mandado de Injunção, de iniciativa de Deputados Federais pelo Estado de São Paulo, para que o Supremo Tribunal determine, em setenta, o número de representantes daquela unidade da federação, a Câmara dos Deputados, diante do vazio legislativo, decorrente de não ter sido elaborada a lei complementar, prevista no art. 45, § 1.º, da Constituição. Legitimidade ativa dos impetrantes, como cidadãos, titulares de prerrogativas político-jurídicas que são inequivocamente difusas, mas por sua própria natureza. pedido deferido, em parte, dentro dos limites de provisão constitucionalmente cabível, para, reconhecidas a omissão e a mora apontadas, dar ciência das mesmas ao Congresso Nacional, a fim de que supra a omissão. votos vencidos, tanto no tocante a preliminar de legitimidade, como a propósito da extensão ou finalidade do deferimento da medida. (STF – MI n. 219 – DF – T.P. – Rel. Min. Octávio Gallotti – DJU 19.5.1995)

67. STF — MANDADO DE INJUNÇÃO — MINISTRO DE ESTADO — COMPETÊNCIA DO SUPERIOR TRIBUNAL DE JUSTIÇA (CONSTITUIÇÃO, ART. 105, I, LETRA "H") — É inviável substituir, no polo passivo da relação processual, quer do Mandado de Injunção, quer do Mandado de Segurança, a autoridade impetrada que o requerente indicou na inicial. Se se entender a hipótese como Mandado de Segurança, diante dos termos em que se deduz a inicial, ainda aí, a competência seria do STJ (Constituição, art. 105, I, "b"). Não conhecimento do pedido pelo STF, determinando-se a remessa dos autos ao Superior Tribunal de Justiça. (STF – MI n. 414 – SC – T.P. – Rel. Min. Néri da Silveira – DJU 6.5.1994)

68. STF — MANDADO DE INJUNÇÃO — MORA LEGISLATIVA NA EDIÇÃO DA LEI NECESSÁRIA AO GOZO DO DIREITO A REPARAÇÃO ECONÔMICA CONTRA A UNIÃO, OUTORGADO PELO ART. 8.º, § 3.º, ADCT — DEFERIMENTO PARCIAL, COM ESTABELECIMENTO DE PRAZO PARA A PURGAÇÃO DA MORA E, CASO SUBSISTA A LACUNA, FACULTANDO O TITULAR DO DIREITO OBSTADO A OBTER, EM JUÍZO, CONTRA A UNIÃO, SENTENÇA LÍQUIDA DE INDENIZAÇÃO POR PERDAS E DANOS — 1. O STF admite — não obstante a natureza mandamental do Mandado de Injunção (MI n. 107 – QO) — que, no pedido constitutivo ou condenatório, formulado pelo impetrante, mas, de atendimento impossível, se contém o pedido, de atendimento possível, de declaração de inconstitucionalidade da omissão normativa, com ciência ao órgão competente para que a supra (CF. Mandados de Injunção 168, 107 e 232). 2. A norma constitucional invocada (ADCT, art. 8.º, § 3.º — Aos cidadãos que foram impedidos de exercer, na vida civil, atividade profissional específica, em decorrência das Portarias Reservadas do Ministério da Aeronáutica n. S-50-GM5, de 19 de junho de 1964, e n. S-285-GM5 será concedida reparação econômica, na forma que dispuser lei de iniciativa do Congresso Nacional e a entrar em vigor no prazo de doze meses a contar da promulgação da Constituição — vencido o prazo nela previsto, legitima o beneficiário da reparação mandada conceder a impetrar Mandado de Injunção, dada a existência, no caso, de um direito subjetivo constitucional de exercício obstado pela omissão legislativa denunciada. 3. Se o sujeito passivo do direito constitucional obstado é a entidade estatal a qual igualmente se deva imputar a mora legislativa que obsta ao seu exercício, é dado ao Judiciário, ao deferir a injunção, somar, aos seus efeitos mandamentais típicos, o provimento necessário a acautelar o interessado contra a eventualidade de não se ultimar o processo legislativo, no prazo razoável que fixar, de modo a facultar-lhe, quanto possível, a satisfação provisória do seu direito. 4. Premissas, de que resultam, na espécie, o deferimento do Mandado de Injunção para: a) declarar em mora o legislador com relação a ordem de legislar contida no art. 8.º, § 3.º, ADCT, comunicando-o ao Congresso Nacional e a Presidência da República; b) assinar o prazo de 45 dias, mais 15 dias para a sanção presidencial, a fim de que se ultime o processo legislativo da lei reclamada; c) se ultrapassado o prazo acima, sem que esteja promulgada a lei, reconhecer ao impetrante a faculdade de obter, contra a União, pela via processual adequada, sentença líquida de condenação a reparação constitucional devida, pelas perdas e danos que se arbitrem; d) declarar que, prolatada a condenação, a superveniência de lei não prejudicara a coisa julgada, que, entretanto, não impedira o impetrante de obter os benefícios da lei posterior, nos pontos em que lhe for mais favorável. (STF – MI n. 283 – DF – T.P. – Rel. Min. Sepúlveda Pertence – DJU 14.11.1991)

69. STF — MANDADO DE INJUNÇÃO — Não é cabível se não há falta de norma regulamentadora necessária a viabilização do exercício dos direitos, garantias e prerrogativas a que alude o art. 5.º, LXXI, da Constituição Federal. (STF – AGRMI n. 44 – DF – T.P. – Rel. Min. Moreira Alves – DJU 23.3.1990)

70. STF — MANDADO DE INJUNÇÃO — NATUREZA — O Mandado de Injunção nem autoriza o Judiciário a suprir a omissão legislativa ou regulamentar, editando o ato normativo omitido, nem, menos ainda, lhe permite ordenar, de imediato, ato concreto de satisfação do direito reclamado: mas, no pedido, posto que de atendimento impossível, para que o Tribunal o faça, se contém o pedido de atendimento possível para a declaração de inconstitucionalidade da omissão normativa, com ciência ao órgão competente para que a supra. créditos judiciais contra a Fazenda Pública: pagamento parcelado (ADCT, art. 33). Faculdade do Poder Executivo. O art. 33 do ADCT de 1988 não outorgou direito ao credor da Fazenda Pública ao pagamento parcelado nele previsto, ao contrário, como faculdade do Poder Executivo competente, extinta com o transcurso do prazo decadencial de 180 dias sem decisão a respeito; a omissão dela, por conseguinte, não dá margem a Mandado de Injunção. (STF – MI n. 168 – RS – T.P. – Rel. Min. Sepúlveda Pertence – DJU 20.4.1990)

71. STF — MANDADO DE INJUNÇÃO — NATUREZA JURÍDICA — FUNÇÃO PROCESSUAL — ADCT, ART. 8.º, § 3.º (PORTARIAS RESERVADAS DO MINISTÉRIO DA AERONÁUTICA) — A QUESTÃO DO SIGILO — MORA INCONSTITUCIONAL DO PODER LEGISLATIVO — EXCLUSÃO DA UNIÃO FEDERAL DA RELAÇÃO PROCESSUAL — ILEGITIMIDADE PASSIVA *AD CAUSAM* WRIT DEFERIDO — O caráter essencialmente mandamental da ação injuncional — consoante tem proclamado a jurisprudência do Supremo Tribunal Federal — impõe que se defina, como passivamente legitimado *ad causam*, na relação processual instaurada, o órgão público inadimplente, em situação de inércia inconstitucional, ao qual é imputável a omissão causalmente inviabilizadora do exercício de direito, liberdade e prerrogativa de índole constitucional. No caso, ex vi do § 3.º do art. 8.º do Ato das Disposições Constitucionais Transitórias, a inatividade inconstitucional é somente atribuível ao Congresso Nacional, a cuja iniciativa se reservou, com exclusividade, o poder de instaurar o processo legislativo reclamado pela norma constitucional transitória. Alguns dos muitos abusos cometidos pelo regime de exceção instituído no Brasil em 1964 traduziram-se, dentre os vários atos de arbítrio puro que o caracterizaram, na concepção e formulação teórica de um sistema claramente inconvivente com a prática das liberdades públicas. Esse sistema, fortemente estimulado pelo perigoso fascínio do absoluto (Pe. Joseph Comblin, A Ideologia da Segurança Nacional — o Poder Militar da América Latina, p. 225, 3. ed., 1980, trad. de A. Veiga Fialho, Civilização Brasileira), ao privilegiar e cultivar o sigilo, transformando-o em praxis governamental institucionalizada, frontalmente ofendeu o princípio democrático, pois, consoante adverte Norberto Bobbio, em lição magistral sobre o tema (O Futuro da Democracia, 1986, Paz e Terra), não há, nos modelos políticos que consagram a democracia, espaço possível reservado ao mistério. O novo estatuto político brasileiro — que rejeita o poder que oculta e não tolera o poder que se oculta – consagrou a publicidade dos atos e das atividades estatais como valor constitucionalmente assegurado, disciplinando-o, com expressa ressalva para as situações de interesse público, entre os direitos e garantias fundamentais. A Carta Federal, ao proclamar os direitos e deveres individuais e coletivos (art. 5.º), enunciou preceitos básicos, cuja compreensão é essencial a caracterização da ordem democrática como um regime do poder visível, ou, na lição expressiva de Bobbio, como um modelo ideal do governo público em público. O novo writ constitucional, consagrado pelo art. 5.º, LXXI, da Carta Federal, não se destina a constituir direito novo, nem a ensejar ao Poder Judiciário o anômalo desempenho de funções normativas que lhe são institucionalmente estranhas. O mandado de injunção não é o sucedâneo constitucional das funções político-jurídicas atribuídas aos órgãos estatais inadimplentes. A própria excepcionalidade desse novo instrumento jurídico impõe ao Judiciário o dever de estrita observância do princípio constitucional da divisão funcional do poder. Reconhecido o estado de mora inconstitucional do Congresso Nacional – único destinatário do comando para satisfazer, no caso, a prestação legislativa reclamada — e considerando que, embora previamente cientificado no Mandado de Injunção n. 283, rel. Min. Sepultada Pertence, absteve-se de adimplir a obrigação que lhe foi constitucionalmente imposta, torna-se prescindível nova comunicação a instituição parlamentar, assegurando-se aos impetrantes, desde logo, a possibilidade de ajuizarem, imediatamente, nos termos do direito comum ou ordinário, a ação de reparação de natureza econômica instituída em seu favor pelo preceito transitório. (STF – MI n. 284 – DF – T.P. – Rel. p/ Ac. Min. Celso de Mello – DJU 26.6.1992)

72. STF — MANDADO DE INJUNÇÃO — NATUREZA JURÍDICA — TAXA DE JUROS REAIS (CF, ART. 192, § 3.º) — INJUSTIFICÁVEL OMISSÃO DO CONGRESSO NACIONAL — FIXAÇÃO DE PRAZO PARA LEGISLAR — DESCABIMENTO, NO CASO — *WRIT* PARCIALMENTE DEFERIDO. A TRANSGRESSÃO DA ORDEM CONSTITUCIONAL PODE CONSUMAR-SE MEDIANTE AÇÃO (VIOLAÇÃO POSITIVA) OU MEDIANTE OMISSÃO (VIOLAÇÃO NEGATIVA) — O desrespeito à Constituição tanto pode ocorrer mediante ação estatal quanto mediante inércia governamental. A situação de inconstitucionalidade pode derivar de um comportamento ativo do Poder Público, seja quando este vem a fazer o que o estatuto constitucional não lhe permite, seja, ainda, quando vem a editar normas em desacordo, formal ou material, com o que dispõe a Constituição. Essa conduta estatal, que importa em um *facere* (atuação positiva), gera a inconstitucionalidade por ação. Se o Estado, no entanto, deixar de adotar as medidas necessárias à realização concreta dos preceitos da Constituição, abstendo-se, em consequência, de cumprir o dever de prestação que a própria Carta Política lhe impôs, incidirá em violação negativa do texto constitucional. Desse *non facere* ou *non praestare*, resultará a inconstitucionalidade por omissão, que pode ser total (quando é nenhuma a providência adotada) ou parcial (quando é insuficiente a medida efetivada pelo Poder Público). Entendimento prevalecente na jurisprudência do Supremo Tribunal Federal: RTJ 162/877-879, rel. Min. CELSO DE MELLO (Pleno). A omissão do Estado — que deixa de cumprir, em maior ou em menor extensão, a imposição ditada pelo texto constitucional — qualifica-se como comportamento revestido da maior gravidade político-jurídica, eis que, mediante inércia, o Poder Público também desrespeita a Constituição, também ofende direitos que nela se fundam e também impede, por ausência (ou insuficiência) de medidas concretizadoras, a própria aplicabilidade dos postulados e princípios da Lei Fundamental. DESCUMPRIMENTO DE IMPOSIÇÃO CONSTITUCIONAL LEGIFERANTE E DESVALORIZAÇÃO FUNCIONAL DA CONSTITUIÇÃO ESCRITA. O Poder Público — quando se abstém de cumprir, total ou parcialmente, o dever de legislar, imposto em cláusula constitucional, de caráter mandatório — infringe, com esse comportamento negativo, a própria integridade da Lei Fundamental, estimulando, no âmbito do Estado, o preocupante fenômeno da erosão da consciência constitucional (ADI n. 1.484-DF, rel. Min. CELSO DE MELLO). A inércia estatal em adimplir as imposições constitucionais traduz inaceitável gesto de desprezo pela autoridade da Constituição e configura, por isso mesmo, comportamento que deve ser evitado. É que nada se revela mais nocivo, perigoso e ilegítimo do que elaborar uma Constituição, sem a vontade de fazê-la cumprir integralmente, ou, então, de apenas executá-la com o propósito subalterno de torná-la aplicável somente nos pontos que se mostrarem ajustados à conveniência e aos desígnios dos governantes, em detrimento dos interesses maiores dos cidadãos. DIREITO SUBJETIVO À LEGISLAÇÃO E DEVER CONSTITUCIONAL DE LEGISLAR: A NECESSÁRIA EXISTÊNCIA DO PERTINENTE NEXO DE CAUSALIDADE. O direito à legislação só pode ser invocado pelo interessado, quando também existir — simultaneamente imposta pelo próprio texto constitucional — a previsão do dever estatal de emanar normas legais. Isso significa que o direito individual à atividade legislativa do Estado apenas se evidenciará naquelas estritas hipóteses em que o desempenho da função de legislar refletir, por efeito de exclusiva determinação constitucional, uma obrigação jurídica indeclinável imposta ao Poder Público. Para que possa atuar a norma pertinente ao instituto do mandado de injunção, revela-se essencial que se estabeleça a necessária correlação entre a imposição constitucional de legislar, de um lado, e o consequente reconhecimento do direito público subjetivo à legislação, de outro, de tal forma que, ausente a obrigação jurídico-constitucional de emanar provimentos legislativos, não se tornará possível imputar comportamento moroso ao Estado, nem pretender acesso legítimo à via injuncional. Precedentes. MANDADO DE INJUNÇÃO E TAXA DE JUROS REAIS. O estado de inércia legiferante do Congresso Nacional justifica a utilização do mandado de injunção, desde que resulte inviabilizado - ante a ocorrência de situação de lacuna técnica — o exercício de direitos, liberdades e prerrogativas constitucionais (CF, art. 5.º, LXXI), de que seja titular a parte impetrante. A regra inscrita no art. 192, § 3.º, da Constituição, por não se revestir de suficiente densidade normativa, reclama, para efeito de sua integral aplicabilidade, a necessária intervenção concretizadora do Congresso Nacional, cuja prolongada inércia — sobre transgredir, gravemente, o direito dos devedores à prestação legislativa prevista na Lei Fundamental — também configura injustificável e inconstitucional situação de mora imputável ao Poder Legislativo da União. Precedentes. Deferimento, em parte, do writ injuncional, nos termos constantes do voto do Relator. (STF, MI n. 542/SP, rel. Min. Celso de Mello, TP, DJU 28.6.2002)

73. STF — MANDADO DE INJUNÇÃO — NATUREZA JURÍDICA — TAXA DE JUROS REAIS (CF, ART. 192, § 3.º) — OMISSÃO DO CONGRESSO NACIONAL — FIXAÇÃO DE PRAZO PARA LEGISLAR — DESCABIMENTO, NO CASO — *WRIT* DEFERIDO EM PARTE — A regra inscrita no art. 192, § 3.º, da Constituição, por não se revestir de suficiente densidade normativa, reclama, para efeito

de sua integral aplicabilidade, a necessária intervenção concretizadora do Poder Legislativo da União. Inércia legiferante do Congresso Nacional. — O desprestígio da Constituição — por inércia de órgãos meramente constituídos — representa um dos mais tormentosos aspectos do processo de desvalorização funcional da Lei Fundamental da República, ao mesmo tempo em que, estimulando gravemente a erosão da consciência constitucional, evidencia o inaceitável desprezo dos direitos básicos e das liberdades públicas pelos poderes do Estado. O inadimplemento do dever constitucional de legislar, quando configure causa inviabilizadora do exercício de liberdades, prerrogativas e direitos proclamados pela própria Constituição, justifica a utilização do mandado de injunção. — Não se revela cabível a estipulação de prazo para o Congresso Nacional suprir a omissão em que ele próprio incidiu na regulamentação da norma inscrita no art. 192, § 3.º, da Carta Política, eis que essa providência excepcional só se justificaria se o próprio Poder Público, para além do seu dever de editar o provimento normativo faltante, fosse, também, o sujeito passivo da relação de direito material emergente do preceito constitucional em questão. Precedentes. (STF – MI – 470 – RJ – TP – Rel. Min. Celso de Mello – DJU 29.6.2001 – p. 00035)

74. STF — MANDADO DE INJUNÇÃO — O mandado de injunção não constitui via processual adequada a substituir ação judicial que colime majoração de vencimentos de servidores, fixados por lei em vigor. Não serve, destarte, o mandado de injunção para discutir a justiça ou a erronia dos vencimentos fixados em lei, de determinada categoria funcional, ainda que a causa resida em alegado descumprimento de norma constitucional. Se o requerente percebe, com base na lei vigente, vencimentos inferiores aos que considera devidos, diante de regra constitucional que sustenta aplicável a sua situação funcional ou da categoria funcional a que pertence, a solução não pode ser encontrada por mandado de injunção. Este não é instrumento apto para o Poder Judiciário determinar qual a lei de regência dos estipêndios se altere, porquê contrária a Constituição, ou, desde logo, para reconhecer, ai, direito a percepção de vencimentos diferentes dos que resultam da lei, diante da exegese conferida a texto constitucional. De acordo com o art. 5.º, LXXI, da Lei Magna de 1988, o mandado de injunção pressupõe falta de norma regulamentadora indispensável ao exercício de direitos e liberdades constitucionais e das prerrogativas inerentes a nacionalidade, a soberania e a cidadania. Não sendo, pois, o mandado de injunção a via adequada para discutir o que pretende, no caso, o requerente, não cabe, em consequência, apreciar os demais aspectos da petição de agravo, embora importantes e significativos a merecida análise, em ação apropriada. (STF – AGRMI n. 254 – DF – T.P. – Rel. Min. Néri da Silveira – DJU 2.10.1992)

75. STF — MANDADO DE INJUNÇÃO — O mandado de injunção, como previsto no inciso LXXI do art. 5.º da Carta Magna, só é cabível quando a falta de norma regulamentadora torne inviável o exercício dos direitos e liberdades constitucionais e das prerrogativas inerentes a nacionalidade, a soberania e a cidadania, o que implica dizer que só tem legitimidade para propô-lo o titular desses direitos, liberdades ou prerrogativas cujo exercício esteja inviabilizado por falta de sua regulamentação. Portanto, ainda quando se sustentasse que a competência para desapropriar por interesse social para fins de reforma agrária fosse um direito constitucional que admitisse a impetração de mandado de injunção, faltaria ao Estado do Paraná legitimidade para impetrá-lo, uma vez que dele não seria titular. Não existe em nosso sistema jurídico o instituto da fungibilidade de ações, a permitir que o juiz, de ofício ou a pedido resultante de dúvida do autor, tenha uma ação (a própria) por outra (a imprópria), se o erro for excusável. (STF – MIQO 395 – PR – T.P. – Rel. Min. Moreira Alves – DJU 11.9.1992)

76. STF — MANDADO DE INJUNÇÃO — OBJETO — O mandado de injunção não é o meio próprio a ver-se declarada inconstitucionalidade por omissão, considerado ato administrativo do Presidente da República criando determinado conselho e deixando de contemplar participação possivelmente assegurada, a entidade sindical, pelo texto constitucional. (STF – MI n. 498 – DF – TP – Rel. Min. Marco Aurélio – DJU 4.4.1997)

77. STF — MANDADO DE INJUNÇÃO — OBJETO — PERDA — Uma vez editada a lei em relação à qual restou apontada omissão, tem-se a perda de objeto do mandado de injunção. MANDADO DE INJUNÇÃO — INCONSTITUCIONALIDADE DE NORMA — CONTROLE CONCENTRADO — O mandado de injunção não é o meio próprio a lograr-se o controle concentrado de constitucionalidade de certa norma. (STF – AGRMI n. 575 – TP – Rel. Min. Marco Aurélio – DJU 26.2.1999 – p. 4)

78. STF — MANDADO DE INJUNÇÃO — OCORRÊNCIA DE LEGITIMAÇÃO AD CAUSAM E AUSÊNCIA DE INTERESSE PROCESSUAL — 1. Associação profissional detém legitimidade *ad causam* para impetrar Mandado de Injunção tendente a colmatação de lacuna da disciplina legislativa alegadamente necessária ao exercício da liberdade de converter-se em Sindicato (CF, art. 8.º). 2. Não há interesse processual necessário a impetração de Mandado de Injunção, se o exercício do direito, da liberdade ou da prerrogativa constitucional da requerente não está inviabilizado pela falta de norma infraconstitucional, dada a recepção de direito ordinário anterior. 2. Liberdade e unicidade sindical e competência para o registro de entidades sindicais (CF, art. 8.º, I e II): recepção em termos, da competência do Ministério do Trabalho, sem prejuízo da possibilidade de a lei vir a criar regime diverso. A) O que é inerente a nova concepção constitucional positiva de liberdade sindical e, não a inexistência de registro público — o qual é reclamado, no sistema Brasileiro, para o aperfeiçoamento da constituição de toda e qualquer pessoa jurídica de direito privado —, mas, a teor do art. 8.º, I, do texto fundamental, que a lei não poderá exigir autorização do Estado para a fundação de sindicato: o decisivo, para que se resguardem as liberdades constitucionais de associação civil ou de associação sindical, é, pois, que se trate efetivamente de simples registro — ato vinculado, subordinado apenas a verificação de pressupostos legais —, e não de autorização ou de reconhecimento discricionários. B). A diferença entre o novo sistema, de simples registro, em relação ao antigo, de outorga discricionária do reconhecimento sindical não resulta de caber o registro dos sindicatos ao Ministério do Trabalho ou a outro ofício de registro público. 3. Ao registro das entidades sindicais inere a função de garantia da imposição de unicidade — esta, sim, a mais importante das limitações constitucionais ao princípio da liberdade sindical. 4. A função de salvaguarda da unicidade sindical induz a sediar, si et in quantum, a competência para

o registro das entidades sindicais no Ministério do Trabalho, detentor do acervo das informações imprescindíveis ao seu desempenho. 5. O temor compreensível — subjacente a manifestação dos que se opõem a solução —, de que o hábito vicioso dos tempos passados tenda a persistir, na tentativa, consciente ou não, de fazer da competência para o ato formal e vinculado do registro, pretexto para a sobrevivência do controle ministerial asfixiante sobre a organização sindical, que a Constituição quer proscrever — enquanto não optar o legislador por disciplina nova do registro sindical —, há de ser obviado pelo controle jurisdicional da ilegalidade e do abuso de poder, incluída a omissão ou o retardamento indevidos da autoridade competente. (STF – MI n. 144 – SP – T.P. – Rel. Min. Sepúlveda Pertence – DJU 28.5.1993)

79. STF — MANDADO DE INJUNÇÃO — OMISSÃO DO CONGRESSO NACIONAL NO TOCANTE A REGULAMENTAÇÃO DO § 3.º DO ART. 8.º DO ADCT — Alcance do mandado de injunção segundo o julgamento do Mandado de Injunção n. 107 com possibilidade de aplicação de providências adicionais nele genericamente admitidas, e concretizadas no julgamento do Mandado de Injunção n. 283. O prazo fixado, no julgamento do Mandado de Injunção n. 283, para o cumprimento do dever constitucional de editar essa regulamentação de há muito se escoou sem que a omissão tenha sido suprida. Não há, pois, razão para se conceder novo prazo ao Congresso Nacional para o adimplemento desse seu dever constitucional, impondo-se, desde logo, que se assegure aos impetrantes a possibilidade de ajuizarem, com base no direito comum, ação de perdas e danos para se ressarcirem do prejuízo que tenha sofrido. (STF – MI n. 447 – DF – T.P. – Rel. Min. Moreira Alves – DJU 1.º.07.1994)

80. STF — MANDADO DE INJUNÇÃO — Omissão normativa imputada a autarquia federal (Banco Central do Brasil): competência originária do Juiz Federal e não do Supremo Tribunal, nem do Superior Tribunal de Justiça: inteligência da ressalva final do art. 105, I, "h", da Constituição. (STF – MIQO 571 – SP – TP – Rel. Min. Sepúlveda Pertence – DJU 20.11.1998 – p. 05)

81. STF — MANDADO DE INJUNÇÃO — PERDA DE OBJETO — IMPLEMENTAÇÃO DA MEDIDA OBJETIVADA PELO IMPETRANTE — Tendo o Presidente da República enviado ao Congresso Nacional projeto de Lei acerca da revisão geral de remuneração dos servidores da União, medida pleiteada no writ, evidente o esvaziamento da impetração, que resta prejudicada. Agravo regimental desprovido. (STF – AGRMI n. 641 – DF – TP – Rel. Min. Ilmar Galvão – DJU 5.4.2002 – p. 00039)

82. STF — MANDADO DE INJUNÇÃO — PORTARIAS RESERVADAS DO MINISTÉRIO DA AERONÁUTICA — ADCT/1988, ART. 8.º, § 3.º — REGIME DEMOCRÁTICO E SIGILO ESTATAL — INADIMPLEMENTO DA PRESTAÇÃO LEGISLATIVA — PERSISTÊNCIA DO ESTADO DE MORA DO CONGRESSO NACIONAL — DESNECESSIDADE DE NOVA COMUNICAÇÃO A INSTITUIÇÃO PARLAMENTAR — POSSIBILIDADE DO AJUIZAMENTO IMEDIATO DE AÇÃO DE REPARAÇÃO, COM FUNDAMENTO NO DIREITO COMUM — WRIT CONCEDIDO — Com a persistência do estado de mora do Congresso Nacional, que, não obstante cientificado pelo STF, deixou de adimplir a obrigação de legislar que lhe foi imposta pelo art. 8.º, § 3.º, do ADCT/1988, reconhece-se, desde logo, aos beneficiários dessa norma transitória a possibilidade de ajuizarem, com fundamento no direito comum, a pertinente ação de reparação econômica. (STF – MI n. 384 – RJ – T.P. – Rel. p/ Ac. Min. Celso de Mello – DJU 22.4.1994)

83. STF — MANDADO DE INJUNÇÃO — PRETENDIDA MAJORAÇÃO DE VENCIMENTOS DEVIDOS A SERVIDOR PÚBLICO (INCRA/MIRAD) — ALTERAÇÃO DE LEI JÁ EXISTENTE — PRINCÍPIO DA ISONOMIA — POSTULADO INSUSCETÍVEL DE REGULAMENTAÇÃO NORMATIVA INOCORRÊNCIA DE SITUAÇÃO DE LACUNA TÉCNICA — A QUESTÃO DA EXCLUSÃO DE BENEFÍCIO COM OFENSA AO PRINCÍPIO DA ISONOMIA — O princípio da isonomia, que se reveste de auto-aplicabilidade, não é — enquanto postulado fundamental de nossa ordem político-jurídica — suscetível de regulamentação ou de complementação normativa. Esse princípio — cuja observância vincula, incondicionalmente, todas as manifestações do Poder Público, deve ser considerado, em sua precípua função de obstar discriminações e de extinguir privilégios (RDA 55/114), sob duplo aspecto: (a) o da igualdade na lei e (b) o da igualdade perante a lei. A igualdade na lei — que opera numa fase de generalidade puramente abstrata — constitui exigência destinada ao legislador que, no processo de sua formação, nela não poderá incluir fatores de discriminação, responsáveis pela ruptura da ordem isonômica. A igualdade perante a lei, contudo, pressupondo lei já elaborada, traduz imposição destinada aos demais Poderes Estatais, que, na aplicação da norma legal, não poderão subordiná-la a critérios que ensejem tratamento seletivo ou discriminatório. A eventual inobservância desse postulado pelo legislador imporá ao ato estatal por ele elaborado e produzido a eiva de inconstitucionalidade. Refoge ao âmbito de finalidade do mandado de injunção corrigir eventual inconstitucionalidade que infirme a validade de ato em vigor. Impõe-se refletir, no entanto, em tema de omissão parcial, sobre as possíveis soluções jurídicas que a questão da exclusão de benefício, com ofensa ao princípio da isonomia, tem sugerido no plano do direito comparado: (a) extensão dos benefícios ou vantagens as categorias ou grupos inconstitucionalmente deles excluídos; (b) supressão dos benefícios ou vantagens que foram indevidamente concedidos a terceiros; (c) reconhecimento da existência de uma situação ainda constitucional (situação constitucional imperfeita), ensejando-se ao Poder Público a edição, em tempo razoável, de lei restabelecedora do dever de integral obediência ao princípio da igualdade, sob pena de progressiva inconstitucionalização do ato estatal existente, porém insuficiente e incompleto. (STF – MI n. 58 – DF – T.P. – Rel. p/ Ac. Min. Celso de Mello – DJU 19.4.1991)

84. STF — MANDADO DE INJUNÇÃO — PRETENDIDA VIABILIZAÇÃO DO DIREITO A JUROS REAIS DE 12% PREVISTOS NO § 3.º DO ART. 192 DA CONSTITUIÇÃO FEDERAL, MEDIANTE CONDENAÇÃO DA INSTITUIÇÃO BANCÁRIA À RESTITUIÇÃO DE JUROS E TAXAS PAGOS A MAIS E SUSTAÇÃO DOS PROCESSOS DE EXECUÇÃO — Carência da ação por impossibilidade jurídica do pedido. Mandado de injunção não conhecido. (STF – MIQO 326 – TP – Rel. p/o Ac. Min. Ilmar Galvão – DJU 23.3.2001 – p. 00086)

85. STF — MANDADO DE INJUNÇÃO — Pretensão do Estado de Rondônia no sentido de o Poder Executivo Federal fazer incluir no projeto de lei do Plano Plurianual previsto no art. 165, I, e § 1.º, da Constituição Federal, programa especial de desenvolvimento para o Estado suplicante, com duração mínima de cinco (5) anos, a fim de que o Congresso Nacional faça inserir nessa lei o mencionado plano, com sua consequente inclusão na Lei de Diretrizes Orçamentarias (CF, art. 165, II, e § 2.º), como meta prioritária a ser observada na elaboração da Lei Orçamentaria anual, até o final do programa. Lei Complementar n. 41/1981, art. 34 e parágrafo único. Não se trata de normas de nível constitucional, nem lhes emprestou essa natureza o disposto no art. 14, § 2.º, do Ato das Disposições Transitórias da Constituição de 1988. Não cabe mandado de injunção, *ut* art. 5.º, LXXI, da Constituição, com alegações de falta de norma regulamentadora a tornar viável o exercício de direitos previstos em lei complementar. (STF – MI n. 296 – DF – T.P. – Rel. Min. Néri da Silveira – DJU 28.2.1992)

86. STF — MANDADO DE INJUNÇÃO — QUESTÃO DE ORDEM — COMPETÊNCIA — Pelo art. 102, I, "*q*", da Constituição, não é o Supremo Tribunal Federal competente para processar e julgar originariamente mandado de injunção contra o Banco Central do Brasil. Em face do disposto no art. 105, I, "*h*", da Carta Magna, e inexistindo, pelo menos no momento presente, a exceção, com referência aos órgãos da Justiça Federal (que são os Tribunais Regionais Federais e os Juízes Federais), mencionada na parte final no citado dispositivo, resta competente para processar e julgar originariamente mandado de injunção contra Órgão, Entidade ou Autoridade Federal em âmbito estranho as Justiças Militar, Eleitoral ou do Trabalho, o Superior Tribunal de Justiça. Ocorrência temporária de lacuna na Constituição quanto ao Tribunal competente para o processamento e julgamento originários de mandado de injunção contra Órgão, Entidade ou Autoridade Federal, certo como é que o Tribunal que tem essa competência o Superior Tribunal de Justiça ainda não foi instalado, nem tal competência foi deferida, provisoriamente, ao Tribunal Federal de Recursos que se encontra em fase de extinção. Impossibilidade de atribuição dessa competência ao Supremo Tribunal Federal, por ser ele instância de recurso quanto a mandado de injunção decidido em única instância pelos Tribunais Superiores, o que implica dizer que, havendo previsão constitucional do duplo grau de jurisdição para feitos como a da espécie — o que é garantia constitucionalmente assegurada as partes —, não é possível para o preenchimento de uma lacuna constitucional ainda que provisória, retirar-se dos interessados essa garantia que lhes é outorgada permanentemente. Assim sendo, e tendo em vista o princípio de hermenêutica de que a Constituição, ainda que implicitamente, concede os meios para que se alcancem os fins a que visa, a única solução plausível para o suprimento dessa lacuna temporária será atribuir competência para o processamento e julgamento originários de mandado de injunção contra Órgão, Entidade ou Autoridade Federal ao Tribunal Federal de Recursos, que, presentemente, é o único Tribunal Superior Federal com jurisdição comum sobre entes ou autoridades do âmbito federal que não estejam, expressamente, sob a jurisdição de outra Corte Superior. Declaração de incompetência do Supremo Tribunal Federal para o processamento e julgamento originários do presente mandado de injunção, com a determinação da remessa dos autos para o Tribunal Federal de Recursos. (STF – MIQO 4 – DF – T.P. – Rel. Min. Moreira Alves – DJU 22.11.1991)

87. STF — MANDADO DE INJUNÇÃO — QUESTÃO DE ORDEM SOBRE SUA AUTOAPLICABILIDADE, OU NÃO — Em face dos textos da Constituição Federal relativos ao mandado de injunção, é ele ação outorgada ao titular de direito, garantia ou prerrogativa a que alude o art. 5.º, LXXI, dos quais o exercício está inviabilizado pela falta de norma regulamentadora, é ação que visa a obter do Poder Judiciário a Declaração de Inconstitucionalidade dessa omissão se estiver caracterizada a mora em regulamentar por parte do Poder, Órgão, Entidade ou Autoridade de que ela dependa, com a finalidade de que se lhe dê ciência dessa declaração, para que adote as providências necessárias, a semelhança do que ocorre com a Ação Direta de Inconstitucionalidade por omissão (art. 103, § 2.º, da Carta Magna), e de que se determine, se tratar de Direito Constitucional oponível contra o Estado, a suspensão dos processos judiciais ou administrativos de que possa advir para o impetrante dano que não ocorreria se não houvesse a omissão inconstitucional. Assim fixada a natureza desse mandado, é ele, no âmbito da competência desta Corte que esta devidamente definida pelo art. 102, I, "*q*", autoexecutável, uma vez que, para ser utilizado, não depende de norma jurídica que o regulamente, inclusive quanto ao procedimento, aplicável que lhe é analogicamente o procedimento do mandado de segurança, no que couber. Questão de ordem que se resolve no sentido da autoaplicabilidade do mandado de injunção, nos termos do voto do relator. (STF – MIQO 107 – DF – T.P. – Rel. Min. Moreira Alves – DJU 21.9.1990)

88. STF — MANDADO DE INJUNÇÃO — PENSIONISTAS DE MILITARES — CF, ART. 40, § 5.º, ART. 42, § 10 — PENSÃO INTEGRAL — AUTOAPLICABILIDADE DO PARÁGRAFO 5.º DO ART. 40 – LEI N. 8.112.90, ARTS. 215 E 42 — I. O mandado de injunção tem por finalidade viabilizar o exercício de direito concedido pela Constituição e cujo exercício é inviável em razão da ausência de norma infraconstitucional regulamentadora. CF, art. 5.º, LXXI. II. Estabelecendo o § 5.º do art. 40 que a pensão corresponderá à totalidade dos vencimentos ou proventos do servidor falecido, segue-se a impossibilidade de uma lei dispor a respeito de um limite que esteja abaixo da totalidade referida. A frase, posta no citado § 5.º do art. 40 "até o limite estabelecido em lei" deve ser entendida da seguinte forma: observado o limite posto em lei a respeito da remuneração dos servidores públicos, vale dizer, a lei referida no inc. XI do art. 37 da Constituição, lei já existente, Lei n. 8.112, de 11.12.1990, arts. 215 e 42. III. Aplicabilidade às pensionistas de militares, *ex vi* do disposto no § 10 do art. 42 da Constituição. IV. — Precedente: MI n. 211-DF. V. — Mandado de injunção não conhecido, dado que o exercício do direito das pensionistas não necessita, para ser viabilizado, de lei regulamentadora. (STF – MI n. 152 – DF – TP – Rel. p/ o Ac. Min. Carlos Velloso – DJU 18.3.1994)

89. STF — MANDADO DE INJUNÇÃO — Regulamentação do disposto no art. 7.º, incisos I e XXI da Constituição Federal. Relação de emprego protegida contra despedida arbitrária ou sem justa causa. Aviso prévio proporcional ao tempo de serviço. Pedido não conhecido em relação ao art. 7.º, I da CF, diante do que decidiu esta Corte no MI n. 114/SP. Pedido deferido em parte no que toca à regulamentação do art. 7.º, XXI da CF, para declarar a mora do Congresso Nacional, que deverá ser comunicado para supri-la. (STF – MI n. 278 – MG – TP – Relª. p/o Ac. Minª. Ellen Gracie – DJU 14.12.2001 – p. 00028)

90. STF — MANDADO DE INJUNÇÃO — SENDO REQUERIDO O INSTITUTO NACIONAL DO SEGURO SOCIAL INSS — Não se toma conhecimento do Mandado de Injunção, por não se enquadrar a espécie no art. 102, I, letra *"q"*, da Constituição. (STF – MI n. 322 – DF – T.P. – Rel. Min. Néri da Silveira – DJU 9.10.1992)

91. STF — MANDADO DE INJUNÇÃO — SERVIDORES DA FUNDAÇÃO UNIVERSIDADE FEDERAL DE MATO GROSSO — APOSENTADORIA ESPECIAL — ATIVIDADES INSALUBRES OU PERIGOSAS — ARTS. 5.º, INC. LXXI, E 40, § 1.º, DA CONSTITUIÇÃO FEDERAL DE 1988 — 1. O § 1.º do art. 40 da CF apenas faculta ao legislador, mediante lei complementar, estabelecer exceções ao disposto no inciso III, *"a"* e *"c"*, ou seja, instituir outras hipóteses de aposentadoria especial, no caso de exercício de atividades consideradas penosas, insalubres ou perigosas. 2. Tratando-se de mera faculdade conferida ao legislador, que ainda não a exercitou, não há direito constitucional já criado, e cujo exercício esteja dependendo de norma regulamentadora. 3. Descabimento do Mandado de Injunção, por falta de possibilidade jurídica do pedido, em face do disposto no inc. LXXI do art. 5.º da CF, segundo o qual somente é de ser concedido mandado de injunção quando a falta de norma regulamentadora torne inviável o exercício de direitos e liberdades constitucionais e das prerrogativas inerentes à nacionalidade, à soberania e à cidadania. 4. Inexistindo, ainda, no ordenamento constitucional, o pretendido direito, não é o Mandado de Injunção o instrumento adequado para possibilitar sua criação. 5. Precedentes do STF. 6. Questão de ordem que o Plenário resolve, não conhecendo do Mandado de Injunção, pela impossibilidade jurídica do pedido. (STF – MI n. 494 – TP – Rel. Min. Sydney Sanches – DJU 12.12.1997)

92. STF — MANDADO DE INJUNÇÃO — SINDICATO DOS EMPREGADOS EM EMPRESAS DE TRANSPORTE DE PASSAGEIROS POR FRETAMENTO DA GRANDE SÃO PAULO — Pretensão a tornar-se efetiva a norma contida no art. 8.º, da Constituição, que dispõe sobre a liberdade de associação profissional ou sindical. Queixa de dificuldade do requerente para exercer sua ação sindical, em razão de conflito de atribuições com outras entidades sindicais. Não é o Mandado de Injunção via adequada a discutir os limites de atuação sindical e de representação de categorias profissionais, tal como pretende o sindicato requerente. Não obstante esteja, em princípio, legitimado sindicato a requerer Mandado de Injunção para que se edite norma indispensável ao exercício de direito previsto na Constituição, cujo exercício penda de regulamentação, a teor do que se contem no art. 5.º, LXXI, da Lei Maior, certo esta que, no caso concreto, o sindicato requerente o que, efetivamente, pretende e ver solvida controvérsia existente com outras entidades sindicais, no que concerne a competência, na área de suas atividades. (STF – MI n. 388 – SP – T.P. – Rel. Min. Néri da Silveira – DJU 27.5.1994)

93. STF — MANDADO DE INJUNÇÃO — SINDICATO DOS POLICIAIS RODOVIÁRIOS FEDERAIS DO ESTADO DE MATO GROSSO DO SUL — SINPRF/MS — Contra omissão atribuída ao Sr. Presidente da República para promover a regulamentação da isonomia de vencimentos entre cargos de atribuições iguais ou assemelhadas, na forma prevista no art. 24, do ADCT, combinado com o art. 39, da Constituição. 2. Informações prestadas. Sustentação de ilegitimidade ativa ad causam da entidade impetrante e a impossibilidade jurídica do pedido. 3. Liminar indeferida. Parecer da Procuradoria-Geral da República pelo não conhecimento do mandado de injunção. 4. Preliminar de ilegitimidade ativa *ad causa*m rejeitada. Via inadequada à discussão da pretendida isonomia de vencimentos. Precedente: MI n. 347-SC. Incabível discutir, na via eleita, se os conteúdos ocupacionais dos cargos em confronto são iguais ou assemelhados, aos efeitos do art. 39, § 1.º, da Constituição. 5. Mandado de injunção não conhecido. (STF – MI n. 506 – TP – Rel. Min. Néri da Silveira – DJU 20.4.2001 – p. 00108)

94. STF — MANDADO DE INJUNÇÃO — SITUAÇÃO DE LACUNA TÉCNICA — PRESSUPOSTO ESSENCIAL DE SUA ADMISSIBILIDADE — PRETENDIDA MAJORAÇÃO DE VENCIMENTOS DEVIDOS A SERVIDORES PÚBLICOS — ALTERAÇÃO DE LEI JÁ EXISTENTE — INVIABILIDADE — AGRAVO REGIMENTAL IMPROVIDO — A estrutura constitucional do mandado de injunção impõe, como um dos pressupostos essenciais de sua admissibilidade, a ausência de norma regulamentadora. Essa situação de lacuna técnica — que se traduz na existência de um nexo causal entre o *vacuum juris* e a impossibilidade do exercício dos direitos e liberdades constitucionais e das prerrogativas inerentes a nacionalidade, a soberania e a cidadania — constitui requisito necessário que condiciona a própria impetrabilidade desse novo remédio instituído pela Constituição de 1988. O mandado de injunção não constitui, dada a sua precípua função jurídico-processual, sucedâneo de ação judicial que objetive, mediante alteração de lei já existente, a majoração de vencimentos devidos a servidores públicos. Refoge ao âmbito de sua finalidade corrigir eventual inconstitucionalidade que infirme a validade de ato estatal em vigor. (STF – AGRMI n. 81 – DF – T.P. – Rel. Min. Celso de Mello – DJU 25.5.1990)

95. STF — MANDADO DE INJUNÇÃO — SUBSTITUIÇÃO TRIBUTÁRIA — ICMS — Após a impetração do presente mandado de injunção, foi editada a Lei Complementar n. 87, de 13 de setembro de 1996, que, nos arts. 5.º a 10, disciplina, com normas gerais, a substituição tributária com relação ao ICMS — Está, pois, prejudicada a presente impetração, por perda de objeto. Mandado de injunção julgado prejudicado. (STF – MI n. 539 – PR – T.P. – Rel. Min. Moreira Alves – DJU 6.2.1998)

96. STF — MANDADO DE INJUNÇÃO — TAXA DE JUROS REAIS — LIMITE CONSTITUCIONAL DE 12% – Mandado de injunção parcialmente deferido para que se comunique ao Congresso Nacional a mora em que se encontra na regulamentação do art. 192, § 3.º da Constituição, cabendo-lhe tomar as providências para suprir a omissão. (STF – MI n. 588 – MS – TP – Relª. Minª. Ellen Gracie – DJU 14.12.2001 – p. 00029)

97. STF — MANDADO DE INJUNÇÃO (ART. 5.º, INCISO LXXI, DA CF DE 1988) — MICROEMPRESA — ANISTIA DE CORREÇÃO MONETÁRIA (ART. 47 DO ADCT DA CF DE 1988) — 1. Se o direito a anistia já existe (art. 47 do ADCT da CF de 1988), se independe de norma regulamentadora que viabilize seu exercício, não ocorre hipótese de mandado de injunção, que só é cabível exatamente quanto a falta de norma regulamentadora torne inviável o exercício de direitos e liberdade, a soberania e a cidadania (art. 5.º, LXXI). 2. É impróprio o uso do mandado de injunção para o exercício de direito decorrente de norma constitucional autoaplicável. (STF – MIQO 97 – MG – T.P. – Rel. Min. Sydney Sanches – DJU 23.3.1990)

98. STF — MANDADO DE INJUNÇÃO (ART. 5.º, INCISO LXXI, DA CONSTITUIÇÃO FEDERAL) — Não é o Mandado de Injunção o instrumento processual adequado a impugnação de ato do Poder Executivo, como o que aprovou o Plano de Defesa das Áreas Indígenas Yanomami (Decreto n. 98.502, de 12.12.1989). Nem tem a impetrante legitimidade para impetrá-lo. (STF – MI n. 204 – RR – T.P. – Rel. Min. Sydney Sanches – DJU 7.6.1991)

99. STF — MANDADO DE INJUNÇÃO COLETIVO — DIREITO DE GREVE DO SERVIDOR PÚBLICO CIVIL — EVOLUÇÃO DESSE DIREITO NO CONSTITUCIONALISMO BRASILEIRO — MODELOS NORMATIVOS NO DIREITO COMPARADO — PRERROGATIVA JURÍDICA ASSEGURADA PELA CONSTITUIÇÃO (ART. 37, VII) — IMPOSSIBILIDADE DE SEU EXERCÍCIO ANTES DA EDIÇÃO DE LEI COMPLEMENTAR — OMISSÃO LEGISLATIVA — HIPÓTESE DE SUA CONFIGURAÇÃO — RECONHECIMENTO DO ESTADO DE MORA DO CONGRESSO NACIONAL — IMPETRAÇÃO POR ENTIDADE DE CLASSE — ADMISSIBILIDADE — *WRIT* CONCEDIDO — DIREITO DE GREVE NO SERVIÇO PÚBLICO — MANDADO DE INJUNÇÃO COLETIVO — 1. O preceito constitucional que reconheceu o direito de greve ao servidor público civil constitui norma de eficácia meramente limitada, desprovida, em consequência, de autoaplicabilidade, razão pela qual, para atuar plenamente, depende da edição da lei complementar exigida pelo próprio texto da Constituição. A mera outorga constitucional do direito de greve ao servidor público civil não basta ante a ausência de autoaplicabilidade da norma constante do art. 37, VII, da Constituição — para justificar o seu imediato exercício. O exercício do direito público subjetivo de greve outorgado aos servidores civis só se revelará possível depois da edição da lei complementar reclamada pela Carta Política. A lei complementar referida que vai definir os termos e os limites do exercício do direito de greve no serviço público constitui requisito de aplicabilidade e de operatividade da norma inscrita no art. 37, VII, do texto constitucional. Essa situação de lacuna técnica, precisamente por inviabilizar o exercício do direito de greve, justifica a utilização e o deferimento do mandado de injunção. A inércia estatal configura-se, objetivamente, quando o excessivo e irrazoável retardamento na efetivação da prestação legislativa não obstante a ausência, na Constituição, de prazo pré-fixado para a edição da necessária norma regulamentadora vem a comprometer e a nulificar a situação subjetiva de vantagem criada pelo texto constitucional em favor dos seus beneficiários. 2. A jurisprudência do Supremo Tribunal Federal firmou-se no sentido de admitir a utilização, pelos organismos sindicais e pelas entidades de classe, do mandado de injunção coletivo, com a finalidade de viabilizar, em favor dos membros ou associados dessas instituições, o exercício de direitos assegurados pela Constituição. Precedentes e doutrina. (STF – MI n. 20 – DF – T.P – Rel. Min. Celso de Mello – DJU 22.11.1996)

100. STF — MANDADO DE INJUNÇÃO COLETIVO — Esta Corte tem admitido o mandado de injunção coletivo. Precedentes do Tribunal – Em mandado de injunção não é admissível pedido de suspensão, por inconstitucionalidade, de Lei, por não ser ele o meio processual idôneo para a declaração de inconstitucionalidade, em tese, de ato normativo. Inexistência, no caso, de falta de regulamentação do art. 179 da Constituição Federal, por permanecer em vigor a Lei n. 7.256/1984 que estabelece normas integrantes do Estatuto da Microempresa, relativas ao tratamento diferenciado, simplificado e favorecido, nos campos administrativo, tributário, previdenciário, trabalhista, creditício e de desenvolvimento empresarial. (STF – MI n. 73 – DF – T.P. – Rel. Min. Moreira Alves – DJU 19.12.1994)

101. STF — MANDADO DE INJUNÇÃO COLETIVO — IMPETRAÇÃO DEDUZIDA POR CONFEDERAÇÃO SINDICAL — POSSIBILIDADE — NATUREZA JURÍDICA DO *WRIT* INJUNCIONAL — TAXA DE JUROS REAIS (CF, ART. 192, § 3.º) — OMISSÃO DO CONGRESSO NACIONAL — FIXAÇÃO DE PRAZO PARA LEGISLAR — DESCABIMENTO, NO CASO — *WRIT* DEFERIDO. MANDADO DE INJUNÇÃO COLETIVO — ADMISSIBILIDADE. Entidades sindicais dispõem de legitimidade ativa para a impetração do mandado de injunção coletivo, que constitui instrumento de atuação processual destinado a viabilizar, em favor dos integrantes das categorias que essas instituições representam, o exercício de liberdades, prerrogativas e direitos assegurados pelo ordenamento constitucional. Precedentes sobre a admissibilidade do mandado de injunção coletivo: MI n. 20, rel. Min. Celso de Mello; MI n. 342, rel. Min. Moreira Alves, e MI n. 361, rel. p/ o acórdão Min. Sepúlveda Pertence. (STF. MI n. 472/DF, rel. Min. Celso de Mello, TP, DJU 2.3.2001)MANDADO DE INJUNÇÃO COLETIVO: ADMISSIBILIDADE, POR APLICAÇÃO ANALÓGICA DO ART. 5.º, LXX, DA CONSTITUIÇÃO; Legitimidade, no caso, entidade sindical de pequenas e medias empresas, as quais, notoriamente dependentes do credito bancário, tem interesse comum na eficácia do art. 192, § 3.º, da Constituição, que fixou limites aos juros reais. II – Mora legislativa: exigência e caracterização: critério de razoabilidade. a mora — que é pressuposto da declaração de inconstitucionalidade da omissão legislativa —, é de ser reconhecida, em cada caso, quando, dado o tempo corrido da promulgação da norma constitucional invocada e o relevo da matéria, se deva considerar superado o prazo razoável para a edição do ato legislativo necessário a efetivade da lei fundamental; vencido o tempo razoável, nem a inexistência de prazo constitucional para o adimplemento do dever de legislar, nem a pendência de projetos de lei tendentes a cumpri-lo podem descaracterizar a evidencia da inconstitucionalidade da persistente omissão de legislar. III. Juros reais (cf, art.192, par. 3.): passados quase cinco anos da constituição é dada a inequívoca relevância da decisão constituinte paralisada pela falta da lei complementar necessária a sua eficácia — conforme já assentado pelo STF (ADIn n. 4, DJ 25.6.93, Sanches) —, declara-se inconstitucional a persistente omissão legislativa a respeito, para que a supra o Congresso Nacional. IV. Mandado de injunção: natureza mandamental (MI n. 107-QO, Min. Alves, RTJ 133/11): descabimento de fixação de prazo para o suprimento da omissão constitucional, quando — por não ser o estado o sujeito passivo do direito constitucional de exercício obstado pela ausência da norma regulamentadora (*v.g.*, MI n. 283, Pertence, RTJ 135/882) —, não seja possível cominar consequências a sua continuidade após o termo final da dilação assinada. (STF, MI n. 361/RJ, rel. Min. Néri da Silveira, TP, DJU 17.6.1994)

102. STF — MANDADO DE INJUNÇÃO CONTRA A UNIÃO (ENTIDADE FEDERAL) E CONTRA MINISTRO DE ESTADO — INCOMPETÊNCIA DO STF — COMPETÊNCIA DO TFR (ARTS. 5.º, LXXI, 102, I, "Q", 105, I, "H", E 102, II, "A", DA CF DE 1988) — PEDIDO NÃO CONHECIDO, COM REMESSA DOS AUTOS AO TRIBUNAL COMPETENTE (TFR) — 1. A petição inicial, transcrita no relatório, bem ou mal, com base no art. 5.º, inciso LXXI, da CF de 1988, reclama um mandado de injunção contra a União e pleiteia ofício ao Ministro da Aeronáutica para que cumpra a decisão da Corte, a ser proferida contra aquela (a União). Mas ao Supremo Tribunal Federal só compete processar e julgar, originariamente, o mandado de injunção, quando impetrado contra o Presidente da República, o Congresso Nacional, a Câmara dos Deputados, o Senado Federal, as mesas de uma dessas Casas Legislativas, o Tribunal de Contas da União, um dos Tribunais Superiores, ou o próprio Supremo Tribunal Federal (art. 102, I, "q", da Constituição Federal de 1988). Não se lhe prevê competência para mandado de injunção contra a União. E não sendo competente esta Corte, não pode sequer dizer se a petição inicial preenche, ou não, os requisitos de um pedido de mandado de injunção. 2. Por outro lado, o art. 105, I, h, atribui competência originária ao Superior Tribunal de Justiça para processar e julgar o mandado de injunção, quando a elaboração da norma regulamentadora for atribuição de Órgão, Entidade ou Autoridade Federal, da Administração Direta ou Indireta, excetuados os casos de competência do Supremo Tribunal Federal e dos Órgãos da Justiça Militar, da Justiça Eleitoral, da Justiça do Trabalho e da Justiça Federal. E o mandado de injunção, no caso, é impetrado contra Entidade Federal — União. E a impetração visa, ainda, compelir o Ministro da Aeronáutica, que é também autoridade Federal, a cumprir a decisão que se proferir. Em sessão plenária, o Supremo Tribunal Federal, por votação unânime, firmou interpretação construtiva, no sentido de que, enquanto não se instalar o Superior Tribunal de Justiça, mandado de injunção impetrado contra Ministro de Estado deve ser processado e julgado, originariamente, pelo Tribunal Federal de Recursos (Mandado de Injunção n. 4 DF, relator eminente Ministro Moreira Alves). Aqui, pelas mesmas e até por maiores razões, tal entendimento deve ser adotado, seja porque a impetração se dirige contra a União (Entidade Federal), seja porque se pretende a eficácia do eventual deferimento perante o Ministro de Estado (Autoridade Federal). (STF – MIQO 2 – DF – T.P. – Rel. Min. Sydney Sanches – DJU 24.2.1989)

103. STF — MANDADO DE INJUNÇÃO CONTRA ATO DO TRIBUNAL SUPERIOR ELEITORAL — O remédio de que se vale o impetrante tem por pressuposto omissão normativa, capaz de obstar o exercício de um direito conferido pela Constituição da República. Sem tecer outras considerações em torno do *writ*, impõe-se afirmar o seu descabimento na hipótese dos autos, à vista de norma constitucional transitória superveniente. Não conhecimento do pedido. CF/88, art. 5.º, LXXI. (STF – MI n. 16 – Questão de Ordem – TP – Rel. Min. Djaci Falcão – DJU 4.11.1988) (RJ 133/84)

104. STF — MANDADO DE INJUNÇÃO CONTRA O ATO DO TRIBUNAL SUPERIOR ELEITORAL — O remédio de que se vale o impetrante tem por pressuposto omissão normativa, capaz de obstar o exercício de um direito conferido pela Constituição da República. Sem tecer outras considerações em torno no *writ*, impõe-se afirmar o seu descabimento na hipótese dos autos, a vista de norma constitucional transitória superveniente. (STF – MIQO 16 – DF – T.P. – Rel. Min. Djaci Falcão - DJU 4.11.1988)

105. STF — MANDADO DE INJUNÇÃO CONTRA O MINISTÉRIO DO TRABALHO — COMPETÊNCIA — Sendo o mandado de injunção dirigido contra o Ministério do Trabalho, com o objetivo de que o impetrante obtenha registro como entidade sindical, evidencia-se não ser competente o STF para processá-lo e julgá-lo, ante o disposto no art. 102, item i, letra "g", da Constituição Federal, não lhe cabendo, por isso mesmo, sequer apreciar-se, para o fim em vista, o meio processual utilizado e o adequado. Remessa dos autos ao Superior Tribunal de Justiça para processar e apreciar o pedido, como for de direito. (STF – MIQO 157 – RS – T.P. – Rel. Min. Aldir Passarinho – DJU 20.4.1990)

106. STF — MANDADO DE INJUNÇÃO E ESTIPULAÇÃO JUDICIAL DE PRAZO PARA O ADIMPLEMENTO DA OBRIGAÇÃO CONSTITUCIONAL. Não se revela cabível a estipulação de prazo para o Congresso Nacional suprir a omissão em que ele próprio incidiu na regulamentação da norma inscrita no art. 192, § 3.º, da Carta Política, eis que essa providência excepcional só se justificaria se o próprio Poder Público, para além do seu dever de editar o provimento normativo faltante, fosse, também, o sujeito passivo da relação de direito material emergente do preceito constitucional em questão. Precedentes. (STF. MI n. 472/DF, rel. Min. Celso de Mello, TP, DJU 2.3.01)

107. STF — MANDADO DE INJUNÇÃO IMPETRADO CONTRA ATO DE MINISTRO DE ESTADO, E QUE VISA A REINTEGRAÇÃO DE SERVIDOR MILITAR SOB A ALEGAÇÃO DE, EM VIRTUDE DA NOVA CONSTITUIÇÃO, NÃO MAIS ESTAR EM VIGOR A LEI N. 6.880, DE 9.12.1980 — Incompetência do STF para processar e julgar originariamente mandado de segurança nesse caso, por não se enquadrar ele em nenhuma das hipóteses previstas no art. 102, I, "q", da Constituição. Competente para tanto é o Superior Tribunal de Justiça em face dos termos do art. 105, I, "h", da Carta Magna. Mandado de injunção de que, em questão de ordem, não se conhece, determinando-se sua remessa ao Superior Tribunal de Justiça, que é o competente para processá-lo e julgá-lo originariamente. (STF – MIQO 110 – MT – T.P. – Rel. Min. Moreira Alves – DJU 19.5.1989)

108. STF — MANDADO DE INJUNÇÃO IMPETRADO CONTRA AUTORIDADES FAZENDÁRIAS DO PORTO DE SANTOS, EM SUBSTITUIÇÃO A MANDADO DE SEGURANÇA. Pedido não conhecido, Remetido ao Tribunal Federal de Recursos, em face do que dispõe o art. 102, II, "a" da Constituição. (STF, MIQO 8/SP, rel. Min. Carlos Madeira, TP, DJU 11.11.1988, p. 29.304)

109. STF — MANDADO DE INJUNÇÃO PARA ASSEGURAR ANISTIA DA CORREÇÃO MONETÁRIA DE DÍVIDA DE MICRO-EMPRESA — ART. 47 DO ATO DAS DISPOSIÇÕES CONSTITUCIONAIS TRANSITÓRIAS — O dispositivo transitório prevê meticulosamente as condições para a concessão do benefício, não havendo como cogitar de norma regulamentadora de sua aplicação aos casos concretos. (STF – MI n. 74 – SP – T.P. – Rel. Min. Carlos Madeira – DJU 14.4.1989)

110. STF — MANDADO DE INJUNÇÃO POR FALTA DE NORMA REGULAMENTADORA QUE HAVERIA DE CONSTAR DO REGIMENTO DO TRIBUNAL DE JUSTIÇA DO DISTRITO FEDERAL — Sendo este um Órgão ou Autoridade Federal (Constituição, art. 21, III) compete, originariamente, ao Superior Tribunal de Justiça (art. 105, I, "*h*") o julgamento do pedido. (STF – MI n. 32 – DF – T.P. – Rel. Min. Octávio Gallotti – DJU 7.12.1990)

111. STF — MANDADO DE INJUNÇÃO, PARA SUPRIMENTO DA OMISSÃO DO CONGRESSO NACIONAL, NO ELABORAR A LEI COMPLEMENTAR PREVISTA NO ART. 7.º, I, DA CONSTITUIÇÃO — Mora não configurada, porquanto suprida, embora provisoriamente, pelo próprio Legislador Constituinte, no art. 10 do ato das disposições constitucionais transitórias, não se achando, então, inviabilizado o exercício do direito reclamado. (STF – MI n. 114 – SP – T.P. – Rel. Min. Octávio Gallotti – DJU 19.2.1993)

112. STF — MANDADO DE INJUNÇÃO. ATOS PRATICADOS PELO GOVERNADOR DO ESTADO E PELA MESA DA ASSEMBLEIA LEGISLATIVA. Incompetência do Supremo Tribunal Federal para julgar, originariamente, o pedido (art. 102, inc. I, da Constituição da República). Não conhecimento. (STF, MI n. 7 QO / AM, rel. Min. Djaci Falcão, TP, DJU 11.11.1988, p. 29.304) AGRAVO REGIMENTAL — MANDADO DE INJUNÇÃO — ART. 135 DA CONSTITUIÇÃO FEDERAL — Texto constitucional não se regulamenta originariamente por ato administrativo normativo, mas, sim, por Lei, ou Ato Normativo a esta equivalente. Não se confunde com regulamentação — que só é necessária quando o dispositivo constitucional não é autoaplicável — o ato normativo expedido pela administração pública para disciplinar sua conduta interna na aplicação de lei vigente ou de texto constitucional autoaplicável. E o mandado de injunção só é cabível quando o dispositivo constitucional, por não ser autoaplicável, demanda regulamentação. É certo que essa regulamentação pode não exaurir-se com a lei regulamentadora, por exigir este decreto que, por sua vez, a regulamente, e até, as vezes, por necessitar o decreto regulamentador da lei, que regulamenta o dispositivo constitucional, de ato normativo por parte da administração que o torne exequível. Nessa hipótese, que pressupõe sempre a existência de lei que visa a aplicabilidade do texto constitucional, o mandado de injunção será cabível, por ter sido insuficiente a regulamentação feita pela lei. O art. 135 da Constituição estabeleceu um princípio geral concernente a advocacia como instituição — a de ser o advogado em geral órgão indispensável a administração da justiça, sendo inviolável por seus atos e manifestações no exercício da profissão, nos limites da lei —, mas não disciplinou, obviamente, a carreira dos assistentes jurídicos da União, para ter-se que e ela uma das carreiras disciplinadas neste título, como exige o art. 135 da Carta Magna a fim de que se aplique a extensão nele determinada. Não há sequer que falar-se em não autoaplicabilidade do art. 39, § 1.º, a que se reporta o 135, ambos da Constituição, porque a lei, prevista naquele, já existe (Lei n. 8.112, de 12.12.1990, art. 12), e está em vigor por independer, nesse particular, de regulamentação. (STF – AGRMI n. 304 – DF – T.P. – Rel. Min. Moreira Alves – DJU 13.8.1993)

113. STF — MANDADO DE INJUNÇÃO. Correto o parecer da Procuradoria-Geral da República ao entender que este mandado de injunção está prejudicado, porquanto "no caso, o pedido de complementação da ordem jurídica não encontra respaldo em nenhuma norma constitucional, uma vez que, com a promulgação, em 15 de dezembro de 1998, do art. 17, da Emenda Constitucional n. 20, foi revogada a norma contida no inciso II, § 2.º, do art. 153 que deu margem ao presente mandado de injunção, *in verbis*: "Art. 17. Revoga-se o inciso II do § 2.º do art. 153 da Constituição Federal". Mandado de injunção julgado prejudicado. (STF. MI n. 593/MG, rel. Min. Moreira Alves, TP, DJU 14.6.2002)

114. STF — MANDADO DE INJUNÇÃO. DIREITO DE GREVE DO SERVIDOR PÚBLICO. ART. 37, VII, DA CONSTITUIÇÃO FEDERAL. NECESSIDADE DE INTEGRAÇÃO LEGISLATIVA. OMISSÃO DO CONGRESSO NACIONAL. 1. Servidor público. Exercício do direito público subjetivo de greve. Necessidade de integralização da norma prevista no art. 37, VII, da Constituição Federal, mediante edição de lei complementar, para definir os termos e os limites do exercício do direito de greve no serviço público. Precedentes. 2. Observância às disposições da Lei n. 7.783/89, ante a ausência de lei complementar, para regular o exercício do direito de greve dos serviços públicos. Aplicação dos métodos de integração da norma, em face da lacuna legislativa. Impossibilidade. A hipótese não é de existência de lei omissa, mas de ausência de norma reguladora específica. Mandado de injunção conhecido em parte e, nessa parte, deferido para declarar a omissão legislativa. (STF, MI n. 485/MT, rel. Min. Maurício Corrêa, TP, DJU 23.8.2002)

115. STF — MANDADO DE INJUNÇÃO. DIREITO DE GREVE DOS SERVIDORES PÚBLICOS. ART. 37, VII, DA CONSTITUIÇÃO FEDERAL. Configurada a mora do Congresso Nacional na regulamentação do direito sob enfoque, impõe-se o parcial deferimento do writ para que tal situação seja comunicada ao referido órgão. (STF, MI n. 585/TO, rel. Min. Ilmar Galvão, TP, DJU 2.8.2002)

116. STF — MANDADO DE INJUNÇÃO. ENTIDADE DE ASSISTÊNCIA SOCIAL. IMUNIDADE DAS CONTRIBUIÇÕES SOCIAIS. ART. 195, § 7.º, DA CONSTITUIÇÃO FEDERAL. LEI N. 9.732/98. Não cabe mandado de injunção para tornar efetivo o exercício da imunidade prevista no art. 195, § 7.º, da Carta Magna, com alegação de falta de norma regulamentadora do dispositivo, decorrente de suposta inconstitucionalidade formal da legislação ordinária que disciplinou a matéria. Impetrante carecedora da ação. (STF, MI n. 605/RJ, rel. Min. Ilmar Galvão, TP, DJU 28.9.2001)

117. STF — MANDADO DE INJUNÇÃO. ILEGITIMIDADE DE PARTE. No caso, a lei complementar que ainda não foi elaborada é a referente ao sistema financeiro e o impetrado é pessoa jurídica que não integra esse sistema e que pretende a regulamentação por lei de juros de mora devidos em virtude de não pagamento de débitos tributários. Mandado de injunção não conhecido. (STF, MI n. 477/RJ, rel. Min. Néri da Silveira, TP, DJU 25.5.2001)

118. STF — MANDADO DE INJUNÇÃO. LIMITE DA TAXA DE JUROS REAIS (CF, ART. 192, PAR. 3.). CONGRESSO NACIONAL E INSTITUIÇÃO FINANCEIRA PRIVADA. LITISCONSÓRCIO PASSIVO INCABÍVEL. AÇÃO JUDICIAL DE COBRANÇA EXECUTIVA. SUSPENSÃO CAUTELAR INDEFERIDA. DECISÃO INAPRECIÁVEL EM SEDE DE AGRAVO REGIMENTAL. A jurisprudência do Supremo Tribunal Federal firmou-se no sentido do descabimento de agravo regimental contra despacho do relator que aprecia medida liminar em sede de mandado de injunção. Somente pessoas estatais podem figurar no polo passivo da relação processual instaurada com a impetração do mandado de injunção, eis que apenas a elas e imputável o dever jurídico de emanação de provimentos normativos. A natureza jurídico-processual do instituto do mandado de injunção Ação judicial de índole mandamental inviabiliza, em função de seu próprio objeto, a formação de litisconsórcio passivo, necessário ou facultativo, entre particulares e entes estatais. (STF. MI n. 335 AgR/DF, rel. Min. Celso de Mello, TP, DJU 17.6.1994, p. 15.720)

119. STF — MANDADO DE INJUNÇÃO. REGULAMENTAÇÃO DO ART. 144, § 3.º, DA CONSTITUIÇÃO FEDERAL. EMPREGADOS DA REDE FERROVIÁRIA FEDERAL S/A. INEXISTÊNCIA DE DIREITO A ENSEJAR A IMPETRAÇÃO. A previsão constitucional da criação da Polícia Ferroviária Federal, pelo dispositivo sob enfoque, não implica o direito dos mencionados empregados a serem investidos nos cargos de tal carreira, simplesmente por desenvolverem atividades similares às que serão atribuídas aos policiais ferroviários federais. Situação em que não se evidencia direito cujo exercício esteja sendo obstado por falta de regulamentação. Mandado não conhecido. (STF, MI n. 545/RS, rel. Min. Ilmar Galvão, TP, DJU 2.8.2002)

120. STF — MANDADO DE INJUNÇÃO. REGULAMENTAÇÃO DO ART. 144, INCISO III, E ART. 144, § 3.º, DA CONSTITUIÇÃO FEDERAL, NO QUE TANGE À NECESSIDADE DE ESTRUTURAÇÃO DA CARREIRA DE POLICIAL FERROVIÁRIO FEDERAL. Interessados não detêm condições de titulares de cargo público no exercício de funções policiais ferroviários. Falta de legitimidade ativa ad causam dos associados do suplicante. Mandado de injunção não conhecido. (STF, MI n. 627/SP, rel. Min. Néri da Silveira, TP, DJU 21.6.2002)

121. NÃO CABE AGRAVO REGIMENTAL CONTRA DESPACHO QUE INDEFERE LIMINAR, EM MANDADO DE INJUNÇÃO — Neste não há, igualmente, lugar para a citação, como interveniente, ou terceiro interessado, dos particulares, bem como para o litisconsórcio passivo entre estes e a autoridade competente para a elaboração da norma reguladora. (STF – AGRMI n. 345 – SP – T.P. – Rel. Min. Octávio Gallotti – DJU 13.12.1991)

122. STF — PENSÃO — MILITARES — A norma inserta na Constituição Federal sobre o cálculo de pensão, levando-se em conta a totalidade dos vencimentos ou proventos do servidor falecido tem aplicação imediata, não dependendo, assim, de regulamentação. A expressão contida no § 5.º do art. 40 do Diploma Maior – até o limite estabelecido em lei refere-se aos tetos também impostos aos proventos e vencimentos dos servidores. A hipótese não enseja o mandado de injunção. (STF – AGRMI n. 274 – DF – T.P. – Rel. Min. Marco Aurélio – DJU 3.12.1993)

123. STF — PENSÃO — PROVENTOS — VENCIMENTOS — VALOR. A teor do § 5. do art. 40 da Carta Política da República, a pensão corresponde a "totalidade dos vencimentos ou proventos do servidor falecido". Eis o mandamento constitucional a sofrer temperamento próprio a legitimidade quantitativa da parcela. O que se contém na parte final do preceito outro sentido não possui senão o de enquadrar o valor da pensão nos limites próprios aos proventos e vencimentos, sob pena de submissão da regra asseguradora da totalidade referida ao legislador ordinário. MANDADO DE INJUNÇÃO — IMPROPRIEDADE. Se o preceito constitucional e de eficácia imediata, exsurge carência da impetração. ACÓRDÃO — REDAÇÃO — RETARDAMENTO. A redação do acórdão faz-se a luz das notas taquigráficas. Atraso na juntada destas, após revisão pelos autores dos votos, não pode ser atribuído aquele designado para formalizá-lo. Na hipótese vertente, o julgamento encerrou-se em 10 de novembro de 1993, tendo sido feita a conclusão dos autos para redação do acórdão em 10 de julho de 1995, restando liberado o processo em 13 seguinte. (STF, MI n. 211/DF, Red. para o acórdão: Min. Marco Aurélio, TP, DJU 18.8.1995)

124. STF — PROCESSUAL CIVIL — MANDADO DE SEGURANÇA E MANDADO DE INJUNÇÃO — LIMINAR — AGRAVO REGIMENTAL — Não cabimento de Agravo Regimental contra decisão do relator que defere ou indefere a Medida Liminar em Mandado de Segurança. Aplicabilidade quanto ao Mandado de Injunção. (STF – AGRMI n. 195 – DF – TP – Rel. Min. Carlos Velloso – DJU 31.8.1990)

125. STF — RECLAMAÇÃO — COMPETÊNCIA — SUSPENSÃO DE LIMINAR EM MANDADO DE INJUNÇÃO — Não cabe reclamação, por usurpação de competência do Supremo Tribunal Federal, contra decisão, em Mandado de Segurança, de Tribunal de Justiça que cassa liminar em Mandado de Injunção. A norma do art. 4.º, da Lei n. 4.348/1964, combinada com o art. 297 do RISTF, é expressa, quanto a suspensão dos efeitos de liminar, em mandado de injunção, na competência do STF, esse motivo é bastante a não se admitir reclamação, com base no art. 156 do RISTF, não se podendo, prima facie enquadrar a espécie no art. 102, I, letra q, ou no inciso II, letra "a", do mesmo dispositivo, da Constituição. (STF – RCLQO 303 – RJ – T.P. – Rel. Min. Néri da Silveira – DJU 10.11.1989)

126. STF — RECURSO EXTRAORDINÁRIO — MANDADO DE INJUNÇÃO — Pretensão do requerente, no âmbito estadual, no sentido de ser implementada a isonomia entre Defensor Público e membro do Ministério Público estadual. Mandado de injunção concedido para compelir o Chefe do Poder Executivo local ao suprimento da omissão, quanto à iniciativa de Lei Complementar indispensável ao

gozo da pretendida isonomia. Orientação assentada, por maioria de votos, pelo Plenário do STF nas ADINs ns. 117 e 465 sobre a exegese do art. 135 da Constituição Federal, não vendo, aí, garantida a isonomia entre Defensor Público e membro do Ministério Público, ficando reconhecida a isonomia entre o Defensor Público e Procurador do Estado. Em consequência disso, não há cogitar, na espécie, de omissão na iniciativa de Lei, pelo Chefe do Poder Executivo Estadual, para os fins pretendidos pelo requerente, visto não resultar do art. 135 da Lei Magna direito à cogitada isonomia. Precedente do STF no Mandado de Injunção n. 188-RJ, relativamente a procuradores autárquicos e à organização da Advocacia-Geral da União (ADCT, art. 29, § 1.º), ao decidir que o mandado de injunção era incabível, no caso, porque a Constituição não assegurava aos requerentes direito a se enquadrarem na Advocacia-Geral da União a que se referia o art. 131, da Lei Maior de 1988. (STF – RE 161.342 – SE – 2.ª T. – Rel. Min. Néri da Silveira – DJU 13.6.1997)

127. STF — RECURSO ORDINÁRIO EM MANDADO DE INJUNÇÃO — PRAZO DE 15 DIAS (LEI N. 8.038/1990, ARTS. 33 E 24, PARÁGRAFO ÚNICO), SUSPENSOS PELA INTERPOSIÇÃO, NO SÉTIMO DIA, DE EMBARGOS DE DECLARAÇÃO (CPC, ART. 538) – Intempestividade do recurso ordinário protocolado, no Tribunal Regional Federal, no 15 dia da publicação do acórdão dos embargos de declaração, que faz ocioso discutir-se sobre a eficácia do referido protocolo. (STF – RMIA 252 – DF – 1.ª T. – Rel. Min. Sepúlveda Pertence – DJU 14.9.1990)

128. STF — TITULAR DE OFÍCIO JUDICIAL E DE NOTAS AFASTADO POR IMPLEMENTO DE IDADE — Não é compatível com a natureza do mandado de injunção a pretensão de ver-se reinvestido nas funções notariais, em decorrência de suposta falta de regulamentação do art. 236 da Constituição. (STF – AGRMI n. 237 – MG – T.P. – Rel. Min. Octávio Gallotti – DJU 8.6.1990.

129. STF — AGRAVO REGIMENTAL — MANDADO DE INJUNÇÃO — ART. 135 DA CONSTITUIÇÃO FEDERAL — Texto constitucional não se regulamenta originariamente por ato administrativo normativo, mas, sim, por Lei, ou Ato Normativo a esta equivalente. Não se confunde com regulamentação — que só é necessária quando o dispositivo constitucional não é autoaplicável — o ato normativo expedido pela administração pública para disciplinar sua conduta interna na aplicação de lei vigente ou de texto constitucional autoaplicável. E o mandado de injunção só é cabível quando o dispositivo constitucional, por não ser autoaplicável, demanda regulamentação. É certo que essa regulamentação pode não exaurir-se com a lei regulamentadora, por exigir este decreto que, por sua vez, a regulamente, e até, as vezes, por necessitar o decreto regulamentador da lei, que regulamenta o dispositivo constitucional, de ato normativo por parte da administração que o torne exequível. Nessa hipótese, que pressupõe sempre a existência de lei que visa a aplicabilidade do texto constitucional, o mandado de injunção será cabível, por ter sido insuficiente a regulamentação feita pela lei. O art. 135 da Constituição estabeleceu um princípio geral concernente a advocacia como instituição — a de ser o advogado em geral órgão indispensável a administração da justiça, sendo inviolável por seus atos e manifestações no exercício da profissão, nos limites da lei —, mas não disciplinou, obviamente, a carreira dos assistentes jurídicos da União, para ter-se que e ela uma das carreiras disciplinadas neste título, como exige o art. 135 da Carta Magna a fim de que se aplique a extensão nele determinada. Não há sequer que falar-se em não auto-aplicabilidade do art. 39, § 1.º, a que se reporta o 135, ambos da Constituição, porque a lei, prevista naquele, já existe (Lei n. 8.112, de 12.12.1990, art. 12), e está em vigor por independer, nesse particular, de regulamentação. (STF – AGRMI n. 304 – DF – T.P. – Rel. Min. Moreira Alves – DJU 13.8.1993)

130. STF — AGRAVO REGIMENTAL — MANDADO DE INJUNÇÃO — DESCUMPRIMENTO DO PRAZO DE CENTO E VINTE DIAS, PREVISTO NO ART. 29, § 1.º, DO ADCT DA CONSTITUIÇÃO, PARA O PRESIDENTE DA REPÚBLICA ENVIAR AO CONGRESSO NACIONAL PROJETO DE LEI COMPLEMENTAR — PRÁTICA DO ATO PELA AUTORIDADE REQUERIDA NO CURSO DO PROCESSO — PERDA DE OBJETO — PEDIDO PREJUDICADO (RI-STF, ART. 21, IX) - REPARAÇÃO DE DANO, PELA MORA (CÓDIGO CIVIL, ART. 159) – O mandado de injunção não é sucedâneo da ação de indenização. Seus limites foram riscados no MI n. 107-3-DF (questão de ordem). (STF – AGRMI n. 175 – DF – T.P. – Rel. Min. Paulo Brossard – DJU 6.4.1990)

131. STF — AGRAVO REGIMENTAL — MANDADO DE INJUNÇÃO — ILEGITIMIDADE PASSIVA DO PRESIDENTE DO SENADO FEDERAL SE A INICIATIVA DA LEI É DA ALÇADA PRIVATIVA DO PRESIDENTE DA REPÚBLICA (CF, ARTS. 37, VIII, E 61, § 1.º, II, "C") — CONCURSO PÚBLICO — CANDIDATA REPROVADA — A exigência de caráter geral, de aprovação em concurso, não pode ser afastada nem mesmo pela reserva de percentual dos cargos e empregos públicos para as pessoas portadoras de deficiência (CF, art. 37, II e VIII). (STF – AGRMI n. 153 – DF – T.P. – Rel. Min. Paulo Brossard – DJU 30.3.1990)

132. STF — ANISTIA — ART. 8.º DO ATO DAS DISPOSIÇÕES CONSTITUCIONAIS TRANSITÓRIAS — EXTENSÃO — A anistia de que cuida o art. 8.º do Ato das Disposições Transitórias da Lei Fundamental de 1988 beneficiou civis e militares, estando, entre os primeiros, servidores, empregados e profissionais liberais, alfim, todo e qualquer cidadão qualificado como trabalhador. ANISTIA — CERTIDÃO — DECRETOS NS. 1.500/95 E 2.293/97 — NATUREZA — As normas insertas nos citados decretos sobre a competência da Comissão Especial de Anistia, a par de não se mostrarem exaustivas quanto aos destinatários da certidão de anistiado, revelam simples disciplina organizacional, não tendo caráter normativo abstrato. ANISTIA — EXTENSÃO — BENEFÍCIOS — EFICÁCIA — MANDADO DE INJUNÇÃO — IMPROPRIEDADE — À exceção do preceito do § 3.º, o teor do art. 8.º do Ato das Disposições Transitórias da Lei Fundamental veio à balha com eficácia plena, sendo imprópria a impetração de mandado de injunção para alcançar-se o exercício de direito dele decorrente. (STF – MI – 626 – SP – TP – Rel. Min. Marco Aurélio – DJU 18.6.??)

133. STF — PENSÃO — LIMITE. A norma inserta na Carta Federal sobre o cálculo de pensão, levando-se em conta a totalidade dos vencimentos ou proventos do servidor falecido, tem aplicação imediata, não dependendo, assim, de regulamentação. A expressão "até o limite estabelecido em lei", do § 5.º do art. 40 do Diploma Maior, refere-se aos tetos também impostos aos proventos e vencimentos dos

servidores. Longe está de revelar permissão a que o legislador ordinário limite o valor da pensão a ser percebida — precedente: Agravo Regimental no Mandado de Injunção n. 274-6/DF, cujo acórdão foi publicado em 3 de dezembro de 1993.

134. AGRAVO — ART. 557, § 2.º, DO CÓDIGO DE PROCESSO CIVIL — MULTA. Se o agravo é manifestamente infundado, impõe-se a aplicação da multa prevista no § 2.º do art. 557 do Código de Processo Civil, arcando a parte com o ônus decorrente da litigância de má-fé. (Ag. Reg. no Agravo de Instrumento n. 262.841/SP, 1.ª Turma do STF, rel. Min. Marco Aurélio. j. 29.6.2004, unânime, DJU 10.9.2004). Referência Legislativa: Constituição Federal/88 Art. 5.º § 1.º Art. 40 § 5.º. Leg. Fed. Lei n. 5.869/73 – Código de Processo Civil Art. 557 § 2.º...

135. STF — MANDADO DE INJUNÇÃO — OBJETO. Descabe confundir preceito constitucional assegurador de um certo direito com a autorização para o legislador, em opção político-legislativa, criar exceções à regra de contagem do tempo de serviço, presentes as peculiaridades da atividade. Tanto o § 1.º do art. 40 da Constituição Federal na redação primitiva não ensejava mandado de injunção (precedente: Mandado de Injunção n. 444/MG, relator Ministro Sydney Sanches, publicado no Diário da Justiça de 4 de novembro de 1994), quanto o hoje § 4.º do art. 40, decorrente da Emenda Constitucional n. 20, de 1998, não alcança a outorga de direito constitucional. (Agravo Regimental no Mandado de Injunção n. 592/SP, Tribunal Pleno do STF, rel. Min. Marco Aurélio. j. 4.3.2004, unânime, DJU 30.4.2004). Referência Legislativa: CF/88 – Constituição Federal Art. 40 § 1.º (redação anterior a Emenda n. 20/98). CF/88 – Constituição Federal Art. 40 § 4.º. Leg. Fed. EC n. 20/98.

136. STF — CONSTITUCIONAL. MANDADO DE INJUNÇÃO: EXISTÊNCIA DA NORMA INFRACONSTITUCIONAL: NÃO CABIMENTO DA INJUNÇÃO. CF, ART. 5.º, LXXI.

I. A norma regulamentadora, infraconstitucional, existe. Todavia, o impetrante a considera insatisfatória. Caso de não cabimento do mandado de injunção.

II. Negativa de seguimento ao pedido. Agravo não provido.

(Ag. Reg. no Mandado de Injunção n. 600/BA, Tribunal Pleno do STF, rel. Min. Carlos Velloso. j. 26.03.2003, unânime, DJU 09.05.2003).

Legislação:

Leg. Fed. CF/88 Art. 5.º Inc. LXXI Art. 40 § 1.º Inc. I Art. 201 Inc. I Constituição Federal

Leg. Fed. Lei n. 8112/90 Art. 186 § 1.º.

137. STF — CONSTITUCIONAL. MANDADO DE INJUNÇÃO: SEGUIMENTO NEGADO PELO RELATOR: LEGITIMIDADE. MANDADO DE INJUNÇÃO: INEXISTÊNCIA DE DIREITO CONCEDIDO PELA CONSTITUIÇÃO QUE ESTARIA INVIABILIZADO EM RAZÃO DE INEXISTIR NORMA INFRACONSTITUCIONAL REGULAMENTADORA. CF, ART. 5.º, LXXI.

I. É legítima, sob o ponto vista constitucional, a atribuição conferida ao relator para arquivar ou negar seguimento a pedido ou recurso RI/STF, art. 21, § 1.º; Lei n. 8.038/90, art. 38; CPC, art. 557, *caput*, § 1.º-A desde que, mediante recurso, possa a decisão ser submetida ao controle do Colegiado. Precedentes do STF.

II. O preceito constitucional invocado pela impetrante, CF, art. 156, § 3.º, II, não menciona o serviço prestado pela impetrante. A impetrante não é titular, portanto, de direito concedido pela Constituição, cujo exercício estaria inviabilizado pela ausência de norma infraconstitucional.

III. Negativa de trânsito ao pedido. Agravo não provido.

(Ag. Reg. no Mandado de Injunção n. 590/RJ, Tribunal Pleno do STF, rel. Min. Carlos Velloso. j. 26.03.2003, unânime, DJU 9.5.2003).

Legislação:

Leg. Fed. CF/88 Art. 5.º Inc. LXXI Art. 156 § 3.º Inc. II Constituição Federal

Leg. Fed. Lei n. 5869/73 Art. 557 Caput § 1.º Let. a - CPC-73 Código de Processo Civil

Leg. Fed. RGI/80 Art. 21 § 1.º - RISTF-80 Regimento Interno do Supremo Tribunal Federal

Leg. Fed. Lei n. 8.038/90.

138. STF — MANDADO DE INJUNÇÃO. ART. 8.º, § 3.º DO ADCT. DIREITO À REPARAÇÃO ECONÔMICA AOS CIDADÃOS ALCANÇADOS PELAS PORTARIAS RESERVADAS DO MINISTÉRIO DA AERONÁUTICA. MORA LEGISLATIVA DO CONGRESSO NACIONAL.

1 – Na marcha do delineamento pretoriano do instituto do Mandado de Injunção, assentou este Supremo Tribunal que "a mera superação dos prazos constitucionalmente assinalados é bastante para qualificar, como omissão juridicamente relevante, a inércia estatal, apta a ensejar, como ordinário efeito consequencial, o reconhecimento, 'hic et nunc', de uma situação de inatividade inconstitucional." (MI n. 543, voto do Ministro Celso de Mello, in DJ 24.5.2002). Logo, desnecessária a renovação de notificação ao órgão legislativo que, no caso, não apenas incidiu objetivamente na omissão do dever de legislar, passados quase quatorze anos da promulgação da regra que lhe criava tal obrigação, mas que, também, já foi anteriormente cientificado por esta Corte, como resultado da decisão de outros mandados de injunção.

2 – Neste mesmo precedente, acolheu esta Corte proposição do eminente Ministro Nelson Jobim, e assegurou "aos impetrantes o imediato exercício do direito a esta indenização, nos termos do direito comum e assegurado pelo § 3.º do art. 8.º do ADCT, mediante ação de liquidação, independentemente de sentença de condenação, para a fixação do valor da indenização".

3 – Reconhecimento da mora legislativa do Congresso Nacional em editar a norma prevista no parágrafo 3.º do art. 8.º do ADCT, assegurando-se, aos impetrantes, o exercício da ação de reparação patrimonial, nos termos do direito comum ou ordinário, sem prejuízo de que se venham, no futuro, a beneficiar de tudo quanto, na lei a ser editada, lhes possa ser mais favorável que o disposto na decisão judicial. O pleito deverá ser veiculado diretamente mediante ação de liquidação, dando-se como certos os fatos constitutivos do direito, limitada, portanto, a atividade judicial à fixação do "quantum" devido.

4 – Mandado de injunção deferido em parte. (Mandado de Injunção n. 562/RS, Tribunal Pleno do STF, rel. Min. Carlos Velloso, rel. p/ Acórdão Minª. Ellen Gracie. j. 20.2.2003, maioria, DJU 20.6.2003).

Legislação:

Leg. Fed. CF/88 Art. 5.º Inc. LXXI Art. 103 § 2.º Constituição Federal

Leg. Fed. ADCT/88 Art. 8.º § 3.º CF-88.

---

139. STF — PENSÃO — LIMITE.

A norma inserta na Carta Federal sobre o cálculo de pensão, levando-se em conta a totalidade dos vencimentos ou proventos do servidor falecido, tem aplicação imediata, não dependendo, assim, de regulamentação. A expressão "até o limite estabelecido em lei", do § 5.º do art. 40 do Diploma Maior, refere-se aos tetos também impostos aos proventos e vencimentos dos servidores. Longe está de revelar permissão a que o legislador ordinário limite o valor da pensão a ser percebida — precedente: Agravo Regimental no Mandado de Injunção n. 274-6/DF, cujo acórdão foi publicado em 3 de dezembro de 1993.

AGRAVO — Art. 557, § 2.º, DO CÓDIGO DE PROCESSO CIVIL — MULTA. Se o agravo é manifestamente infundado, impõe-se a aplicação da multa prevista no § 2.º do art. 557 do Código de Processo Civil, arcando a parte com o ônus decorrente da litigância de má-fé.

(Ag. Reg. no Agravo de Instrumento n. 262841/SP, 1.ª Turma do STF, rel. Min. Marco Aurélio. j. 29.06.2004, unânime, DJU 10.9.2004).

Referência Legislativa:

Constituição Federal/88 Art. 5.º § 1.º Art. 40 § 5.º

Leg. Fed. Lei n. 5869/73 – Código de Processo Civil Art. 557 § 2.º.

---

140. STF — MANDADO DE INJUNÇÃO — OBJETO.

Descabe confundir preceito constitucional assegurador de um certo direito com a autorização para o legislador, em opção político-legislativa, criar exceções à regra de contagem do tempo de serviço, presentes as peculiaridades da atividade. Tanto o § 1.º do art. 40 da Constituição Federal na redação primitiva não ensejava mandado de injunção (precedente: Mandado de Injunção n. 444/MG, Relator Ministro Sydney Sanches, publicado no Diário da Justiça de 4 de novembro de 1994), quanto o hoje § 4.º do art. 40, decorrente da Emenda Constitucional n. 20, de 1998, não alcança a outorga de direito constitucional.

(Agravo Regimental no Mandado de Injunção n. 592/SP, Tribunal Pleno do STF, rel. Min. Marco Aurélio. j. 04.03.2004, unânime, DJU 30.04.2004).

Referência Legislativa:

CF/88 - Constituição Federal Art. 40 § 1.º (redação anterior a Emenda 20/98)

CF/88 - Constituição Federal Art. 40 § 4.º

Leg. Fed. EC n. 20/98.

---

141. STF — CONSTITUCIONAL. MANDADO DE INJUNÇÃO: EXISTÊNCIA DA NORMA INFRACONSTITUCIONAL: NÃO CABIMENTO DA INJUNÇÃO. CF, ART. 5.º, LXXI.

I. A norma regulamentadora, infraconstitucional, existe. Todavia, o impetrante a considera insatisfatória. Caso de não cabimento do mandado de injunção.

II. Negativa de seguimento ao pedido. Agravo não provido.

(Ag. Reg. no Mandado de Injunção n. 600/BA, Tribunal Pleno do STF, rel. Min. Carlos Velloso. j. 26.03.2003, unânime, DJU 09.05.2003).

Legislação:

Leg. Fed. CF/88 Art. 5.º Inc. LXXI Art. 40 § 1.º Inc. I Art. 201 Inc. I Constituição Federal

Leg. Fed. Lei n. 8112/90 Art. 186 § 1.º.

---

142. STF — CONSTITUCIONAL. MANDADO DE INJUNÇÃO: SEGUIMENTO NEGADO PELO RELATOR: LEGITIMIDADE. MANDADO DE INJUNÇÃO: INEXISTÊNCIA DE DIREITO CONCEDIDO PELA CONSTITUIÇÃO QUE ESTARIA INVIABILIZADO EM RAZÃO DE INEXISTIR NORMA INFRACONSTITUCIONAL REGULAMENTADORA. CF, ART. 5.º, LXXI.

I. É legítima, sob o ponto vista constitucional, a atribuição conferida ao relator para arquivar ou negar seguimento a pedido ou recurso RI/STF, art. 21, § 1.º; Lei n. 8.038/90, art. 38; CPC, art. 557, *caput*, § 1.º A desde que, mediante recurso, possa a decisão ser submetida ao controle do Colegiado. Precedentes do STF.

II. O preceito constitucional invocado pela impetrante, CF, art. 156, § 3.º, II, não menciona o serviço prestado pela impetrante. A impetrante não é titular, portanto, de direito concedido pela Constituição, cujo exercício estaria inviabilizado pela ausência de norma infraconstitucional.

III. Negativa de trânsito ao pedido. Agravo não provido.

(Ag. Reg. no Mandado de Injunção n. 590/RJ, Tribunal Pleno do STF, rel. Min. Carlos STF-013428) PENSÃO — LIMITE. A norma inserta na Carta Federal sobre o cálculo de pensão, levando-se em conta a totalidade dos vencimentos ou proventos do servidor falecido, tem aplicação imediata, não dependendo, assim, de regulamentação. A expressão "até o limite estabelecido em lei", do § 5.º do art. 40 do Diploma Maior, refere-se aos tetos também impostos aos proventos e vencimentos dos servidores. Longe está de revelar permissão a que o legislador ordinário limite o valor da pensão a ser percebida - precedente: Agravo Regimental no Mandado de Injunção n. 274-6/DF, cujo acórdão foi publicado em 3 de dezembro de 1993.

143. STF — AGRAVO — ART. 557, § 2.º, DO CÓDIGO DE PROCESSO CIVIL — MULTA. Se o agravo é manifestamente infundado, impõe-se a aplicação da multa prevista no § 2.º do art. 557 do Código de Processo Civil, arcando a parte com o ônus decorrente da litigância de má-fé. (Ag. Reg. no Agravo de Instrumento n. 262841/SP, 1.ª Turma do STF, rel. Min. Marco Aurélio. j. 29.6.2004, unânime, DJU 10.9.2004). Referência Legislativa: Constituição Federal/88 Art. 5.º § 1.º Art. 40 § 5.º. Leg. Fed. Lei n. 5.869/73 — Código de Processo Civil Art. 557 § 2.º.

144. STF — MANDADO DE INJUNÇÃO — OBJETO. Descabe confundir preceito constitucional assegurador de um certo direito com a autorização para o legislador, em opção político-legislativa, criar exceções à regra de contagem do tempo de serviço, presentes as peculiaridades da atividade. Tanto o § 1.º do art. 40 da Constituição Federal na redação primitiva não ensejava mandado de injunção (precedente: Mandado de Injunção n. 444/MG, Relator Ministro Sydney Sanches, publicado no Diário da Justiça de 4 de novembro de 1994), quanto o hoje § 4.º do art. 40, decorrente da Emenda Constitucional n. 20, de 1998, não alcança a outorga de direito constitucional. (Agravo Regimental no Mandado de Injunção n. 592/SP, Tribunal Pleno do STF, rel. Min. Marco Aurélio. j. 04.03.2004, unânime, DJU 30.4.2004). Referência Legislativa: CF/88 — Constituição Federal Art. 40 § 1.º (redação anterior a Emenda n. 20/98). CF/88 - Constituição Federal Art. 40 § 4.º. Leg. Fed. EC n. 20/98.

145. STF — CONSTITUCIONAL. MANDADO DE INJUNÇÃO: EXISTÊNCIA DA NORMA INFRACONSTITUCIONAL: NÃO CABIMENTO DA INJUNÇÃO. CF, ART. 5.º, LXXI.

I. A norma regulamentadora, infraconstitucional, existe. Todavia, o impetrante a considera insatisfatória. Caso de não cabimento do mandado de injunção.

II. Negativa de seguimento ao pedido. Agravo não provido.

(Ag. Reg. no Mandado de Injunção n. 600/BA, Tribunal Pleno do STF, rel. Min. Carlos Velloso. j. 26.3.2003, unânime, DJU 9.5.2003).

Legislação:

Leg. Fed. CF/88 Art. 5.º Inc. LXXI Art. 40 § 1.º Inc. I Art. 201 Inc. I Constituição Federal

Leg. Fed. Lei n. 8112/90 Art. 186 § 1.º.

146. STF — CONSTITUCIONAL. MANDADO DE INJUNÇÃO: SEGUIMENTO NEGADO PELO RELATOR: LEGITIMIDADE. MANDADO DE INJUNÇÃO: INEXISTÊNCIA DE DIREITO CONCEDIDO PELA CONSTITUIÇÃO QUE ESTARIA INVIABILIZADO EM RAZÃO DE INEXISTIR NORMA INFRACONSTITUCIONAL REGULAMENTADORA. CF, ART. 5.º, LXXI.

I. É legítima, sob o ponto vista constitucional, a atribuição conferida ao relator para arquivar ou negar seguimento a pedido ou recurso RI/STF, art. 21, § 1.º; Lei n. 8.038/90, art. 38; CPC, art. 557, *caput*, § 1.º-A desde que, mediante recurso, possa a decisão ser submetida ao controle do Colegiado. Precedentes do STF.

II. O preceito constitucional invocado pela impetrante, CF, art. 156, § 3.º, II, não menciona o serviço prestado pela impetrante. A impetrante não é titular, portanto, de direito concedido pela Constituição, cujo exercício estaria inviabilizado pela ausência de norma infraconstitucional.

III. Negativa de trânsito ao pedido. Agravo não provido.

(Ag. Reg. no Mandado de Injunção n. 590/RJ, Tribunal Pleno do STF, rel. Min. Carlos Velloso. j. 26.03.2003, unânime, DJU 09.05.2003).

Legislação:

Leg. Fed. CF/88 Art. 5.º Inc. LXXI Art. 156 § 3.º Inc. II Constituição Federal

Leg. Fed. Lei n. 5869/73 Art. 557 Caput § 1.º Let. a — CPC-73 Código de Processo Civil

Leg. Fed. RGI/80 Art. 21 § 1.º — RISTF-80 Regimento Interno do Supremo Tribunal Federal

Leg. Fed. Lei n. 8038/90.

147. STF — MANDADO DE INJUNÇÃO. ART. 8.º, § 3.º DO ADCT. DIREITO À REPARAÇÃO ECONÔMICA AOS CIDADÃOS ALCANÇADOS PELAS PORTARIAS RESERVADAS DO MINISTÉRIO DA AERONÁUTICA. MORA LEGISLATIVA DO CONGRESSO NACIONAL.

1 – Na marcha do delineamento pretoriano do instituto do Mandado de Injunção, assentou este Supremo Tribunal que "a mera superação dos prazos constitucionalmente assinalados é bastante para qualificar, como omissão juridicamente relevante, a inércia estatal, apta a ensejar, como ordinário efeito consequencial, o reconhecimento, 'hic et nunc', de uma situação de inatividade inconstitucional." (MI n. 543, voto do Ministro Celso de Mello, in DJ 24.05.2002). Logo, desnecessária a renovação de notificação ao órgão legislativo que, no caso, não apenas incidiu objetivamente na omissão do dever de legislar, passados quase quatorze anos da promulgação da regra

que lhe criava tal obrigação, mas que, também, já foi anteriormente cientificado por esta Corte, como resultado da decisão de outros mandados de injunção.

2 – Neste mesmo precedente, acolheu esta Corte proposição do eminente Ministro Nelson Jobim, e assegurou "aos impetrantes o imediato exercício do direito a esta indenização, nos termos do direito comum e assegurado pelo § 3.º do art. 8.º do ADCT, mediante ação de liquidação, independentemente de sentença de condenação, para a fixação do valor da indenização".

3 – Reconhecimento da mora legislativa do Congresso Nacional em editar a norma prevista no § 3.º do art. 8.º do ADCT, assegurando-se, aos impetrantes, o exercício da ação de reparação patrimonial, nos termos do direito comum ou ordinário, sem prejuízo de que se venham, no futuro, a beneficiar de tudo quanto, na lei a ser editada, lhes possa ser mais favorável que o disposto na decisão judicial. O pleito deverá ser veiculado diretamente mediante ação de liquidação, dando-se como certos os fatos constitutivos do direito, limitada, portanto, a atividade judicial à fixação do "quantum" devido.

4 – Mandado de injunção deferido em parte. (Mandado de Injunção n. 562/RS, Tribunal Pleno do STF, rel. Min. Carlos Velloso, rel. p/ Acórdão Min. Ellen Gracie. j. 20.2.2003, maioria, DJU 20.6.2003).

Legislação:

Leg. Fed. CF/88 Art. 5.º Inc. LXXI Art. 103 § 2.º Constituição Federal

Leg. Fed. ADCT/88 Art. 8.º § 3.º CF-88.

148. STF — PENSÃO — LIMITE. A norma inserta na Carta Federal sobre o cálculo de pensão, levando-se em conta a totalidade dos vencimentos ou proventos do servidor falecido, tem aplicação imediata, não dependendo, assim, de regulamentação. A expressão "até o limite estabelecido em lei", do § 5.º do art. 40 do Diploma Maior, refere-se aos tetos também impostos aos proventos e vencimentos dos servidores. Longe está de revelar permissão a que o legislador ordinário limite o valor da pensão a ser percebida — precedente: Agravo Regimental no Mandado de Injunção n. 274-6/DF, cujo acórdão foi publicado em 3 de dezembro de 1993.

AGRAVO — ART. 557, § 2.º, DO CÓDIGO DE PROCESSO CIVIL — MULTA. Se o agravo é manifestamente infundado, impõe-se a aplicação da multa prevista no § 2.º do art. 557 do Código de Processo Civil, arcando a parte com o ônus decorrente da litigância de má-fé.(Ag. Reg. no Agravo de Instrumento n. 262.841/SP, 1.ª Turma do STF, rel. Min. Marco Aurélio. j. 29.6.2004, unânime, DJU 10.9.2004).

Referência Legislativa:

Constituição Federal/88 Art. 5.º § 1.º Art. 40 § 5.º

Leg. Fed. Lei n. 5869/73 - Código de Processo Civil Art. 557 § 2.º.

149. STF — MANDADO DE INJUNÇÃO — OBJETO. Descabe confundir preceito constitucional assegurador de um certo direito com a autorização para o legislador, em opção político-legislativa, criar exceções à regra de contagem do tempo de serviço, presentes as peculiaridades da atividade. Tanto o § 1.º do art. 40 da Constituição Federal na redação primitiva não ensejava mandado de injunção (precedente: Mandado de Injunção n. 444/MG, Relator Ministro Sydney Sanches, publicado no Diário da Justiça de 4 de novembro de 1994), quanto o hoje § 4.º do art. 40, decorrente da Emenda Constitucional n. 20, de 1998, não alcança a outorga de direito constitucional. (Agravo Regimental no Mandado de Injunção n. 592/SP, Tribunal Pleno do STF, rel. Min. Marco Aurélio. j. 4.3.2004, unânime, DJU 30.4.2004).

Referência Legislativa:

CF/88 – Constituição Federal Art. 40 § 1.º (redação anterior a Emenda n. 20/98)

CF/88 – Constituição Federal Art. 40 § 4.º

Leg. Fed. EC n. 20/98.

150. STF — CONSTITUCIONAL. MANDADO DE INJUNÇÃO: EXISTÊNCIA DA NORMA INFRACONSTITUCIONAL: NÃO CABIMENTO DA INJUNÇÃO. CF, ART. 5.º, LXXI.

I. A norma regulamentadora, infraconstitucional, existe. Todavia, o impetrante a considera insatisfatória. Caso de não cabimento do mandado de injunção.

II. Negativa de seguimento ao pedido. Agravo não provido.

(Ag. Reg. no Mandado de Injunção n. 600/BA, Tribunal Pleno do STF, rel. Min. Carlos Velloso. j. 26.3.2003, unânime, DJU 9.5.2003).

Legislação:

Leg. Fed. CF/88 Art. 5.º Inc. LXXI Art. 40 § 1.º Inc. I Art. 201 Inc. I Constituição Federal

Leg. Fed. Lei n. 8112/90 Art. 186 § 1.º.

151. STF — CONSTITUCIONAL. MANDADO DE INJUNÇÃO: SEGUIMENTO NEGADO PELO RELATOR: LEGITIMIDADE. MANDADO DE INJUNÇÃO: INEXISTÊNCIA DE DIREITO CONCEDIDO PELA CONSTITUIÇÃO QUE ESTARIA INVIABILIZADO EM RAZÃO DE INEXISTIR NORMA INFRACONSTITUCIONAL REGULAMENTADORA. CF, ART. 5.º, LXXI.

I. É legítima, sob o ponto vista constitucional, a atribuição conferida ao relator para arquivar ou negar seguimento a pedido ou recurso RI/STF, art. 21, § 1.º; Lei n. 8.038/90, art. 38; CPC, art. 557, *caput*, § 1.º A desde que, mediante recurso, possa a decisão ser submetida ao controle do Colegiado. Precedentes do STF.

II. O preceito constitucional invocado pela impetrante, CF, art. 156, § 3.º, II, não menciona o serviço prestado pela impetrante. A impetrante não é titular, portanto, de direito concedido pela Constituição, cujo exercício estaria inviabilizado pela ausência de possibilidade jurídica do pedido.

Velloso. j. 26.3.2003, unânime, DJU 9.5.2003).

Legislação:

Leg. Fed. CF/88 Art. 5.º Inc. LXXI Art. 156 § 3.º Inc. II Constituição Federal

Leg. Fed. Lei n. 5.869/73 Art. 557 *Caput* § 1.º Let. a – CPC-73 Código de Processo Civil

Leg. Fed. RGI/80 Art. 21 § 1.º – RISTF-80 Regimento Interno do Supremo Tribunal Federal

Leg. Fed. Lei n. 8.038/90.

152. STF — MANDADO DE INJUNÇÃO. ART. 8.º, § 3.º DO ADCT. DIREITO À REPARAÇÃO ECONÔMICA AOS CIDADÃOS ALCANÇADOS PELAS PORTARIAS RESERVADAS DO MINISTÉRIO DA AERONÁUTICA. MORA LEGISLATIVA DO CONGRESSO NACIONAL.

1 – Na marcha do delineamento pretoriano do instituto do Mandado de Injunção, assentou este Supremo Tribunal que "a mera superação dos prazos constitucionalmente assinalados é bastante para qualificar, como omissão juridicamente relevante, a inércia estatal, apta a ensejar, como ordinário efeito consequencial, o reconhecimento, 'hic et nunc', de uma situação de inatividade inconstitucional." (MI n. 543, voto do Ministro Celso de Mello, in DJ 24.5.2002). Logo, desnecessária a renovação de notificação ao órgão legislativo que, no caso, não apenas incidiu objetivamente na omissão do dever de legislar, passados quase quatorze anos da promulgação da regra que lhe criava tal obrigação, mas que, também, já foi anteriormente cientificado por esta Corte, como resultado da decisão de outros mandados de injunção.

2 – Neste mesmo precedente, acolheu esta Corte proposição do eminente Ministro Nelson Jobim, e assegurou "aos impetrantes o imediato exercício do direito a esta indenização, nos termos do direito comum e assegurado pelo § 3.º do art. 8.º do ADCT, mediante ação de liquidação, independentemente de sentença de condenação, para a fixação do valor da indenização".

3 – Reconhecimento da mora legislativa do Congresso Nacional em editar a norma prevista no § 3.º do art. 8.º do ADCT, assegurando-se, aos impetrantes, o exercício da ação de reparação patrimonial, nos termos do direito comum ou ordinário, sem prejuízo de que STF-013428) PENSÃO — LIMITE. A norma inserta na Carta Federal sobre o cálculo de pensão, levando-se em conta a totalidade dos vencimentos ou proventos do servidor falecido, tem aplicação imediata, não dependendo, assim, de regulamentação. A expressão "até o limite estabelecido em lei", do § 5.º do art. 40 do Diploma Maior, refere-se aos tetos também impostos aos proventos e vencimentos dos servidores. Longe está de revelar permissão a que o legislador ordinário limite o valor da pensão a ser percebida — precedente: Agravo Regimental no Mandado de Injunção n. 274-6/DF, cujo acórdão foi publicado em 3 de dezembro de 1993.

153. STF — AGRAVO — ART. 557, § 2.º, DO CÓDIGO DE PROCESSO CIVIL — MULTA. Se o agravo é manifestamente infundado, impõe-se a aplicação da multa prevista no § 2.º do art. 557 do Código de Processo Civil, arcando a parte com o ônus decorrente da litigância de má-fé. (Ag. Reg. no Agravo de Instrumento n. 262.841/SP, 1.ª Turma do STF, rel. Min. Marco Aurélio. j. 29.6.2004, unânime, DJU 10.9.2004). Referência Legislativa: Constituição Federal/88 Art. 5.º § 1.º Art. 40 § 5.º. Leg. Fed. Lei n. 5.869/73 — Código de Processo Civil Art. 557 § 2.º.

154. STF — MANDADO DE INJUNÇÃO — OBJETO. Descabe confundir preceito constitucional assegurador de um certo direito com a autorização para o legislador, em opção político-legislativa, criar exceções à regra de contagem do tempo de serviço, presentes as peculiaridades da atividade. Tanto o § 1.º do art. 40 da Constituição Federal na redação primitiva não ensejava mandado de injunção (precedente: Mandado de Injunção n. 444/MG, Relator Ministro Sydney Sanches, publicado no Diário da Justiça de 4 de novembro de 1994), quanto o hoje § 4.º do art. 40, decorrente da Emenda Constitucional n. 20, de 1998, não alcança a outorga de direito constitucional. (Agravo Regimental no Mandado de Injunção n. 592/SP, Tribunal Pleno do STF, rel. Min. Marco Aurélio. j. 4.3.2004, unânime, DJU 30.4.2004). Referência Legislativa: CF/88 — Constituição Federal art. 40 § 1.º (redação anterior a Emenda n. 20/98). CF/88 — Constituição Federal, art. 40 § 4.º. Leg. Fed. EC n. 20/98.

155. STF — CONSTITUCIONAL. MANDADO DE INJUNÇÃO: EXISTÊNCIA DA NORMA INFRACONSTITUCIONAL: NÃO CABIMENTO DA INJUNÇÃO. CF, ART. 5.º, LXXI.

I. A norma regulamentadora, infraconstitucional, existe. Todavia, o impetrante a considera insatisfatória. Caso de não cabimento do mandado de injunção.

II. Negativa de seguimento ao pedido. Agravo não provido.

(Ag. Reg. no Mandado de Injunção n. 600/BA, Tribunal Pleno do STF, rel. Min. Carlos Velloso. j. 26.3.2003, unânime, DJU 9.5.2003).

Legislação:

Leg. Fed. CF/88 Art. 5.º Inc. LXXI Art. 40 § 1.º Inc. I Art. 201 Inc. I Constituição Federal

Leg. Fed. Lei n. 8.112/90 Art. 186 § 1.º.

156. STF — CONSTITUCIONAL. MANDADO DE INJUNÇÃO: SEGUIMENTO NEGADO PELO RELATOR: LEGITIMIDADE. MANDADO DE INJUNÇÃO: INEXISTÊNCIA DE DIREITO CONCEDIDO PELA CONSTITUIÇÃO QUE ESTARIA INVIABILIZADO EM RAZÃO DE INEXISTIR NORMA INFRACONSTITUCIONAL REGULAMENTADORA. CF, ART. 5.º, LXXI.

I. É legítima, sob o ponto vista constitucional, a atribuição conferida ao relator para arquivar ou negar seguimento a pedido ou recurso RI/STF, art. 21, § 1.º; Lei n. 8.038/90, art. 38; CPC, art. 557, *caput*, § 1.º-A desde que, mediante recurso, possa a decisão ser submetida ao controle do Colegiado. Precedentes do STF.

II. O preceito constitucional invocado pela impetrante, CF, art. 156, § 3.º, II, não menciona o serviço prestado pela impetrante. A impetrante não é titular, portanto, de direito concedido pela Constituição, cujo exercício estaria inviabilizado pela ausência de norma infraconstitucional.

III. Negativa de trânsito ao pedido. Agravo não provido.

(Ag. Reg. no Mandado de Injunção n. 590/RJ, Tribunal Pleno do STF, rel. Min. Carlos Velloso. j. 26.3.2003, unânime, DJU 9.5.2003).

Legislação:

Leg. Fed. CF/88 Art. 5.º Inc. LXXI Art. 156 § 3.º Inc. II Constituição Federal

Leg. Fed. Lei n. 5.869/73 Art. 557 *Caput* § 1.º Let. a — CPC-73 Código de Processo Civil

Leg. Fed. RGI/80 Art. 21 § 1.º - RISTF-80 Regimento Interno do Supremo Tribunal Federal

Leg. Fed. Lei n. 8.038/90.

---

157. STF — MANDADO DE INJUNÇÃO. ART. 8.º, § 3.º DO ADCT. DIREITO À REPARAÇÃO ECONÔMICA AOS CIDADÃOS ALCANÇADOS PELAS PORTARIAS RESERVADAS DO MINISTÉRIO DA AERONÁUTICA. MORA LEGISLATIVA DO CONGRESSO NACIONAL.

1 – Na marcha do delineamento pretoriano do instituto do Mandado de Injunção, assentou este Supremo Tribunal que "a mera superação dos prazos constitucionalmente assinalados é bastante para qualificar, como omissão juridicamente relevante, a inércia estatal, apta a ensejar, como ordinário efeito consequencial, o reconhecimento, 'hic et nunc', de uma situação de inatividade inconstitucional." (MI n. 543, voto do Ministro Celso de Mello, in DJ 24.5.2002). Logo, desnecessária a renovação de notificação ao órgão legislativo que, no caso, não apenas incidiu objetivamente na omissão do dever de legislar, passados quase quatorze anos da promulgação da regra que lhe criava tal obrigação, mas que, também, já foi anteriormente cientificado por esta Corte, como resultado da decisão de outros mandados de injunção.

2 – Neste mesmo precedente, acolheu esta Corte proposição do eminente Ministro Nelson Jobim, e assegurou "aos impetrantes o imediato exercício do direito a esta indenização, nos termos do direito comum e assegurado pelo § 3.º do art. 8.º do ADCT, mediante ação de liquidação, independentemente de sentença de condenação, para a fixação do valor da indenização".

3 – Reconhecimento da mora legislativa do Congresso Nacional em editar a norma prevista no § 3.º do art. 8.º do ADCT, assegurando--se, aos impetrantes, o exercício da ação de reparação patrimonial, nos termos do direito comum ou ordinário, sem prejuízo de que se venham, no futuro, a beneficiar de tudo quanto, na lei a ser editada, lhes possa ser mais favorável que o disposto na decisão judicial. O pleito deverá ser veiculado diretamente mediante ação de liquidação, dando-se como certos os fatos constitutivos do direito, limitada, portanto, a atividade judicial à fixação do "quantum" devido.

4 – Mandado de injunção deferido em parte. (Mandado de Injunção n. 562/RS, Tribunal Pleno do STF, rel. Min. Carlos Velloso, rel. p/ Acórdão Minª. Ellen Gracie. j. 20.2.2003, maioria, DJU 20.6.2003).

Legislação:

Leg. Fed. CF/88 Art. 5.º Inc. LXXI Art. 103 § 2.º Constituição Federal

Leg. Fed. ADCT/88 Art. 8.º § 3.º CF-88.

---

158. STF — PENSÃO — LIMITE. A norma inserta na Carta Federal sobre o cálculo de pensão, levando-se em conta a totalidade dos vencimentos ou proventos do servidor falecido, tem aplicação imediata, não dependendo, assim, de regulamentação. A expressão "até o limite estabelecido em lei", do § 5.º do art. 40 do Diploma Maior, refere-se aos tetos também impostos aos proventos e vencimentos dos servidores. Longe está de revelar permissão a que o legislador ordinário limite o valor da pensão a ser percebida — precedente: Agravo Regimental no Mandado de Injunção n. 274-6/DF, cujo acórdão foi publicado em 3 de dezembro de 1993.

AGRAVO — Art. 557, § 2.º, DO CÓDIGO DE PROCESSO CIVIL — MULTA. Se o agravo é manifestamente infundado, impõe-se a aplicação da multa prevista no § 2.º do art. 557 do Código de Processo Civil, arcando a parte com o ônus decorrente da litigância de má-fé.

(Ag. Reg. no Agravo de Instrumento n. 262.841/SP, 1.ª Turma do STF, rel. Min. Marco Aurélio. j. 29.6.2004, unânime, DJU 10.9.2004).

Referência Legislativa:

Constituição Federal/88 Art. 5.º § 1.º Art. 40 § 5.º

Leg. Fed. Lei n. 5869/73 - Código de Processo Civil Art. 557 § 2.º.

---

159. STF — MANDADO DE INJUNÇÃO — OBJETO. Descabe confundir preceito constitucional assegurador de um certo direito com a autorização para o legislador, em opção político-legislativa, criar exceções à regra de contagem do tempo de serviço, presentes as peculiaridades da atividade. Tanto o § 1.º do art. 40 da Constituição Federal na redação primitiva não ensejava mandado de injunção (precedente: Mandado de Injunção n. 444/MG, relator Ministro Sydney Sanches, publicado no Diário da Justiça de 4 de novembro de

1994), quanto o hoje § 4.º do art. 40, decorrente da Emenda Constitucional n. 20, de 1998, não alcança a outorga de direito constitucional. (Agravo Regimental no Mandado de Injunção n. 592/SP, Tribunal Pleno do STF, rel. Min. Marco Aurélio. j. 4.3.2004, unânime, DJU 30.4.2004)

Referência Legislativa:

CF/88 – Constituição Federal Art. 40 § 1.º (redação anterior a Emenda n. 20/98)

CF/88 – Constituição Federal Art. 40 § 4.º

Leg. Fed. EC n. 20/98.

---

160. STF — CONSTITUCIONAL. MANDADO DE INJUNÇÃO: EXISTÊNCIA DA NORMA INFRACONSTITUCIONAL: NÃO CABIMENTO DA INJUNÇÃO. CF, ART. 5.º, LXXI.

I. A norma regulamentadora, infraconstitucional, existe. Todavia, o impetrante a considera insatisfatória. Caso de não cabimento do mandado de injunção.

II. Negativa de seguimento ao pedido. Agravo não provido.

(Ag. Reg. no Mandado de Injunção n. 600/BA, Tribunal Pleno do STF, rel. Min. Carlos Velloso. j. 26.3.2003, unânime, DJU 9.5.2003).

Legislação:

Leg. Fed. CF/88 Art. 5.º Inc. LXXI Art. 40 § 1.º Inc. I Art. 201 Inc. I Constituição Federal

Leg. Fed. Lei n. 8.112/90 Art. 186 § 1.º.

---

161. STF — CONSTITUCIONAL. MANDADO DE INJUNÇÃO: SEGUIMENTO NEGADO PELO RELATOR: LEGITIMIDADE. MANDADO DE INJUNÇÃO: INEXISTÊNCIA DE DIREITO CONCEDIDO PELA CONSTITUIÇÃO QUE ESTARIA INVIABILIZADO EM RAZÃO DE INEXISTIR NORMA INFRACONSTITUCIONAL REGULAMENTADORA. CF, ART. 5.º, LXXI.

I. É legítima, sob o ponto vista constitucional, a atribuição conferida ao relator para arquivar ou negar seguimento a pedido ou recurso RI/STF, art. 21, § 1.º; Lei n. 8.038/90, art. 38; CPC, art. 557, *caput*, § 1.º A desde que, mediante recurso, possa a decisão ser submetida ao controle do Colegiado. Precedentes do STF.

II. O preceito constitucional invocado pela impetrante, CF, art. 156, § 3.º, II, não menciona o serviço prestado pela impetrante. A impetrante não é titular, portanto, de direito concedido pela Constituição, cujo exercício estaria inviabilizado pela ausência de possibilidade jurídica do pedido.

Velloso. j. 263.2003, unânime, DJU 9.5.2003).

Legislação:

Leg. Fed. CF/88 Art. 5.º Inc. LXXI Art. 156 § 3.º Inc. II Constituição Federal

Leg. Fed. Lei n. 5.869/73 Art. 557 *Caput* § 1.º Let. a - CPC-73 Código de Processo Civil

Leg. Fed. RGI/80 Art. 21 § 1.º - RISTF-80 Regimento Interno do Supremo Tribunal Federal

Leg. Fed. Lei n. 8.038/90.

---

162. STF — MANDADO DE INJUNÇÃO. ART. 8.º, § 3.º DO ADCT. DIREITO À REPARAÇÃO ECONÔMICA AOS CIDADÃOS ALCANÇADOS PELAS PORTARIAS RESERVADAS DO MINISTÉRIO DA AERONÁUTICA. MORA LEGISLATIVA DO CONGRESSO NACIONAL.

1 – Na marcha do delineamento pretoriano do instituto do Mandado de Injunção, assentou este Supremo Tribunal que "a mera superação dos prazos constitucionalmente assinalados é bastante para qualificar, como omissão juridicamente relevante, a inércia estatal, apta a ensejar, como ordinário efeito consequencial, o reconhecimento, '*hic et nunc*', de uma situação de inatividade inconstitucional." (MI n. 543, voto do Ministro Celso de Mello, in DJ 24.5.2002). Logo, desnecessária a renovação de notificação ao órgão legislativo que, no caso, não apenas incidiu objetivamente na omissão do dever de legislar, passados quase quatorze anos da promulgação da regra que lhe criava tal obrigação, mas que, também, já foi anteriormente cientificado por esta Corte, como resultado da decisão de outros mandados de injunção.

2 – Neste mesmo precedente, acolheu esta Corte proposição do eminente Ministro Nelson Jobim, e assegurou "aos impetrantes o imediato exercício do direito a esta indenização, nos termos do direito comum e assegurado pelo § 3.º do art. 8.º do ADCT, mediante ação de liquidação, independentemente de sentença de condenação, para a fixação do valor da indenização.

3 – Reconhecimento da mora legislativa do Congresso Nacional se venham, no futuro, a beneficiar de tudo quanto, na lei a ser editada, lhes possa ser mais favorável que o disposto na decisão judicial. O pleito deverá ser veiculado diretamente mediante ação de liquidação, dando-se como certos os fatos constitutivos do direito, limitada, portanto, a atividade judicial à fixação do "quantum" devido.

4 – Mandado de injunção deferido em parte.

(Mandado de Injunção n. 562/RS, Tribunal Pleno do STF, rel. Min. Carlos Velloso, rel. p/ Acórdão Minª. Ellen Gracie. j. 20.2.2003, maioria, DJU 20.6.2003).

Legislação:

Leg. Fed. CF/88 Art. 5.º Inc. LXXI Art. 103 § 2.º Constituição Federal

Leg. Fed. ADCT/88 Art. 8.º § 3.º CF-88.

163. STF — EMBARGOS DE DECLARAÇÃO. MANDADO DE INJUNÇÃO. POLÍCIA FERROVIÁRIA FEDERAL. ART. 144, § 3.º DA CF. ILEGITIMIDADE ATIVA. PRECEDENTE. MI N. 545, REL. MIN. ILMAR GALVÃO. Repisa o embargante questão já apreciada por este Supremo Tribunal por mais de uma vez. Além do presente acórdão embargado, julgou o Plenário desta Corte, no mesmo sentido, o MI n. 545, rel. Min. Ilmar Galvão, DJ. 2.8.2002, no qual fixou-se o entendimento de que a previsão constitucional de uma Polícia Ferroviária Federal, por si só, não legitima a exigência, por parte dos impetrantes, de investidura nos cargos referentes a uma carreira que ainda não foi sequer estruturada.

Embargos rejeitados por inexistir omissão ou contradição a ser suprida além do cunho infringente de que se revestem.

(Emb. Decl. no Mandado de Injunção n. 627/SP, Tribunal Pleno do STF, rel. Min. Gilmar Mendes. j. 5.12.2002, unânime).

Legislação: CF/88 Art. 37 Art. 114 § 3.º - Constituição Federal.

164. STF — 1. MANDADO DE INJUNÇÃO. REGULAMENTAÇÃO DO ART. 144, INCISO III, E ART. 144, § 3.º, DA CONSTITUIÇÃO FEDERAL, NO QUE TANGE À NECESSIDADE DE ESTRUTURAÇÃO DA CARREIRA DE POLICIAL FERROVIÁRIO FEDERAL.

2. Interessados não detêm condições de titulares de cargo público no exercício de funções policiais ferroviários.

3. Falta de legitimidade ativa ad causam dos associados do suplicante.

4. Mandado de injunção não conhecido.

(Mandado de Injunção n. 627/SP, Tribunal Pleno do STF, rel. Min. Néri da Silveira. j. 22.4.2002, unânime, DJU 21.6.2002, p. 97).

Legislação: CF/88 Art. 5.º Inc. LXXI Art. 37 Inc. II Art. 144 § 3.º Inc. III — Constituição Federal.

165. STF — MANDADO DE INJUNÇÃO. DIREITO DE GREVE DOS SERVIDORES PÚBLICOS. ART. 37, VII, DA CONSTITUIÇÃO FEDERAL.

Configurada a mora do Congresso Nacional na regulamentação do direito sob enfoque, impõe-se o parcial deferimento do writ para que tal situação seja comunicada ao referido órgão.

(Mandado de Injunção n. 585/TO, Tribunal Pleno do STF, rel. Min. Ilmar Galvão. j. 15.5.2002, maioria, DJU 2.8.2002, p. 59).

Legislação: CF/88 Art. 37 Inc. VII — Constituição Federal

Lei Fed. n. 7.783/89.

166. STF — MANDADO DE INJUNÇÃO.

Correto o parecer da Procuradoria-Geral da República ao entender que este mandado de injunção está prejudicado, porquanto "no caso, o pedido de complementação da ordem jurídica não encontra respaldo em nenhuma norma constitucional, uma vez que, com a promulgação, em 15 de dezembro de 1998, do art. 17, da Emenda Constitucional n. 20, foi revogada a norma contida no inciso II, § 2.º, do art. 153 que deu margem ao presente mandado de injunção, in verbis. 'Art. 17. Revoga-se o inciso II do § 2.º do art. 153 da Constituição Federal'".

Mandado de injunção julgado prejudicado.

(Mandado de Injunção n. 593/MG, Tribunal Pleno do STF, rel. Min. Moreira Alves. j. 20.5.2002, unânime, DJU 14.6.2002, p. 128).

Legislação: CF/88 Art. 153 § 2.º Inc. II — Constituição Federal

EC n. 20/98, art. 17.

167. STF — MANDADO DE INJUNÇÃO. DIREITO DE GREVE DO SERVIDOR PÚBLICO. ART. 37, VII, DA CONSTITUIÇÃO FEDERAL. NECESSIDADE DE INTEGRAÇÃO LEGISLATIVA. OMISSÃO DO CONGRESSO NACIONAL.

1. Servidor público. Exercício do direito público subjetivo de greve. Necessidade de integralização da norma prevista no art. 37, VII, da Constituição Federal, mediante

edição de lei complementar, para definir os termos e os limites do exercício do direito de

greve no serviço público. Precedentes.

2. Observância às disposições da Lei n. 7.783/89, ante a ausência de lei complementar, para regular o exercício do direito de greve dos serviços públicos. Aplicação dos métodos de integração da norma, em face da lacuna legislativa. Impossibilidade. A hipótese não é de existência de lei omissa, mas de ausência de norma reguladora específica. Mandado de injunção conhecido em parte e, nessa parte, deferido, para declarar a omissão legislativa.

(Mandado de Injunção n. 485/MT, Tribunal Pleno do STF, rel. Min. Maurício Corrêa. j. 25.4.2002, maioria, DJU 23.8.2002, p. 71).

Legislação: CF/88 Art. 37 Inc. VII — Constituição Federal

DL N. 4657/42 Art. 4.º — LICC-42 Lei de Introdução ao Código Civil

Lei Fed. n. 7.783/89.

168. STF — MANDADO DE INJUNÇÃO. REGULAMENTAÇÃO DO ART. 144, § 3.º, DA CONSTITUIÇÃO FEDERAL. EMPREGADOS DA REDE FERROVIÁRIA FEDERAL S/A. INEXISTÊNCIA DE DIREITO A ENSEJAR A IMPETRAÇÃO.

A previsão constitucional da criação da Polícia Ferroviária Federal, pelo dispositivo sob enfoque, não implica o direito dos mencionados empregados a serem investidos nos cargos de tal carreira, simplesmente por desenvolverem atividades similares às que serão atribuídas aos policiais ferroviários federais. Situação em que não se evidencia direito cujo exercício esteja sendo obstado por falta de regulamentação.

Mandado não conhecido.

(Mandado de Injunção n. 545/RS, Tribunal Pleno do STF, rel. Min. Ilmar Galvão. j. 24.4.2002, unânime, DJU 2.8.2002, p. 59).

Legislação: CF/88 Art. 144 § 3.º Art. 37 — Constituição Federal

Lei Fed. n. 9.649/98.

MSG n. 935/2001 (Presidência da República).

169. STF — CONSTITUCIONAL. MANDADO DE INJUNÇÃO. CF, ART. 202, § 2.º. ADIMPLEMENTO DA NORMA CONSTITUCIONAL.

I. Com a edição da Lei n. 9.796, de 5.5.1999, ficou sem objeto o mandado de injunção.

II. MI, julgado prejudicado.

(Mandado de Injunção n. 475/SP, Tribunal Pleno do STF, rel. Min. Néri da Silveira. j. 17.4.2002, unânime, DJU 28.6.2002, p. 88).

Legislação: CF/88 Art. 202 § 2.º — Constituição Federal.

Lei Federal n. 9.796/99.

170. STF — MANDADO DE INJUNÇÃO. PERDA DE OBJETO. IMPLEMENTAÇÃO DA MEDIDA OBJETIVADA PELO IMPETRANTE.

Tendo o Presidente da República enviado ao Congresso Nacional projeto de lei acerca da revisão geral de remuneração dos servidores da União, medida pleiteada no writ, evidente o esvaziamento da impetração, que resta prejudicada.

Agravo regimental desprovido.

(Ag. Reg. no Mandado de Injunção n. 641/DF, Tribunal Pleno do STF, rel. Min. Ilmar Galvão. j. 20.2.2002, unânime, DJU 5.4.2002, p. 39).

Legislação: CF/88 Art. 37 Inc. X — Constituição Federal

171. STF — MANDADO DE INJUNÇÃO — COMPETÊNCIA ORIGINÁRIA DO SUPREMO TRIBUNAL FEDERAL (ART. 102, I, "Q", DA CF) — Não compete ao Supremo Tribunal Federal processar e julgar, originariamente, Mandado de Injunção contra atos do Tribunal de Justiça e Governador do Estado, em face do que dispõe o art. 102, I, "q", da Constituição. (STF – MI n. 36 – MA – T.P. – Rel. Min. Sydney Sanches – DJU 31.3.1995)

Superior Tribunal de Justiça

1. A RESOLUÇÃO N. 20/98 DO CONSELHO NACIONAL DE TRÂNSITO (CONTRAN) LIMITA-SE EM DISCIPLINAR O USO DE CAPACETE, PELOS CONDUTORES E PASSAGEIROS DE MOTOCICLETAS E CONEXOS — SEUS DISPOSITIVOS NÃO OBRIGAM OS MUNICÍPIOS A REGULAMENTAR O TRANSPORTE EMPRESARIAL DE PESSOAS, NOS RESPECTIVOS TERRITÓRIOS. O Art. 21 da Lei n. 9.503/97 (Código Nacional de Trânsito) refere-se aos "órgãos e entidades executivos rodoviários da União, dos Estados, do Distrito Federal e dos Municípios", apenas para distribuir entre eles o encargo de executar as normas de trânsito, e não existe direito de transportar empresarialmente passageiros em motocicletas, os municípios não estão obrigados a regulamentar tal atividade. Por isso, é improcedente o pedido de Mandado de Injunção visando tal regulamento. (STJ – REsp – 300077 – AC – 1.ª T. – Rel. Min. Humberto Gomes de Barros – DJU 10.9.2001 – p. 00278)

2. AGRAVO REGIMENTAL — MANDADO DE INJUNÇÃO — Revisão do número de vagas de Câmara Municipal. Indeferimento liminar da pretensão inicial. Despacho que defere in limine petição de mandado de injunção, com pedido alternativo de ser o mesmo recebido como representação. Improcedência da pretensão de alterar composição da Câmara Municipal, ante o óbice da coisa julgada. Inadmissibilidade da via eleita. Inviabilidade de representação, na hipótese. Agravo improvido. (TSE – MINJ 10 – (10870) – SP – Rel. Min. Miguel Jeronymo Ferrante – J. 12.9.1989)

3. COMPETÊNCIA. MANDADO DE INJUNÇÃO. Não compete ao Superior Tribunal de Justiça julgar mandado de injunção contra ato atribuído a Governador de Estado. CF, art. 105, I, "h". Mandado de injunção não conhecido. (STJ. MI n. 97 - RJ – CEsp – Rel. Min. José de Jesus Filho - DJU 21.2.1994)

4. CONSTITUCIONAL — MANDADO DE INJUNÇÃO — CABIMENTO. Tranquila orientação pretoriana sobre descaber a injunção, quando não se cuide de assegurar a viabilidade do exercício dos direitos e liberdades constitucionais e das prerrogativas inerentes a nacionalidade, a soberania e a cidadania, exercício esse acaso tornado inviável a mingua de norma regulamentadora. (STJ - MI n. 138/DF – CEsp – Rel. Min. JOSÉ DANTAS – DJU 19.12.1997, p. 67.431.

5. MANDADO DE INJUNÇÃO — AUSÊNCIA DE DIREITO — NORMA REGULAMENTADORA. A Constituição não assegura a impetrante nenhum direito de funcionar clandestinamente. A Lei n. 4.117, de 27.8.1962 regulamentou os serviços de telecomunicações e foi recepcionada pela Constituição. O pleito é para conseguir autorização de funcionamento, em caráter definitivo. Mandado de Injunção não conhecido.(STJ – MI n. 114 – Processo 199600489939 – DF – Rel. Min. Garcia Vieira – CEsp – DJU 9.12.1996 – p. 49.197)

6. MANDADO DE INJUNÇÃO — EXERCÍCIO DE DIREITO — DEMONSTRAÇÃO — EXISTÊNCIA DE NORMA REGULAMENTADORA — I – O mandado de injunção tem finalidade definida na Constituição Federal para assegurar o exercício de direitos e liberdades constitucionais e prerrogativas inerentes à nacionalidade, à soberania e à cidadania, inviabilizadas diante da falta de norma regulamentadora. II – Ausência de pressuposto específico para o manejo do mandamus, uma vez que não demonstrada pelo impetrante a existência de direito seu, em tese constitucionalmente assegurado, cujo exercício dependa de manifestação legislativa. Extinto o processo sem julgamento do mérito. (STJ – MI . 169 – DF – C.Esp. – Rel. Min. Felix Fischer – DJU 25.3.2002)

7. MANDADO DE INJUNÇÃO — LIBERAÇÃO DE RADIODIFUSORA COMUNITÁRIA — ILEGITIMIDADE PASSIVA DO MINISTRO DE ESTADO DAS COMUNICAÇÕES — PRELIMINAR ACOLHIDA — 1. A teor do art. 87, parágrafo único, II, da Constituição Federal, não se insere nas atribuições de Ministro de Estado a elaboração e expedição de norma ou decreto regulamentar. 2. Extinção do processo decretada, nos termos do art. 267, VI, do CPC. (STJ – MI n. 135 – (199700555097) – DF – CEsp. – Rel. Min. Francisco Peçanha Martins – DJU 22.5.2000 – p. 00061)

8. MANDADO DE INJUNÇÃO — RÁDIO COMUNITÁRIA — FUNCIONAMENTO — AUTORIZAÇÃO — EXISTÊNCIA DE NORMA REGULAMENTADORA — I – Verificada a falta de pressuposto específico do mandado de injunção, em face da existência de norma regulamentadora dos serviços de telecomunicações em todo o país, faz-se mister a extinção do processo sem julgamento do mérito. Precedentes. II – O mandado de injunção tem finalidade definida na Constituição Federal para assegurar o exercício de direitos e liberdades constitucionais e prerrogativas inerentes à nacionalidade, à soberania e à cidadania, inviabilizadas diante da falta de norma regulamentadora. Não cabe o seu uso como sucedâneo de *habeas corpus*. Processo extinto sem julgamento do mérito. (STJ – MI n. 163 – DF – CEsp. – Rel. Min. Felix Fischer – DJU 21.2.2000 – p. 79)

9. MANDADO DE INJUNÇÃO — RADIODIFUSÃO — FUNCIONAMENTO — O FUNCIONAMENTO DE EMISSORA DE RADIODIFUSÃO ESTÁ DEFINIDO EM LEI. INADEQUADO, ASSIM, O MANDADO DE INJUNÇÃO. (STJ – MI n. 115 – Processo 199600489947 – DF – Rel. Min. Luiz Vicente Cernicchiaro – C. Esp – DJU 25.8.1997 – p. 39.282)

10. MANDADO DE INJUNÇÃO — RADIODIFUSÃO — FUNCIONAMENTO. I – O Mandado de Injunção visa a conferir aplicabilidade à norma constitucional para concretizar o exercício de direitos e liberdades inerentes à nacionalidade, à soberania e à cidadania. Se já existem as normas regulamentadoras dos serviços de telecomunicações em todo o território nacional, incabível é o "mandamus" por falta de condição da ação. II – Precedentes. III – *"Mandamus"* não conhecido.(STJ – MI n. 147 – DF – CEsp – Rel. Min. Waldemar Zveiter – DJU 17.8.1998 – p. 2)

11. MANDADO DE INJUNÇÃO. APOSENTADORIA ESPECIAL. CONSTITUIÇÃO FEDERAL, ART. 40, PARÁGRAFO 1.º. É manifesta a ilegitimidade passiva *"ad causam"* da autoridade impetrada, se não lhe cabe a iniciativa da lei necessaria a efetivação do direito reclamado. Processo declarado extinto. (STJ – MI n. 100 – SC – CEsp – Rel. Min. Antonio Torreão Braz – DJU 17.10.1994 – p. 27.846)

12. MANDADO DE INJUNÇÃO. DIREITO CONSTITUCIONAL DA PESSOA FÍSICA OU JURÍDICA DEPENDENTE DE NORMA REGULAMENTADORA. INEXISTÊNCIA. A inexistência de um direito constitucional da impetrante, dependente de norma regulamentadora para ser deferido torna incabível o mandado de injunção. denegação do pedido. (STJ – MI n. 102 – DF – CEsp – Rel. Min. Garcia Vieira – DJU 12.12.1994 – p. 34.300)

13. MANDADO DE INJUNÇÃO. FALTA DE NORMA REGULAMENTADORA DO ART. 156 DA CONSTITUIÇÃO ESTADUAL DO MATO GROSSO DO SUL. ALEGAÇÃO QUE NÃO TORNA INVIÁVEL O EXERCÍCIO DOS DIREITOS RECLAMADOS. DENEGAÇÃO DO MANDADO. DECISÃO CONFIRMADA. Segundo dispõe a Carta Federal, conceder-se-á mandado de injunção sempre que a falta de norma regulamentadora torne inviável o exercício dos direitos e liberdades constitucionais e das prerrogativas inerentes a nacionalidade, a soberania e a cidadania. não obstante a ausência de lei regulamentando o art. 156 da Constituição Estadual, que previu a criação de órgão encarregado de publicar e conferir os valores relativos aos índices das receitas tributarias a que fazem jus os municípios, a Lei Complementar n. 63/90, concedeu o direito de acompanhamento, bem como, de conhecer e impugnar os valores publicados. inocorrendo, assim, a inviabilidade, do exercício do direito, mantém-se a decisão denegatória. (STJ – PETIÇÃO 748 – Processo 199600721459 – MS – Rel. Min. Hélio Mosimann – 2.ª Turma – DJU 13.4.1998 – p. 92)

14. MANDADO DE INJUNÇÃO. NÃO CABIMENTO DO PEDIDO, POR NÃO SE TRATAR DE CASO EM QUE FALTA A NORMA REGULAMENTADORA. O DEFEITO DA NORMA NÃO JUSTIFICA SE PLEITEIE A INJUNÇÃO. MANDADO NÃO CONHECIDO (PRECEDENTES DO STJ: MIs 115 E 138). (STJ – MI n. 121 – DF – CEsp – Rel. Min. Nilson Naves – DJU 27.4.1998 – p. 57)

15. PROCESSO CIVIL — MANDADO DE INJUNÇÃO — AGRAVO REGIMENTAL CONTRA INDEFERIMENTO LIMINAR — 1. O art. 9.º da Lei n. 9.266/96 determina que o MINISTRO DE ESTADO DA JUSTIÇA estabeleça um programa de capacitação para os integrantes da Carreira de Polícia Federal. 2. A pretensão do autor com o mandamus é o estabelecimento compulsório do programa de capacitação, para efeito de progressão funcional. 3. Agravo regimental improvido. (STJ – AGRMI n. 172 – DF – C.Esp. – Rel.ª Min.ª Eliana Calmon – DJU 24.6.2002)

16. PROCESSO CIVIL — MANDADO DE INJUNÇÃO — Na via do mandado de injunção, a Administração não pode ser compelida a reduzir, sem previsão legal, a base de cálculo do imposto de renda; só a lei, no nosso ordenamento jurídico, pode definir a base de cálculo do tributo. (CTN, art. 97, IV). (STJ – MI – 168 – DF – CEsp – Rel. Min. Ari Pargendler – DJU 1.º.10.2001 – p. 00156)

17. PROCESSUAL — MANDADO DE INJUNÇÃO — RÁDIOS COMUNITÁRIAS — NORMAS DISCIPLINADORAS DE INSTALAÇÃO E FUNCIONAMENTO — SUPOSTA LACUNA NO CÓDIGO DE TELECOMUNICAÇÕES (LEI N. 4.117/62) — INCOMPETÊNCIA DO STJ. I – Se o impetrante pretende mandado de injunção destinando a suprir afirmadas omissões no Código Nacional de Telecomunicações, a competência para conhecer do pedido e do STF. II – Se a providencia perseguida no mandado de injunção não se insere nas atribuições da autoridade impetrada, impende julgar os impetrantes carecedores da ação intentada, em face da ilegitimidade passiva *ad causam*. (MI n. 15/Costa Leite). (STJ – MI n. 146 – DF – CEsp – Rel. Min. Humberto Gomes de Barros – DJU 8.6.1998, p. 1)

18. PROCESSUAL CIVIL — DIREITO JUDICIÁRIO — MANDADO DE INJUNÇÃO — REGULAMENTAÇÃO DE DISTRIBUIÇÃO DE PROCESSOS JUDICIAIS — MATÉRIA REGULAMENTADA NA CONSTITUIÇÃO FEDERAL, NO ESTATUTO DA OAB E NO REGIMENTO INTERNO DO TRIBUNAL DE JUSTIÇA DO ESTADO — 1. Recurso Ordinário em Mandado de Injunção interposto no intuito de regulamentar a distribuição de processos judiciais. 2. Pretensão que, na verdade, não enseja propriamente a regulamentação, mas o cumprimento das normas já existentes no que se relaciona à publicidade dos atos de distribuição judiciária. Tal inconformismo não conduz à hipótese de cabimento de Mandado de Injunção e nem de Mandado de Segurança, porque contra lei em tese esta hipótese é inaceitável. 3. No caso em exame, os atos do Sr. Presidente, quer comissivos ou omissivos, não são atacados por Mandado de Injunção, mas, eventualmente, por Mandado de Segurança ou Reclamação, estritamente nas hipóteses previstas na Constituição Federal, relativamente a matéria de competência do STJ e do STF. Em havendo assim uma regulamentação no nível regimental e estando esta respaldada na autonomia do Poder Judiciário Estadual, para dispor sobre a organização judiciária, carece de possibilidade jurídica o pedido e a ação não reúnem condições de admissibilidade, competindo o processo ser extinto, sem exame do mérito, nos termos do art. 267, VI, do CPC. 4. Recurso que não tem qualquer substância jurídica ou fática, por envolver no fundo pedido juridicamente impossível de ser atendido, não merecendo a decisão recorrida qualquer reparo quando não conheceu do Mandado de Injunção, face a existência de norma legal, art. 256, do CPC, art. 7.º, VI, "*a*" e "*d*", do Estatuto da OAB, e art. 239, do Regimento Interno do Tribunal de Justiça local, alterado pela Resolução n. 004/96, de 25.9.1996, este ato atribuindo ao Vice-Presidente do Tribunal competência para proceder, em sessão pública na sala de sessões do Plenário, a distribuição dos feitos, todos os dias úteis da semana, a partir das onze horas. 5. Pedido indeferido. (STJ – PET n. 1.309 – MA – 1.ª T. – Rel. Min. José Delgado – DJU 2.4.2001 – p. 00252)

19. PROCESSUAL CIVIL — MANDADO DE INJUNÇÃO — DESPACHO INDEFERITÓRIO. I – Do despacho que, liminarmente, indefere petição de mandado de injunção o recurso apropriado e o agravo regimental. II – Se o requerente ao invés de agravar da decisão, suprime do colegiado a apreciação da matéria e, de logo, oferece o recurso ordinário, impõe-se o seu não conhecimento. precedentes do STJ. III – Agravo regimental improvido.(STJ – AGROMI n. 649 – Processo n. 199400316151 – MG – Rel. Min. Waldemar Zveiter – 3.ª Turma – DJU 19.12.1994 – p. 35.307)

20. PROCESSUAL CIVIL — MANDADO DE INJUNÇÃO — EMBARGOS DECLARATÓRIOS — OMISSÃO — INOCORRÊNCIA — Não há omissão a ser sanada no acórdão, se houve expressa menção no voto acerca da impossibilidade de apreciação, em sede de mandado de injunção, acerca de eventual prática de crime por parte do impetrante, por não ser esta a via adequada. Embargos rejeitados. (STJ – EDMI n. 163 – DF – C.Esp. – Rel. Min. Felix Fischer – DJU 4.12.2000 – p. 00047)

21. PROCESSUAL CIVIL — PROCURAÇÃO — AUSÊNCIA — MANDADO DE INJUNÇÃO — CABIMENTO — Sem instrumento de mandato, o advogado não será admitido a procurar em juízo. O mandado de injunção tem finalidade constitucionalmente definida. Não pode ser utilizado como sucedâneo de habeas corpus. Existindo norma regulamentadora, descabe a impetração do mandado de injunção. Extinção do processo sem julgamento do mérito. (STJ – MI n. 157 – DF – CEsp – Rel. Min. Garcia Vieira – DJU 6.9.1999 – p. 38)

22. PROCESSUAL CIVIL E CONSTITUCIONAL. MANDADO DE INJUNÇÃO. RECURSO ORDINÁRIO. ERRO GROSSEIRO. NÃO CONHECIMENTO. 1. A decisão denegatória de Mandado de Injunção, proferida por Tribunal Estadual, é recorrível através dos Recursos Extraordinário e Especial. 2. A interposição de Recurso Ordinário, nesta hipótese, constitui erro grosseiro, impossibilitando a análise do mérito recursal. 3. Precedente. 4. Recurso não conhecido. (STJ – PETIÇÃO n. 983 – Processo n. 199800379630 – SP – Rel. Min. Edson Vidigal – 5.ª Turma – DJU 21.9.1998, p. 215)

23. STJ — ADMINISTRATIVO — RECURSO ORDINÁRIO EM MANDADO DE SEGURANÇA — POLICIAIS MILITARES — REAJUSTE PERIÓDICO DOS VENCIMENTOS — MANDADO DE INJUNÇÃO — EXTINÇÃO DO PROCESSO SEM JULGAMENTO DO MÉRITO — RECURSO ORDINÁRIO — AUSÊNCIA DE REQUISITO PROCESSUAL (CABIMENTO) — PRELIMINAR ACOLHIDA — NÃO CONHECIMENTO.

1 – Tendo o processo de Mandado de Injunção impetrado pelos ora recorrentes sido extinto sem julgamento do mérito perante o Tribunal de Justiça do Estado de São Paulo, os mesmos interpuseram o presente Recurso Ordinário Constitucional. Entretanto, o acórdão proferido em sede de Mandado de Injunção por parte de Tribunal Estadual não é recorrível por meio de Recurso Ordinário, mas de Recursos Extraordinário ou Especial. Assim, estando ausente o requisito processual do cabimento do recurso, não há como conhecer deste. Preliminar suscitada pela recorrida e ratificada pelo "*Parquet*" Federal acolhida.

2 – Precedente (PET n. 983/SP).

3 – Recurso não conhecido.

(Recurso Ordinário em Mandado de Segurança n. 16.751/SP (2003/0126195-0), 5.ª Turma do STJ, rel. Min. Jorge Scartezzini. j. 3.2.2004, DJ 26.4.2004).

24. STJ — CONSTITUCIONAL — SERVIDOR PÚBLICO — DIREITO DE GREVE — AUSÊNCIA DE LEGISLAÇÃO INFRACONSTITUCIONAL REGULAMENTADORA — EFICÁCIA LIMITADA — PODER-DEVER DA ADMINISTRAÇÃO EM INSTAURAR PROCEDIMENTO OU PROCESSO ADMINISTRATIVO PARA AVERIGUAÇÃO DE ATOS LESIVOS AO INTERESSE PÚBLICO — PROCESSO ADMINISTRATIVO — DESRESPEITO AOS PRINCÍPIOS DO DEVIDO PROCESSO LEGAL, CONTRADITÓRIO E AMPLA DEFESA — IMPOSSIBILIDADE DA ANTECIPAÇÃO DA REPRIMENDA, SEM O RESPECTIVO DESFECHO DO COMPÊNDIO ADMINISTRATIVO — SUSPENSÃO PREVENTIVA E RELOTAÇÃO — FALTA DE MOTIVAÇÃO ESPECÍFICA.

I – O direito de greve, nos termos do art. 37, VII da Constituição Federal, é assegurado aos servidores públicos. Todavia, o seu pleno exercício necessita da edição de lei regulamentadora. Com isso, "O preceito constitucional que reconheceu o direito de greve ao servidor público civil constitui norma de eficácia meramente limitada, desprovida, em consequência, de autoaplicabilidade, razão pela qual, para atuar plenamente, depende da edição da lei complementar exigida pelo próprio texto da Constituição. A mera outorga constitucional do direito de greve ao servidor público civil não basta — ante a ausência de autoaplicabilidade da norma constante do art. 37, VII, da Constituição — para justificar o seu imediato exercício". (Mandado de Injunção 20-DF, relator Min. Celso de Mello, DJ de 22.11.1996).

II – Nos termos do art. 306 do Estatuto dos Funcionários Públicos Civis do Estado do Rio de Janeiro, "A autoridade que tiver ciência de qualquer irregularidade no serviço público é obrigada a promover-lhe a apuração imediata, por meios sumários ou mediante processo administrativo disciplinar". Neste contexto, escorreito o ato do Exm.º Des. Corregedor do Tribunal de Justiça Estadual, ao instaurar processo administrativo para apurar incidentes lesivos ao normal funcionamento do fórum. A edição da Portaria n. 17/98 inspirou-se no princípio da legalidade, sendo defeso ao Administrador furtar-se deste poder-dever.

III – O mandado de segurança é ação constitucionalizada instituída para proteger direito líquido e certo, sempre que alguém sofrer violação ou houver justo receio de sofrê-la, por ilegalidade ou abuso de poder. No caso em espeque, não há direito líquido a ser defendido, já que a pretensão do livre e pleno exercício de greve é certo, mas de eficácia limitada, pois carece de regulamentação infraconstitucional.

IV – Quanto às sanções "preventivas" aplicadas aos grevistas, suspensão e relotação, da leitura da motivação tecida na Portaria n. 17/98, não se verificam as circunstâncias especiais que levaram a Administração a mitigar os princípios basilares do processo (devido processo legal, contraditório e ampla defesa). Ao contrário, a fundamentação é clara ao traduzir mera antecipação dos resultados do compêndio administrativo. Desta forma, despicienda a imposição de qualquer pena intitulada "preventiva", quando, em verdade, o que se pretende é a produção antecipada das reprimendas, sem o desfecho do respectivo processo. Aliás, quanto a este pormenor, tanto a suspensão quanto a relotação, só fariam sentido caso a permanência dos servidores inviabilizasse a consecução do processo, mais precisamente, na fase instrutória, momento especial onde o escopo maior é a minuciosa apuração dos fatos ensejadores da instauração do PAD.

V – Recurso conhecido e parcialmente provido, tão somente, para afastar a suspensão preventiva e relotação dos servidores sindicalizados, já que as mesmas não foram motivadas de maneira pormenorizada.

Decisão:

Vistos, relatados e discutidos os autos em que são partes as acima indicadas, acordam os Ministros da QUINTA TURMA do Superior Tribunal de Justiça a Turma, por unanimidade, deu parcial provimento ao recurso, tão somente, para afastar a suspensão preventiva e relotação dos servidores sindicalizados, já que as mesmas não foram motivadas de maneira pormenorizada. Os Srs. Ministros Jorge Scartezzini, Edson Vidigal, José Arnaldo da Fonseca e Felix Fischer votaram com o Sr. Ministro Relator.

(Recurso Ordinário em Mandado de Segurança n. 12.288/RJ (2000/0074964-8), 5.ª Turma do STJ, rel. Min. Gilson Dip. j. 13.3.2002, Publ. DJ 8.4.2002 p. 234).

Referências Legislativas: LEG:EST DEL:000220 ANO:1975 ART. 305; ART. 306; ART. 308.

(ESTATUTO DOS FUNCIONÁRIOS PÚBLICOS CIVIS DO ESTADO DO RIO DE JANEIRO) LEG:EST DEC:002479 ANO:1979 (REGULAMENTO DO ESTATUTO DOS FUNCIONÁRIOS PÚBLICOS DO ESTADO DO RIO DE JANEIRO) CF/88; ART. 37 INC. 7. LEG:EST PRT:000017 ANO:1998 (TRIBUNAL DE JUSTIÇA DO ESTADO DO RIO DE JANEIRO) Doutrina: OBRA: DIREITO ADMINISTRATIVO BRASILEIRO, 23.ª ED., MALHEIROS, SÃO PAULO, 1998, P. 108-109 AUTOR: HELY LOPES MEIRELLES

Veja: STF – MI n. 20-DF STJ – ROMS 4538-SC, ROMS n. 4.512-SC.

Tribunal Superior Eleitoral

1. AGRAVO REGIMENTAL — MANDADO DE INJUNÇÃO — Revisão do número de vagas de Câmara Municipal. Indeferimento liminar da pretensão inicial. Despacho que defere in limine petição de mandado de injunção, com pedido alternativo de ser o mesmo recebido como representação. Improcedência da pretensão de alterar composição da Câmara Municipal, ante o óbice da coisa julgada. Inadmissibilidade da via eleita. Inviabilidade de representação, na hipótese. Agravo improvido. (TSE – MINJ 10 – (10870) – SP – Rel. Min. Miguel Jeronymo Ferrante – J. 12.9.1989)

2. MANDADO DE INJUNÇÃO — Impetração contra coisa julgada. Não conhecido. (TSE – MINJ 5 – (10406) – RJ – Rel. Min. Bueno de Souza – J. 9.11.1988)

3. MANDADO DE INJUNÇÃO — REGULAMENTAÇÃO DO CAP — V, III — II DA CARTA MAGNA — PARTIDOS POLITICOS — Inexistência de restrições ao exercício dos direitos constitucionais inerentes a organização partidária decorrente da ausência de norma regulamentadora. (CF, art. 5, LXXI). A lopp não se encontra revogada pela CF/88 (prec.: RES-TSE n. 15.271, de 23.5.1989). Indeferimento da inicial por falta de representação legal. (TSE – MINJ 9 – (11559) – SP – Rel. Min. Bueno de Souza – DJU 01.11.1990 – p. 12369)

Tribunal Superior do Trabalho

1. TST. MANDADO DE INJUNÇÃO — COMPETÊNCIA DA JUSTIÇA DO TRABALHO — Conforme art. 105, inciso I, letra "h", da Constituição Federal, não é da competência da Justiça do Trabalho determinar normas sobre precatório judicial extraído em reclamação trabalhista. Recurso ordinário em agravo regimental a que se nega provimento. (TST – ROAG 61584/1992 – DI – Rel. Min. Vantuil Abdala – DJU 12.4.1996 – p. 11.300)

2. TST-182918) AGRAVO DE INSTRUMENTO. RECURSO DE REVISTA. INDENIZAÇÃO POR DANOS MORAL E MATERIAL. MORA LEGISLATIVA NO IMPLEMENTO DA REVISÃO GERAL ANUAL PREVISTA NO ART. 37, X, DA CONSTITUIÇÃO DA REPÚBLICA. REAJUSTES PREVISTOS NA LEI ESTADUAL N. 10.395/95.

O indeferimento do pedido de indenização por danos morais e materiais decorrentes de mora legislativa do Estado do Rio Grande do Sul, relativa à revisão geral anual das remunerações prevista no art. 37, X, da Constituição da República, está fundamentado na impossibilidade de o Poder Judiciário, sem que seja via mandado de injunção ou ação direta de inconstitucionalidade por omissão, imputar aos Poderes Executivo ou Legislativo a obrigação de legislar sobre determinada matéria e na conclusão de que a concessão da indenização por danos morais e materiais configuraria a concessão de reajuste que só pode ser estabelecido por lei específica, nos termos do dispositivo constitucional em questão. Tal entendimento constitui observância do estabelecido nos arts. 5.º, LXXI, e 37, X, da Constituição da República e em nada se contrapõe aos arts. 1.º, III, 7.º, VI, 37, XV, e § 6.º, e 39, § 3.º, da Constituição Federal e 186, 394, 395 e 398 do Código Civil, conforme precedentes desta Corte. No que se refere aos reajustes previstos na Lei Estadual n. 10.395/95, o Tribunal Regional manteve o indeferimento do pedido destacando que na lei em questão consta expressamente a exclusão dos trabalhadores que, como os reclamantes, mantinham atividade no extinto Departamento Estadual de Portos, Rios e Canais. Ilesos os arts. 5.º e 37 da Constituição da República. Decisão agravada que se mantém. Agravo de instrumento a que se nega provimento. (AIRR n. 46740-69.2004.5.04.0121, 1.ª Turma do TST, rel. Walmir Oliveira da Costa. unânime, DEJT 02.12.2010).

3. TST-157199) AGRAVO DE INSTRUMENTO. RECURSO DE REVISTA. AUSÊNCIA DE REAJUSTE ANUAL DOS VENCIMENTOS. A TESE DE VIOLAÇÃO DO Art. 103, § 2.º, DA CONSTITUIÇÃO DA REPÚBLICA JUSTIFICA O PROCESSAMENTO DO RECURSO DE REVISTA. AGRAVO PROVIDO. RECURSO DE REVISTA. AUSÊNCIA DE REAJUSTE ANUAL DOS VENCIMENTOS.

A omissão dos Poderes Legislativo e Executivo na edição das Leis que lhes incumbe propor e promulgar constitui evento para o qual a ordem jurídica posta estabelece como instrumentos reparadores o Mandado de Injunção e a Ação Direta de Inconstitucionalidade por omissão. Considera-se, portanto, inadequada a condenação do reclamado ao pagamento de indenização, ante a ausência dos reajustes salariais, sob pena de se usurpar competência constitucionalmente atribuída ao Poder Executivo. Recurso de revista conhecido e provido.
(RR n. 70740-89.2006.5.15.0014, 2.ª Turma do TST, rel. Renato de Lacerda Paiva. unânime, DEJT 07.10.2010).

Tribunais Regionais do Trabalho

1. TRT — INTERDITO PROIBITÓRIO. LIMITES DO EXERCÍCIO DO DIREITO DE GREVE. COMPETÊNCIA FUNCIONAL.

Conforme entendimento do STF ao apreciar o Mandado de Injunção n. 708/DF, a competência funcional, para julgamentos das matérias afetas ao direito de greve do servidor público civil, deve seguir os mesmos ditames da regra funcional para apreciação da greve dos empregados regidos pela CLT e que, em ambos os casos, cabe aos Tribunais (e não ao juízo singular) apreciar e processar "os interditos possessórios para desocupação de dependências" e "demais medidas cautelares que apresente conexão direta com o dissídio coletivo de greve".
(RECORD n. 0001900-19.2009.5.05.0493 (008254/2010), 2.ª Turma do TRT da 5.ª Região/BA, rel. Renato Mário Borges Simões. DJ 30.3.2010)

2. TRT — SERVIDOR PÚBLICO. INÉRCIA DO PODER EXECUTIVO MUNICIPAL EM PROMOVER A REVISÃO GERAL ANUAL DA REMUNERAÇÃO.

Ressalvadas as hipóteses de mandado de injunção ou de ação direta de inconstitucionalidade por omissão, não compete ao Poder Judiciário, por meio de reclamatória trabalhista, implementar a revisão anual de salários de um determinado servidor, já que a matéria deve ser objeto de lei municipal, de iniciativa exclusiva do chefe do Poder Executivo local, garantindo índices uniformes a todos os servidores. Recurso conhecido e desprovido.
(Processo n. 06653-2005-006-09-00-4 (19277-2008), 3.ª Turma do TRT da 9.ª Região/PR, rel. Paulo Ricardo Pozzolo. DJ 6.6.2008)

3. TRT — MANDADO DE INJUNÇÃO — NÃO CABIMENTO — EXTINÇÃO DO PROCESSO SEM RESOLUÇÃO DE MÉRITO — EXCESSO DE FORMALISMO E NEGATIVA DE PRESTAÇÃO JURISDICIONAL.

Uma vez provocada a jurisdição e presentes os requisitos legais, indiferente se mostra a nomenclatura dada à peça vestibular, cabendo ao juiz a análise dos fatos trazidos pelo autor e a entrega da prestação da tutela jurisdicional. A extinção in limine de ação de mandado de injunção, quando presentes na inicial todos os requisitos de uma reclamação trabalhista, configura negativa de prestação jurisdicional e conspira contra os princípios da informalidade e economia processual. Recurso ordinário conhecido e provido.
(RO n. 00158-2009-012-16-00-9, 1.ª Turma do TRT da 16.ª Região/MA, rel. José Evandro de Souza. j. 17.11.2010, unânime, DJ 24.11.2010)

4. TRT — SUSPENSÃO DO PROCESSO. MANDADO DE INJUNÇÃO. POSSIBILIDADE.

A decisão do Mandado de Injunção impetrado pelo autor influirá definitivamente no julgamento desta ação, na medida em que o reclamante pleiteou, naquela ação constitucional, que o STF estabelecesse a norma regulamentadora para o caso, necessária ao exercício do direito ao aviso-prévio proporcional ao tempo de serviço, configurando-se verdadeira prejudicial externa. A moderna Teoria Concretista Individual vem sendo aplicada pelo STF em sede de Mandado de Injunção, permitindo a regulamentação de casos concretos diretamente pelo Judiciário, ante a mora do legislador.

(RO n. 27000-46.2009.5.17.0006, 2.ª Turma do TRT da 17.ª Região/ES, rel. Cláudio Armando Couce de Menezes. Unânime, DEJT 15.12.2010).

5. TRT — INDENIZAÇÃO POR DISPENSA IMOTIVADA — CONSTITUIÇÃO FEDERAL, ART. 7.º, INCISO I — MATÉRIA RESERVADA À LEI COMPLEMENTAR — FIXAÇÃO POR ÓRGÃO DO PODER JUDICIÁRIO — IMPOSSIBILIDADE.

1. A proteção a que se refere o inciso I do art. 7.º da CF/88 está limitada pelo art. 10, inciso I, do ADCT, à indenização no importe de 40% dos depósitos realizados na conta vinculada do trabalhador no FGTS, ao menos até a edição de lei complementar pelo Congresso Nacional.

2. Não cabe ao juiz imiscuir-se na atividade legislativa, sob pena de ofensa ao princípio da separação dos poderes (CF/88, art. 2.º). Nesse sentido, as matérias reservadas à lei pelo constituinte originário somente podem ser colmatadas pelo Parlamento, admitindo-se a ordem jurídico-constitucional, excepcionalmente, a insurgência em face da inércia do legislador por meios processuais próprios, tais como a Ação Direta de Inconstitucionalidade por Omissão (art. 103, § 2.º) e o Mandado de Injunção (art. 5.º, LXXI). Recurso ordinário provido, por unanimidade.

(RO n. 175/2008-1-24-0-8, 2.ª Turma do TRT da 24.ª Região/MS, rel. Nicanor de Araújo Lima. j. 29.7.2009, unânime, DEJT 5.8.2009)

6. TRT — INDENIZAÇÃO POR DISPENSA IMOTIVADA — CONSTITUIÇÃO FEDERAL, ART. 7.º, INCISO I — MATÉRIA RESERVADA À LEI COMPLEMENTAR — FIXAÇÃO POR ÓRGÃO DO PODER JUDICIÁRIO — IMPOSSIBILIDADE.

1. A proteção a que se refere o inciso I do art. 7.º da CF/88 está limitada pelo art. 10, inciso I, do ADCT, à indenização no importe de 40% dos depósitos realizados na conta vinculada do trabalhador no FGTS, ao menos até a edição de lei complementar pelo Congresso Nacional.

2. Não cabe ao juiz imiscuir-se na atividade legislativa, sob pena de ofensa ao princípio da separação dos poderes (CF/88, art. 2.º). Nesse sentido, as matérias reservadas à lei pelo constituinte originário somente podem ser colmatadas pelo Parlamento, admitindo-se a ordem jurídico-constitucional, excepcionalmente, a insurgência em face da inércia do legislador por meios processuais próprios, tais como a Ação Direta de Inconstitucionalidade por Omissão (art. 103, § 2.º) e o Mandado de Injunção (art. 5.º, LXXI). Recurso ordinário provido, por unanimidade.

(RO n. 175/2008-1-24-0-8, 2.ª Turma do TRT da 24.ª Região/MS, rel. Nicanor de Araújo Lima. j. 29.7.2009, unânime, DEJT 5.8.2009)

Tribunais Regionais Federais

1. TRF1 — REPARAÇÃO DE NATUREZA ECONÔMICA PREVISTA NO § 3.º DO ART. 8.º DO ADCT DA CARTA MAGNA.

1. Improcedência da preliminar de prescrição quinquenal (Decreto n. 20.910/32, art. 1.º), seja porque o direito previsto no § 3.º do art. 8.º do ADCT da atual Carta Magna (reparação de natureza econômica), depende de lei para a sua regulamentação, seja porquanto no mandado de injunção impetrado pelos autores, julgado em 1994, foi assegurado o direito ao ajuizamento desta ação, proposta em 1995, para a obtenção da reparação de natureza econômica.

2. Estando comprovado que os autores foram atingidos pelos efeitos das Portarias Reservadas do Ministério da Aeronáutica, têm direito à reparação de natureza econômica prevista no § 3.º do art. 8.º do ADCT da Carta Magna.

3. Reparação de natureza econômica, que abrange os danos patrimoniais e morais, razoavelmente fixada em R$ 281.600,00 (duzentos e oitenta e um mil e seiscentos reais) por autor.

4. A superveniência da Lei n. 10.559/2002 (art. 2.º, V), que regulamentou, dentre outros, o direito à reparação de natureza econômica prevista no § 3.º do art. 8.º do ADCT da atual Constituição, não tem fundamento jurídico para restringir o valor da indenização fixada, uma vez que ao decidir o Mandado de Injunção 355/DF, pelo qual foi reconhecido aos autores o direito de ajuizar ação visando a obter a reparação econômica, a Suprema Corte não limitou o seu valor no caso de eventual regulamentação da norma constitucional transitória em questão, sendo inaplicável, assim (CPC, art. 462), o disposto no § 2.º do art. 4.º da Lei n. 10.559/2002.

5. Apelação e remessa a que se nega provimento.

(Apelação Cível n. 01000768110/DF, 3.ª Turma Suplementar do TRF da 1.ª Região, rel. Convocado Juiz Leão Aparecido Alves. j. 27.11.2003, unânime, DJU 29.1.2004)

2. TRF1 — CONSTITUCIONAL E CIVIL. ANISTIA. REPARAÇÃO ECONÔMICA. ADCT/88, ART. 8.º, § 3.º. CRITÉRIOS PARA FIXAÇÃO. AÇÃO DE REPARAÇÃO. PRESCRIÇÃO. INOCORRÊNCIA.

1. Não ocorreu a prescrição, na espécie, eis que o direito de ação somente surgiu com a decisão da Corte Suprema, proferida em Mandado de Injunção, transitada em julgado em 12.2.1997, sendo a ação ajuizada em 23.4.1997.

2. O § 3.º do art. 8.º do ADCT/88 assegurou reparação de natureza econômica aos cidadãos que foram impedidos de exercer, na vida civil, atividade profissional específica, caso dos autores, deixando ao Congresso Nacional a tarefa de disciplinar dita reparação. Ante a inércia do Poder Legislativo, os autores ajuizaram Mandado de Injunção no Supremo Tribunal Federal, que reconheceu a possibilidade de ajuizarem, imediatamente, ação para obtenção da reparação devida.

3. Procedência da ação, com a fixação da reparação, pelo juiz, com base em critérios razoáveis (salário da respectiva categoria), a partir de doze meses desde a promulgação da Constituição Federal de 1988, data em que deveria estar em vigor a Lei a que alude o § 3.º do art. 8.º do ADCT/88.

4. Sentença confirmada.

5. Apelações e remessa oficial desprovidas.

(Apelação Cível n. 34000091722/DF, 6.ª Turma do TRF da 1.ª Região, rel. Des. Fed. Daniel Paes Ribeiro. j. 15.9.2003, maioria, DJU 27.10.2003).

3. TRF1 — AGRAVO REGIMENTAL. ACÓRDÃO QUE, POR VOTAÇÃO MAJORITÁRIA, DECIDE RECURSO DE APELAÇÃO E REMESSA "EX OFFICIO" EM MANDADO DE SEGURANÇA. EMBARGOS INFRINGENTES. INADMISSIBILIDADE.

1. "Das decisões proferidas em apelação e remessa oficial em mandado de segurança, mandado de injunção e em "habeas data" não cabem embargos infringentes" (RITRF-1.ª Região, art. 297, parágrafo único).

2. Agravo regimental a que se nega provimento.

(Agravo Regimental nos Embargos Infringentes na AMS n. 37000063257/MA, 1.ª Seção do TRF da 1.ª Região, rel. Des. Federal Carlos Moreira Alves. j. 23.4.2003, unânime, DJ 19.5.2003, p. 19).

4. TRF1 — CONSTITUCIONAL E PROCESSUAL CIVIL. PORTARIA MTPS N. 3.458/91. ÍNDICE DE 147,06%, RELATIVO AOS BENEFÍCIOS DA PREVIDÊNCIA SOCIAL. AÇÃO CIVIL PÚBLICA. MINISTÉRIO PÚBLICO. ILEGITIMIDADE ATIVA *"AD CAUSAM"*.

1. O Ministério Público não possui legitimidade ativa *"ad causam"* para a ação civil pública visando à correção de benefícios previdenciários, por não se tratar da hipótese de direito individual indisponível ou de interesse social apropriado. Precedentes do STJ.

2. Apelação a que se nega provimento.

(Apelação Cível n. 93.01.35300-8/DF, 1.ª Turma Suplementar do TRF da 1.ª Região, rel. Convocado Juiz Fed. Saulo José Casali Bahia. j. 9.11.2004, unânime, DJ 3.2.2005).

Referência Legislativa: Leg. Fed. Prt. 3458/91 MTPS. Leg. Fed. CF/88 Art. 129 Inc. III

Leg. Fed. Lei n. 7347/85 Art. 1.º Inc. I Inc. II Inc. III Inc. IV. Leg. Fed. Lei n. 8.078/90 – Código de Defesa do Consumidor Art. 81 Inc. I Inc. II Inc. III. Leg. Fed. Lei n. 5869/73 – Código de Processo Civil Art. 267 Inc. VI § 3.º.

Doutrina: Título: Mandado de Segurança, Ação Popular, Ação Civil Pública, Mandado de Injunção e *Habeas Data*. Autor: Hely Lopes Meirelles. Edição 17.ª, São Paulo, Ed. Malheiros, 1996, v. 161, 163.

5. TRF1 — CONSTITUCIONAL — APOSENTADORIA ESPECIAL (ART. 40, § 4.º DA CF/88) — SERVIÇO ESTATUTÁRIO PRESTADO EM CONDIÇÕES INSALUBRES, PERIGOSAS OU PENOSAS SOB O REGIME ESTATUTÁRIO — RADIOLOGIA — LEI COMPLEMENTAR NÃO EDITADA — AUSÊNCIA DE DIREITO LÍQUIDO E CERTO.

1 – A aposentadoria especial, por tempo de serviço estatutário prestado sob condições "penosas, insalubres ou perigosas" não consubstancia "direito líquido e certo" amparável por mandado de segurança nem "direito cujo exercício dependa de norma regulamentadora", sanável por mandado de injunção.

2 – Tratando-se de simples expectativa que decorre do caráter programático de certos pontos da Constituição Federal, não pode ser aplicada aos servidores públicos, uma vez que o art. 40, § 1.º da Constituição Federal faculta ao Legislativo a edição de lei complementar que estabeleça exceções ao disposto no inciso III, "a" e "c", hipótese que ainda não aconteceu.

3 – Precedente do STF: MI n. 425-1/DF (DJ 11.11.1994).

4 – Remessa oficial provida. Apelações prejudicadas.

(Apelação em Mandado de Segurança n. 01000740409/DF, 2.ª Turma Suplementar do TRF da 1.ª Região, relª. Convocado Juiz Fed. Gilda Sigmaringa Seixas. j. 2.6.2004, unânime, DJU 24.6.2004)

6. TRF1 — REPARAÇÃO DE NATUREZA ECONÔMICA PREVISTA NO § 3.º DO ART. 8.º DO ADCT DA CARTA MAGNA.

1. Improcedência da preliminar de prescrição quinquenal (Decreto n. 20.910/32, art. 1.º), seja porque o direito previsto no § 3.º do art. 8.º do ADCT da atual Carta Magna (reparação de natureza econômica), depende de lei para a sua regulamentação, seja porquanto no mandado de injunção impetrado pelos autores, julgado em 1994, foi assegurado o direito ao ajuizamento desta ação, proposta em 1995, para a obtenção da reparação de natureza econômica.

2. Estando comprovado que os autores foram atingidos pelos efeitos das Portarias Reservadas do Ministério da Aeronáutica, têm direito à reparação de natureza econômica prevista no § 3.º do art. 8.º do ADCT da Carta Magna.

3. Reparação de natureza econômica, que abrange os danos patrimoniais e morais, razoavelmente fixada em R$ 281.600,00 (duzentos e oitenta e um mil e seiscentos reais) por autor.

4. A superveniência da Lei n. 10.559/2002 (art. 2.º, V), que regulamentou, dentre outros, o direito à reparação de natureza econômica prevista no § 3.º do art. 8.º do ADCT da atual Constituição, não tem fundamento jurídico para restringir o valor da indenização fixada, uma vez que ao decidir o Mandado de Injunção 355/DF, pelo qual foi reconhecido aos autores o direito de ajuizar ação visando a obter a reparação econômica, a Suprema Corte não limitou o seu valor no caso de eventual regulamentação da norma constitucional transitória em questão, sendo inaplicável, assim (CPC, art. 462), o disposto no § 2.º do art. 4.º da Lei n. 10.559/2002.

5. Apelação e remessa a que se nega provimento.

(Apelação Cível n. 01000768110/DF, 3.ª Turma Suplementar do TRF da 1.ª Região, rel. Convocado Juiz Leão Aparecido Alves. j. 27.11.2003, unânime, DJU 29.1.2004)

7. TRF1 — CONSTITUCIONAL E CIVIL. ANISTIA. REPARAÇÃO ECONÔMICA. ADCT/88, ART. 8.º, § 3.º. CRITÉRIOS PARA FIXAÇÃO. AÇÃO DE REPARAÇÃO. PRESCRIÇÃO. INOCORRÊNCIA.

1. Não ocorreu a prescrição, na espécie, eis que o direito de ação somente surgiu com a decisão da Corte Suprema, proferida em Mandado de Injunção, transitada em julgado em 12.2.1997, sendo a ação ajuizada em 23.4.1997.

2. O § 3.º do art. 8.º do ADCT/88 assegurou reparação de natureza econômica aos cidadãos que foram impedidos de exercer, na vida civil, atividade profissional específica, caso dos autores, deixando ao Congresso Nacional a tarefa de disciplinar dita reparação. Ante a inércia do Poder Legislativo, os autores ajuizaram Mandado de Injunção no Supremo Tribunal Federal, que reconheceu a possibilidade de ajuizarem, imediatamente, ação para obtenção da reparação devida.

3. Procedência da ação, com a fixação da reparação, pelo juiz, com base em critérios razoáveis (salário da respectiva categoria), a partir de doze meses desde a promulgação da Constituição Federal de 1988, data em que deveria estar em vigor a Lei a que alude o § 3.º do art. 8.º do ADCT/88.

4. Sentença confirmada.

5. Apelações e remessa oficial desprovidas.

(Apelação Cível n. 34000091722/DF, 6.ª Turma do TRF da 1.ª Região, rel. Des. Fed. Daniel Paes Ribeiro. j. 15.9.2003, maioria, DJU 27.10.2003)

8. TRF1 — PROCESSUAL CIVIL. AGRAVO REGIMENTAL. ACÓRDÃO NÃO UNÂNIME. RECURSO DE APELAÇÃO E REMESSA EM MANDADO DE SEGURANÇA. EMBARGOS INFRINGENTES. INADMISSIBILIDADE.

1. "Das decisões proferidas em apelação e remessa oficial em mandado de segurança, mandado de injunção e em habeas data não cabem embargos infringentes". (RITRF - 1.ª Região, art. 297, parágrafo único).

2. Agravo regimental a que se nega provimento.

(Agravo Regimental nos Embargos Infringentes na AMS n. 01000105825/BA, 4.ª Turma do TRF da 1.ª Região, rel. Des. Fed. Mário César Ribeiro, rel. p/ Acórdão Des. Fed. Hilton Queiroz. j. 2.9.2003, unânime, DJU 10.10.2003)

9. TRF1 — AGRAVO REGIMENTAL. ACÓRDÃO QUE, POR VOTAÇÃO MAJORITÁRIA, DECIDE RECURSO DE APELAÇÃO E REMESSA *EX OFFICIO* EM MANDADO DE SEGURANÇA. EMBARGOS INFRINGENTES. INADMISSIBILIDADE.

1. "Das decisões proferidas em apelação e remessa oficial em mandado de segurança, mandado de injunção e em *habeas data* não cabem embargos infringentes". (RITRF-1.ª Região, art. 297, parágrafo único)

2. Agravo regimental a que se nega provimento.

(Agravo Regimental nos Embargos Infringentes na AMS n. 37000063257/MA, 1.ª Seção do TRF da 1.ª Região, rel. Des. Federal Carlos Moreira Alves. j. 23.4.2003, unânime, DJ 19.5.2003, p. 19)

10. TRF1 — CONSTITUCIONAL E CIVIL. ANISTIA. RESPONSABILIDADE DO ESTADO. REPARAÇÃO ECONÔMICA. ADCT/88. ART. 8.º. INAPLICABILIDADE DO § 1.º AO § 3.º. CRITÉRIOS PARA FIXAÇÃO.

1. O § 3.º do art. 8.º do ADCT/88 assegurou reparação de natureza econômica aos cidadãos que foram impedidos de exercer, na vida civil, atividade profissional específica, deixando ao Congresso Nacional a tarefa de disciplinar dita reparação. A referida norma, de eficácia limitada, teve aplicabilidade e eficácia plena após o trânsito em julgado de mandado de injunção impetrado pelos autores no Supremo Tribunal Federal, que reconheceu a possibilidade de ajuizarem, imediatamente, ação para obtenção da reparação devida.

2. O § 1.º do art. 8.º do ADCT/88, que veda remuneração de qualquer espécie em caráter retroativo, não se aplica ao § 3.º, uma vez que esvaziaria por completo seu significado e o tornaria inútil.

3. Procedência da ação, com a fixação da reparação, pelo juiz, com base em critérios razoáveis (salário de comandante de Boeing 737), pelo período em que estiveram impedidos de exercer suas profissões.

4. Sentença parcialmente reformada para reduzir o montante da indenização por danos morais.

5. Apelação da União parcialmente provida.

(Apelação Cível n. 01000604534/DF, 6.ª Turma do TRF da 1.ª Região, rel. Des. Federal Maria do Carmo Cardoso. j. 16.12.2002, maioria, DJ 19.5.2003, p. 195)

11. TRF1 — ADMINISTRATIVO E PREVIDENCIÁRIO. SERVIDOR PÚBLICO. CONVERSÃO DE TEMPO ESPECIAL EM COMUM. EXPOSIÇÃO A AGENTES INSALUBRES EM PERÍODO SOB REGIME CELETISTA. TRABALHO PERMANENTE, NÃO OCASIONAL NEM INTERMITENTE. DECRETOS 53.831/64 E 83.080/79. REQUISITOS. POSSIBILIDADE. AUSÊNCIA DE DOCUMENTOS COMPROBATÓRIOS DO EXERCÍCIO DE ATIVIDADE ESPECIAL. CONVERSÃO DE TEMPO ESPECIAL EM PERÍODO POSTERIOR À LEI N. 8.112/90: IMPOSSIBILIDADE.

1. "O servidor público que, quando ainda celetista, laborava em condições insalubres, tem o direito de averbar o tempo de serviço com aposentadoria especial, na forma da legislação anterior, posto que já foi incorporado ao seu patrimônio jurídico." (STJ, 5.ª Turma, RESP n. 259.495/PB, rel. Min. Jorge Scartezzini, unânime, DJ 26.8.2002)

2. Não comprovado o exercício de atividade profissional considerada prejudicial à saúde, os substituídos não têm direito à conversão do tempo de atividade especial em tempo de atividade comum para fins de averbação.

3. Com relação ao direito à contagem de tempo referente ao período posterior à Lei n. 8.112/90, no julgamento do Mandado de Injunção n. 721/DF, o Plenário do Supremo Tribunal Federal manifestou entendimento no sentido de que ausente a disciplina específica da aposentadoria especial do servidor público, impõe-se a adoção daquela própria aos trabalhadores em geral — art. 57, § 1.º, da Lei n. 8.213/91. Entretanto, os substituídos do sindicato autor não apresentaram aos autos qualquer comprovante do exercício da atividade em condições especiais.

4. Apelação do sindicato autor a que se nega provimento. Apelação do INSS, apelação da UFMG, e remessa oficial, tida por interposta, a que se dá provimento para julgar improcedente o pedido.

(Apelação Cível n. 2005.38.00.045336-4/MG, 1.ª Turma do TRF da 1.ª Região, rel. Antônio Sávio de Oliveira Chaves. j. 17.9.2008, unânime, e-DJF1 13.1.2009, p. 39)

12. TRF1 — PREVIDENCIÁRIO E PROCESSUAL CIVIL — APOSENTADORIA ESPECIAL — SERVIDOR PÚBLICO — ILEGITIMIDADE PASSIVA *AD CAUSAM* DA UFMG — PERÍODO ANTERIOR À EDIÇÃO DA LEI N. 8.112/90 — RECONHECIMENTO DE OFÍCIO — PERÍODO POSTERIOR — RECONHECIMENTO DE TEMPO DE SERVIÇO ESPECIAL — EXPOSIÇÃO A AGENTES INSALUBRES — CATEGORIA PROFISSIONAL — FARMACÊUTICO BIOQUÍMICO — LEIS NS. 9.032, DE 28.4.1995 — DECRETO N. 53.831/1964 — DECISÃO DO STF NO MI N. 721-7/DF — POSSIBILIDADE.

1. "A contagem e a certificação de tempo de serviço prestado sob o regime celetista é atribuição do INSS, que detém, por isso, a legitimidade exclusiva para figurar no polo passivo da ação." (AC 1998.38.00.037819-0/MG, Relator: Desembargador Federal Luiz Gonzaga Barbosa Moreira, Primeira Turma, DJ 7.3.2005)

2. O Supremo Tribunal Federal, em 30.8.2007, ao julgar o MI n. 721-7/DF, reconheceu a uma servidora pública o direito à aposentadoria especial, adotando disciplina própria aos trabalhadores da iniciativa privada, nos termos em que previsto no art. 57, § 1.º, da Lei n. 8.213/91. O Relator ressaltou a natureza mandamental do mandado de injunção, a eficácia imediata das normas definidoras dos direitos e garantias fundamentais constantes da Constituição de 1988, e para o Ministro Eros Grau o Tribunal está vinculado pelo dever-poder de, no mandado de injunção, formular supletivamente a norma regulamentadora faltante e definir os parâmetros que hão de ser definidos "de modo abstrato e geral, para regular todos os casos análogos, visto que norma jurídica é preceito, abstrato, genérico e inovador — tendente a regular o comportamento social de sujeitos associados - que se integra no ordenamento jurídico e não se dá norma para um só".

3. O tempo de serviço especial é aquele decorrente de serviços prestados sob condições prejudiciais à saúde ou em atividades com riscos superiores aos normais para o segurado e, cumprido os requisitos legais, dá direito à aposentadoria especial. As atividades consideradas prejudiciais à saúde foram definidas pela legislação previdenciária, especificamente, pelos Decretos ns. 53.831/64, 83.080/79 e 2.172/97 (AMS 2000.38.00.018266-8/MG, relator Des. Federal Luiz Gonzaga Barbosa Moreira, Primeira Turma, DJ 17.3.2003).

4. Quanto à comprovação da exposição ao agente insalubre, tratando-se de período anterior à vigência da Lei n. 9.032/95, de 28.4.1995, que deu nova redação ao § 3.º do art. 57 da Lei n. 8.213/91, basta que a atividade seja enquadrada nas relações dos Decretos ns. 53.831/64 ou 83.080/79, não sendo necessário laudo pericial. Determinadas categorias profissionais estavam elencadas como especiais em virtude da atividade profissional exercida pelo trabalhador, hipótese em que havia uma presunção legal de exercício em condições ambientais agressivas ou perigosas. Nesses casos, o reconhecimento do tempo de serviço especial não depende da exposição efetiva aos agentes nocivos. Essa presunção legal é admitida até o advento da Lei n. 9.032/95 (28.4.1995). A partir dessa lei, a comprovação da atividade especial é feita por intermédio dos formulários SB-40 e DSS-8030, até a edição do Decreto n. 2.172/97, que regulamentou a MP n. 1.523/96, a qual foi posteriormente convertida na Lei n. 9.528, de 10.12.1997, momento em que se passou a exigir o laudo técnico. (RESP n. 625.900/SP, relator Ministro Gilson Dipp, Quinta Turma, DJ 7.6.2004; AMS 2001.38.00.002430-2/MG, relator Desembargador Federal Antônio Sávio de Oliveira Chaves, Primeira Turma, DJ 16.1.2004)

5. A atividade laboral exercida pelo autor consta no item no item 2.1.3 do Anexo II de Decreto n. 83.080/79 — Farmácia e Bioquímica.

6. Reconhecimento, de ofício, da ilegitimidade passiva ad causam da UFMG, quanto ao reconhecimento do tempo especial anterior à edição da Lei n. 8.112/91 e, quanto ao período posterior, provimento parcial à apelação do autor para reconhecer como especial o tempo de serviço posterior à instituição do Regime Jurídico Único até 28.04.95.

(Apelação Cível n. 1998.38.00.025927-8/MG, 1.ª Turma do TRF da 1.ª Região, rel. José Amílcar Machado. j. 12.12.2007, unânime, DJ 9.1.2008, p. 30).

13. TRF2 — TRIBUTÁRIO E CIVIL — PENSÃO DE EX-COMBATENTE — VIA ELEITA — IMPROPRIEDADE.

1. Sentença que indeferiu a petição inicial por entender o Juízo a quo ser ilegítima a parte passiva na relação processual na qual postulava a apelante imunidade tributária em pensão especial de ex-combatente.

2. Sabidamente, a doutrina e jurisprudência têm se fixado na seguinte premissa: "Não é autoridade coatora a que não pode corrigir o ato impugnado de ilegal." (STJ – Pleno – MS 3.313-8/DF, rel. Min. Antônio de Pádua Ribeiro, J. 26.5.1994)

3. *In casu*, o Diretor de Inativos e Pensionistas da Marinha apenas efetua a retenção, não tendo o mesmo capacidade para corrigir ou desfazer o referido ato.

4. O vício da ilegitimidade é substancial, tendo decidido o Supremo Tribunal Federal, Pleno, MI n. 414-5/SC, rel. Min. Néri da Silveira, DJU 6.5.1994, p. 10.468.

5. "É invisível substituir, no polo passivo da relação processual, quer no mandado de injunção, quer no mandado de segurança, a autoridade impetrada que o requerente indicou na inicial."

(Apelação em Mandado de Segurança n. 52050/RJ (200351010132908), 1.ª Turma do TRF da 2.ª Região, rel². Juíza Julieta Lidia Lunz. j. 9.11.2004, unânime, DJU 16.3.2005).

14. TRF2 — DIREITO PREVIDENCIÁRIO E PROCESSUAL CIVIL. AGRAVO. BENEFÍCIO CONCEDIDO SOB A ÉGIDE DO DECRETO N. 89.312/84. REVISÃO DA RENDA MENSAL INICIAL NOS TERMOS DA CONSTITUIÇÃO FEDERAL DE 1988. DESCABIMENTO. INTELIGÊNCIA DA SÚMULA N. 359 DO SUPREMO TRIBUNAL FEDERAL.

1 – O benefício em tela foi concedido anteriormente à promulgação da Constituição Federal de 1988 sendo incabível a revisão da Renda Mensal Inicial, calculada com base na média dos últimos trinta e seis salários de contribuição, corrigidos monetariamente, mês a mês, porquanto na legislação que vigia à época da concessão da aposentadoria em tela, o salário de benefício (base de cálculo para a obtenção do valor da aposentadoria) consistia na média aritmética dos 36 últimos salários de contribuição, sem a correção monetária dos doze últimos.

2 – Nesse sentido, muito embora esta forma de cálculo fosse injusta e prejudicial para os segurados, havia respaldo legal para a sua aplicação, revestindo-se o ato da concessão da aposentadoria da qualidade de ato jurídico perfeito, inalcançável pela nova ordem constitucional.

3 – Ademais, o art. 202 da Carta Magna (redação anterior à EC n. 20/98) não é norma autoaplicável, como, reiteradamente, entendeu o Supremo Tribunal Federal (Mandado de Injunção n. 306, RE n. 164931). Necessário, portanto, para a sua plena eficácia, a integração legislativa, o que somente ocorreu com a edição da Lei n. 8.213/91, tal como disposto na Súmula n. 26 deste egrégio Tribunal.

4 – Quanto ao direito da aposentadoria proporcional (§ 1.º do art. 202, da CF/88), trata-se de norma de eficácia contida, limitado pelo plano de benefícios da previdência social, não encontrando, pois, respaldo jurídico a pretensão em tela.

5 – Vale dizer, aplica-se à aposentadoria previdenciária a Súmula 359 (texto revisado): "Ressalvada a revisão prevista em lei, os proventos da inatividade regulam-se pela lei vigente ao tempo em que o militar, ou o servidor civil, reuniu os requisitos necessários".

6 – Por outro lado, as normas consubstanciadas no art. 201, §§ 1.º e 3.º e 202 da Lei Maior devem ser interpretadas em harmonia com o art. 5.º, inciso XXXVI, da Constituição Federal, e a aplicação retroativa desses dispositivos constitucionais ao benefício do autor implicaria em evidente violação ao princípio da irretroatividade das leis.

7 – Agravo conhecido, mas improvido.

(Agravo Interno na Apelação Cível n. 120724/RJ (9602332069), 5.ª Turma do TRF da 2.ª Região, rel. Juiz Guilherme Calmon Nogueira da Gama. j. 30.6.2003, unânime, DJU 3.9.2003).

15. TRF2 — ADMINISTRATIVO, CONSTITUCIONAL E PROCESSUAL CIVIL — PENSÃO ESTATUTÁRIA — REVISÃO — ART. 40, § 5.º, DA CONSTITUIÇÃO FEDERAL, ATUAL § 7.º, POR FORÇA DA EC N. 20 — AUTOAPLICABILIDADE — ÔNUS DA PROVA — HONORÁRIOS ADVOCATÍCIOS.

1. Tratando-se de pensão estatutária por morte, seu valor deverá corresponder à totalidade dos vencimentos ou proventos do servidor falecido, até o limite estabelecido em lei, conforme determina o art. 40, § 5.º, da CF/88, atual § 7.º, por força da EC n. 20.

2. O Supremo Tribunal Federal, quando do julgamento do Mandado de Injunção n. 211-8, reconheceu a autoaplicabilidade do § 5.º do art. 40 da Constituição Federal.

3. Possibilidade de comprovar, em execução, que nada mais deve.

4. "A lei não excluirá da apreciação do Poder Judiciário lesão ou ameaça a direito" — art. 5.º, XXXV da CF/88.

5. Os honorários contra a Fazenda Pública devem ser fixados moderadamente, no caso, em 5% sobre o valor da condenação.

6. Apelação e remessa parcialmente providas.

(Apelação Cível n. 187263/RJ (98.02.47915-2), 3.ª Turma do TRF da 2.ª Região, rel. Juiz Paulo Barata. j. 14.12.2004, unânime, DJU 2.3.2005).

Referência Legislativa:

Leg. Fed. EC n. 20

Leg. Fed. CF/88 — Constituição Federal Art. 40 § 5.º § 7.º Art. 5.º Inc. XXXV.

16. TRF2 — REVISÃO DE PENSÃO POR MORTE ESTATUTÁRIA. VINCULAÇÃO AO SALÁRIO MÍNIMO. IMPOSSIBILIDADE. APLICAÇÃO DO ART. 40, § 5.º, CF/88. LEGITIMIDADE DO INSS E DA UNIÃO FEDERAL.

No que tange à pensão por morte estatutária, descabe a utilização da equivalência salarial como critério de atualização do benefício, o qual se sujeita a regras próprias de reajustamento, peculiares ao funcionalismo público.

A CF/88, através do art. 40, § 5.º, estabeleceu que a pensão por morte estatutária equivaleria à totalidade dos vencimentos do servidor falecido, e o e. STF, ao julgar o Mandado de Injunção n. 263-1, decidiu pela autoaplicabilidade do referido dispositivo.

A pensão por morte estatutária deveria corresponder à totalidade dos vencimentos do servidor falecido, se vivo fosse, remuneração esta que, obviamente não poderia ser inferior a um salário mínimo, em face da garantia estabelecida pelo art. 7.º, inciso IV, CF/88, dispositivo que se estende aos funcionários públicos, por força do art. 39, § 2.º.

O pagamento da pensão estatutária ficou a cargo do INSS até dezembro de 1990, pois no mês seguinte a responsabilidade passou ao órgão de origem do servidor, consoante disposto no art. 248 da Lei n. 8.112/90, combinado com o art. 252 da mesma lei.

Apelação parcialmente provida.

(Apelação Cível n. 221895/RJ (1999.02.01.061064-1), 2.ª Turma do TRF da 2.ª Região, rel. Juiz Sérgio Feltrin Correa. j. 15.12.2004, unânime, DJU 24.2.2005)

Referência Legislativa:

Leg. Fed. CF/88 — Constituição Federal Art. 40 § 5.º

Leg. Fed. Lei n. 8.112/90 Art. 248 Art. 252.

17. TRF2 — CONSTITUCIONAL E ADMINISTRATIVO. REVELIA. ENTE PÚBLICO. CONFISSÃO FICTA. INAPLICABILIDADE. PRESCRIÇÃO. PENSÃO ESTATUTÁRIA. REVISÃO. ART. 40, §§ 4.º E 5.º DA CF. ART. 20 DO ADCT.

I – Descabe a aplicação da pena de confissão ficta em razão da revelia, em face de ente público, ante o teor do art. 320, II, do CPC.

II – A prescrição alegada por um dos litisconsortes necessários aproveita aos demais (art. 220, I, do CPC). Ademais, como se trata de matéria de fato, a prescrição pode ser reconhecida em qualquer tempo e grau de jurisdição (art. 517, CPC).

III – O colendo STF, ao apreciar o art. 40, § 5.º, da Constituição Federal, em sua redação original, firmou entendimento no sentido de que o dispositivo é autoaplicável, motivo pelo qual a pensão por morte de servidor público, ainda que concedida anteriormente à promulgação da Carta Magna vigente, deve corresponder ao valor da remuneração do funcionário falecido (RE n. 210.573/RS e Mandados de Injunção n. 211 e n. 263).

IV – O STF decidiu, ao julgar o RO em Mandado de Segurança n. 22.307-7/DF, que o reajuste de 28,86% concedido pela Lei n. 8.627/93, correspondeu a revisão geral de vencimentos, portanto, extensivo a todos os servidores públicos, devendo ser observada, entretanto, a compensação dos reajustes já implementados pela Lei n. 8.627, de 19.2.1993.

V – Apelação da União e remessa necessária parcialmente providas.

(Apelação Cível n. 261650/RJ (2001.02.01.011659-0), 2.ª Turma do TRF da 2.ª Região, rel. Juiz Antônio Cruz Netto. j. 15.12.2004, unânime, DJU 17.1.2005).

Referência Legislativa:

Leg. Fed. Lei n. 8.627/93

Leg. Fed. Lei n. 5.869/73 – Código de Processo Civil Art. 220 Inc. I Art. 320 Inc. II Art. 517

Leg. Fed. CF/88 – Constituição Federal Art. 40 § 4.º § 5.º

Leg. Fed. CF/88 – Ato das Disposições Constitucionais Transitórias Art. 20.

18. TRF2 — CONSTITUCIONAL E ADMINISTRATIVO. PENSÃO ESTATUTÁRIA. REVISÃO. ART. 40, §§ 4.º E 5.º DA CF. ART. 20 DO ADCT.

I – O colendo STF, ao apreciar o art. 40, § 5.º, da Constituição Federal, em sua redação original, firmou entendimento no sentido de que o dispositivo é autoaplicável, motivo pelo qual a pensão por morte de servidor público, ainda que concedida anteriormente à promulgação da Carta Magna vigente, deve corresponder ao valor da remuneração do funcionário falecido (RE n. 210.573/RS e Mandados de Injunção n. 211 e n. 263).

II – O STF decidiu, ao julgar o RO em Mandado de Segurança n. 22.307-7/DF, que o reajuste de 28,86%, concedido pela Lei n. 8.627/93, correspondeu à revisão geral de vencimentos, portanto, extensivo a todos os servidores públicos, devendo ser observada, entretanto, a compensação dos reajustes já implementados pela Lei n. 8.627, de 19.2.1993.

III – A jurisprudência dominante é no sentido de que a condenação da Fazenda Pública não deve ultrapassar 5% (cinco por cento) sobre o valor da condenação.

IV – Apelação das autoras improvida. Apelação da União e remessa necessária parcialmente providas.

(Apelação Cível n. 276516/RJ (2001.02.01.045269-2), 2.ª Turma do TRF da 2.ª Região, rel. Juiz Antônio Cruz Netto. j. 15.12.2004, unânime, DJU 17.1.2005).

Referência Legislativa:

Leg. Fed. CF/88 – Ato das Disposições Constitucionais Transitórias Art. 20

Leg. Fed. CF/88 – Constituição Federal Art. 40 § 4.º § 5.º

Leg. Fed. Lei n. 8.627/93.

19. TRF2 — ADMINISTRATIVO, CONSTITUCIONAL E PROCESSUAL CIVIL — PENSÃO ESTATUTÁRIA — REVISÃO — ART. 40, § 5.º, DA CONSTITUIÇÃO FEDERAL, ATUAL § 7.º, POR FORÇA DA EC N. 20 — AUTOAPLICABILIDADE — HONORÁRIOS.

1. O valor da pensão estatutária por morte deverá corresponder à totalidade dos vencimentos ou proventos do servidor falecido, até o limite estabelecido em lei, conforme determina o art. 40, § 5.º da CF/88, atual § 7.º, por força da EC n. 20.

2. O Supremo Tribunal Federal, no julgamento do Mandado de Injunção n. 211-8, reconheceu a autoaplicabilidade do § 5.º, do art. 40 da Constituição Federal.

3. Após a edição da Lei n. 8.112/90, todas as pensões estatutárias, concedidas até a sua vigência, passaram a ser mantidas pelo órgão de origem do servidor (art. 248).

4. Legitimidade passiva da União e da autarquia previdenciária nas ações em que se pleiteiam valores relativos a benefício estatutário em período anterior a janeiro de 1991 (art. 252 da Lei n. 8.112/90), eis que cabia ao INSS a responsabilidade pela manutenção e pagamento desses benefícios, com recursos do Tesouro Nacional.

5. Considerando o trabalho despendido, a complexidade da lide, o seu valor e o tempo necessário ao recebimento, é razoável a fixação dos honorários de advogado no percentual de 10% (dez por cento) sobre o valor da condenação, em consonância com os critérios estabelecidos no § 3.º, do art. 20 do CPC, repartidos, igualmente, entre os réus.

6. Apelação e remessa oficial parcialmente providas.

(Apelação Cível n. 209177/RJ (1999.02.01.040598-0), 3.ª Turma do TRF da 2.ª Região, rel. Juiz Paulo Barata. j. 10.8.2004, unânime, DJU 2.9.2004).

20. TRF2 — PROCESSO CIVIL E ADMINISTRATIVO. SENTENÇA "EXTRA PETITA" — § 3.º DO ART. 515 DO CPC. REVISÃO DE PENSÃO POR MORTE. § 5.º DO ART. 40 DA CF/88 NA REDAÇÃO ANTERIOR À EC N. 19/98.

1 – Na presente hipótese, objetiva-se a revisão de pensão por morte, a fim de que esta corresponda à integralidade dos vencimentos a que teria direito o instituidor do benefício, caso vivo estivesse; razão pela qual, "*ictu oculi*", afigura-se "*extra petita*" o "*decisum*" "*a quo*", que julgou improcedente suposto pedido de reenquadramento funcional, com deferimento de doze referências, matéria estranha àquela versada nestes autos, a evidenciar maltrato aos lindes objetivos da demanda, sendo de rigor a anulação da sentença vergastada.

2 – Entrementes, cuidando-se de causa que pressupõe, tão somente, análise de questão exclusivamente de direito, estando a instrução já encerrada, deve esta Corte desde já dirimir a lide, atribuindo, para tanto, exegese extensiva ao § 3.º, do art. 515, do CPC, acrescentado pela Lei n. 10.352/01, visto que, à semelhança do que ocorre nos julgamentos 'extra petita', também nos casos de extinção do processo sem exame de mérito deixa o magistrado de pronunciar-se sobre o cerne da demanda, muito embora esteja a causa já madura, e nem por isso deixa o dispositivo em epígrafe de primar pelo elastecimento da jurisdição acometida à segunda instância, havendo mitigação do princípio do duplo grau de jurisdição.

3 – No mérito, cinge-se o cerne da controvérsia à aplicabilidade da revisão instituída pelo § 5.º, do art. 40, do Texto Básico, na redação anterior à EC n. 20/98, matéria que não admite maiores digressões, mormente após o pronunciamento do Plenário da Suprema Corte, quando do julgamento do Mandado de Injunção n. 211-8, em que se proclamou ser de eficácia plena referida norma constitucional. O preceito do art. 20 do Ato das Disposições Constitucionais Transitórias apenas implicou na fixação de termo inicial para, administrativamente, serem revistos proventos e pensões não repercutindo nos efeitos financeiros contados, na espécie, a partir da promulgação da Carta de 1988 (STF/2.ª Turma, RE n. 206.732/RS, rel. Min. Marco Aurélio, DJ de 19.12.1997).

4 – Apelação a que se dá provimento.

(Apelação Cível n. 111632/RJ (96.02.21344-2), 6.ª Turma do TRF da 2.ª Região, rel. Juiz Poul Erik Dyrlund. j. 28.9.2004, unânime, DJU 6.10.2004).

21. TRF2 — CIVIL E PROCESSUAL CIVIL — PENSÃO MILITAR, ART. 40, § 5.º, DA CF/88 — AUTOAPLICABILIDADE — PORTARIA INTERMINISTERIAL N. 2.826/94 — RECONHECIMENTO ADMINISTRATIVO — INTERRUPÇÃO DA PRESCRIÇÃO CÓDIGO CIVIL, ART. 202, VI — INOCORRÊNCIA.

I – O § 5.º do art. 40 c/c o art. 42, § 10 da CF/88 (na redação original) estabelece que a pensão militar corresponderá à totalidade dos vencimentos ou proventos do servidor falecido, até o limite estabelecido em lei. O STF declarou a autoaplicabilidade do art. 40, § 5.º, da Constituição Federal de 1988, através do Mandado de Injunção n. 263-1.

II – A Portaria Interministerial n. 2.826/94 reconhece administrativamente o pedido especificamente no período citado em seu texto (art. 6.º, § 1.º), ou seja, a partir de 3 de dezembro de 1993. Não tendo havido reconhecimento do período anterior, não há que se falar em interrupção da prescrição, consoante previsto no art. 172, V, do CC (atualmente art. 202, VI, CC).

III – Remessa oficial provida e recurso voluntário desprovido.

(Apelação Cível n. 275033/RJ (2001.02.01.042678-4), 6.ª Turma do TRF da 2.ª Região, rel. Juiz Sérgio Schwaitzer. j. 5.5.2004, unânime, DJU 18.5.2004).

22. TRF2 — PROCESSUAL CIVIL — REVISÃO DE PENSÃO INSTITUÍDA POR SERVIDOR PÚBLICO ANTERIORMENTE À CONSTITUIÇÃO DE 88 — PARIDADE COM A REMUNERAÇÃO DO INSTITUIDOR — POSSIBILIDADE — AUTOAPLICABILIDADE DO ART. 40, § 5.º DA CF/88 — PAGAMENTO DAS DIFERENÇAS DEVIDAS ATÉ A ATUALIZAÇÃO DO BENEFÍCIO COM AMPARO NA LEI N. 6.782/80 E DAS PARCELAS SUSPENSAS — POSSIBILIDADE — ALEGAÇÃO DE SUSPENSÃO DO BENEFÍCIO DURANTE DETERMINADO PERÍODO — INVERSÃO DO ÔNUS DA PROVA.

I – A paridade da pensão concedida às autoras, com a remuneração ou provento do servidor falecido, decorre da norma insculpida no art. 40, § 5.º, da CF/88, o qual possui aplicabilidade plena e imediata, independendo de lei regulamentadora para ser viabilizada, conforme decidiu o e. Supremo Tribunal Federal no julgamento do Mandado de Injunção n. 263-1, de modo que é de se reconhecer o direito adquirido das autoras aos aos valores devidos desde o advento da Constituição Federal.

II – Tratando-se de pensão especial decorrente de morte do servidor por acidente em serviço, doença profissional, e outras doenças especificadas em lei, o valor do benefício correspondia à totalidade do vencimento do instituidor, conforme as Leis ns. 1.711/52 e 6.782/80. Se somente em outubro de 1996 tiveram as autoras suas pensões atualizadas com amparo na Lei n. 6.782/80, inegável, portanto, seu direito à percepção das diferenças devidas.

III – Apelação provida.

(Apelação Cível n. 267.334/RJ (200102010234901), 6.ª Turma do TRF da 2.ª Região, rel. Juiz Sérgio Schwaitzer. j. 24.9.2003, unânime, DJU 13.10.2003)

23. TRF2 — DIREITO PREVIDENCIÁRIO E PROCESSUAL CIVIL. AGRAVO. BENEFÍCIO CONCEDIDO SOB A ÉGIDE DO DECRETO N. 89.312/84. REVISÃO DA RENDA MENSAL INICIAL NOS TERMOS DA CONSTITUIÇÃO FEDERAL DE 1988. DESCABIMENTO. INTELIGÊNCIA DA SÚMULA N. 359 DO SUPREMO TRIBUNAL FEDERAL.

1 – O benefício em tela foi concedido anteriormente à promulgação da Constituição Federal de 1988 sendo incabível a revisão da Renda Mensal Inicial, calculada com base na média dos últimos trinta e seis salários de contribuição, corrigidos monetariamente, mês a mês, porquanto na legislação que vigia à época da concessão da aposentadoria em tela, o salário de benefício (base de cálculo para a obtenção do valor da aposentadoria) consistia na média aritmética dos 36 últimos salários de contribuição, sem a correção monetária dos doze últimos.

2 – Nesse sentido, muito embora esta forma de cálculo fosse injusta e prejudicial para os segurados, havia respaldo legal para a sua aplicação, revestindo-se o ato da concessão da aposentadoria da qualidade de ato jurídico perfeito, inalcançável pela nova ordem constitucional.

3 – Ademais, o art. 202 da Carta Magna (redação anterior à EC n. 20/98) não é norma autoaplicável, como, reiteradamente, entendeu o Supremo Tribunal Federal (Mandado de Injunção n. 306, RE n. 164931). Necessário, portanto, para a sua plena eficácia, a integração legislativa, o que somente ocorreu com a edição da Lei n. 8.213/91, tal como disposto na Súmula n. 26 deste egrégio Tribunal.

4 – Quanto ao direito da aposentadoria proporcional (§ 1.º do art. 202, da CF/88), trata-se de norma de eficácia contida, limitado pelo plano de benefícios da previdência social, não encontrando, pois, respaldo jurídico a pretensão em tela.

5 – Vale dizer, aplica-se à aposentadoria previdenciária a Súmula n. 359 (texto revisado): "Ressalvada a revisão prevista em lei, os proventos da inatividade regulam-se pela lei vigente ao tempo em que o militar, ou o servidor civil, reuniu os requisitos necessários".

6 – Por outro lado, as normas consubstanciadas no art. 201, §§ 1.º e 3.º e 202 da Lei Maior devem ser interpretadas em harmonia com o art. 5.º, inciso XXXVI, da Constituição Federal, e a aplicação retroativa desses dispositivos constitucionais ao benefício do autor implicaria em evidente violação ao princípio da irretroatividade das leis.

7 – Agravo conhecido, mas improvido.

(Agravo Interno na Apelação Cível n. 120.724/RJ (9602332069), 5.ª Turma do TRF da 2.ª Região, rel. Juiz Guilherme Calmon Nogueira da Gama. j. 30.6.2003, unânime, DJU 3.9.2003)

24. TRF2 — ADMINISTRATIVO — REVISÃO DE PENSÃO INSTITUÍDA POR SERVIDOR PÚBLICO — PARIDADE COM A REMUNERAÇÃO DO INSTITUIDOR — ART. 40, § 5.º, CF/88 — COBRANÇA DE VERBAS ATRASADAS — COMPROVAÇÃO DA DEFASAGEM DO BENEFÍCIO MEDIANTE APRESENTAÇÃO DE CONTRA CHEQUES — PRESCRIÇÃO QUINQUENAL.

I – O § 5.º do art. 40 da CF/88 (atual § 3.º) determina que a pensão por morte de servidor público federal corresponderá à totalidade de seus vencimentos ou proventos, até o limite estabelecido em lei, tendo a auto-aplicabilidade de tal dispositivo sido declarada pelo eg. Supremo Tribunal Federal no Mandado de Injunção n. 263-1.

II – Não há que se falar em não cumprimento, por parte da autora, do encargo de provar o fato constitutivo do seu direito, conforme estabelece o inciso I, do art. 333, do CPC, haja vista a alegada defasagem do benefício estar evidenciada nos valores constantes dos comprovantes de rendimentos acostados aos autos pela autora.

III – Cuidando-se de relação de trato sucessivo, incide a prescrição quinquenal, estabelecida pelo art. 1.º, do Decreto n. 20.910/32.

IV – Apelação parcialmente provida.

(Apelação Cível n. 137.674/RJ (9702136636), 6.ª Turma do TRF da 2.ª Região, rel. Sérgio Schwaitzer. j. 7.5.2003, unânime, DJU 3.7.2003)

25. TRF2 — ADMINISTRATIVO E PROCESSUAL CIVIL. PENSÃO MILITAR. REVISÃO. AGRAVO RETIDO. IMPUGNAÇÃO AO VALOR DA CAUSA. INÉPCIA DA PETIÇÃO INICIAL NÃO CONFIGURADA. EXISTÊNCIA DE INTERESSE PROCESSUAL. NÃO OCORRÊNCIA DE PRESCRIÇÃO DO FUNDO DE DIREITO. RELAÇÃO DE TRATO SUCESSIVO, OCORRÊNCIA DE PRESCRIÇÃO QUINQUENAL DESDE A DATA DO AJUIZAMENTO DA AÇÃO. INTEGRALIDADE. DISPOSIÇÕES CONSTITUCIONAIS. AUTOAPLICABILIDADE. ART. 40, § 5.º DA CF/88. PAGAMENTO DE PARCELAS PRETÉRITAS.

1. Negado provimento ao agravo retido constante da Impugnação ao Valor da Causa (n. 97.0079686-8) em apenso. Correta a decisão do juízo a quo, uma vez que a União Federal limitou-se a argumentar de forma genérica, e o valor da causa fixado pela autora obedece ao mínimo fixado em lei para o rito em questão. O entendimento jurisprudencial dos nossos Tribunais é no sentido de que uma vez escolhido o rito processual adequado, e não sendo possível estimar-se com absoluta precisão o valor do benefício, permanece o valor atribuído à causa pelos autores.

2. Não configurada a preliminar de inépcia da petição inicial alegada pela União Federal. Conforme dirimido pelo juízo a quo, a documentação juntada pela autora comprova a relação de direito material estabelecida com a ré, não havendo dúvida acerca do objeto da demanda e à sua solução.

3. Existência de interesse processual, também de acordo com o julgado a quo, porque nas questões referentes ao reajuste de aposentadorias, pensões e vencimentos, principalmente em decorrência de planos econômicos, é despiciendo o prévio requerimento administrativo, pois já se sabe qual será a resposta da Administração Previdenciária, sendo inútil o desgaste em sede administrativa. Quanto ao pedido de adequação do paradigma da pensão, em tese, deveria haver prévio requerimento administrativo, porém, não o esgotamento da via administrativa, somente o conhecimento prévio que permitirá à Administração corrigir eventual falha, sem incorrer no ônus processual. Porém, em ambos os casos, a ré contestou o mérito dos pedidos da autora, tornando litigiosa a demanda.

4. Não ocorrência de prescrição do fundo de direito, tendo em vista o pedido da autora tratar-se de prestações de trato sucessivo, com a incidência das Súmulas ns. 163, do ex-TFR e 85, do STJ, que estabelecem a incidência da prescrição quinquenal, atingindo as prestações pretendidas anteriores a 5 anos da data do ajuizamento da presente ação — 10.1.1996. Não acolhido o pleito no que se refere à contagem da prescrição quinquenal a partir da data da citação, uma vez que não pode ser imputada à autora nenhuma perda em função de um ato processual que não está sob seu controle exclusivo.

5. Não procede a alegação da União Federal acerca da "não comprovação do fato constitutivo do direito da parte autora". A Portaria Interministerial n. 2.826/94 reconheceu que a Administração Pública não vinha observando as normas constitucionais, configurando a legitimidade da pretensão autoral.

6. A jurisprudência é pacífica no sentido de que o valor da pensão deve corresponder à integralidade dos vencimentos ou proventos do servidor falecido, como também, que o disposto no § 5.º, do art. 40, da CF/88, com a redação anterior a da Emenda Constitucional n. 20/98, é uma norma de eficácia plena, e consequentemente, autoaplicável. Foi consolidado, também, que a previsão legal que consta no seu texto refere-se à fixação do limite de remuneração dos servidores em geral, de acordo com o art. 37, XI, da Constituição Federal (redação anterior à EC n. 19/98). Entendimento pacífico do pretório excelso ratificado, principalmente, após o julgamento dos Mandado de Injunção n. 211-8 e n. 263-1 (STF – RE 338752/SP – Min. Moreira Alves – 1.ª Turma – DJ - Data 11.10.2002; STF – AI n. 212.545 AgR/RS – Min. Ilmar Galvão – 1.ª Turma – DJ – Data 16.10.1998).

7. Não merece prosperar a alegação da União Federal no sentido de se atribuir efeito ex nunc à decisão proferida em mandado de injunção pois, no caso em questão, a colenda Suprema Corte reconheceu a eficácia plena de norma constitucional.

8. É pacífico o entendimento jurisprudencial de que o art. 20, do ADCT somente ficou prazo para que a Administração Pública se adaptasse às novas normas constitucionais. Novamente a Suprema egrégia Corte confirmou este posicionamento no julgamento do RE n. 206.732/RS, tendo como Relator o Exmo. Sr. Ministro Marco Aurélio, membro integrante da 2.ª Turma (DJ Data 19.12.1997).

9. É unânime a fixação da data da promulgação da Constituição Federal - 05.10.88, como termo inicial para o pagamento de proventos e pensões no valor integral, não havendo distinção entre servidores civis e militares. A Emenda n. 03/93, ao inserir o § 10 ao art. 42 da Constituição Federal, pôs termo à polêmica acerca do tratamento não isonômico que a União conferia aos servidores militares.

10. Ausência de comprovação da defasagem existente na pensão da autora a partir da data fixada na Portaria Interministerial n. 2.826/94 (art. 6.º, § 1.º) para o início dos efeitos financeiros da integralidade — 3.12.1993. Não pode prosperar a presunção do decisum a quo, no sentido de que a pensão esteja sendo paga a menor, face à divergência entre a patente do título de pensão e do documento de identidade da pensionista.

11. A revisão pretendida somente é cabível até 2.12.1993, ressalvada a prescrição quinquenal, data esta confirmada pela própria União Federal, que argui que a parte autora não tem direito aos atrasados anteriores a data fixada na referida Portaria, confirmando o não pagamento da integralidade devida. O termo inicial dos efeitos financeiros do decisum *a quo* deve ser 10.1.1991, já considerada a prescrição quinquenal.

12. Não há que se falar na pretensão de aumento de pensão por parte da autora, tampouco, na violação ao art. 169, parágrafo único e seus incisos, da CF/88, pelo decisum a quo. O pedido autoral é certo e determinado, e restringe-se à aplicabilidade de índices econômicos (26,06%, 16,19% e 26,05%) sobre o valor de sua pensão militar, como também, ao recebimento da mesma no valor integral do cargo em que o instituidor ocupava por ocasião de seu falecimento (§ 5.º, do art. 40, da CF/88). A sentença de 1.º grau limitou-se a analisar o pedido autoral, apesar de contrariar os argumentos da apelante.

13. Correção monetária mantida. O egrégio Superior Tribunal de Justiça pacificou o entendimento de que é devida a correção monetária a partir da data do efetivo prejuízo (Súmula n. 43, do STJ), tendo em vista tratar-se de dívida de caráter alimentar, ressalvando-se as parcelas prescritas (Embargos de Divergência no REsp n. 92867/PE, decisão unânime — Corte Especial do STJ).

14. O termo inicial da incidência dos juros foi determinado corretamente, e o seu percentual mantido, por falta de irresignação da parte autora. Sem custas, em face à gratuidade de justiça concedida.

15. Quanto aos honorários advocatícios, mantida a sucumbência recíproca determinada no *decisum a quo*, porém, estes devem ser compensados, nos termos do art. 21, caput, do CPC.

16. Agravo retido não provido. Apelação e remessa necessária parcialmente providas. Decisão unânime.

(Agravo na Apelação Cível n. 261.740/RJ (200102010117490), 5.ª Turma do TRF da 2.ª Região, rel. Alberto Nogueira. j. 17.6.2003, unânime, DJU 7.7.2003)

26. TRF2 — ADMINISTRATIVO — REVISÃO DE PENSÃO INSTITUÍDA POR SERVIDOR PÚBLICO ANTERIORMENTE À CF/88 — PARIDADE COM A REMUNERAÇÃO DO INSTITUIDOR — ART. 40, § 5.º, DA CF/88 — COBRANÇA DE VERBAS ATRASADAS — LEGITIMIDADE DO INSS ATÉ A TRANSFERÊNCIA DO ENCARGO PARA O ÓRGÃO DE ORIGEM — COMPROVAÇÃO DE DEFASAGEM DO BENEFÍCIO — PERCENTUAL DE 28,86% — CONCESSÃO AOS SERVIDORES CIVIS — PRECEDENTE DO STF — CONDENAÇÃO EM HONORÁRIOS ADVOCATÍCIOS — FAZENDA PÚBLICA — APLICAÇÃO DO ART. 20, § 4.º, DO CPC.

I – Tendo em vista o disposto no art. 349 do Decreto n. 83.080/79, o INSS possui responsabilidade pela manutenção das pensões estatutárias concedidas anteriormente à Constituição Federal de 1988, até a transferência do encargo para o órgão de origem do servidor, na forma do art. 248 da Lei n. 8.112/90.

II – O § 5.º do art. 40 da CF/88 (atual § 3.º) determina que a pensão por morte de servidor público federal corresponderá à totalidade de seus vencimentos ou proventos, até o limite estabelecido em lei, tendo a autoaplicabilidade de tal dispositivo sido declarada pelo eg. STF no Mandado de Injunção n. 263-1.

III – Comprovada a defasagem no benefício da parte autora, é de se lhe deferir o pagamento das diferenças devidas.

IV – Conforme entendimento sufragado pelo egrégio Supremo Tribunal Federal, quando do julgamento do Recurso em Mandado de Segurança n. 22.307-DF, o reajuste de 28,86%, concedido aos servidores militares pela Lei n. 8.627/93, deve ser estendido aos servidores públicos civis, por força do disposto no art. 37, X, da Constituição Federal, em sua redação originária.

V – Vencida a Fazenda Pública, aplica-se, no que se refere à condenação em honorários advocatícios, o disposto no § 4.º do art. 20 do CPC.

(Apelação Cível n. 238433/RJ (200002010359596), 6.ª Turma do TRF da 2.ª Região, rel. Sérgio Schwaitzer. j. 12.2.2003, unânime, DJU 9.4.2003)

27. TRF2 — ADMINISTRATIVO, CONSTITUCIONAL E PROCESSUAL CIVIL — PENSÃO ESTATUTÁRIA — REVISÃO — ART. 40, § 5.º, DA CONSTITUIÇÃO FEDERAL, ATUAL § 7.º, POR FORÇA DA EC N. 20 — AUTOAPLICABILIDADE — ÔNUS DA PROVA — PRESCRIÇÃO.

1. Tratando-se de pensão estatutária por morte seu valor deverá corresponder à totalidade dos vencimentos ou proventos do servidor falecido, até o limite estabelecido em lei, conforme determina o art. 40, § 5.º, da CF/88, atual § 7.º, por força da EC n. 20.

2. O Supremo Tribunal Federal, quando do julgamento do Mandado de Injunção n. 211-8, reconheceu a autoaplicabilidade do § 5.º do art. 40 da Constituição Federal.

3. Possibilidade de comprovar, em execução, que nada mais deve.

4. Prescrição quinquenal das parcelas anteriores ao ajuizamento da ação.

5. Remessa oficial e apelação da União Federal improvidas e apelação da parte autora parcialmente provida.

(Apelação Cível n. 233688/RJ (200002010241860), 3.ª Turma do TRF da 2.ª Região, rel. Paulo Barata. j. 11.2.2003, unânime, DJU 28.2.2003)

28. TRF2 — ADMINISTRATIVO, CONSTITUCIONAL E PROCESSUAL CIVIL — PENSÃO ESTATUTÁRIA — REVISÃO — ART. 40, § 5.º, DA CONSTITUIÇÃO FEDERAL, ATUAL § 7.º, POR FORÇA DA EC N. 20 — AUTOAPLICABILIDADE.

1. Tratando-se de pensão estatutária por morte seu valor deverá corresponder à totalidade dos vencimentos ou proventos do servidor falecido, até o limite estabelecido em lei, conforme determina o art. 40, § 5.º, da CF/88, atual § 7.º, por força da EC n. 20.

2. O Supremo Tribunal Federal, quando do julgamento do Mandado de Injunção n. 211-8, reconheceu a autoaplicabilidade do § 5.º do art. 40 da Constituição Federal.

3. Possibilidade de comprovar, em execução, que nada mais deve.

4. "A lei não excluirá da apreciação do Poder Judiciário lesão ou ameaça a direito" (art. 5.º, XXXV da CF/88).

5. Apelação e remessa oficial improvidas.

(Apelação Cível n. 220782/RJ (1999.02.01.059489-1), 3.ª Turma do TRF da 2.ª Região, rel. Juiz Paulo Barata. j. 14.12.2004, unânime, DJU 24.2.2005)

Referência Legislativa: Leg. Fed. CF/88 - Constituição Federal Art. 5.º Art. 40 § 5.º

Leg. Fed. EC n. 20.

29. TRF — PROCESSUAL CIVIL, ADMINISTRATIVO E CONSTITUCIONAL — SENTENÇA CITRA PETITA — COMPLEMENTAÇÃO DO JULGAMENTO PELO TRIBUNAL — REVISÃO DE PENSÃO INSTITUÍDA POR SERVIDOR PÚBLICO ANTERIORMENTE À CF/88 — INTEGRALIDADE - ART. 40, § 5.º, DA CONSTITUIÇÃO (COM REDAÇÃO ANTERIOR À EC N. 20/98) — AUTOAPLICABILIDADE — COBRANÇA DE VERBAS ATRASADAS — COMPROVAÇÃO DE DEFASAGEM DO BENEFÍCIO — PERCENTUAL DE 28,86% — CONCESSÃO AOS SERVIDORES CIVIS — PRECEDENTE DO STF — CONDENAÇÃO EM HONORÁRIOS ADVOCATÍCIOS — FAZENDA PÚBLICA — APLICAÇÃO DO ART. 20, § 4.º, DO CPC.

I – Proferida sentença citra petita e sendo a matéria não apreciada eminentemente de direito, lícita a complementação do julgamento pelo tribunal, cabendo invocar, por analogia, a disposição contida no art. 515, § 3.º, do CPC.

II – O § 5.º, do art. 40, da CF/88 (com redação anterior à EC n. 20/98) determina que a pensão por morte de servidor público federal corresponderá à totalidade de seus vencimentos ou proventos, até o limite estabelecido em lei, tendo a autoaplicabilidade de tal dispositivo sido declarada pelo eg. STF no Mandado de Injunção n. 263-1.

III – Comprovada a defasagem no benefício da parte autora, é de se lhe deferir o pagamento das diferenças devidas.

IV – Conforme entendimento sufragado pelo egrégio Supremo Tribunal Federal, quando do julgamento do Recurso em Mandado de Segurança n. 22.307-DF, o reajuste de 28,86%, concedido aos servidores militares pela Lei n. 8.627/93, deve ser estendido aos servidores públicos civis, por força do disposto no art. 37, X, da Constituição Federal, em sua redação originária.

V – Vencida a Fazenda Pública, aplica-se, no que se refere à condenação em honorários advocatícios, o disposto no § 4.º, do art. 20, do CPC.

(Apelação Cível n. 336307/RJ (2001.51.01.005678-8), 6.ª Turma do TRF da 2.ª Região, rel. Juiz Sérgio Schwaitzer. j. 30.11.2004, unânime, DJU 16.2.2005)

Referência Legislativa:

Leg. Fed. Lei n. 5.869/73 - Código de Processo Civil Art. 515 § 3.º Art. 20 § 4.º

Leg. Fed. EC n. 20/98

Leg. Fed. Lei n. 8.627/93

Leg. Fed. CF/88 — Constituição Federal Art. 37 Inc. X.

---

30. TRF2 — ADMINISTRATIVO, CONSTITUCIONAL E PROCESSUAL CIVIL — PENSÃO ESTATUTÁRIA — REVISÃO — ART. 40, § 5.º DA CONSTITUIÇÃO FEDERAL, ATUAL § 7.º, POR FORÇA DA EC N. 20 — AUTOAPLICABILIDADE — CORPO DE BOMBEIROS DO ANTIGO DISTRITO FEDERAL — ILEGITIMIDADE PASSIVA DO ESTADO DO RIO DE JANEIRO.

1. Tratando-se de pensão estatutária por morte seu valor deverá corresponder à totalidade dos vencimentos ou proventos do servidor falecido, até o limite estabelecido em lei, conforme determina o art. 40, § 5.º da CF/88, atual § 7.º, por força da EC n. 20.

2. O Supremo Tribunal Federal, quando do julgamento do Mandado de Injunção n. 211-8, reconheceu a autoaplicabilidade do § 5.º, do art. 40 da Constituição Federal.

3. Cabe à União Federal a responsabilidade pelo pagamento das pensões referentes ao Corpo de Bombeiros do antigo Distrito Federal e ao Estado do Rio de Janeiro apenas o repasse dos recursos que recebe.

4. Ilegitimidade passiva do Estado do Rio de Janeiro.

5. Possibilidade de comprovar, em execução, que nada mais deve.

6. "A lei não excluirá da apreciação do Poder Judiciário lesão ou ameaça a direito" (art. 5.º, XXXV da CF/88).

7. Extinção do processo sem julgamento do mérito, nos termos do art. 267, inciso VI do Código de Processo Civil em relação ao Estado do Rio de Janeiro.

8. Apelação da União Federal improvida.

9. Apelação do Estado do Rio de Janeiro e remessa oficial parcialmente providas.

(Apelação Cível n. 264826/RJ (2001.02.01.018053-9), 3.ª Turma do TRF da 2.ª Região, rel. Juiz Paulo Barata. j. 29.6.2004, unânime, DJU 12.7.2004)

---

31. TRF2 — PROCESSUAL CIVIL — REVISÃO DE PENSÃO INSTITUÍDA POR SERVIDOR PÚBLICO ANTERIORMENTE À CONSTITUIÇÃO DE 88 — PARIDADE COM A REMUNERAÇÃO DO INSTITUIDOR — POSSIBILIDADE — AUTOAPLICABILIDADE DO ART. 40, § 5.º DA CF/88 — PAGAMENTO DAS DIFERENÇAS DEVIDAS ATÉ A ATUALIZAÇÃO DO BENEFÍCIO COM AMPARO NA LEI N. 6.782/80 E DAS PARCELAS SUSPENSAS — POSSIBILIDADE — ALEGAÇÃO DE SUSPENSÃO DO BENEFÍCIO DURANTE DETERMINADO PERÍODO — INVERSÃO DO ÔNUS DA PROVA.

I – A paridade da pensão concedida às autoras, com a remuneração ou provento do servidor falecido, decorre da norma insculpida no art. 40, § 5.º, da CF/88, o qual possui aplicabilidade plena e imediata, independendo de lei regulamentadora para ser viabilizada, conforme decidiu o e. Supremo Tribunal Federal no julgamento do Mandado de Injunção n. 263-1, de modo que é de se reconhecer o direito adquirido das autoras aos valores devidos desde o advento da Constituição Federal.

II – Tratando-se de pensão especial decorrente de morte do servidor por acidente em serviço, doença profissional, e outras doenças especificadas em lei, o valor do benefício correspondia à totalidade do vencimento do instituidor, conforme as Leis ns. 1.711/52 e 6.782/80.

Se somente em outubro de 1996 tiveram as autoras suas pensões atualizadas com amparo na Lei n. 6.782/80, inegável, portanto, seu direito à percepção das diferenças devidas.

III – Apelação provida.

(Apelação Cível n. 267334/RJ (200102010234901), 6.ª Turma do TRF da 2.ª Região, rel. Juiz Sérgio Schwaitzer. j. 24.9.2003, unânime, DJU 13.10.2003)

32. TRF2 — DIREITO PREVIDENCIÁRIO E PROCESSUAL CIVIL. AGRAVO. BENEFÍCIO CONCEDIDO SOB A ÉGIDE DO DECRETO N. 89.312/84. REVISÃO DA RENDA MENSAL INICIAL NOS TERMOS DA CONSTITUIÇÃO FEDERAL DE 1988. DESCABIMENTO. INTELIGÊNCIA DA SÚMULA N. 359 DO SUPREMO TRIBUNAL FEDERAL.

1 – O benefício em tela foi concedido anteriormente à promulgação da Constituição Federal de 1988 sendo incabível a revisão da Renda Mensal Inicial, calculada com base na média dos últimos trinta e seis salários de contribuição, corrigidos monetariamente, mês a mês, porquanto na legislação que vigia à época da concessão da aposentadoria em tela, o salário de benefício (base de cálculo para a obtenção do valor da aposentadoria) consistia na média aritmética dos 36 últimos salários de contribuição, sem a correção monetária dos doze últimos.

2 – Nesse sentido, muito embora esta forma de cálculo fosse injusta e prejudicial para os segurados, havia respaldo legal para a sua aplicação, revestindo-se o ato da concessão da aposentadoria da qualidade de ato jurídico perfeito, inalcançável pela nova ordem constitucional.

3 – Ademais, o art. 202 da Carta Magna (redação anterior à EC n. 20/98) não é norma autoaplicável, como, reiteradamente, entendeu o Supremo Tribunal Federal (Mandado de Injunção n. 306, RE n. 164931). Necessário, portanto, para a sua plena eficácia, a integração legislativa, o que somente ocorreu com a edição da Lei n. 8.213/91, tal como disposto na Súmula n. 26 deste egrégio Tribunal.

4 – Quanto ao direito da aposentadoria proporcional (§ 1.º do art. 202, da CF/88), trata-se de norma de eficácia contida, limitado pelo plano de benefícios da previdência social, não encontrando, pois, respaldo jurídico a pretensão em tela.

5 – Vale dizer, aplica-se à aposentadoria previdenciária a Súmula n. 359 (texto revisado): "Ressalvada a revisão prevista em lei, os proventos da inatividade regulam-se pela lei vigente ao tempo em que o militar, ou o servidor civil, reuniu os requisitos necessários".

6 - Por outro lado, as normas consubstanciadas no art. 201, §§ 1.º e 3.º e 202 da Lei Maior devem ser interpretadas em harmonia com o art. 5.º, inciso XXXVI, da Constituição Federal, e a aplicação retroativa desses dispositivos constitucionais ao benefício do autor implicaria em evidente violação ao princípio da irretroatividade das leis.

7 – Agravo conhecido, mas improvido.

(Agravo Interno na Apelação Cível n. 120.724/RJ (9602332069), 5.ª Turma do TRF da 2.ª Região, rel. Juiz Guilherme Calmon Nogueira da Gama. j. 30.6.2003, unânime, DJU 3.9.2003)

33. TRF2 — ADMINISTRATIVO — REVISÃO DE PENSÃO INSTITUÍDA POR SERVIDOR PÚBLICO — PARIDADE COM A REMUNERAÇÃO DO INSTITUIDOR — ART. 40, § 5.º, CF/88 — COBRANÇA DE VERBAS ATRASADAS — COMPROVAÇÃO DA DEFASAGEM DO BENEFÍCIO MEDIANTE APRESENTAÇÃO DE CONTRA-CHEQUES — PRESCRIÇÃO QUINQUENAL.

I – O § 5.º do art. 40 da CF/88 (atual § 3.º) determina que a pensão por morte de servidor público federal corresponderá à totalidade de seus vencimentos ou proventos, até o limite estabelecido em lei, tendo a auto-aplicabilidade de tal dispositivo sido declarada pelo eg. Supremo Tribunal Federal no Mandado de Injunção n. 263-1.

II – Não há que se falar em não cumprimento, por parte da autora, do encargo de provar o fato constitutivo do seu direito, conforme estabelece o inciso I, do art. 333, do CPC, haja vista a alegada defasagem do benefício estar evidenciada nos valores constantes dos comprovantes de rendimentos acostados aos autos pela autora.

III – Cuidando-se de relação de trato sucessivo, incide a prescrição quinquenal, estabelecida pelo art. 1.º, do Decreto n. 20.910/32.

IV – Apelação parcialmente provida.

(Apelação Cível n. 137674/RJ (9702136636), 6.ª Turma do TRF da 2.ª Região, rel. Sérgio Schwaitzer. j. 7.5.2003, unânime, DJU 3.7.2003)

34. TRF2 — ADMINISTRATIVO E PROCESSUAL CIVIL. PENSÃO MILITAR. REVISÃO. AGRAVO RETIDO. IMPUGNAÇÃO AO VALOR DA CAUSA. INÉPCIA DA PETIÇÃO INICIAL NÃO CONFIGURADA. EXISTÊNCIA DE INTERESSE PROCESSUAL. NÃO OCORRÊNCIA DE PRESCRIÇÃO DO FUNDO DE DIREITO. RELAÇÃO DE TRATO SUCESSIVO, OCORRÊNCIA DE PRESCRIÇÃO QUINQUENAL DESDE A DATA DO AJUIZAMENTO DA AÇÃO. INTEGRALIDADE. DISPOSIÇÕES CONSTITUCIONAIS. AUTO--APLICABILIDADE. ART. 40, § 5.º DA CF/88. PAGAMENTO DE PARCELAS PRETÉRITAS.

1. Negado provimento ao agravo retido constante da Impugnação ao Valor da Causa (n. 97.0079686-8) em apenso. Correta a decisão do juízo a quo, uma vez que a União Federal limitou-se a argumentar de forma genérica, e o valor da causa fixado pela autora obedece ao mínimo fixado em lei para o rito em questão. O entendimento jurisprudencial dos nossos Tribunais é no sentido de que uma vez escolhido o rito processual adequado, e não sendo possível estimar-se com absoluta precisão o valor do benefício, permanece o valor atribuído à causa pelos autores.

2. Não configurada a preliminar de inépcia da petição inicial alegada pela União Federal. Conforme dirimido pelo juízo *a quo*, a documentação juntada pela autora comprova a relação de direito material estabelecida com a ré, não havendo dúvida acerca do objeto da demanda e à sua solução.

3. Existência de interesse processual, também de acordo com o julgado a quo, porque nas questões referentes ao reajuste de aposentadorias, pensões e vencimentos, principalmente em decorrência de planos econômicos, é despiciendo o prévio requerimento administrativo, pois já se sabe qual será a resposta da Administração Previdenciária, sendo inútil o desgaste em sede administrativa. Quanto ao pedido de adequação do paradigma da pensão, em tese, deveria haver prévio requerimento administrativo, porém, não o esgotamento da via administrativa, somente o conhecimento prévio que permitirá à Administração corrigir eventual falha, sem incorrer no ônus processual. Porém, em ambos os casos, a ré contestou o mérito dos pedidos da autora, tornando litigiosa a demanda.

4. Não ocorrência de prescrição do fundo de direito, tendo em vista o pedido da autora tratar-se de prestações de trato sucessivo, com a incidência das Súmulas ns. 163, do ex-TFR e 85, do STJ, que estabelecem a incidência da prescrição quinquenal, atingindo as prestações pretendidas anteriores a 5 anos da data do ajuizamento da presente ação — 10.1.1996. Não acolhido o pleito no que se refere à contagem da prescrição quinquenal a partir da data da citação, uma vez que não pode ser imputada à autora nenhuma perda em função de um ato processual que não está sob seu controle exclusivo.

5. Não procede a alegação da União Federal acerca da "não comprovação do fato constitutivo do direito da parte autora". A Portaria Interministerial n. 2.826/94 reconheceu que a Administração Pública não vinha observando as normas constitucionais, configurando a legitimidade da pretensão autoral.

6. A jurisprudência é pacífica no sentido de que o valor da pensão deve corresponder à integralidade dos vencimentos ou proventos do servidor falecido, como também, que o disposto no § 5.º, do art. 40, da CF/88, com a redação anterior a da Emenda Constitucional n. 20/98, é uma norma de eficácia plena, e consequentemente, autoaplicável. Foi consolidado, também, que a previsão legal que consta no seu texto refere-se à fixação do limite de remuneração dos servidores em geral, de acordo com o art. 37, XI, da Constituição Federal (redação anterior à EC n. 19/98). Entendimento pacífico do pretório excelso ratificado, principalmente, após o julgamento dos Mandado de Injunção n. 211-8 e n. 263-1 (STF – RE n. 338.752/SP – Min. Moreira Alves – 1.ª Turma - DJ – Data 11.10.2002; STF – AI n. 212.545 AgR/RS – Min. Ilmar Galvão – 1.ª Turma – DJ – Data 16.10.1998).

7. Não merece prosperar a alegação da União Federal no sentido de se atribuir efeito *ex nunc* à decisão proferida em mandado de injunção pois, no caso em questão, a colenda Suprema Corte reconheceu a eficácia plena de norma constitucional.

8. É pacífico o entendimento jurisprudencial de que o art. 20, do ADCT somente ficou prazo para que a Administração Pública se adaptasse às novas normas constitucionais. Novamente a Suprema egrégia Corte confirmou este posicionamento no julgamento do RE n. 206.732/RS, tendo como Relator o Exmo. Sr. Ministro Marco Aurélio, membro integrante da 2.ª Turma (DJ Data 19.12.1997).

9. É unânime a fixação da data da promulgação da Constituição Federal — 5.10.88, como termo inicial para o pagamento de proventos e pensões no valor integral, não havendo distinção entre servidores civis e militares. A Emenda n. 03/93, ao inserir o § 10 ao art. 42 da Constituição Federal, pôs termo à polêmica acerca do tratamento não isonômico que a União conferia aos servidores militares.

10. Ausência de comprovação da defasagem existente na pensão da autora a partir da data fixada na Portaria Interministerial n. 2.826/94 (art. 6.º, § 1.º) para o início dos efeitos financeiros da integralidade — 3.12.1993. Não pode prosperar a presunção do decisum a quo, no sentido de que a pensão esteja sendo paga a menor, face à divergência entre a patente do título de pensão e do documento de identidade da pensionista.

11. A revisão pretendida somente é cabível até 2.12.1993, ressalvada a prescrição quinquenal, data esta confirmada pela própria União Federal, que argui que a parte autora não tem direito aos atrasados anteriores a data fixada na referida Portaria, confirmando o não pagamento da integralidade devida. O termo inicial dos efeitos financeiros do *decisum a quo* deve ser 10.1.1991, já considerada a prescrição quinquenal.

12. Não há que se falar na pretensão de aumento de pensão por parte da autora, tampouco, na violação ao art. 169, parágrafo único e seus incisos, da CF/88, pelo *decisum a quo*. O pedido autoral é certo e determinado, e restringe-se à aplicabilidade de índices econômicos (26,06%, 16,19% e 26,05%) sobre o valor de sua pensão militar, como também, ao recebimento da mesma no valor integral do cargo em que o instituidor ocupava por ocasião de seu falecimento (§ 5.º, do art. 40, da CF/88). A sentença de 1.º grau limitou-se a analisar o pedido autoral, apesar de contrariar os argumentos da apelante.

13. Correção monetária mantida. O egrégio Superior Tribunal de Justiça pacificou o entendimento de que é devida a correção monetária a partir da data do efetivo prejuízo (Súmula n. 43, do STJ), tendo em vista tratar-se de dívida de caráter alimentar, ressalvando-se as parcelas prescritas (Embargos de Divergência no REsp n. 92.867/PE, decisão unânime — Corte Especial do STJ).

14. O termo inicial da incidência dos juros foi determinado corretamente, e o seu percentual mantido, por falta de irresignação da parte autora. Sem custas, em face à gratuidade de justiça concedida.

15. Quanto aos honorários advocatícios, mantida a sucumbência recíproca determinada no decisum a quo, porém, estes devem ser compensados, nos termos do art. 21, *caput*, do CPC.

16. Agravo retido não provido. Apelação e remessa necessária parcialmente providas. Decisão unânime.

(Agravo na Apelação Cível n. 261740/RJ (200102010117490), 5.ª Turma do TRF da 2.ª Região, rel. Alberto Nogueira. j. 17.6.2003, unânime, DJU 7.7.2003)

---

35. TRF2 — ADMINISTRATIVO, CONSTITUCIONAL E PROCESSUAL CIVIL — PENSÃO ESTATUTÁRIA — REVISÃO — ART. 40, § 5.º, DA CONSTITUIÇÃO FEDERAL, ATUAL § 7.º, POR FORÇA DA EC N. 20 — AUTOAPLICABILIDADE — ÔNUS DA PROVA — PRESCRIÇÃO.

1. Tratando-se de pensão estatutária por morte seu valor deverá corresponder à totalidade dos vencimentos ou proventos do servidor falecido, até o limite estabelecido em lei, conforme determina o art. 40, § 5.º, da CF/88, atual § 7.º, por força da EC n. 20.

2. O Supremo Tribunal Federal, quando do julgamento do Mandado de Injunção n. 211-8, reconheceu a autoaplicabilidade do § 5.º do art. 40 da Constituição Federal.

3. Possibilidade de comprovar, em execução, que nada mais deve.

4. Prescrição quinquenal das parcelas anteriores ao ajuizamento da ação.

5. Remessa oficial e apelação da União Federal improvidas e apelação da parte autora parcialmente provida.

(Apelação Cível n. 233688/RJ (200002010241860), 3.ª Turma do TRF da 2.ª Região, rel. Paulo Barata. j. 11.2.2003, unânime, DJU 28.2.2003)

1. MANDADO DE INJUNÇÃO. FALTA NORMA REGULAMENTADORA DO ART. 192 § 3.º DA CONSTITUIÇÃO FEDERAL. NÃO ATENDIMENTO A PRAZO PROCESSUAL JUDICIAL. EXTINÇÃO DO FEITO SEM JULGAMENTO DO MÉRITO. I. O prazo judicial é prazo próprio e diz respeito à parte, que deve atendê-lo sob pena de preclusão. II. Se como "in casu" o prazo diz respeito a ato processual de trazida de documento para integrar a inicial, em consequência a seu não atendimento, cabe a extinção do feito sem julgamento do mérito. (TRF 3.ª Reg. – AMI n. 19 – Processo n. 94.03.014630-3 – SP – Rel. Juiz Baptista Pereira – 3.ª Turma – DJU 15.8.2001 – p. 1.551)

36. TRF3 — MANDADO DE SEGURANÇA. QUESTIONAMENTO DE VÁRIOS ASPECTOS DE PARCELAMENTO CONCEDIDO PELO INSTITUTO NACIONAL DO SEGURO SOCIAL, PARA FINS DE APROVEITAMENTO DE VALORES PAGOS INDEVIDAMENTE. INOCORRÊNCIA DE VÍCIOS VISÍVEIS NA CONSOLIDAÇÃO DO VALOR QUE — CONFESSADO PELO IMPETRANTE — FOI PARCELADO EM SEU FAVOR. DENEGAÇÃO DA ORDEM MANTIDA.

I. Ocorre denúncia espontânea capaz de elidir exigência de multa sancionatória desde que o contribuinte, antes de qualquer ação fiscal, revela a dívida e recolhe o principal corrigido e os juros de mora (art. 138 CTN). Não se fala em denúncia espontânea se o contribuinte em atraso se limita a confessar o débito e requerer parcelamento da dívida. Entendimento dominante no Superior Tribunal de Justiça (EAREsp. 359.181/PR, 1.ª Turma, rel. Min. Humberto Gomes de Barros, DJ 30.6.2003, p. 136).

II. Conforme a orientação esposada pelo Supremo Tribunal Federal o § 3.º do art. 192 da Magna Carta não é autoaplicável, necessita de lei regulamentadora. Nesse sentido, o julgamento da ADIn n. 004/DF e ainda o que constou do Mandado de Injunção n. 372-6/SP julgado em 4.8.1994. Portanto, sem a presença e vigor de norma infraconstitucional não há como exigir que os juros — mesmo em parcelamento celebrado com o Fisco — não ultrapassem 12%.

III. A contribuição patronal incidente sobre o montante do 13.º salário — também chamado de abono anual — pago aos empregados foi tida pelo Supremo Tribunal Federal como constitucional e, portanto, devida pelo empregador (por exemplo, RE n. 370.170/PE da 1.ª Turma, Relator o Min. Moreira Alves, decisão de 15.4.2003, publicada no DJ de 16.5.2003, p. 107)

IV. Com referência a inclusão na dívida parcelada de débitos referentes a contribuição incidente sobre os honorários de prestadores de serviços autônomos e de pro labore pago a administradores e gerentes, não há comprovação ictu oculi nos autos, sequer na leitura dos instrumentos de parcelamento; como em sede de mandamus descabe adensamento em atividade probatória, não há como acatar o recurso nesse âmbito.

V. No tocante a incidência da TR/TRD na apuração do valor a ser pago em parcelas deve-se considerar que sua aplicação como juros moratórios para remunerar o capital é diferente da aplicação da TRD como indexador para corrigir o débito, sendo certo sua aplicação como fator de juros de mora para recompor o patrimônio público escamoteado com a mora debitoris não pode ser vedada. Assim, na medida em que o art. 9.º da Lei n. 8.177 de 1.º.3.1991, com redação da Lei n. 8.218 de agosto daquele ano, determinou a incidência da TRD para cálculo dos juros de mora sobre quaisquer débitos para com a Fazenda Pública, inclusive os previdenciários, agiu adequadamente (REsp n. 356.147/AL, rel. Min. Franciulli Neto, julgado em 11.3.2003 pela 1.ª Turma, do REsp n. 213.288/RS, rel. Min. José Delgado, julgado em 23.11.1999 pela 1.ª Turma, etc.).

VI. Nenhuma irregularidade ocorreu com a Lei n. 8.383 por haver sido publicada no Diário Oficial de 31 de janeiro de 1991, com o fim de entrar em vigor já no exercício financeiro seguinte (1992). Cabimento da incidência da UFIR já em 1992 para indexar o débito consolidado no parcelamento.

VII. Apelação improvida; sentença denegatória do writ mantida.

(Apelação em Mandado de Segurança n. 183.917/SP (98030137875), 1.ª Turma do TRF da 3.ª Região, rel. Juiz Johonsom Di Salvo. j. 25.11.2003, unânime, DJU 16.12.2003)

Referência Legislativa:

Leg. Fed. Lei n. 5.172/66 – CTN/66 Código Tributário Nacional Art. 138

Leg. Fed. CF/88 – Constituição Federal Art. 192 § 3.º

Leg. Fed. Lei n. 8.177/91 Art. 9.º

Leg. Fed. Lei n. 8.218/91

Leg. Fed. Lei n. 8.383/91

Leg. Fed. Lei n. 8.620/93 Art. 9.º

Súmula n. 208 TFR.

37. TRF3 — MANDADO DE SEGURANÇA. QUESTIONAMENTO DE VÁRIOS ASPECTOS DE PARCELAMENTO CONCEDIDO PELO INSTITUTO NACIONAL DO SEGURO SOCIAL, PARA FINS DE APROVEITAMENTO DE VALORES PAGOS INDEVIDAMENTE. INOCORRÊNCIA DE VÍCIOS VISÍVEIS NA CONSOLIDAÇÃO DO VALOR QUE — CONFESSADO PELO IMPETRANTE — FOI PARCELADO EM SEU FAVOR. DENEGAÇÃO DA ORDEM MANTIDA.

I. Ocorre denúncia espontânea capaz de elidir exigência de multa sancionatória desde que o contribuinte, antes de qualquer ação fiscal, revela a dívida e recolhe o principal corrigido e os juros de mora (art. 138 CTN). Não se fala em denúncia espontânea se o contribuinte em atraso se limita a confessar o débito e requerer parcelamento da dívida. Entendimento dominante no Superior Tribunal de Justiça (EAREsp n. 359.181/PR, 1.ª Turma, rel. Min. Humberto Gomes de Barros, DJ 30.6.2003, p. 136).

II. Conforme a orientação esposada pelo Supremo Tribunal Federal o § 3.º do art. 192 da Magna Carta não é autoaplicável, necessita de lei regulamentadora. Nesse sentido, o julgamento da ADIn n. 004/DF e ainda o que constou do Mandado de Injunção n. 372-6/SP julgado em 4.8.1994. Portanto, sem a presença e vigor de norma infraconstitucional não há como exigir que os juros - mesmo em parcelamento celebrado com o Fisco — não ultrapassem 12%.

III. A contribuição patronal incidente sobre o montante do 13.º salário — também chamado de abono anual — pago aos empregados foi tida pelo Supremo Tribunal Federal como constitucional e, portanto, devida pelo empregador (por exemplo, RE n. 370.170/PE da 1.ª Turma, Relator o Min. Moreira Alves, decisão de 15.4.2003, publicada no DJ de 16.5.2003, p. 107).

IV. Com referência a inclusão na dívida parcelada de débitos referentes a contribuição incidente sobre os honorários de prestadores de serviços autônomos e de pro labore pago a administradores e gerentes, não há comprovação ictu oculi nos autos, sequer na leitura dos instrumentos de parcelamento; como em sede de mandamus descabe adensamento em atividade probatória, não há como acatar o recurso nesse âmbito.

V. No tocante a incidência da TR/TRD na apuração do valor a ser pago em parcelas deve-se considerar que sua aplicação como juros moratórios para remunerar o capital é diferente da aplicação da TRD como indexador para corrigir o débito, sendo certo sua aplicação como fator de juros de mora para recompor o patrimônio público escamoteado com a mora debitoris não pode ser vedada. Assim, na medida em que o art. 9.º da Lei n. 8.177 de 1.º.3.1991, com redação da Lei n. 8.218 de agosto daquele ano, determinou a incidência da TRD para cálculo dos juros de mora sobre quaisquer débitos para com a Fazenda Pública, inclusive os previdenciários, agiu adequadamente (REsp n. 356.147/AL, rel. Min. Franciulli Neto, julgado em 11.3.2003 pela 1.ª Turma, do REsp n. 213.288/RS, rel. Min. José Delgado, julgado em 23.11.1999 pela 1.ª Turma etc.).

VI. Nenhuma irregularidade ocorreu com a Lei n. 8.383 por haver sido publicada no Diário Oficial de 31 de janeiro de 1991, com o fim de entrar em vigor já no exercício financeiro seguinte (1992). Cabimento da incidência da UFIR já em 1992 para indexar o débito consolidado no parcelamento.

VII. Apelação improvida; sentença denegatória do writ mantida.

(Apelação em Mandado de Segurança n. 183917/SP (98030137875), 1.ª Turma do TRF da 3.ª Região, rel. Juiz Johonsom Di Salvo. j. 25.11.2003, unânime, DJU 16.12.2003)

Referência Legislativa:

Leg. Fed. Lei n. 5.172/66 – CTN/66 Código Tributário Nacional Art. 138

Leg. Fed. CF/88 – Constituição Federal Art. 192 § 3.º

Leg. Fed. Lei n. 8.177/91 Art. 9.º

Leg. Fed. Lei n. 8.218/91

Leg. Fed. Lei n. 8.383/91

Leg. Fed. Lei n. 8.620/93 Art. 9.º

Súmula n. 208 TFR.

38. TRF4 — PREVIDENCIÁRIO E PROCESSUAL CIVIL — COMPETÊNCIA — COMPLEMENTAÇÃO DE APOSENTADORIA — AUTOAPLICABILIDADE DOS PARÁGRAFOS 5.º E 6.º DO ART. 201, CF/88. 1. Declaração de incompetência não tem como consequência a extinção do processo, mas sua remessa ao juízo identificado como competente (art. 113, § 2.º, CPC); 2. É desnecessária a impetração de mandado de injunção para buscar a complementação de aposentadoria determinadas nos §§ 5.º e 6.º do art. 201 da Constituição Federal/88, face a manifestação do STF acerca de sua auto-aplicabilidade; 3. Declara-se a competência do juízo "a quo" para o processamento e julgamento do feito, anulando-se, de consequência, a sentença exarada. (TRF 4.ª Reg. – Processo: 9004251642 – RS – Rel. Juiz Doria Furquim – 2.ª Turma – DJU 15.9.1993 – p. 37.868).

39. TRF4 — ADMINISTRATIVO. SERVIDOR PÚBLICO APOSENTADO. GRATIFICAÇÃO DE DESEMPENHO DE ATIVIDADE PREVIDENCIÁRIA.

1. É parte legítima passiva para responder ao "writ" a autoridade que competente para a inclusão ou exclusão do benefício do pleiteado no mandado de segurança, que também é responsável pela alimentação do sistema com as informações necessárias à concretização do referido ato.

2. A ausência de prévia provocação da Administração em sede extrajudicial não impede o processamento da ação judicial, quando a requerida, em juízo, opõe resistência ao direito invocado pela parte autora.

3. Apropriado o *'writ'* para a obtenção do direito ora *'sub judice'*, não havendo que se falar em mandado de injunção, até porque o art. 9.º da Lei n. 10.355/01 prevê a hipótese de pagamento da gratificação em comento.

4. A imposição de restrições à remuneração dos servidores inativos e pensionistas, concedendo gratificação de forma diferenciada àquela paga aos servidores ativos, fere o princípio da isonomia insculpido no parágrafo 8.º do art. 40 da Constituição Federal.

(Apelação em Mandado de Segurança n. 83222/SC (200272040006387), 4.ª Turma do TRF da 4.ª Região, rel. Juiz Amaury Chaves de Athayde. j. 16.6.2004, unânime, DJU 12.8.2004)

40. TRF4 — TRIBUTÁRIO. IMPOSTO DE RENDA. IDADE SUPERIOR A 65 ANOS. IMUNIDADE TRIBUTÁRIA PREVISTA NO ART. 153, § 2.º, II. INAPLICABILIDADE.

1. O art. 153, § 2.º, II da Constituição Federal de 1988, que previa a imunidade tributária aos proventos percebidos por pessoa com idade superior a sessenta e cinco anos dependia de lei ordinária para ser implementado, conforme decisão do STF no Mandado de Injunção n. 385-8/4/RJ, mas foi, posteriormente, revogado expressamente pela Emenda Constitucional n. 20/98.

2. Apelação improvida.

(Apelação Cível n. 587773/RS (200171000158649), 2.ª Turma do TRF da 4.ª Região, rel. Fábio Rosa. j. 14.10.2003, unânime, DJU 29.10.2003)

41. TRF4 — CONSTITUCIONAL E ADMINISTRATIVO. SERVIDOR PÚBLICO. INDENIZAÇÃO POR DANOS PATRIMONIAIS E MORAIS. AUSÊNCIA DE REVISÃO GERAL DE REMUNERAÇÃO. ART. 37, X, DA CR/88. IMPOSSIBILIDADE JURÍDICA DO PEDIDO. LEGITIMIDADE PASSIVA DA UNIÃO. JUROS MORATÓRIOS.

1. A União é legitimada passiva em ação que busca indenização por omissão do chefe do Poder Executivo, por omissão legislativa em proceder a revisão geral de remuneração prevista no art. 37, X/CF, na redação posterior à EC n. 19/98.

2. Afasta-se a arguição de impossibilidade jurídica do pedido, que tem por base a Emenda Constitucional n. 19/98, a qual deu nova redação ao art. 37, X da Constituição Federal, reconhecendo ao servidor público uma revisão geral anual. O direito de ação contra lesão ou ameaça de direito é garantia constitucional insculpida no art. 5.º, XXXV da Carta Magna.

3. As indenizações por mora legislativa têm seu marco inicial em junho de 1999, um ano após a EC n. 19, de 4 de junho de 1998, iniciando-se aí a contagem do prazo prescricional.

4. A regra constitucional, introduzida pela EC n. 19/98 estabeleceu a obrigatoriedade de que o Presidente da República envie um projeto de lei anual que garanta a recomposição do valor do subsídio dos servidores públicos federais. O direito à indenização pela mora legislativa restou reconhecida pelo STF ao julgar Mandado de Injunção n. 283/DF.

5. A configuração do dano material não implica necessariamente o direito em indenização por dano moral. O dano experimentado decorre da perda aquisitiva da moeda, corroída pela inflação, o que não demonstra que dano seja capaz de abalar a esfera moral e psicológica dos autores.

6. O direito a indenizações por mora legislativa é contado a partir de junho de 1999, um ano após a EC n. 19, de 4 de junho de 1998, pois a EC n. 19/98 não retroage para assegurar revisões pretéritas.

7. Para as ações desta natureza, cuja citação ocorreu posteriormente à edição da Medida Provisória n. 2.180-34, de 27 de julho de 2001, que deu nova redação ao art. 1.º, da Lei n. 9.494/97, os juros moratórios incidem no percentual de 6% ao ano.

8. Preliminares rejeitadas. Apelação da União e remessa oficial parcialmente providas. Apelação da parte autora improvida.

(Apelação Cível n. 529063/RS (200171020052427), 3.ª Turma do TRF da 4.ª Região, rel. Juiz Maria de Fátima Freitas Labarrère. j. 6.5.2003, unânime, DJU 28.5.2003, p. 378)

42. TRF4 — CONSTITUCIONAL E ADMINISTRATIVO. SERVIDOR PÚBLICO. INDENIZAÇÃO POR DANOS PATRIMONIAIS E MORAIS. AUSÊNCIA DE REVISÃO GERAL DE REMUNERAÇÃO. ART. 37, X, DA CR/88. IMPOSSIBILIDADE JURÍDICA DO PEDIDO. LEGITIMIDADE PASSIVA DA UNIÃO.

1. A União é legitimada passiva em ação que busca indenização por omissão do chefe do Poder Executivo, por omissão legislativa em proceder a revisão geral de remuneração prevista no art. 37, X/CF, na redação posterior à EC n. 19/98.

2. Afasta-se a arguição de impossibilidade jurídica do pedido, que tem por base a Emenda Constitucional n. 19/98, a qual deu nova redação ao art. 37, X da Constituição Federal, reconhecendo ao servidor público uma revisão geral anual. O direito de ação contra lesão ou ameaça de direito é garantia constitucional insculpida no art. 5.º, XXXV da Carta Magna.

3. As indenizações por mora legislativa têm seu marco inicial em junho de 1999, um ano após a EC n. 19, de 4 de junho de 1998, iniciando-se aí a contagem do prazo prescricional.

4. A regra constitucional, introduzida pela EC n. 19/98 estabeleceu a obrigatoriedade de que o Presidente da República envie um projeto de lei anual que garanta a recomposição do valor do subsídio dos servidores públicos federais. O direito à indenização pela mora legislativa restou reconhecida pelo STF ao julgar Mandado de Injunção n. 283/DF.

5. A configuração do dano material não implica necessariamente o direito em indenização por dano moral. O dano experimentado decorre da perda aquisitiva da moeda, corroída pela inflação, o que não demonstra que dano seja capaz de abalar a esfera moral e psicológica dos autores.

6. O direito a indenizações por mora legislativa é contado a partir de junho de 1999, um ano após a EC n. 19, de 4 de junho de 1998, pois a EC n. 19/98 não retroage para assegurar revisões pretéritas.

7. Preliminares rejeitadas. Apelações improvidas.

(Apelação Cível n. 533945/RS (200171020051370), 3.ª Turma do TRF da 4.ª Região, rel. Juiz Maria de Fátima Freitas Labarrère. j. 6.5.2003, unânime, DJU 21.5.2003, p. 546)

Referência Legislativa

CF/88 Constituição Federal — Art. 5.º Inc. XXXV Art. 37 Inc. X Inc. XV Art. 61 § 1.º Inc. I Let. a Art. 50 Inc. II Let. a Inc. XV.

CPC — Código de Processo Civil — Lei n. 5.869/73 Art. 126 Art. 21.

EC n. 19/98.

Lei n. 10.331/2001.

---

43. TRF4 — ADMINISTRATIVO. CONSTITUCIONAL. SERVIDOR PÚBLICO. IMPOSSIBILIDADE JURÍDICA DO PEDIDO. COMPETÊNCIA. PENSÃO. UNIÃO ESTÁVEL ENTRE PESSOAS DO MESMO SEXO. VIABILIDADE. PRINCÍPIOS CONSTITUCIONAIS DA IGUALDADE E DA DIGNIDADE HUMANA. Art. 217, INCISO I, ALÍNEA "C", DA LEI N. 8.112/90. RAZOABILIDADE. HONORÁRIOS ADVOCATÍCIOS.

1. Rejeita a preliminar de impossibilidade jurídica, pois ela se confunde com mérito.

2. Também não merece guarida a preliminar de incompetência do juízo pela inadequação da via processual eleita, visto que não é caso de mandado de injunção, uma vez que não é esta a pretensão do autor, mas sim, que a ele seja aplicada a legislação positiva existente.

3. A solução da controvérsia se dá pelo respeito aos princípios fundamentais da igualdade e da dignidade humana.

4. A interpretação gramatical, ainda que possua certa relevância, deve ceder lugar, quando a interpretação sistemática se mostra mais adequada.

5. O deferimento ao postulado pela parte autora atende ao disposto na Constituição Federal e no art. 217, inciso I, alínea "c", da Lei n. 8.112/90.

6. O princípio da razoabilidade é, cada vez mais, um parâmetro para a atuação do Judiciário.

7. Honorários advocatícios fixados em 10% do valor atualizados da causa em conformidade com o entendimento pacífico da 3.ª Turma em ações da mesma natureza.

8. Rejeitadas as preliminares e, no mérito, parcialmente providos o apelo e a remessa oficial.

(Apelação Cível n. 528.866/RS (200071000382740), 3.ª Turma do TRF da 4.ª Região, relª. Juiza Marga Inge Barth Tessler. j. 22.4.2003, unânime, DJU 7.5.2003, p. 667)

Referência Legislativa

Lei n. 8.112/90 Art. 217 Inc. I Let. C.

---

44. TRF4 — TRIBUTÁRIO. IMPOSTO DE RENDA. IDADE SUPERIOR A 65 ANOS. IMUNIDADE TRIBUTÁRIA PREVISTA NO ART. 153, § 2.º, II. INAPLICABILIDADE.

1. O art. 153, § 2.º, II da Constituição Federal de 1988, que previa a imunidade tributária aos proventos percebidos por pessoa com idade superior a sessenta e cinco anos dependia de lei ordinária para ser implementado, conforme decisão do STF no Mandado de Injunção n. 385-8/4/RJ, mas foi, posteriormente, revogado expressamente pela Emenda Constitucional n. 20/98.

2. Apelação improvida.

(Apelação Cível n. 587773/RS (200171000158649), 2.ª Turma do TRF da 4.ª Região, rel. Fábio Rosa. j. 14.10.2003, unânime, DJU 29.10.2003)

---

45. TRF4 — CONSTITUCIONAL E ADMINISTRATIVO. SERVIDOR PÚBLICO. INDENIZAÇÃO POR DANOS PATRIMONIAIS E MORAIS. AUSÊNCIA DE REVISÃO GERAL DE REMUNERAÇÃO. ART. 37, X, DA CR/88. IMPOSSIBILIDADE JURÍDICA DO PEDIDO. LEGITIMIDADE PASSIVA DA UNIÃO. JUROS MORATÓRIOS.

1. A União é legitimada passiva em ação que busca indenização por omissão do chefe do Poder executivo, por omissão legislativa em proceder a revisão geral de remuneração prevista no art. 37, X/CF, na redação posterior à EC n. 19/98.

2. Afasta-se a arguição de impossibilidade jurídica do pedido, que tem por base a Emenda Constitucional n. 19/98, a qual deu nova redação ao art. 37, X da Constituição Federal, reconhecendo ao servidor público uma revisão geral anual. O direito de ação contra lesão ou ameaça de direito é garantia constitucional insculpida no art. 5.º, XXXV da Carta Magna.

3. As indenizações por mora legislativa têm seu marco inicial em junho de 1999, um ano após a EC n. 19, de 4 de junho de 1998, iniciando-se aí a contagem do prazo prescricional.

4. A regra constitucional, introduzida pela EC n. 19/98 estabeleceu a obrigatoriedade de que o Presidente da República envie um projeto de lei anual que garanta a recomposição do valor do subsídio dos servidores públicos federais. O direito à indenização pela mora legislativa restou reconhecida pelo STF ao julgar Mandado de Injunção n. 283/DF.

5. A configuração do dano material não implica necessariamente o direito em indenização por dano moral. O dano experimentado decorre da perda aquisitiva da moeda, corroída pela inflação, o que não demonstra que dano seja capaz de abalar a esfera moral e psicológica dos autores.

6. O direito a indenizações por mora legislativa é contado a partir de junho de 1999, um ano após a EC n. 19, de 4 de junho de 1998, pois a EC n. 19/98 não retroage para assegurar revisões pretéritas.

7. Para as ações desta natureza, cuja citação ocorreu posteriormente à edição da Medida Provisória n. 2.180-34, de 27 de julho de 2001, que deu nova redação ao art. 1.º, da Lei n. 9.494/97, os juros moratórios incidem no percentual de 6% ao ano.

8. Preliminares rejeitadas. Apelação da União e remessa oficial parcialmente providas. Apelação da parte autora improvida.

(Apelação Cível n. 529.063/RS (200171020052427), 3.ª Turma do TRF da 4.ª Região, relª. Juíza Maria de Fátima Freitas Labarrère. j. 6.5.2003, unânime, DJU 28.5.2003, p. 378)

46. TRF4 — ADMINISTRATIVO. CONSTITUCIONAL. SERVIDOR PÚBLICO. IMPOSSIBILIDADE JURÍDICA DO PEDIDO. COMPETÊNCIA. PENSÃO. UNIÃO ESTÁVEL ENTRE PESSOAS DO MESMO SEXO. VIABILIDADE. PRINCÍPIOS CONSTITUCIONAIS DA IGUALDADE E DA DIGNIDADE HUMANA. ART. 217, INCISO I, ALÍNEA "C", DA LEI N. 8.112/90. RAZOABILIDADE. HONORÁRIOS ADVOCATÍCIOS.

1. Rejeita a preliminar de impossibilidade jurídica, pois ela se confunde com mérito.

2. Também não merece guarida a preliminar de incompetência do juízo pela inadequação da via processual eleita, visto que não é caso de mandado de injunção, uma vez que não é esta a pretensão do autor, mas sim, que a ele seja aplicada a legislação positiva existente.

3. A solução da controvérsia se dá pelo respeito aos princípios fundamentais da igualdade e da dignidade humana.

4. A interpretação gramatical, ainda que possua certa relevância, deve ceder lugar, quando a interpretação sistemática se mostra mais adequada.

5. O deferimento ao postulado pela parte autora atende ao disposto na Constituição Federal e no art. 217, inciso I, alínea "c", da Lei n. 8.112/90.

6. O princípio da razoabilidade é, cada vez mais, um parâmetro para a atuação do Judiciário.

7. Honorários advocatícios fixados em 10% do valor atualizados da causa em conformidade com o entendimento pacífico da 3.ª Turma em ações da mesma natureza.

8. Rejeitadas as preliminares e, no mérito, parcialmente providos o apelo e a remessa oficial.

(Apelação Cível n. 528866/RS (200071000382740), 3.ª Turma do TRF da 4.ª Região, relª. Juíza Marga Inge Barth Tessler. j. 22.4.2003, unânime, DJU 7.5.2003, p. 667).

Referência Legislativa

Lei n. 8.112/90 Art. 217 Inc. I Let. C.

47. TRF 5 — MANDADO DE INJUNÇÃO. APOSENTADO DA PREVIDÊNCIA SOCIAL. IMPETRAÇÃO CONTRA O SUPERINTENDENTE REGIONAL DO INSS. REVISÃO DO BENEFÍCIO: ARTS. 201 E 202 DA CF/88. FALTA DE NORMA REGULAMENTADORA. LEGITIMIDADE PASSIVA "AD CAUSAM". 1. A autoridade contra a qual deve ser dirigido o mandado de injunção e aquela a quem compete ou competiria o deferimento da prerrogativa ou do direito assegurado pela Constituição, e não aquela a qual compete editar ou por em vigor a norma regulamentadora desse direito. 2. Caso em que o impetrante pretende seja compelido o superintendente regional do INSS a revisar seus proventos da aposentadoria de acordo com os arts. 201 e 202 da CF/88, tendo em vista a falta da lei regulamentadora ali prevista. 3. Na conformidade das normas já existentes, compete as superintendências regionais do INSS conceder, manter e revisar os benefícios devidos aos segurados do Instituto e seus dependentes, logo, e o superintendente regional parte legitima para figurar no polo passivo do mandado de injunção que busca a revisão de aposentadoria previdenciária segundo os critérios estabelecidos no art. 202 da Constituição. 4. Apelação provida. Sentença anulada, para que seja apreciado o mérito da impetração.(TRF 5.ª Reg. – Apelação Cível n. 8.469 – Processo n. 9105004870 – PB – Rel. Juiz Orlando Rebouças – 1.ª Turma – DJU 17.5.1991 – p. 11.003).

48. TRF5 — MANDADO DE INJUNÇÃO. APOSENTADORIA ESPECIAL. ALEGAÇÃO DE DESCUMPRIMENTO DE NORMA CONSTITUCIONAL. PEDIDO CONDENATÓRIO: CORREÇÃO DE CÁLCULO DE BENEFÍCIO. O mandado de injunção não se presta para decidir a lide, nem se pode impor condenação. Limita-se a edição da norma. Indeferimento da petição inicial mantido. (TRF 5.ª Reg. – AMS n. 2.047 – Processo n. 9005052830 – PE – Rel. Juiz Ridalvo Costa – 1.ª Turma – DJU 21.12.1990 – p. 31.267).

49. TRF5 — ADMINISTRATIVO. PREVIDENCIÁRIO. PROCESSUAL CIVIL. SERVIDOR PÚBLICO. PROFESSOR. REVISÃO DE APOSENTADORIA. CONVERSÃO DE TEMPO ESPECIAL EM COMUM. SERVIÇO PRESTADO COMO ESTATUTÁRIO EM CONDIÇÕES INSALUBRES, PERIGOSAS E PENOSAS. POSSIBILIDADE DE CONVERSÃO. DESNECESSIDADE DE LEI COMPLEMENTAR. MANDADOS DE INJUNÇÃO N. 721 E 758. DECRETO N. 53.831/64. EC N. 18/81. LEI N. 9.032/95.

1. Mandado de segurança impetrado contra ato do Diretor do Departamento de Administração de Pessoal da Universidade Federal do Rio Grande do Norte que concedeu parcialmente a segurança para reconhecer a conversão de tempo especial em comum prestado pelo impetrante, no cargo de professor, apenas em relação ao período de 12.12.1990 a 28.4.1995, quando já havia ocorrido a mudança do regime celetista para o estatutário.

2. A teor do art. 40, § 4.º da Constituição Federal, é necessária a edição de Lei Complementar quando as atividades exercidas pelo servidor em condições especiais foram prestadas sob o regime jurídico estatutário.

3. Por outro lado, o Supremo Tribunal Federal, quando do julgamento dos Mandados de Injunção n. 721 e 758, firmou entendimento de ser possível a conversão de tempo especial em comum, com os acréscimos legais previstos em Lei Previdenciária (Lei n. 8.213/91), mesmo em relação ao lapso temporal em que o servidor já estava sob a égide da Lei n. 8.112/90.

4. O Decreto n. 83.080/79, assim como a Lei n. 8.213/91, na sua redação original, assegurou a aposentadoria especial aos profissionais que, por um certo período de tempo, estivessem sujeitos a condições especiais, prejudiciais à saúde ou à integridade física, em decorrência de pertencerem a determinadas categorias profissionais, dispensando-se, contudo, a comprovação efetiva da exposição do segurado à ação nociva dos agentes causadores da insalubridade, da periculosidade e da penosidade da atividade profissional exercida.

5. Somente após a edição da Lei n. 9.032, de 28.4.1995, o legislador ordinário passou a condicionar o reconhecimento do tempo de serviço em condições especiais à comprovação da exposição efetiva aos agentes nocivos à saúde e à integridade física do segurado, para fins de aposentadoria especial.

6. A categoria profissional de professor foi enquadrada no rol das atividades consideradas insalubres, penosas e perigosas, a teor do item 2.1.4, do Anexo do Decreto n. 53.831/64, sendo reconhecido, como especial, o tempo de serviço prestado no exercício do referido cargo em período anterior ao advento da Lei n. 9.032/95 e também da EC n. 18/91, a partir de quando surge o direito à aposentadoria constitucional de professor, não sendo mais possível, a contar de então, a referida conversão com fulcro no Decreto n. 53.831/64.

7. "3. A Emenda Constitucional n. 18, de 30.6.1981 passou a estabelecer os requisitos para concessão do benefício de aposentadoria diferenciada para a atividade de 'professor', o que obsta a conversão do tempo de exercício de magistério com qualquer outra espécie de benefício, ressalvando-se os casos em que o segurado tenha implementado as condições até o dia 9.7.1981, data da publicação da referida Emenda. Assim, diante do limite imposto pela referida Emenda Constitucional n. 18/81, devem ser reconhecidos como comuns os períodos laborados de 1.º.4.1993 a 19.1.1994 e de 4.4.1994 a 4.3.1997." (AC 200680000078021, Desembargador Federal Francisco Cavalcanti, TRF5 – Primeira Turma, 8.10.2009)

8. Ademais, não comprovada a efetiva exposição do impetrante a elementos prejudiciais à sua saúde no período requerido na exordial (12.12.1990 a 14.12.1998), inexistente se mostra o direito líquido e certo a ser amparado via mandado de segurança. Apelação e remessa obrigatória da UFRN providas. Apelação da parte impetrante improvida.

(Apelação/Reexame Necessário n. 8000/RN (2008.84.00.014401-1), 1.ª Turma do TRF da 5.ª Região, rel. José Maria de Oliveira Lucena. j. 11.3.2010, unânime, DJe 24.3.2010)

---

50. TRF5 — CONSTITUCIONAL. ADMINISTRATIVO. SERVIDOR PÚBLICO. PROFESSOR UNIVERSITÁRIO. CONVERSÃO DE APOSENTADORIA ESPECIAL EM COMUM. CONTAGEM DO SERVIÇO PRESTADO EM CONDIÇÕES DE INSALUBRIDADE. MANDADO DE INJUNÇÃO N. 721-7/DF. ACOLHIMENTO DO PRECEDENTE DO STF.

1. É direito do servidor, ex-celetista, a contagem de tempo especial para fins de aposentadoria. Jurisprudência pacífica sobre a matéria.

2. A decisão proferida pelo STF no Mandado de Injunção n. 721-7/DF não tem efeito vinculante nem eficácia erga omnes. Porém, tratando-se de decisão plenária da Suprema Corte, a quem cabe dar a última palavra em matéria constitucional, é recomendável que seja prestigiada pelas instâncias inferiores do Poder Judiciário.

3. A competência originária do STF para julgar mandados de injunção impetrados contra o Presidente da República e/ou a(s) casa(s) legislativa(s) da União (art. 102, I, "q", da CF) não impede o manejo, na instância ordinária, de ação de rito comum com idêntico objeto. É o que ocorre, por exemplo, com um ato ilegal do Presidente da República que seja atentatório a direito líquido e certo, que tanto pode ser questionado via mandado de segurança no STF ou por ação ordinária na primeira instância da Justiça Federal.

4. Deve ser assegurado ao servidor público o direito ao cômputo de seu tempo de serviço especial como comum para aposentaria, respeitada a disciplina normativa do Regime Geral de Previdência Social, conforme decidido pelo STF ao julgar o Mandado de Injunção n. 721-7/DF.

5. Precedentes dos TRFs da 1.ª e 3.ª Regiões.

6. Embargos infringentes desprovidos.

(EINFAC n. 397.584/CE (2003.81.00.030374-1), Tribunal Pleno do TRF da 5.ª Região, rel. José Maria de Oliveira Lucena. j. 21.10.2009, maioria, DJe 5.11.2009)

---

51. TRF5 — CONSTITUCIONAL E ADMINISTRATIVO. DIREITO DE GREVE. SERVIDOR PÚBLICO FEDERAL. ART. 37, VII DA CF/88. NORMA CONSTITUCIONAL DE EFICÁCIA LIMITADA. POSICIONAMENTO ASSENTADO PELO PRETÓRIO EXCELSO. NECESSIDADE DE EDIÇÃO DE LEI ORDINÁRIA ESPECÍFICA. DESCONTO DE DIAS NÃO TRABALHADOS. DETERMINAÇÃO PELA VIA DO DECRETO. LEGITIMIDADE.

1. A Constituição Federal de 1988, no art. 37, VII, garantiu ao servidor público o direito de greve, a ser exercido nos termos e nos limites definidos em lei complementar. Posteriormente, a Emenda Constitucional n. 19, de 4.6.1998, alterando a redação original, determinou que o exercício do direito de greve deveria ser regulamentado por lei ordinária específica. Se, por um lado, a previsão do direito de greve no âmbito do serviço público significou, segundo se diz, um avanço em termos de definição de direitos sociais aos servidores públicos, por outro lado, não se pode deixar de reconhecer que a disposição normativa não produziu, até hoje — a despeito, inclusive,

da alteração constitucional que passou a exigir lei de processamento menos rígido para fins de implementação —, qualquer efeito, em vista da sua evidente não autoaplicabilidade, tendo em conta ter sido condicionado, tal direito subjetivo, à edição de lei integradora (norma constitucional de eficácia limitada). Posicionamento assentado pelo STF (Mandado de Injunção n. 20/DF). O reconhecimento, pelo Poder Judiciário, da imobilidade do Estado-Legislador não implica na possibilidade de que o Poder Legislativo seja constrangido a editar a norma legal faltante, o que não seria tolerável diante do princípio da separação de poderes, detentor da natureza de preceito sensível no Corpo Constitucional.

2. Embora confirmado pelo STF o retardamento do Poder Legislativo pátrio, no que toca à regulamentação do direito de greve do servidor público, não restou autorizado o exercício desse direito sem a edição da lei específica exigida pelo Texto Constitucional. Muito ao contrário: enfatizou-se a imprescindibilidade da lei integradora. Em outros termos, não é legítima a greve de servidores públicos, inexistente lei de regência, de modo que não pode ser considerada ilegítima a norma jurídica expedida pela Administração Pública, não com o fito de regular o direito de greve, mas com vistas a definir as consequências de caráter administrativo advindas da prática ilícita.

3. "Greve de servidor público: não ofende a competência privativa da União para disciplinar-lhe, por lei complementar, os termos e limites — e o que o STF reputa indispensável à licitude do exercício do direito (MI n. 20 e MI n. 438; ressalva do relator) — o decreto do Governador que — a partir da premissa de ilegalidade da paralisação, à falta da lei complementar federal — discipline suas consequências administrativas, disciplinares ou não (Precedente: ADInMC 1.306, 30.6.1995)". (Ação Direta de Inconstitucionalidade n. 1.696/SE).

4. O Decreto n. 1.480/95, editado pelo Presidente da República, não regulou o direito de greve previsto no art. 37, VII da CF/88, mas apenas especificou, diante da omissão legislativa do Congresso Nacional, os resultados administrativos da participação dos servidores públicos federais nas paredes da categoria. Demais disso, o desconto dos vencimentos é consentâneo — ou mesmo consequente necessário e lógico — com a inexistência da prestação do trabalho.

5. Não procede a alegação de desrespeito às peculiaridades do serviço prestado pelos auditores-fiscais executores de atividades externas, que não se submeteriam ao controle de ponto e, portanto, não poderiam ter descontos decorrentes de faltas, porquanto a norma invocada em favor desses profissionais — o Decreto n. 1.590/95 —, definidora de especial mecanismo de fiscalização de assiduidade, foi objeto de expressa ressalva pelo ato guerreado, que a ele remeteu, pela particularidade, como digno de obediência.

6. Pelo provimento da remessa necessária e da apelação. Segurança denegada.

(Apelação em Mandado de Segurança n. 85.960/RN (200284000075965), 2.ª Turma do TRF da 5.ª Região, rel. Des. Fed. Francisco Cavalcanti. j. 18.5.2004, unânime, DJU 30.6.2004)

Referência Legislativa:

CF/88 Constituição Federal Art. 37 Inc. VII Art. 9.º Art. 84 Inc. IV (Art. 9.º *Caput*)

Leg. Fed. EC n. 19/98

Leg. Fed. Dec. n. 1.480/95 Art. 1.º Inc. I Inc. II Inc. III § 1.º § 2.º Art. 2.º Art. 3.º Par. Único

Leg. Fed. Dec. n. 1.590/95 Art. 6.º Inc. I Inc. II Inc. III § 1.º a § 7.º Let. a Let. b Let. *c* Art. 7.º

Leg. Fed. Lei n. 8.112/90 Art. 44 Inc. I Art. 45

Leg. Fed. Dec. n. 16.662/97

Leg. Fed. Lei n. 7.783/89 Art. 16

Leg. Fed. Lei n. 9.527/97

Doutrina:

Autor: Celso Bastos. Obra: Curso de Direito Administrativo.

Autor: Eric Devaux. Obra: La Grève Dans Les Services Publics.

---

52. TRF5 — CONSTITUCIONAL E ADMINISTRATIVO. DIREITO DE GREVE. SERVIDOR PÚBLICO FEDERAL. ART. 37, VII DA CF/88. NORMA CONSTITUCIONAL DE EFICÁCIA LIMITADA. POSICIONAMENTO ASSENTADO PELO PRETÓRIO EXCELSO. NECESSIDADE DE EDIÇÃO DE LEI ORDINÁRIA ESPECÍFICA. DESCONTO DE DIAS NÃO TRABALHADOS. DETERMINAÇÃO PELA VIA DO DECRETO. LEGITIMIDADE.

1. A Constituição Federal de 1988, no art. 37, VII, garantiu ao servidor público o direito de greve, a ser exercido nos termos e nos limites definidos em lei complementar. Posteriormente, a Emenda Constitucional n. 19, de 4.6.1998, alterando a redação original, determinou que o exercício do direito de greve deveria ser regulamentado por lei ordinária específica. Se, por um lado, a previsão do direito de greve no âmbito do serviço público significou, segundo se diz, um avanço em termos de definição de direitos sociais aos servidores públicos, por outro lado, não se pode deixar de reconhecer que a disposição normativa não produziu, até hoje — a despeito, inclusive, da alteração constitucional que passou a exigir lei de processamento menos rígido para fins de implementação —, qualquer efeito, em vista da sua evidente não auto-aplicabilidade, tendo em conta ter sido condicionado, tal direito subjetivo, à edição de lei integradora (norma constitucional de eficácia limitada). Posicionamento assentado pelo STF (Mandado de Injunção n. 20/DF). O reconhecimento, pelo Poder Judiciário, da imobilidade do Estado-Legislador não implica na possibilidade de que o Poder Legislativo seja constrangido a editar a norma legal faltante, o que não seria tolerável diante do princípio da separação de poderes, detentor da natureza de preceito sensível no Corpo Constitucional.

2. Embora confirmado pelo STF o retardamento do Poder Legislativo pátrio, no que toca à regulamentação do direito de greve do servidor público, não restou autorizado o exercício desse direito sem a edição da lei específica exigida pelo Texto Constitucional. Muito ao contrário: enfatizou-se a imprescindibilidade da lei integradora. Em outros termos, não é legítima a greve de servidores públicos, inexistente lei de regência, de modo que não pode ser considerada ilegítima a norma jurídica expedida pela Administração Pública, não com o fito de regular o direito de greve, mas com vistas a definir as consequências de caráter administrativo advindas da prática ilícita.

3. "Greve de servidor público: não ofende a competência privativa da União para disciplinar-lhe, por lei complementar, os termos e limites — e o que o STF reputa indispensável à licitude do exercício do direito (MI n. 20 e MI n. 438; ressalva do Relator) — o decreto do Governador que — a partir da premissa de ilegalidade da paralisação, à falta da lei complementar federal — discipline suas consequências administrativas, disciplinares ou não. (Precedente: ADInMC 1.306, 30.6.1995)". (Ação Direta de Inconstitucionalidade n. 1.696/SE)

4. O Decreto n. 1.480/95, editado pelo Presidente da República, não regulou o direito de greve previsto no art. 37, VII da CF/88, mas apenas especificou, diante da omissão legislativa do Congresso Nacional, os resultados administrativos da participação dos servidores públicos federais nas paredes da categoria. Demais disso, o desconto dos vencimentos é consentâneo — ou mesmo consequente necessário e lógico — com a inexistência da prestação do trabalho.

5. Não procede a alegação de desrespeito às peculiaridades do serviço prestado pelos auditores-fiscais executores de atividades externas, que não se submeteriam ao controle de ponto e, portanto, não poderiam ter descontos decorrentes de faltas, porquanto a norma invocada em favor desses profissionais — o Decreto n. 1.590/95 —, definidora de especial mecanismo de fiscalização de assiduidade, foi objeto de expressa ressalva pelo ato guerreado, que a ele remeteu, pela particularidade, como digno de obediência.

6. Pelo provimento da remessa necessária e da apelação. Segurança denegada.

(Apelação em Mandado de Segurança n. 85960/RN (200284000075965), 2.ª Turma do TRF da 5.ª Região, rel. Des. Fed. Francisco Cavalcanti. j. 18.5.2004, unânime, DJU 30.6.2004)

Referência Legislativa:

CF/88 Constituição Federal Art. 37 Inc. VII Art. 9.º Art. 84 Inc. IV (Art. 9.º *Caput*).

Leg. Fed. EC n. 19/98

Leg. Fed. Dec. n. 1.480/95 Art. 1.º Inc. I Inc. II Inc. III § 1.º § 2.º Art. 2.º Art. 3.º Par. Único

Leg. Fed. Dec. n. 1.590/95 Art. 6.º Inc. I Inc. II Inc. III § 1.º a § 7.º Let. *a* Let. *b* Let. *c* Art. 7.º

Leg. Fed. Lei n. 8.112/90 Art. 44 Inc. I Art. 45

Leg. Fed. Dec. n. 16.662/97

Leg. Fed. Lei n. 7.783/89 Art. 16

Leg. Fed. Lei n. 9.527/97

Doutrina:Autor: Celso Bastos. Obra: Curso de Direito Administrativo.

Autor: Eric Devaux. Obra: La Grève Dans Les Services Publics.

53. TRF5 — PROCESSO CIVIL. AÇÃO CIVIL PÚBLICA. REFORMA DE DECISÃO DO MINISTRO DA JUSTIÇA QUE DESAPROVOU A IDENTIFICAÇÃO DE ALEGADA ÁREA INDÍGENA PELA FUNAI, EXCLUINDO DA DEMARCAÇÃO ÁREA IDENTIFICADA COMO DE DOMÍNIO PARTICULAR. IMPROCEDÊNCIA.

Se o art. 105, inciso I, alínea "b" e "c" da CF/88 atribui competência exclusiva do STJ para apreciar a impugnação dos despachos de ministros de Estado através de mandado de segurança ou de injunção, ou, ainda, *habeas corpus*, não havendo nenhuma vedação a apreciação de decisões dessa autoridade, incidenter tantum, no curso de qualquer outra ação, tem-se que há competência da Justiça Federal do 1.º grau, no caso sob exame. Preliminar afastada. Tratando-se de hipótese em que não é objeto de controvérsia a área indicada como indígena, mas sim a decisão do Sr. Ministro da Justiça que a afastou por não considerá-la área tradicionalmente ocupadas pelos indígenas, vislumbra-se possibilidade de julgamento antecipado da lide. Rejeição também dessa preliminar. Não se tendo afastado — quer na decisão antecipatória dos efeitos da tutela, quer na sentença — os bens lançados fundamentos da decisão administrativa impugnada, dar-se provimento aos apelos para revogar a antecipação dos efeitos da tutela e para reformar a sentença, mantendo, integralmente, o Despacho n. 50, de 14.7.1999, do Sr. Ministro da Justiça.

Apelos providos.

(Apelação Cível n. 318163/PB (200305000101439), 1.ª Turma do TRF da 5.ª Região, rel. Des. Fed. Francisco Wildo. j. 17.6.2004, unânime, DJU 5.7.2004)

Tribunal de Justiça

1. TJAP — CONSTITUCIONAL. ADMINISTRATIVO. REMUNERAÇÃO. REVISÃO ANUAL GERAL. DEPENDÊNCIA DE LEI ESPECÍFICA. AÇÃO ORDINÁRIA. VIA PROCESSUAL INADEQUADA.

1) A revisão geral da remuneração dos servidores públicos é matéria de reserva absoluta da lei, motivo pelo qual não pode o Poder Judiciário substituir o legislador comum, para criar regras pertinentes ao instituto da revisão anual da remuneração dos servidores. Se o Poder Público é inconstitucionalmente omisso quanto à criação dessas regras de revisão anual da remuneração, o remédio previsto pelo ordenamento jurídico é o mandado de injunção (art. 5.º, LXXI da CF/88) e não a ação ordinária.

2) Neste caso, não cabe ao Poder Judiciário determinar aumento de salário, por ser questão de mérito administrativo do Poder Executivo de acordo com sua previsão orçamentária.

3) Apelo improvido. Decisão unânime.

(Apelação Cível n. 1533/03 (7312), Câmara Única do TJAP, Macapá, rel. Agostino Silvério. j. 17.8.2004, unânime, DOE 4.11.2004).

2. TJAP — CONSTITUCIONAL. MANDADO DE INJUNÇÃO. NORMA DE EFICÁCIA PLENA. CARÊNCIA DE AÇÃO. EXTINÇÃO DO PROCESSO.

1) Em se tratando de norma constitucional de eficácia plena, que produz, ou pode produzir todos os efeitos de seu interesse, não há falar-se em normatização infraconstitucional subsequente.

2) A regra inscrita no art. 223, inciso V, da Constituição do Estado do Amapá não reclama, em caráter necessário, para efeito de sua incidência total, a mediação legislativa concretizadora do comando nela positivado.

3) Extinção do processo, sem julgamento do mérito, nos termos do art. 267, VI, do Código de Processo Civil.

(Mandado de Injunção n. 1/00 (4680), Tribunal Pleno do TJAP, Macapá, rel. Convocado Juiz Raimundo Vales. j. 20.2.2002, unânime, DOE 17.4.2002).

3. JDFT — MANDADO DE INJUNÇÃO. AUSÊNCIA DE PRESSUPOSTOS PROCESSUAIS ESPECÍFICOS E CONDIÇÕES DA AÇÃO. EXTINÇÃO SEM JULGAMENTO DO MÉRITO.

1 – Julga-se extinto, sem julgamento do mérito, o mandado de injunção que almeja a regulamentação de função pública, cuja criação e estruturação se encontra pendente de existência de lei; assim como que se insere no âmbito da Administração Pública o exame acerca da conveniência e oportunidade da implantação da função na rede de saúde do Distrito Federal e eventual procedência do *writ* resultaria em oneração aos cofres públicos, em manifesta violação à convivência harmônica que deve imperar entre os três poderes locais.

2 – Ausente nos autos prova do interesse econômico na demanda, vez que não restou demonstrado que implantada a função, perceberiam os filiados do impetrante valores superiores ao que atualmente auferem mensalmente.

3 – A pretensão subjacente ao pedido não encontra agasalho no ordenamento jurídico, pois objetiva a investidura em cargo público de forma derivada diversa do concurso público.

4 – Extinto, sem exame do mérito.

(Mandado de Injunção n. 20010020030277 (Ac. 174781), Conselho Especial do TJDFT, rel. Otávio Augusto, rel. Designado Getúlio Moraes Oliveira. j. 6.5.2003, DJU 2.7.2003).

Referência Legislativa

Constituição Federal/88 Art. 5.º Inc. LXXI Inc. II Inc. XIII;

Código de Processo Civil 5869/73 Art. 267 Inc. IV.

4. TJDFT — MANDADO DE INJUNÇÃO. AUSÊNCIA DE PRESSUPOSTOS PROCESSUAIS ESPECÍFICOS E CONDIÇÕES DA AÇÃO. EXTINÇÃO SEM JULGAMENTO DO MÉRITO.

1 – Julga-se extinto, sem julgamento do mérito, o mandado de injunção que almeja a regulamentação de função pública, cuja criação e estruturação se encontra pendente de existência de lei; assim como que se insere no âmbito da Administração Pública o exame acerca da conveniência e oportunidade da implantação da função na rede de saúde do Distrito Federal e eventual procedência do writ resultaria em oneração aos cofres públicos, em manifesta violação à convivência harmônica que deve imperar entre os três poderes locais.

2 – Ausente nos autos prova do interesse econômico na demanda, vez que não restou demonstrado que implantada a função, perceberiam os filiados do impetrante valores superiores ao que atualmente auferem mensalmente.

3 – A pretensão subjacente ao pedido não encontra agasalho no ordenamento jurídico, pois objetiva a investidura em cargo público de forma derivada diversa do concurso público.

4 – Extinto, sem exame do mérito.

(Mandado de Injunção n. 20010020030277 (Ac. 174781), Conselho Especial do TJDFT, rel. Otávio Augusto, rel. Designado Getúlio Moraes Oliveira. j. 6.5.2003, DJU 2.7.2003).

Referência Legislativa

Constituição Federal/88 Art. 5.º Inc. LXXI Inc. II Inc. XIII;

Código de Processo Civil 5869/73 Art. 267 Inc. IV.

5. TJMA — MANDADO DE INJUNÇÃO — IMPETRAÇÃO CONTRA ATO DE AGENTE PÚBLICO A QUEM NÃO CABE A REGULAMENTAÇÃO DE LEI. INEXISTÊNCIA DE LEI A SER REGULAMENTADA. ATO INSUSCETÍVEL DE IMPUGNAÇÃO PELA VIA ELEITA. IMPOSSIBILIDADE JURÍDICA DO PEDIDO. EXTINÇÃO DO PROCESSO SEM JULGAMENTO DO MÉRITO.

I – O mandado de injunção reclama, como pressuposto, direito certo, cuja atuação se frustrou em virtude da falta de norma regulamentadora.

II – Assim, inexistindo pretensão à emanação de norma regulamentadora — cuja edição se revela de todo inexigível — impõe-se a negativa de seguimento da ação. Manifesta, pois, a carência de ação do impetrante, que formula pedido juridicamente impossível e se volta contra ato de agente público a quem falece competência para exercer ato de regulamentação ou de deliberação.

III – Apelação improvida. Sentença mantida.

Decisão: Unanimemente e de acordo com o parecer do Ministério Público, negaram provimento ao apelo, nos termos do voto do Desembargador Relator.

(Apelação Cível n. 190562001 – Ac n. 0383222002 (Ação Originária – Mandado de Injunção), 3.ª Câmara Cível do TJMA, Caxias, rel. Cleones Carvalho Cunha, rev. José Stélio Nunes Muniz. j. 28.2.2002, Publ. 14.3.2002)

6. TJMG — PENSÃO — PROVENTOS DO SERVIDOR FALECIDO — VALOR CORRESPONDENTE À TOTALIDADE DOS VENCIMENTOS.

"O STF, no julgamento do Mandado de Injunção n. 211-8, proclamou que o art. 40, § 5.º da Constituição Federal encerra uma garantia autoaplicável, que independe de lei regulamentadora para ser viabilizado, seja por tratar-se de norma de eficácia contida, como entenderam alguns votos, seja em razão de a lei nele referida não poder ser outra senão aquela que fixa o limite de remuneração dos servidores em geral, na forma do art. 37, XI, da Carta, como entenderam outros". (RE n. 217.136/SP - 1.ª Turma - Rel. Min. Ilmar Galvão)

(Apelação Cível/Reexame Necessário n. 1.0024.03.169825-1/001, 7.ª Câmara Cível do TJMG, Belo Horizonte, rel. Alvim Soares. j. 30.11.2004, maioria, Publ. 16.2.2005)

7. TJMMG — AGRAVO DE INSTRUMENTO — MANDADO DE INJUNÇÃO — AÇÃO MANDAMENTAL — APLICAÇÃO DA LEI QUE DISCIPLINA O MANDADO DE SEGURANÇA — FALTA DE PREVISÃO NA LEI ESPECIAL — IMPOSSIBILIDADE DE EMPREGO SUPLEMENTAR DO CÓDIGO DE PROCESSO CIVIL — Não CONHECIMENTO — INCABIMENTO DO AGRAVO DE INSTRUMENTO CONTRA DECISÕES ORDINATÓRIAS — Disciplina a Lei n. 1.533/51 como cabível, o recurso de apelação, caso indeferida a inicial, e/ou concedida ou não a ordem mandamental. Em sede de Mandado de Segurança, incabe recurso contra decisão interlocutória que concede ou denega pedido liminar. Inteligência dos arts. 8.º e 12 da Lei n. 1.533 de 1951. (TJMG – AG 000.173.177-7/00 – 2.ª C.Cív. – Rel. Des. Corrêa De Marins – J. 25.4.2000)

8. TJMG — MANDADO DE INJUNÇÃO — Cabível apenas para regulamentar direito assegurado pela Constituição, concernente às liberdades e às prerrogativas de nacionalidade, soberania ou cidadania, não se prestando para buscar regulamentação de norma infraconstitucional que cuide tão somente de anistia fiscal. Impossibilidade jurídica do pedido caracterizada. (TJMG – MI n. 171.705/7.00 – CSup – Rel. Des. Lúcio Urbano – J. 12.4.2000)

9. TJMG — MANDADO DE INJUNÇÃO — SERVIÇO DE MOTO-TÁXI PRERROGATIVAS CONSTITUCIONAIS E LEGAIS — EXISTÊNCIA DIREITO SUBJETIVO DA PARTE CARACTERIZADO — TUTELA JURISDICIONAL — ALCANCE — CONFIGURADO NO FEITO O DIREITO *IN ABSTRATO* DA PARTE DE EXERCER ATIVIDADE ECONÔMICA LÍCITA, O QUAL DERIVA, DIRETAMENTE, DOS ARTS. 170, PARÁGRAFO ÚNICO, E 175, AMBOS DA CR, E DO ART. 1.º, DA LEI ESTADUAL N. 12.618/97, RESULTA QUE, SE A PARTE NÃO ALCANÇA CONCRETIZAR, INDIVIDUALMENTE, ESTE DIREITO POR FALTA DE REGULAMENTAÇÃO NORMATIVA DO PODER MUNICIPAL, PATENTEIA-SE A POSSIBILIDADE DA APLICAÇÃO DO REMÉDIO CONSTITUCIONAL DEFINIDO NO ART. 5.º, LXXI, DA CR, ISTO É, O MANDADO DE INJUNÇÃO — A tutela jurisdicional emanada do mandado de injunção limitar-se-á a concretizar o exercício do cidadão a direito, cuja fruição é obstada pela inércia do poder público, pois descabe ao judiciário determinar ao mesmo a expedição de norma regulamentadora, a tanto, em face do princípio da separação dos poderes da república. Apelação provida. (TJMG – AC 000.215.693-3/00 – 3.ª C.Cív. – Rel. Des. Lucas Sávio V. Gomes – J. 20.9.2001.

10. TJMG — MANDADO DE INJUNÇÃO — SERVIÇO DE TRANSPORTE COLETIVO DE PASSAGEIROS — PESSOA JURÍDICA — OMISSÃO DA ADMINISTRAÇÃO — INOCORRÊNCIA — ORDEM DENEGADA — Mandado de Injunção. Não pode ser utilizado para compelir a autoridade impetrada a editar regulamento que venha a alterar a disciplina da lei. Serviço de transporte, sob forma de fretamento. Lei n. 2.890/98. Exegese dos arts. 1.º, 5.º, e 6.º Portarias ns. 437 e 438/97 do DETRO/RJ, que a referida Lei regulamentaram, corretamente, quando deixaram de admitir a execução dos serviços, em questão, por pessoa física. Sentença, que denegou o Mandado de Injunção, mantida. (MGS) (TJRJ – AC 15.099/98 – (Reg. 160.499) – 7.ª C.Cív. – Relª. Desª. Áurea Pimentel Pereira – J. 23.2.1999).

11. TJMG — APELAÇÃO CÍVEL. AÇÃO DE COBRANÇA C/C INDENIZAÇÃO POR DANOS MORAIS. SERVIDORES MUNICIPAIS. REAJUSTE ANUAL VENCIMENTOS PELA VIA JUDICIAL. ART. 37, X, DA CF/88. IMPOSSIBILIDADE. PRINCÍPIO DA SEPARAÇÃO DE PODERES. INSTRUMENTO PROCESSUAL INADEQUADO. INEXISTÊNCIA DE LEI MUNICIPAL PARA CONCRETIZAÇÃO DO DISPOSITIVO CONSTITUCIONAL. RECURSO DESPROVIDO. Inexistindo lei específica local implementando o reajuste geral anual, não pode o Judiciário determiná-lo, sob pena de flagrante ofensa ao princípio da separação dos poderes. Súmula n. 339 do STF. Omissão que pode ser suprimida através do remédio constitucional do mandado de injunção (art. 5.º, LXXI, da CF/88). Lei Orgânica Municipal que também exige lei própria. Improcedência pedido de indenização.

Recurso a que se nega provimento.

(Apelação Cível n. 1.0024.01.066715-2/001, 6.ª Câmara Cível do TJMG, Belo Horizonte, rel. Ernane Fidélis. j. 5.10.2004, unânime, Publ. 5.11.2004).

12. TJMG — PENSÃO — PROVENTOS DO SERVIDOR FALECIDO — VALOR CORRESPONDENTE À SUA TOTALIDADE. «O STF, no julgamento do Mandado de Injunção n. 211-8, proclamou que o art. 40, § 5.º da Constituição Federal encerra uma garantia autoaplicável, que independe de lei regulamentadora para ser viabilizado, seja por tratar-se de norma de eficácia contida, como entenderam alguns votos, seja em razão de a lei nele referida não poder ser outra senão aquela que fixa o limite de remuneração dos servidores em geral, na forma do art. 37, XI da Carta, como entenderam outros.» (RE n. 217.136/SP, 1.ª Turma, rel. Ministro Ilmar Galvão). «Se era autoaplicável o disposto no anterior § 5.º do art. 40 da CF, também o é o novo § 7.º, porque este prevê que o benefício da pensão será igual ao valor dos proventos do servidor falecido, ou ao valor a que teria direito o servidor em atividade, na data de seu falecimento».

(Apelação Cível/Reexame Necessário n. 1.0024.03.927836-1/001, 7.ª Câmara Cível do TJMG, Belo Horizonte, rel. Alvim Soares. j. 25.5.2004, unânime, Publ. 3.9.2004)

13. TJMG — AÇÃO ORDINÁRIA VISANDO O CUMPRIMENTO DO ART. 37, INCISO X DA CF/88. INSTRUMENTO PROCESSUAL INADEQUADO. REVISÃO GERAL ANUAL DE VENCIMENTOS. INEXISTÊNCIA DE LEI ESTADUAL PARA APLICAÇÃO DO DISPOSITIVO CONSTITUCIONAL MENCIONADO.

Não havendo, ainda, lei própria para o reajuste geral anual dos servidores estaduais, não há a possibilidade em dar procedência ao pleito inicial vez que o Poder Judiciário estaria adentrando em outra competência que não é a sua, infringindo o dispositivo constante da Súmula n. 339 do STF. Além disso, o caso dos autos não deveria ser tratado via ação ordinária, mas sim, por mandado de injunção diante da inexistência de lei infraconstitucional que discipline tal pleito.

(Apelação Cível n. 1.0024.03.967715-8/001, 5.ª Câmara Cível do TJMG, Belo Horizonte, relª. Maria Elza. j. 17.6.2004, unânime, Publ. 3.8.2004)

14. TJMG — PENSÃO — NATUREZA ALIMENTAR — JUROS DE MORA.

Versando a ação sobre o correto pagamento de proventos, que detêm natureza alimentar, os juros moratórios pelo atraso no seu pagamento deverão ser fixados no percentual correspondente a 12% (doze por cento) ao ano.

V. V. P. PENSÃO — PROVENTOS DO SERVIDOR FALECIDO — VALOR CORRESPONDENTE À TOTALIDADE DOS VENCIMENTOS. "O STF, no julgamento do Mandado de Injunção n. 211-8, proclamou que o art. 40, § 5.º, da Constituição Federal encerra uma garantia autoaplicável, que independe de lei regulamentadora para ser viabilizado, seja por tratar-se de norma de eficácia contida, como entenderam alguns votos, seja em razão de a lei nele referida não poder ser outra senão aquela que fixa o limite de remuneração dos servidores em geral, na forma do art. 37, XI, da Carta, como entenderam outros." (RE n. 217.136/SP – 1.ª Turma – Rel. Ministro Ilmar Galvão)

(Apelação Cível/Reexame Necessário n. 1.0024.02.872829-3/001, 7.ª Câmara Cível do TJMG, Belo Horizonte, rel. Alvim Soares. j. 10.2.2004, unânime, Publ. 20.5.2004)

15. TJMG — CONSTITUCIONAL E ADMINISTRATIVO — MANDADO DE INJUNÇÃO — DIREITO CONSTITUCIONAL GARANTIDO POR NORMA. Autoaplicável. Inexistência do requisito consistente na ausência de norma regulamentadora a impossibilitar o exercício do aludido direito. Ausência de interesse de agir no que tange à adequação/cabimento. Extinção do feito sem julgamento de mérito.

(Apelação Cível n. 1.0694.02.006942-3/001, 4.ª Câmara Cível do TJMG, Três Pontas, rel. Audebert Delage. j. 13.5.2004, maioria, Publ. 16.6.2004)

16. TJMG — MANDADO DE INJUNÇÃO — PREFEITO MUNICIPAL — EXPEDIÇÃO DE NORMA REGULAMENTADORA — EXTINÇÃO DO PROCESSO.

1 – Não é função do mandado de injunção pedir a expedição da norma regulamentadora, pois não é ele sucedâneo da ação de inconstitucionalidade por omissão.

2 – Apelo desprovido.

(Apelação Cível n. 1.0439.03.020426-7/001, 2.ª Câmara Cível do TJMG, Muriaé, rel. Nilson Reis. j. 23.3.2004, unânime, Publ. 2.4.2004)

17. TJMG — MANDADO DE INJUNÇÃO — PREFEITO MUNICIPAL — EXPEDIÇÃO DE NORMA REGULAMENTADORA — EXTINÇÃO DO PROCESSO.

Não é função do mandado de injunção pedir a expedição da norma regulamentadora, pois não é ele sucedâneo da ação de inconstitucionalidade por omissão.

Apelo desprovido.

(Apelação Cível n. 000.280.345-0/00, 2.ª Câmara Cível do TJMG, Malacacheta, rel. Nilson Reis. j. 11.3.2003, unânime, Publ. 11.4.2003)

18. TJMG — DIREITO ADMINISTRATIVO. PREVIDENCIÁRIO. PENSÃO POR MORTE. VALOR DO BENEFÍCIO. AUTOAPLICABILIDADE DO ART. 40, § 5.º, DA CF/88. PRECEITO COMPATÍVEL COM O ART. 195, § 5.º, DA CF/88. SENTENÇA CONTRÁRIA À AUTARQUIA ESTADUAL, FUNDADA EM JULGAMENTO DO PLENÁRIO DO STF (MANDADO DE INJUNÇÃO N. 211-8/DF). INAPLICABILIDADE DO ART. 475, CPC. DECISÃO SEM REEXAME OBRIGATÓRIO. O valor da pensão por morte deve, nos termos do art. 40, § 5.º, da CF/88, corresponder "à totalidade dos vencimentos ou proventos do servidor falecido", sendo que este dispositivo é de aplicabilidade imediata e não pode ter o seu sentido esvaziado por legislação infraconstitucional. Sentença fundada em entendimento dominante do STF (vide decisão do Plenário do STF, MI n. 211-8/DF – Relator Min. Octavio Galloti), do STJ e do TJMG e que não está sujeita ao reexame obrigatório, nos termos do § 3.º, do art. 475, do CPC (redação inserida pela Lei n. 10.352/2001).

RECURSO VOLUNTÁRIO. IRRESIGNAÇÃO QUANTO AOS JUROS FIXADOS NA DECISÃO. JUROS DE 0,5%, DESDE A CITAÇÃO — Tratando-se de dívida de natureza previdenciária, os juros moratórios são de 0,5% ao mês, nos termos do art. 1.062 do Código Civil e art. 1.º da Lei n. 4.414/64, contando-se a partir da citação válida (Súmula 204, do STJ).

(Apelação Cível n. 000.287.933-6/00, 2.ª Câmara Cível do TJMG, Belo Horizonte, rel. Brandão Teixeira. j. 18.3.2003, unânime, Publ. 25.4.2003)

19. TJMG — MANDADO DE INJUNÇÃO. MUNICÍPIO. SERVIDORES PÚBLICOS. REMUNERAÇÃO. REVISÃO GERAL ANUAL. LEI ESPECÍFICA. PREFEITO. INICIATIVA. SUCUMBÊNCIA. HONORÁRIOS ADVOCATÍCIOS.

O art. 37, X, da Constituição Federal estabelece a obrigatoriedade de revisão geral anual da remuneração dos servidores públicos, providência que implica a edição de lei específica, de iniciativa do Chefe do Executivo. Segundo a jurisprudência dominante do pretório excelso, o mandado de injunção não autoriza o Judiciário a suprir a omissão legislativa ou regulamentar, editando o ato normativo omitido, nem a ordenar, de imediato, ato concreto de satisfação do direito reclamado. O parágrafo único do art. 24 da Lei n. 8.038/90 mandou aplicar ao mandado de injunção, no que couber, as normas do mandado de segurança, enquanto não editada legislação específica, razão pela qual há se lhe estender, também, o entendimento consolidado nas Súmulas 512 e 105, do Supremo Tribunal Federal e do Superior Tribunal de Justiça, respectivamente, de que não cabe condenação em honorários de advogado na ação de mandado de segurança. Rejeita-se a preliminar e, em reexame necessário, reforma-se parcialmente a sentença, prejudicados os recursos voluntários.

(Apelação Cível n. 000.294.576-4/00, 4.ª Câmara Cível do TJMG, Belo Horizonte, rel. Almeida Melo. j. 15.5.2003, unânime, Publ. 27.6.2003)

20. TJMG — DIREITO ADMINISTRATIVO. REVISÃO ANUAL GERAL. DEPENDÊNCIA DE LEI ESPECÍFICA. AÇÃO ORDINÁRIA. VIA PROCESSUAL INADEQUADA.

A revisão geral da remuneração dos servidores públicos é matéria de reserva absoluta de lei, motivo pelo qual não pode o Poder Judiciário substituir o legislador comum, nem a Administração Pública, para criar regras pertinentes ao instituto da revisão anual da remuneração dos servidores. Se o Poder Público é inconstitucionalmente omisso quanto à criação dessas regras de revisão anual da remuneração, o remédio previsto pelo ordenamento jurídico é o mandado de injunção (art. 5.º, LXXI, da CR/88) e não a ação ordinária.

MUNICÍPIO DE BELO HORIZONTE. SERVIDORES PÚBLICOS DA REDE MUNICIPAL DE ENSINO. VANTAGEM DE APOSTILAMENTO. INCORPORAÇÃO. PRINCÍPIO CONSTITUCIONAL DA IRREDUTIBILIDADE DOS VENCIMENTOS. A modificação estrutural dos cargos públicos, sua extinção, modificação e o consequente reenquadramento dos servidores é direito inerente à Administração Pública, nos limites da lei, observado o princípio da irredutibilidade. Não há que se falar em ilegalidade por ofensa aos princípios da irredutibilidade e do direito adquirido se da alteração da forma remuneratória de servidores municipais não resulta nenhuma redução nominal nos vencimentos.

(Apelação Cível n. 000.310.251-4/00, 2.ª Câmara Cível do TJMG, Belo Horizonte, rel. Brandão Teixeira. j. 5.8.2003, unânime, Publ. 22.8.2003)

21. TJMG — PREVIDENCIÁRIO. AÇÃO ORDINÁRIA. PENSÃO. SERVIDOR FALECIDO. IPSEMG. CONSTITUIÇÃO FEDERAL, ART. 40, §§ 3.º E 7.º. CONSTITUIÇÃO ESTADUAL, ART. 36, §§ 4.º E 5.º. AUTOAPLICABILIDADE. DESNECESSIDADE DE REEXAME NECESSÁRIO.

Nos termos do § 7.º, do art. 40 da CF/88, e § 5.º, do art. 36 da Constituição do Estado de Minas Gerais, a pensão deixada por morte do servidor é autoaplicável, com a fixação do valor correspondente aos vencimentos ou proventos que o servidor recebia, quando em atividade, independentemente de norma infraconstitucional. Inaplicabilidade do disposto no art. 195, § 5.º da CF, endereçado ao legislador ordinário. Face à decisão do plenário do Supremo Tribunal Federal, quando do julgamento do Mandado de Injunção n. 211, desnecessário o reexame obrigatório, nos casos análogos a esse, na forma do art. 475, § 3.º, do CPC, com redação modificada pela Lei n. 10.352/01.

(Apelação Cível n. 000.308.611-3/00, 6.ª Câmara Cível do TJMG, Belo Horizonte, rel. Jarbas Ladeira. j. 3.2.2003, unânime, Publ. 1.º.7.2003)

22. TJMG — APELAÇÃO CÍVEL. AÇÃO DE COBRANÇA C/C INDENIZAÇÃO POR DANOS MORAIS. SERVIDORES MUNICIPAIS. REAJUSTE ANUAL VENCIMENTOS PELA VIA JUDICIAL. ART. 37, X, DA CF/88. IMPOSSIBILIDADE. PRINCÍPIO DA SEPARAÇÃO DE PODERES. INSTRUMENTO PROCESSUAL INADEQUADO. INEXISTÊNCIA DE LEI MUNICIPAL PARA CONCRETIZAÇÃO DO DISPOSITIVO CONSTITUCIONAL. RECURSO DESPROVIDO.

Inexistindo lei específica local implementando o reajuste geral anual, não pode o Judiciário determiná-lo, sob pena de flagrante ofensa ao princípio da separação dos poderes. Súmula n. 339 do STF. Omissão que pode ser suprimida através do remédio constitucional do mandado de injunção (art. 5.º, LXXI, da CF/88). Lei Orgânica Municipal que também exige lei própria. Improcedência pedido de indenização.

Recurso a que se nega provimento.

(Apelação Cível n. 1.0024.01.066715-2/001, 6.ª Câmara Cível do TJMG, Belo Horizonte, rel. Ernane Fidélis. j. 5.10.2004, unânime, Publ. 5.11.2004)

23. TJMG — PENSÃO — PROVENTOS DO SERVIDOR FALECIDO — VALOR CORRESPONDENTE À SUA TOTALIDADE.

"O STF, no julgamento do Mandado de Injunção n. 211-8, proclamou que o art. 40, § 5.º da Constituição Federal encerra uma garantia autoaplicável, que independe de lei regulamentadora para ser viabilizado, seja por tratar-se de norma de eficácia contida, como entenderam alguns votos, seja em razão de a lei nele referida não poder ser outra senão aquela que fixa o limite de remuneração dos servidores em geral, na forma do art. 37, XI da Carta, como entenderam outros." (RE n. 217.136/SP, 1.ª Turma, rel. Ministro Ilmar Galvão). "Se era autoaplicável o disposto no anterior § 5.º do art. 40 da CF, também o é o novo § 7.º, porque este provê que o benefício da pensão será igual ao valor dos proventos do servidor falecido, ou ao valor a que teria direito o servidor em atividade, na data de seu falecimento".

(Apelação Cível/Reexame Necessário n. 1.0024.03.927836-1/001, 7.ª Câmara Cível do TJMG, Belo Horizonte, rel. Alvim Soares. j. 25.5.2004, unânime, Publ. 3.9.2004)

24. TJMG — AÇÃO ORDINÁRIA VISANDO O CUMPRIMENTO DO ART. 37, INCISO X DA CF/88. INSTRUMENTO PROCESSUAL INADEQUADO. REVISÃO GERAL ANUAL DE VENCIMENTOS. INEXISTÊNCIA DE LEI ESTADUAL PARA APLICAÇÃO DO DISPOSITIVO CONSTITUCIONAL MENCIONADO.

Não havendo, ainda, lei própria para o reajuste geral anual dos servidores estaduais, não há a possibilidade em dar procedência ao pleito inicial vez que o Poder Judiciário estaria adentrando em outra competência que não é a sua, infringindo o dispositivo constante da Súmula n. 339 do STF. Além disso, o caso dos autos não deveria ser tratado via ação ordinária, mas sim, por mandado de injunção diante da inexistência de lei infraconstitucional que discipline tal pleito.

(Apelação Cível n. 1.0024.03.967715-8/001, 5.ª Câmara Cível do TJMG, Belo Horizonte, relª. Maria Elza. j. 17.6.2004, unânime, Publ. 3.8.2004)

25. TJMG — PENSÃO — NATUREZA ALIMENTAR — JUROS DE MORA.

Versando a ação sobre o correto pagamento de proventos, que detêm natureza alimentar, os juros moratórios pelo atraso no seu pagamento deverão ser fixados no percentual correspondente a 12% (doze por cento) ao ano.

V. V. P. PENSÃO — PROVENTOS DO SERVIDOR FALECIDO — VALOR CORRESPONDENTE À TOTALIDADE DOS VENCIMENTOS. "O STF, no julgamento do Mandado de Injunção n. 211-8, proclamou que o art. 40, § 5.º, da Constituição Federal encerra uma garantia autoaplicável, que independe de lei regulamentadora para ser viabilizado, seja por tratar-se de norma de eficácia contida, como entenderam alguns votos, seja em razão de a lei nele referida não poder ser outra senão aquela que fixa o limite de remuneração dos servidores em geral, na forma do art. 37, XI, da Carta, como entenderam outros." (RE n. 217.136/SP – 1.ª Turma – Rel. Ministro Ilmar Galvão)

(Apelação Cível/Reexame Necessário n. 1.0024.02.872829-3/001, 7.ª Câmara Cível do TJMG, Belo Horizonte, rel. Alvim Soares. j. 10.2.2004, unânime, Publ. 20.5.2004)

26. TJMG — CONSTITUCIONAL E ADMINISTRATIVO — MANDADO DE INJUNÇÃO — DIREITO CONSTITUCIONAL GARANTIDO POR NORMA AUTOAPLICÁVEL.

Inexistência do requisito consistente na ausência de norma regulamentadora a impossibilitar o exercício do aludido direito. Ausência de interesse de agir no que tange à adequação/cabimento.

Extinção do feito sem julgamento de mérito.

(Apelação Cível n. 1.0694.02.006942-3/001, 4.ª Câmara Cível do TJMG, Três Pontas, rel. Audebert Delage. j. 13.5.2004, maioria, Publ. 16.6.2004)

27. TJMG — MANDADO DE INJUNÇÃO — PREFEITO MUNICIPAL — EXPEDIÇÃO DE NORMA REGULAMENTADORA — EXTINÇÃO DO PROCESSO.

1 – Não é função do mandado de injunção pedir a expedição da norma regulamentadora, pois não é ele sucedâneo da ação de inconstitucionalidade por omissão.

2 – Apelo desprovido.

(Apelação Cível n. 1.0439.03.020426-7/001, 2.ª Câmara Cível do TJMG, Muriaé, rel. Nilson Reis. j. 23.3.2004, unânime, Publ. 2.4.2004)

28. TJMG — DIREITO ADMINISTRATIVO. PREVIDENCIÁRIO. PENSÃO POR MORTE. VALOR DO BENEFÍCIO. AUTOAPLICABILIDADE DO ART. 40, § 5.º, DA CF/88. PRECEITO COMPATÍVEL COM O ART. 195, § 5.º, DA CF/88. SENTENÇA CONTRÁRIA À AUTARQUIA ESTADUAL, FUNDADA EM JULGAMENTO DO PLENÁRIO DO STF (MANDADO DE INJUNÇÃO N. 211-8/DF). INAPLICABILIDADE DO ART. 475, CPC. DECISÃO SEM REEXAME OBRIGATÓRIO. O valor da pensão por morte deve, nos termos do art. 40, § 5.º, da CF/88, corresponder "à totalidade dos vencimentos ou proventos do servidor falecido", sendo que este dispositivo é de aplicabilidade imediata e não pode ter o seu sentido esvaziado por legislação infraconstitucional. Sentença fundada em entendimento dominante do STF (vide decisão do Plenário do STF, MI n. 211-8/DF – Relator Min. Octavio Galloti), do STJ e do TJMG e que não está sujeita ao reexame obrigatório, nos termos do § 3.º, do art. 475, do CPC (redação inserida pela Lei n. 10.352/2001).

RECURSO VOLUNTÁRIO. IRRESIGNAÇÃO QUANTO AOS JUROS FIXADOS NA DECISÃO. JUROS DE 0,5%, DESDE A CITAÇÃO — Tratando-se de dívida de natureza previdenciária, os juros moratórios são de 0,5% ao mês, nos termos do art. 1.062 do Código Civil e art. 1.º da Lei n. 4.414/64, contando-se a partir da citação válida (Súmula n. 204, do STJ).

(Apelação Cível n. 000.287.933-6/00, 2.ª Câmara Cível do TJMG, Belo Horizonte, rel. Brandão Teixeira. j. 18.3.2003, unânime, Publ. 25.4.2003)

29. TJMG — MANDADO DE INJUNÇÃO. MUNICÍPIO. SERVIDORES PÚBLICOS. REMUNERAÇÃO. REVISÃO GERAL ANUAL. LEI ESPECÍFICA. PREFEITO. INICIATIVA. SUCUMBÊNCIA. HONORÁRIOS ADVOCATÍCIOS.

O art. 37, X, da Constituição Federal estabelece a obrigatoriedade de revisão geral anual da remuneração dos servidores públicos, providência que implica a edição de lei específica, de iniciativa do Chefe do Executivo. Segundo a jurisprudência dominante do pretório excelso, o mandado de injunção não autoriza o Judiciário a suprir a omissão legislativa ou regulamentar, editando o ato normativo omitido, nem a ordenar, de imediato, ato concreto de satisfação do direito reclamado. O parágrafo único do art. 24 da Lei n. 8.038/90 mandou aplicar ao mandado de injunção, no que couber, as normas do mandado de segurança, enquanto não editada legislação específica, razão pela qual há se lhe estender, também, o entendimento consolidado nas Súmulas 512 e 105, do Supremo Tribunal Federal e do Superior Tribunal de Justiça, respectivamente, de que não cabe condenação em honorários de advogado na ação de mandado de segurança. Rejeita-se a preliminar e, em reexame necessário, reforma-se parcialmente a sentença, prejudicados os recursos voluntários.

(Apelação Cível n. 000.294.576-4/00, 4.ª Câmara Cível do TJMG, Belo Horizonte, rel. Almeida Melo. j. 15.5.2003, unânime, Publ. 27.6.2003)

30. TJMG — DIREITO ADMINISTRATIVO. REVISÃO ANUAL GERAL. DEPENDÊNCIA DE LEI ESPECÍFICA. AÇÃO ORDINÁRIA. VIA PROCESSUAL INADEQUADA.

A revisão geral da remuneração dos servidores públicos é matéria de reserva absoluta de lei, motivo pelo qual não pode o Poder Judiciário substituir o legislador comum, nem a Administração Pública, para criar regras pertinentes ao instituto da revisão anual da remuneração dos servidores. Se o Poder Público é inconstitucionalmente omisso quanto à criação dessas regras de revisão anual da remuneração, o remédio previsto pelo ordenamento jurídico é o mandado de injunção (art. 5.º, LXXI, da CR/88) e não a ação ordinária.

MUNICÍPIO DE BELO HORIZONTE. SERVIDORES PÚBLICOS DA REDE MUNICIPAL DE ENSINO. VANTAGEM DE APOSTILAMENTO. INCORPORAÇÃO. PRINCÍPIO CONSTITUCIONAL DA IRREDUTIBILIDADE DOS VENCIMENTOS. A modificação estrutural dos cargos públicos, sua extinção, modificação e o consequente reenquadramento dos servidores é direito inerente à Administração Pública, nos limites da lei, observado o princípio da irredutibilidade. Não há que se falar em ilegalidade por ofensa aos princípios da irredutibilidade e do direito adquirido se da alteração da forma remuneratória de servidores municipais não resulta nenhuma redução nominal nos vencimentos.

(Apelação Cível n. 000.310.251-4/00, 2.ª Câmara Cível do TJMG, Belo Horizonte, rel. Brandão Teixeira. j. 5.8.2003, unânime, Publ. 22.8.2003)

31. TJMG — PENSÃO — PROVENTOS DO SERVIDOR FALECIDO — VALOR CORRESPONDENTE À TOTALIDADE DOS VENCIMENTOS.

"O STF, no julgamento do Mandado de Injunção n. 211-8, proclamou que o art. 40, § 5.º da Constituição Federal encerra uma garantia autoaplicável, que independe de lei regulamentadora para ser viabilizado, seja por tratar-se de norma de eficácia contida, como entenderam alguns votos, seja em razão de a lei nele referida não poder ser outra senão aquela que fixa o limite de remuneração dos servidores em geral, na forma do art. 37, XI, da Carta, como entenderam outros." (RE n. 217.136/SP – 1.ª Turma – Rel. Ministro Ilmar Galvão)

(Apelação Cível n. 000.244.118-6/00, 7.ª Câmara Cível do TJMG, Belo Horizonte, rel. Des. Alvim Soares. j. 6.5.2002, un.)

32. TJMG — AÇÃO ORDINÁRIA — REAJUSTE GERAL ANUAL — VIA INADEQUADA — ADMINISTRAÇÃO — PODER DE SUPRIMIR, ALTERAR E TRANSFORMAR CARGOS PÚBLICOS — HONORÁRIOS ADVOCATÍCIOS — FIXAÇÃO — ART. 20, § 4.º, DO CPC.

"Somente através da ação de inconstitucionalidade por omissão ou da impetração do mandado de injunção pode ser sanada a ausência de legislação municipal que estabelece reajuste geral anual aos servidores públicos municipais; a Carta Magna faz alusão a legislação específica de iniciativa privativa do Executivo, o que, por si só, inviabiliza tal pedido via ação ordinária". "O titular do cargo não tem a propriedade do lugar que ocupa, o ordenamento jurídico pátrio faculta à Administração o direito de suprimir, transformar e alterar os cargos públicos".

"Na dicção do art. 20, § 4.º, do CPC, os honorários serão fixados consoante apreciação equitativa do julgador, atendidos o grau de zelo do profissional, o lugar de prestação do serviço e a natureza da causa, o trabalho realizado pelo patrono da causa e o tempo exigido para o seu serviço; nestes casos, o Juiz não deve ficar adstrito aos percentuais esculpidos no § 3.º do mesmo artigo".

(Apelação Cível n. 000.285.760-5/00, 7.ª Câmara Cível do TJMG, Belo Horizonte, rel. Des. Alvim Soares. j. 19.8.2002, un.)

33. TJPE — CONSTITUCIONAL — PROCESSUAL CIVIL E ADMINISTRATIVO — MANDADO DE INJUNÇÃO — ALEGAÇÃO DE AUSÊNCIA DE REGULAMENTAÇÃO — IMPROCEDÊNCIA.

O Mandado de Injunção só tem pertinência quando a falta de norma regulamentadora inviabiliza a fruição dos direitos mencionados no art. 5.º, inciso LXXI, da Constituição Federal, não havendo como determinar a expedição de regulamento quando ele já existe, caso em que o processo deve ser extinto sem julgamento do mérito, com fulcro no art. 267, VI, do Código de Processo Civil, haja vista a ausência de inércia do poder competente.

(Mandado de Injunção n. 0084738-9, Corte Especial do TJPE, Recife, rel. Des. Og Fernandes. j. 29.11.2004, unânime, DOE 7.1.2005)

34. TJPE — MANDADO DE INJUNÇÃO — IMPETRAÇÃO POR PRAÇAS DA POLÍCIA MILITAR — PROMOÇÃO E CONSEQUENTE AUMENTO SALARIAL — PROCESSO EXTINTO SEM JULGAMENTO DO MÉRITO — DECISÃO UNÂNIME.

1 – O mandado de injunção deve ser concedido "sempre que a falta de norma regulamentadora torne inviável o exercício dos direitos e liberdades constitucionais e das prerrogativas inerentes à nacionalidade, à soberania e à cidadania" (art. 5.º, LXXI, da CF).

2 – Existência de norma regulamentadora. Decreto Estadual n. 17.163/93, assim ementado: "Aprova o Regulamento de Promoção de Praças da Polícia Militar de Pernambuco e dá outras providências".

Descabimento do mandado.

(Mandado de Injunção n. 0083240-0, Corte Especial do TJPE, Recife, rel. Des. Dário Rocha. j. 13.9.2004, DOE 25.11.2004)

35. TJPE — MANDADO DE INJUNÇÃO — IMPETRAÇÃO POR PRAÇAS DA POLÍCIA MILITAR — PROMOÇÃO E CONSEQUENTE AUMENTO SALARIAL — PROCESSO EXTINTO SEM JULGAMENTO DO MÉRITO — DECISÃO UNÂNIME.

1 – O mandado de injunção deve ser concedido "sempre que a falta de norma regulamentadora torne inviável o exercício dos direitos e liberdades constitucionais e das prerrogativas inerentes à nacionalidade, à soberania e à cidadania" (art. 5.º, LXXI, da CF).

2 – Existência de norma regulamentadora. Decreto Estadual n. 17.163/93, assim ementado: "Aprova o Regulamento de Promoção de Praças da Polícia Militar de Pernambuco e dá outras providências".

Descabimento do mandado.

(Mandado de Injunção n. 0083240-0, Corte Especial do TJPE, Recife, rel. Des. Dário Rocha. j. 13.9.2004, DOE 25.11.2004)

36. TJPE — CONSTITUCIONAL. MANDADO DE INJUNÇÃO. BUSCA-SE COM A PRESENTE IMPETRAÇÃO PROMOVER OS IMPETRANTES A CARGOS HIERARQUICAMENTE SUPERIORES, ALEGANDO QUE A INÉRCIA DO PODER EXECUTIVO ESTÁ ACARRETANDO PREJUÍZOS DE ORDEM ECONÔMICA, POSTO ESTAR FERINDO O DIREITO DE ISONOMIA DE VENCIMENTOS. PRELIMINAR SUSCITADA PELO IMPETRADO DE IMPOSSIBILIDADE JURÍDICA DO PEDIDO.

A inércia atribuída ao Poder Executivo não tem natureza legislativa, uma vez que existe lei autoaplicável para a promoção dos policiais militares (Lei Estadual n. 12.334/2004 que revogou o Decreto n. 17.163, de 10.12.1993). Dos elementos apresentados nos autos, resta inconteste a dissonância entre o provimento jurisdicional que buscam os impetrantes e a finalidade do mandado de injunção (art. 5.º, LXXI, da CF), inexistindo, interesse processual na presente ação.

Preliminar acolhida, para extinguir o processo sem julgamento do mérito, nos termos do art. 267, inciso VI, do CPC. Decisão unânime.

(Mandado de Injunção n. 0081462-8, Corte Especial do TJPE, Recife, rel. Des. Nildo Nery. j. 2.8.2004, unânime, DOE 26.8.2004)

37. TJPE — CONSTITUCIONAL. MANDADO DE INJUNÇÃO.

Busca-se com a presente impetração promover os impetrantes a cargos hierarquicamente superiores, alegando que a inércia do Poder Executivo está acarretando prejuízos de ordem econômica, posto estar ferindo o direito de isonomia de vencimentos.

PRELIMINAR SUSCITADA PELO IMPETRADO DE CARÊNCIA DE AÇÃO POR FALTA DE INTERESSE DE AGIR. A inércia atribuída ao Poder Executivo não tem natureza legislativa, uma vez que existe lei autoaplicável para a promoção dos policiais militares (Lei Estadual n. 12.334/2003 que revogou o Decreto n. 17.163, de 10.12.1993). Dos elementos apresentados nos autos, resta inconteste a dissonância entre o provimento jurisdicional que buscam os impetrantes e a finalidade do mandado de injunção (art. 5.º, LXXI, da CF), inexistindo interesse processual na presente ação, posto que ausente o segundo requisito autorizativo da impetração injuncional. Ademais, inexiste vedação no ordenamento jurídico aos pedidos de promoção e isonomia salarial, ambos previsto no art. 100, § 1.º da Constituição Estadual e na Lei Estadual n. 12.334/2003.

Preliminar acolhida, para extinguir o processo sem julgamento do mérito, nos termos do art. 267, inciso VI, do CPC.

(Mandado de Injunção n. 0091034-7, Corte Especial do TJPE, Recife, rel. Des. Nildo Nery. j. 23.8.2004, unânime, DOE 15.9.2004)

38. TJPE — CONSTITUCIONAL — PROCESSUAL CIVIL E ADMINISTRATIVO — MANDADO DE INJUNÇÃO — ALEGAÇÃO DE AUSÊNCIA DE REGULAMENTAÇÃO — IMPROCEDÊNCIA.

O Mandado de Injunção só tem pertinência quando a falta de norma regulamentadora inviabiliza a fruição dos direitos mencionados no art. 5.º, inciso LXXI, da Constituição Federal, não havendo como determinar a expedição de regulamento quando ele já existe, caso em que o processo deve ser extinto sem julgamento do mérito, com fulcro no art. 267, VI, do Código de Processo Civil, haja vista a ausência de inércia do poder competente.

(Mandado de Injunção n. 0084738-9, Corte Especial do TJPE, Recife, rel. Des. Og Fernandes. j. 29.11.2004, unânime, DOE 7.1.2005)

39. TJPE — MANDADO DE INJUNÇÃO — IMPETRAÇÃO POR PRAÇAS DA POLÍCIA MILITAR — PROMOÇÃO E CONSEQUENTE AUMENTO SALARIAL — PROCESSO EXTINTO SEM JULGAMENTO DO MÉRITO — DECISÃO UNÂNIME.

1 – O mandado de injunção deve ser concedido "sempre que a falta de norma regulamentadora torne inviável o exercício dos direitos e liberdades constitucionais e das prerrogativas inerentes à nacionalidade, à soberania e à cidadania" (art. 5.º, LXXI, da CF).

2 – Existência de norma regulamentadora. Decreto Estadual n. 17.163/93, assim ementado: "Aprova o Regulamento de Promoção de Praças da Polícia Militar de Pernambuco e dá outras providências".

Descabimento do mandado.

(Mandado de Injunção n. 0083240-0, Corte Especial do TJPE, Recife, rel. Des. Dário Rocha. j. 13.9.2004, DOE 25.11.2004)

40. TJPE — CONSTITUCIONAL. MANDADO DE INJUNÇÃO. BUSCA-SE COM A PRESENTE IMPETRAÇÃO PROMOVER OS IMPETRANTES A CARGOS HIERARQUICAMENTE SUPERIORES, ALEGANDO QUE A INÉRCIA DO PODER EXECUTIVO ESTÁ ACARRETANDO PREJUÍZOS DE ORDEM ECONÔMICA, POSTO ESTAR FERINDO O DIREITO DE ISONOMIA DE VENCIMENTOS. PRELIMINAR SUSCITADA PELO IMPETRADO DE IMPOSSIBILIDADE JURÍDICA DO PEDIDO. A inércia atribuída ao Poder Executivo não tem natureza legislativa, uma vez que existe lei autoaplicável para a promoção dos policiais militares (Lei Estadual n. 12.334/2004 que revogou o Decreto n. 17.163, de 10.12.1993). Dos elementos apresentados nos autos, resta inconteste a dissonância entre o provimento jurisdicional que buscam os impetrantes e a finalidade do mandado de injunção (art. 5.º, LXXI, da CF), inexistindo, interesse processual na presente ação.

Preliminar acolhida, para extinguir o processo sem julgamento do mérito, nos termos do art. 267, inciso VI, do CPC. Decisão unânime.

(Mandado de Injunção n. 0081462-8, Corte Especial do TJPE, Recife, rel. Des. Nildo Nery. j. 2.8.2004, unânime, DOE 26.8.2004)

41. TJPE — CONSTITUCIONAL. MANDADO DE INJUNÇÃO.

Busca-se com a presente impetração promover os impetrantes a cargos hierarquicamente superiores, alegando que a inércia do Poder Executivo está acarretando prejuízos de ordem econômica, posto estar ferindo o direito de isonomia de vencimentos.

PRELIMINAR SUSCITADA PELO IMPETRADO DE CARÊNCIA DE AÇÃO POR FALTA DE INTERESSE DE AGIR. A inércia atribuída ao Poder Executivo não tem natureza legislativa, uma vez que existe lei autoaplicável para a promoção dos policiais militares (Lei Estadual n. 12.334/2003 que revogou o Decreto n. 17.163, de 10.12.1993). Dos elementos apresentados nos autos, resta inconteste a dissonância entre o provimento jurisdicional que buscam os impetrantes e a finalidade do mandado de injunção (art. 5.º, LXXI, da CF), inexistindo interesse processual na presente ação, posto que ausente o segundo requisito autorizativo da impetração injuncional. Ademais, inexiste vedação no ordenamento jurídico aos pedidos de promoção e isonomia salarial, ambos previsto no art. 100, § 1.º da Constituição Estadual e na Lei Estadual n. 12.334/2003.

Preliminar acolhida, para extinguir o processo sem julgamento do mérito, nos termos do art. 267, inciso VI, do CPC.

(Mandado de Injunção n. 0091034-7, Corte Especial do TJPE, Recife, rel. Des. Nildo Nery. j. 23.8.2004, unânime, DOE 15.9.2004)

42. TJPE — AGRAVO REGIMENTAL EM FACE DE DECISÃO EXARADA EM MANDADO DE SEGURANÇA — PRELIMINAR DE ILEGITIMIDADE PASSIVA *"AD CAUSAM"* ARGUIDA PELA PARTE AGRAVANTE — ERRO NA INDICAÇÃO DA AUTORIDADE IMPETRADA — PRELIMINAR ACOLHIDA — RECURSO PROVIDO, POR MAIORIA.

1 – "Numa imposição fiscal ilegal, atacável por mandado de segurança, o coator não é nem o Ministro ou o Secretário da Fazenda, que expede instruções para a arrecadação de tributos, nem o funcionário subalterno que cientifica o contribuinte da exigência tributária; o coator é o chefe do serviço que arrecada o tributo e impõe as sanções fiscais respectivas, usando do seu poder de decisão", Hely Lopes Meirelles, *in* Mandado de Segurança, Ação Popular, Ação Civil Pública, Mandado de Injunção, *Habeas Data*, Ed. Malheiros, São Paulo, 24.ª ed., p. 56).

2 – O Diretor da Diretoria de Postos Fiscais/DPF, órgão de direção que integra a estrutura organizacional da Secretaria da Fazenda Estadual, é competente para a prática do ato funcional fiscal, sendo in casu a pessoa que deveria atuar no polo passivo da ação mandamental.

(Agravo Regimental n. 0085134-5/01, 1.º Grupo de Câmaras Cíveis do TJPE, Recife, rel. Des. Eduardo Augusto Paura Peres. j. 9.4.2003, maioria, DOE 1.º.10.2003)

43. TJRJ — APELAÇÃO CÍVEL. AÇÃO MONITÓRIA. SENTENÇA REJEITANDO OS EMBARGOS DO DEVEDOR, CONSTITUINDO, DE PLENO DIREITO, O TÍTULO EXECUTIVO JUDICIAL, CONVERTENDO O MANDADO INICIAL EM EXECUTIVO, PROSSEGUINDO-SE NA FORMA PREVISTA NA LEGISLAÇÃO PROCESSUAL CIVIL VIGENTE.

Desconhecidos eventuais óbices no sentido de que a empresa ora apelada faça uso da via eleita em face do ente ora apelante para obter quantia devida a título de pagamento pelo fornecimento de produtos de limpeza para o Corpo de Bombeiros deste Estado. Decreto de injunção é seguramente admissível em face da Administração Pública.

Recurso conhecido. Provimento negado. Confirmada a sentença em reexame necessário.

(Apelação Cível n. 2003.001.29736, 6.ª Câmara Cível do TJRJ, rel. Des. Gilberto Rego. j. 27.4.2004)

44. TJRJ — CARTÃO DE CRÉDITO. DÉBITO. JUROS. APLICAÇÃO DO ART. 192, § 3.º DA CONSTITUIÇÃO FEDERAL. LIMITAÇÃO CONSTITUCIONAL APLICÁVEL DE IMEDIATO.

Com o advento da Constituição Federal de 1988, por força do art. 25 do Ato das Disposições Constitucionais Transitórias, ficaram revogadas todas as instruções normativas e, de resto, o próprio poder normativo, em matéria de competência legislativa do Congresso Nacional. Conclui-se daí, pela revogação, no particular, da Lei n. 4.595/64, no que concerne ao poder normativo concedido ao Conselho Monetário Nacional, voltando a incidir as disposições da Lei de Usura aos contratos financeiros. A cobrança de juros superiores a 12% (doze por cento) ao ano constitui violação ao direito do devedor, ex vi, do § 3.º, do art. 192 da Constituição Federal. Inadmissível seria, e absolutamente intolerável, sob pena de desprestígio total do Judiciário, que o Legislador Constituinte tivesse limitado os juros reais ao patamar de 12% (doze por cento) ao ano, e o ordinário descumprisse-lhe a ordem, omitindo-se no seu dever de efetivar a regulamentação daquele sistema, após mais de 13 (treze) anos de vigência da Constituição, apesar de já estar o Congresso Nacional em mora, por inúmeros mandados de injunção que foram deferidos pelo egrégio Supremo Tribunal Federal. A Emenda n. 40 editada pelo Governo Federal somente pode ser aplicada às relações jurídicas posteriores a sua edição. Impertinente a restituição do indébito, em dobro, com fulcro nos arts. 964 do Código Civil e 42, parágrafo único, do Código de Defesa do Consumidor, quando o consumidor foi cobrado, mas não promoveu o pagamento, permanecendo inadimplente. A cláusula mandato deve ser declarada nula, pois permite que o credor gerencie a dívida em seu próprio proveito, em detrimento da parte mais vulnerável no contrato. Ademais, o réu, como mero administrador de cartões de crédito, afasta-se da proteção da Súmula n. 596 do STF, uma vez que não faz parte do Sistema Financeiro Nacional.

Recurso conhecido e improvido.

(Apelação Cível n. 2004.001.03212, 11.ª Câmara Cível do TJRJ, rel. Des. Cláudio de Mello Tavares. j. 19.5.2004)

45. TJRJ — AÇÃO DE PROCEDIMENTO ORDINÁRIO C/C PEDIDO DE TUTELA ANTECIPADA. SERVIDORES MUNICIPAIS OBJETIVANDO AUMENTO DE SEUS VENCIMENTOS. SENTENÇA JULGANDO EXTINTO O PROCESSO SEM JULGAMENTO DE MÉRITO. RECURSO DE APELAÇÃO.

Manutenção, pois o legislador constituinte, no art. 37, inciso X, da CRFB/88, assegura aos servidores públicos revisões gerais anuais, a fim de atualizar monetariamente os vencimentos. Já as referidas revisões necessitam de lei específica, privativa do Chefe do Executivo, conforme art. 61, § 1.º, inc. II, *"a"*, *"in fine"* da Lei Maior. Princípio da Simetria, art. 112, § 1.º, II, *"a"*, parte final da Carta Política Estadual. A Administração cumpriu o comando contido no inc. III, do art. 83 da Constituição deste Estado. A hipótese escolhida pelo autor para sustentar um aumento, em tese, não se adequa à regra estabelecida no inc. X, do art. 37 da Constituição da República, porquanto ele não logrou demonstrar tratar-se de uma revisão geral de remuneração de servidores públicos do Estado do Rio de Janeiro a ser estendida indistintamente a todo e qualquer servidor estadual. A norma do inciso VIII, do art. 37 da Carta Magna, veda a vinculação ou equiparação de quaisquer espécie para fins remuneratórios. No mesmo sentido, restou sem comprovação sua alegação de redução nos vencimentos. Necessidade de ingresso do mandado de injunção. Pareceres do Ministério Público nessa direção. Desprovimento do recurso.

(Apelação Cível n. 2003.001.30523, 11.ª Câmara Cível do TJRJ, rel. Des. Otávio Rodrigues. j. 10.12.2003)

46. TJRJ — AÇÃO DE PROCEDIMENTO ORDINÁRIO C/C PEDIDO DE TUTELA ANTECIPADA. SERVIDORES MUNICIPAIS OBJETIVANDO AUMENTO DE SEUS VENCIMENTOS. SENTENÇA JULGANDO EXTINTO O PROCESSO SEM JULGAMENTO DE MÉRITO. RECURSO DE APELAÇÃO.

Manutenção, pois o legislador constituinte, no art. 37, inciso X, da CRFB/88, assegura aos servidores públicos revisões gerais anuais, a fim de atualizar monetariamente os vencimentos. Já as referidas revisões necessitam de lei específica, privativa do Chefe do Executivo, conforme art. 61, § 1.º, inc. II, *"a"*, *'in fine'* da Lei Maior. Princípio da Simetria, art. 112, § 1.º, II, *"a"*, parte final da Carta Política Estadual. A Administração cumpriu o comando contido no inc. III, do art. 83 da Constituição deste Estado. A hipótese escolhida pelo autor para sustentar um aumento, em tese, não se adequa à regra estabelecida no inc. X, do art. 37 da Constituição da República, porquanto ele não logrou demonstrar tratar-se de uma revisão geral de remuneração de servidores públicos do Estado do Rio de Janeiro a ser estendida indistintamente a todo e qualquer servidor estadual. A norma do inciso VIII, do art. 37 da Carta Magna, veda a vinculação ou equiparação de quaisquer espécie para fins remuneratórios. No mesmo sentido, restou sem comprovação sua alegação de redução nos vencimentos. Necessidade de ingresso do mandado de injunção. Pareceres do Ministério Público nessa direção. Desprovimento do recurso.

47. TJRJ — DUPLO GRAU OBRIGATÓRIO DE JURISDIÇÃO — CÂMARA MUNICIPAL — VEREADOR — REGIMENTO INTERNO — MANDADO DE INJUNÇÃO — CONVOCAÇÃO DE SUPLENTE — Impedimentos sucessivos e supervenientes. Inexistência de Norma Regulamentar. Mandado de Injunção concedido. Não tendo o Regimento Interno da Câmara disciplinado a convocação de suplente de vereador na hipótese de impedimentos sucessivos e supervenientes dentro da mesma legenda partidária, pode o Judiciário, através de regulamentação provisória, sanar a omissão a fim de garantir ao suplente da vez o exercício do seu direito constitucional de desempenhar o mandato enquanto o titular e os suplentes anteriores estiverem impedidos. Sentença confirmada. (TJRJ – DGJ 25/95 – (Reg. n. 050795) – Cód. 95.009.00025 – 2.ª C.Cív. – Rel. Des. Sérgio Cavalieri Filho – J. 18.4.1995)

48. TJRJ — MANDADO DE INJUNÇÃO — SERVIÇO DE TRANSPORTE COLETIVO DE PASSAGEIROS — PESSOA JURÍDICA — OMISSÃO DA ADMINISTRAÇÃO — INOCORRÊNCIA — ORDEM DENEGADA — Mandado de Injunção. Não pode ser utilizado para compelir a autoridade impetrada a editar regulamento que venha a alterar a disciplina da lei. Serviço de transporte, sob forma de fretamento. Lei n. 2.890/98. Exegese dos arts. 1.º, 5.º, e 6.º Portarias ns. 437 e 438/97 do DETRO/RJ, que a referida Lei regulamentaram, corretamente, quando deixaram de admitir a execução dos serviços, em questão, por pessoa física. Sentença, que denegou o Mandado de Injunção, mantida. (MGS) (TJRJ – AC 15.099/98 – (Reg. 160.499) – 7.ª C.Cív. – Rel.ª Des.ª Áurea Pimentel Pereira – J. 23.2.1999)

49. TJRJ — MANDADO DE INJUNÇÃO — TRANSPORTE COLETIVO — NORMAS APLICÁVEIS — CONTRADIÇÃO — OMISSÃO — EXTINÇÃO DO PROCESSO SEM JULGAMENTO DO MÉRITO — DESPROVIMENTO DO RECURSO — Processual Civil. Mandado de injunção. Legislação estadual que disciplina o transporte. Contradição da norma legal. Regulamentadora e ausência de disciplina sobre determinado seguimento econômico. Imprestabilidade da via eleita. Sentença que se mantém. I – Não se presta o mandado de injunção para uniformizar possíveis preceitos contraditórios em determinada norma legal regulamentadora e nem suprir eventuais omissões do diploma legal disciplinador da questão, porquanto não visa, o remédio, a obter a regulamentação prevista na norma constitucional. Não é função do mandado de injunção pedir a expedição da norma regulamentadora, pois ele não é sucedâneo da ação de inconstitucionalidade por omissão, sobretudo quando, embora imperfeita sob o enfoque da parte impetrante, essa norma regulamentadora já exista. II – Extinção do processo correta. III – Recurso a que se nega provimento. (TJRJ – AC 5.163/1999 – (Ac. 05111999) – 14.ª C.Cív. – Rel. Des. Ademir Pimentel – J. 28.9.1999)

(Apelação Cível n. 2003.001.30523, 11.ª Câmara Cível do TJRJ, rel. Des. Otávio Rodrigues. j. 10.12.2003)

50. TJRS — APELAÇÃO CÍVEL. AÇÃO DE REVISÃO DE CONTRATO DE CRÉDITO BANCÁRIO. NEGÓCIOS JURÍDICOS BANCÁRIOS. PREVENÇÃO.

Nos termos do art. 146, inc. V, do Regimento Interno desta Corte, o julgamento de mandado de segurança, de Mandado de Injunção, de habeas corpus, de habeas data, de correição parcial, de reexame necessário, de medidas cautelares e de recurso cível ou criminal previne a competência do relator para todos os recursos posteriores referentes ao mesmo processo, tanto na ação quanto na execução.

Declinaram da competência.

(Apelação Cível n. 70010469146, 12.ª Câmara Cível do TJRS, Porto Alegre, rel. Des. Dálvio Leite Dias Teixeira. j. 10.2.2005, unânime)

51. TJRS — DIREITO PÚBLICO NÃO ESPECIFICADO. CONSTITUCIONAL. SERVIDORES MUNICIPAIS, REPOSIÇÃO SALARIAL, EXIGÊNCIA DO CUMPRIMENTO DE GARANTIA CONSTITUCIONAL MANDADO DE INJUNÇÃO, IMPOSSIBILIDADE JURÍDICA DO PEDIDO.

Remédio jurídico constitucional que não se presta para discutir constitucionalidade de lei, na definição de índices e períodos de reposição. Extinção do processo (CPC, art. 267, VI).

(Outros Feitos n. 70003592920, 3.ª Câmara Cível do TJRS, rel. Des. Luiz Ari Azambuja Ramos. j. 27.3.2002)

52. TJSC — MANDADO DE INJUNÇÃO. INTELIGÊNCIA DO ART. 37, X, DA CF (REDAÇÃO DA EC N. 19/98). NORMA CONSTITUCIONAL QUE IMPÕE AO CHEFE DO PODER EXECUTIVO O DEVER DE DESENCADEAR O PROCESSO DE ELABORAÇÃO DE LEI ANUAL DE REVISÃO GERAL DA REMUNERAÇÃO DOS SERVIDORES PÚBLICOS. MORA QUE SE TEM POR VERIFICADA AO TRANSCURSO DO PRIMEIRO ANO DA EDIÇÃO DA EC N. 19/98. RECONHECIMENTO DA OMISSÃO COM CIÊNCIA AO PREFEITO MUNICIPAL. Orientação do STF.

Recurso e remessa parcialmente providos.

(Apelação Cível n. 2002.000764-1, 3.ª Câmara de Direito Público do TJSC, Canoinhas, rel. Des. César Abreu. j. 15.6.2004, maioria, DJ 22.6.2004)

53. TJSC — MANDADO DE INJUNÇÃO. INTELIGÊNCIA DO ART. 37, X, DA CF (REDAÇÃO DA EC N. 19/98). NORMA CONSTITUCIONAL QUE IMPÕE AO CHEFE DO PODER EXECUTIVO O DEVER DE DESENCADEAR O PROCESSO DE ELABORAÇÃO DE LEI ANUAL DE REVISÃO GERAL DA REMUNERAÇÃO DOS SERVIDORES PÚBLICOS. MORA QUE SE TEM POR VERIFICADA AO TRANSCURSO DO PRIMEIRO ANO DA EDIÇÃO DA EC N. 19/98. RECONHECIMENTO DA OMISSÃO COM CIÊNCIA AO PREFEITO MUNICIPAL. Orientação do STF.

Recurso e remessa parcialmente providos.

(Apelação Cível n. 2002.000764-1, 3.ª Câmara de Direito Público do TJSC, Canoinhas, rel. Des. César Abreu. j. 15.6.2004, maioria, DJ 22.6.2004)

54. TJSC — MANDADO DE INJUNÇÃO. ALEGADA INOBSERVÂNCIA, PELO PREFEITO MUNICIPAL, DO DISPOSTO NO ART. 37, INCISO X, DA CONSTITUIÇÃO FEDERAL. PROCESSO EXTINTO SEM JULGAMENTO DE MÉRITO POR CARÊNCIA DE AÇÃO, AO FUNDAMENTO DE QUE A VIA ELEITA É INADEQUADA PARA OBTER A REGULAMENTAÇÃO DE NORMA CONSTITUCIONAL. SOLUÇÃO INCORRETA.

Admissibilidade do manejo do mandado de injunção sempre que a ausência de norma regulamentadora inviabilize o exercício de qualquer direito ou liberdade constitucional e das prerrogativas inerentes à nacionalidade, soberania e à cidadania. Anulação do pronunciamento judicial que, se impõe. Possibilidade de se adentrar no meritum causae, diante do disposto no art. 515, § 3.º, do CPC. Revisão geral anual da remuneração dos servidores públicos.

DIREITO SOCIAL. Chefe do Poder Executivo municipal que, de fato, abstém-se de remeter à Câmara dos Vereadores projeto de lei que possibilite a edição da norma regulamentadora. Mora legislativa evidenciada. Concessão da ordem, com a fixação de prazo para a adoção das providências necessárias.

(Apelação Cível n. 2003.016732-3, 1.ª Câmara de Direito Público do TJSC, Brusque, rel. Des. Vanderlei Romer. j. 20.5.2004, unânime, DJ 1.º.6.2004)

55. TJSC — MONITÓRIA — DOCUMENTO COM ASSINATURA DE TESTEMUNHAS DESTITUÍDO DE FORÇA EXECUTIVA — PROVA ESCRITA — VIABILIDADE PARA DEFLAGRAÇÃO DA AÇÃO — EMBARGOS — VÍCIO DE CONSENTIMENTO NÃO DEMONSTRADO — SENTENÇA MANTIDA — RECURSO DESPROVIDO.

1. A ação monitória, disciplinada no art. 1.102 "*a*" do Código de Processo Civil, mercê da Lei n. 9.079/95, é o instrumento disponível àquele que pretende obter o pagamento de determinada soma em dinheiro, a entrega de coisa fungível ou de bem móvel com base em prova escrita, porém destituída de eficácia executiva. A declaração com assinatura de duas testemunhas, que não preenche os requisitos que caracterizam os títulos executivos, é apropriada para instruir a ação de injunção.

2. "O autor que alega erro, dolo ou coação, como vícios de negócio jurídico que pretende ver anulado, deve comprovar a ocorrência de um deles para o sucesso da demanda" (JC 44/146).

(Apelação Cível n. 2003.029050-8, 3.ª Câmara de Direito Civil do TJSC, Araranguá, rel. Des. Wilson Augusto do Nascimento. j. 27.2.2004, unânime, DJ 10.3.2004)

56. TJSC — APELAÇÃO CÍVEL EM MANDADO DE SEGURANÇA — IPESC — PENSÃO DEVIDA POR MORTE — TETO MÁXIMO FIXADO — EXCLUSÃO ILEGAL DAS VANTAGENS DE CARÁTER PESSOAL — AUTOAPLICABILIDADE DO § 4.º E § 5.º DO ART. 40 DA CF/88 — VANTAGENS DEVIDAS, AINDA QUE ULTRAPASSEM O LIMITE MÁXIMO FIXADO — INTELIGÊNCIA DO ART. 3.º DA LEI COMPLEMENTAR ESTADUAL N. 100, DE 30.11.1993, COM REDAÇÃO DADA PELA LEI COMPLEMENTAR ESTADUAL N. 150, DE 08 DE JULHO DE 1996 — MANUTENÇÃO DA SENTENÇA — RECURSO DESPROVIDO.

"Pensão. Valor correspondente à totalidade dos vencimentos ou proventos do servidor falecido. Art. 40, § 5.º, da Constituição Federal. O Supremo Tribunal Federal, no julgamento do Mandado de Injunção n. 211-8 proclamou que o art. 40, § 5.º, da Constituição Federal encerra uma garantia autoaplicável, que independe de lei regulamentadora para ser viabilizado, seja por tratar-se de norma de eficácia contida, como entenderam alguns votos, seja em razão de a lei nele referida não poder ser outra senão aquela que fixa o limite de remuneração dos servidores em geral, na forma do art. 37, XI, da Carta, como entenderam outros. Recurso Extraordinário conhecido e provido."
(STF – Rec. Extraordinário n. 193.942-7/MG – Ac. 1.ª T – unânime – Rel. Min. Ilmar Galvão – j. em 23.2.1996, DJU 29.3.1996, p. 9.368)
(Apelação Cível em Mandado de Segurança n. 2002.012892-4, 3.ª Câmara de Direito Público do TJSC, Florianópolis, rel. Des. Anselmo Cerello. j. 3.10.2003, unânime, DJ 16.10.2003)

57. TJSC — MONITÓRIA — INSTRUMENTO PARTICULAR DE CONFISSÃO DE DÍVIDA SEM ASSINATURA DE TESTEMUNHAS — PROVA ESCRITA — PARCELAMENTO — VIABILIDADE PARA DEFLAGRAÇÃO DA AÇÃO — IMPROCEDÊNCIA DOS EMBARGOS — LITIGÂNCIA DE MÁ-FÉ NÃO CONFIGURADA.

1. "A ação monitória não é da competência do Juizado Especial" (CC n. 829, Des. Amaral e Silva).

2. A ação monitória, disciplinada no art. 1.102a do Código de Processo Civil, mercê da Lei n. 9.079/95, é o instrumento disponível àquele que pretende obter o pagamento de determinada soma em dinheiro, a entrega de coisa fungível ou de bem móvel com base em prova escrita, porém destituída de eficácia executiva. O instrumento particular de confissão de dívida sem assinatura de duas testemunhas, por não ser título executivo, é apropriado para instruir a ação de injunção.

3. "O demonstrativo do débito é requisito próprio do processo de execução, e não do procedimento monitório, o que justifica uma análise menos rigorosa de sua constituição" (AI n. 2002.018787-4, Des. Pedro Manoel Abreu).

4. "Presume-se de boa-fé quem vai litigar, ou está litigando, ou litigou. Tal presunção somente pode ser elidida in casu e quando haja má-fé, propriamente dita; a apreciação do exercício abusivo do direito tem que partir daí" (Pontes de Miranda).

(Apelação Cível n. 2000.012545-8, 3.ª Câmara de Direito Civil do TJSC, Mafra, rel. Des. Marcus Tulio Sartorato. j. 13.10.2003, unânime, DJ 23.10.2003)

58. TJSC — MANDADO DE INJUNÇÃO. ALEGADA INOBSERVÂNCIA, PELO PREFEITO MUNICIPAL, DO DISPOSTO NO ART. 37, INCISO X, DA CONSTITUIÇÃO FEDERAL. PROCESSO EXTINTO SEM JULGAMENTO DE MÉRITO POR CARÊNCIA DE AÇÃO, AO FUNDAMENTO DE QUE A VIA ELEITA É INADEQUADA PARA OBTER A REGULAMENTAÇÃO DE NORMA CONSTITUCIONAL. SOLUÇÃO INCORRETA.

Admissibilidade do manejo do mandado de injunção sempre que a ausência de norma regulamentadora inviabilize o exercício de qualquer direito ou liberdade constitucional e das prerrogativas inerentes à nacionalidade, soberania e à cidadania. Anulação do pronunciamento judicial que, se impõe. Possibilidade de se adentrar no meritum causae, diante do disposto no art. 515, § 3.º, do CPC. Revisão geral anual da remuneração dos servidores públicos.

DIREITO SOCIAL. Chefe do Poder Executivo municipal que, de fato, abstém-se de remeter à Câmara dos Vereadores projeto de lei que possibilite a edição da norma regulamentadora. Mora legislativa evidenciada. Concessão da ordem, com a fixação de prazo para a adoção das providências necessárias.

(Apelação Cível n. 2003.016732-3, 1.ª Câmara de Direito Público do TJSC, Brusque, rel. Des. Vanderlei Romer. j. 20.5.2004, unânime, DJ 1.º.6.2004)

59. TJSC — PENSÃO CORRESPONDENTE À TOTALIDADE DOS PROVENTOS DO SERVIDOR ESTADUAL FALECIDO, OBSERVADO O TETO DE QUE TRATA O ART. 37, XI, DA CARTA MAGNA. EXEGESE DO Art. 40, § 5.º, DA CF. PRELIMINAR DE LITISPENDÊNCIA ACOLHIDA EM RELAÇÃO A UMA DAS AUTORAS. COBRANÇA DOS VALORES CORRESPONDENTES À DIFERENÇA ENTRE A PENSÃO PAGA À PENSIONISTA PELO ENTE AUTÁRQUICO E AQUELE A QUE TEM DIREITO. PROCEDÊNCIA DO PEDIDO. SENTENÇA CONFIRMADA. RECURSO DESPROVIDO.

"O Supremo Tribunal Federal, no julgamento do Mandado de Injunção n. 211-8, proclamou que o § 5.º, do art. 40 da Constituição Federal encerra um direito autoaplicável, que independe de lei regulamentadora, para ser viabilizado, seja por tratar-se de norma de eficácia contida, como entenderam alguns votos, seja em razão de a lei nele referida não poder ser outra senão a que fixa o limite de remuneração dos servidores em geral, na forma do art. 37, XI, da Carta, como entenderam outros." (RTJ 152/934). "Consoante exegese do colendo Supremo Tribunal Federal manifestada no julgamento da ADIn n. 14 e do RE n. 185.842/PE, as verbas de cunho pessoal, como adicionais por tempo de serviço e de produtividade, não se incluem no teto à remuneração do servidor fixado no inciso XI do art. 37 da Lex Mater." (Apelação Cível em Mandado de Segurança n. 99.017466-2, da Capital, rel. Des. Francisco Oliveira Filho)

CUSTAS PROCESSUAIS. AUTARQUIA ESTADUAL. ISENÇÃO. Exegese do art. 35, alínea "i" da Lei Complementar n. 156/97, modificada pela Lei n. 161/97. Remessa parcialmente provida. As autarquias estaduais estão isentas das custas processuais, no tocante aos atos praticados por servidores remunerados pelos cofres públicos.

(Apelação Cível n. 2001.023557-9, 6.ª Câmara Civil do TJSC, Florianópolis, rel. Des. Jorge Schaefer Martins. j. 18.3.2002, unânime)

60. TJSC — ADMINISTRATIVO. AÇÃO ORDINÁRIA DE RECONHECIMENTO DE DIREITO E INDENIZAÇÃO. PENSÃO POR MORTE. VIÚVA DE SERVIDOR PÚBLICO MUNICIPAL QUE RECOLHIA CONTRIBUIÇÃO PREVIDENCIÁRIA PARA O IPESC. VALOR. BASE DE CÁLCULO. TOTALIDADE DOS VENCIMENTOS RECEBIDOS PELO SERVIDOR SE VIVO FOSSE. ART. 40, § 7.º DA CF. DESPROVIMENTO DA REMESSA.

1. Os dependentes de servidor público municipal que recolhia contribuição previdenciária para o IPESC, têm direito ao pagamento de pensão na conformidade com o estabelecido no art. 40, § 7.º, da Constituição Federal.

2. "O Supremo Tribunal Federal, no julgamento do Mandado de Injunção n. 211-8, proclamou que o par. 5.º do art. 40 da Constituição Federal encerra um direito autoaplicável, que independe de lei regulamentadora para ser viabilizado, seja por tratar-se de norma de eficácia contida, como entenderam alguns votos, seja em razão de a lei nele referida não poder ser outra senão aquela que fixa o limite de remuneração dos servidores em geral, na forma do art. 37, XI, da Carta, como entenderam outros." (RE n. 140.863-4, rel. Min. Ilmar Galvão, DJU n. 48, de 11.3.1994, p. 4.113)

(Apelação Cível n. 2002.007904-4, 6.ª Câmara Civil do TJSC, Florianópolis, rel. Des. Luiz Cézar Medeiros. j. 3.6.2002, unânime)

61. TJSE — MANDADO DE INJUNÇÃO — PRESSUPOSTOS — LEGITIMIDADE — AUSÊNCIA — NÃO CONHECIMENTO — No mandamus injuncional o interesse de agir decorre da titularidade do bem que se reclama. A sentença deve conferir ao postulante direta utilidade, sob pena de ser visceralmente ilegítimo para a impetração. *Mandamus* não conhecido. Decisão unânime. (TJSE – MI n. 01/96 – Ac. 86/98 – Aracaju – Rel. Des. Gilson Gois Soares – DJSE 18.2.1998)

62. TJSE — CONSTITUCIONAL — MANDADO DE INJUNÇÃO — BENEFÍCIO PECUNIÁRIO PREVISTO NO ART. 7.º, XXV DA CONSTITUIÇÃO FEDERAL — ILEGITIMIDADE PASSIVA — EXTINÇÃO DO FEITO SEM JULGAMENTO DO MÉRITO. Diante da ausência de norma regulamentadora acerca do procedimento aplicável ao mandado de injunção, por analogia, devem ser utilizadas as regras pertinentes ao mandado de segurança. Assim como no mandado de segurança, o mandado de injunção terá do outro lado da lide como sujeito passivo — impetrado — todas as pessoas, órgãos ou entidades que obstaculizem a fruição dos direitos constitucionais do impetrante, o qual funcionará como autoridade indigitada. Extinção do feito sem julgamento do mérito, com base no art. 267, VI do Código de Processo Civil, ante a ilegitimidade passiva *ad causam*.

Julgamento unânime.

(Mandado de Injunção n. 2004103767 (4437/2004), Tribunal Pleno do TJSE, rel. Des. Gilson Góis Soares. j. 1.º.12.2004)

63. TJSE — MANDADO DE INJUNÇÃO. OMISSÃO INCONSTITUCIONAL DO PREFEITO MUNICIPAL DE ARACAJU. INCISOS X E XV DO ART. 37 DA CONSTITUIÇÃO FEDERAL. PRELIMINARES REJEITADAS. CONCESSÃO DO *WRIT*.

Aplicação imediata do instituto do mandado de injunção conferindo-lhe, quanto ao procedimento, tratamento idêntico ao dispensado ao mandado de segurança, conforme decisão unânime do STF no MI n. 107/DF, do qual foi Relator o Ministro Moreira Alves, acórdão publicado no DJU de 2.8.1991 e na RTJ n. 133, p. 11. O objeto da ação de injunção não é substituir a norma regulamentadora não editada, mas assegurar aos autores da ação a efetividade do direito conferido pela Constituição e inviabilizado pela omissão inconstitucional. A decisão que julga mandado de injunção tem, portanto, natureza mandamental e não declaratória. A revisão anual de vencimentos contemplada no inciso X, do art. 37, da Constituição Federal, não se confunde com aumento de vencimentos, pois traduz mera recomposição material do seu valor originário corroído pela inflação. O princípio da irredutibilidade de vencimentos consagrado no inciso XV, do art. 37, da Constituição Federal, a todos vincula, ante a inconfundível redação do caput deste dispositivo constitucional de dicção expressa e imperativa aplicável à "administração pública direta e indireta de qualquer dos Poderes da União, dos Estados, do Distrito Federal e dos Municípios" e haverá de ser observado e cumprido sob a perspectiva de uma ética material de valores voltada para a intangibilidade do princípio da dignidade da pessoa humana, consagrado no inciso III, do art. 1.º, e da concretização dos objetivos fundamentais da República proclamados no inciso I, do art. 3.º, da Carta Magna. A Lei de Responsabilidade Fiscal não constitui óbice à aplicação do inciso X, do art. 37 da Carta Política, por decorrer a revisão geral anual da remuneração dos servidores públicos de imperativo constitucional, com força obrigatória e validez superior, hierarquizando-se sobre qualquer lei. Procedência do pedido, com a consequente expedição do mandado de injunção. Por unanimidade.

(Mandado de Injunção n. 0001/2002 (387/2003), Tribunal Pleno do TJSE, rel. Des. Manuel Pascoal Nabuco D'Avila. j. 12.3.2003, unânime)

64. TJSE — MANDADO DE INJUNÇÃO — PRESSUPOSTOS — LEGITIMIDADE — AUSÊNCIA — NÃO CONHECIMENTO — No mandamus injuncional o interesse de agir decorre da titularidade do bem que se reclama. A sentença deve conferir ao postulante direta utilidade, sob pena de ser visceralmente ilegítimo para a impetração. Mandamus não conhecido. Decisão unânime. (TJSE – MI 01/96 – Ac. 86/98 – Aracaju – Rel. Des. Gilson Gois Soares – DJSE 18.2.1998)

65. TJSE — MANDADO DE INJUNÇÃO — INCISO X, DO ART. 37, DA CF. OMISSÃO. OCORRÊNCIA. EFEITO CONCRETO DO MANDADO DE INJUNÇÃO. LEI DE RESPONSABILIDADE FISCAL. AUSÊNCIA DE VIOLAÇÃO. WRIT DEFERIDO.

Em que pese a autoridade impetrada haver tomado a iniciativa de regulamentar a norma insculpida no inciso X, do art. 37, da Carta Cidadã, omitiu-se de estender o direito lá declina em relação a anos anteriores, sendo o mandado de injunção meio idôneo e de efeitos concretos para viabilizar o exercício do direito pretendido pelos impetrantes. Não viola a LRF o ato da autoridade impetrada no sentido de cumprir determinação judicial objetivando a revisão salarial anual dos servidores do Poder Judiciário, notadamente por estar cumprindo um imperativo constitucional. Injunção concedida.

(Mandado de Injunção n. 0002/2002 (1187/2003), Tribunal Pleno do TJSE, rel. Des. Marilza Maynard Salgado de Carvalho. j. 9.4.2003)

66. TJSE — MANDADO DE INJUNÇÃO. OMISSÃO INCONSTITUCIONAL DO PREFEITO MUNICIPAL DE ARACAJU. INCISOS X E XV DO ART. 37 DA CONSTITUIÇÃO FEDERAL. PRELIMINARES REJEITADAS. CONCESSÃO DO *WRIT*. Aplicação imediata do instituto do mandado de injunção conferindo-lhe, quanto ao procedimento, tratamento idêntico ao dispensado ao mandado de segurança, conforme decisão unânime do STF no MI n. 107/DF, do qual foi Relator o Ministro Moreira Alves, acórdão publicado no DJU de 2.8.1991 e na RTJ n. 133, p. 11. O objeto da ação de injunção não é substituir a norma regulamentadora não editada, mas assegurar aos autores da ação a efetividade do direito conferido pela Constituição e inviabilizado pela omissão inconstitucional. A decisão que julga mandado de injunção tem, portanto, natureza mandamental e não declaratória. A revisão anual de vencimentos contemplada no inciso X, do art. 37, da Constituição Federal, não se confunde com aumento de vencimentos, pois traduz mera recomposição material do seu valor originário corroído pela inflação. O princípio da irredutibilidade de vencimentos consagrado no inciso XV, do art. 37, da Constituição Federal, a todos vincula, ante a inconfundível redação do caput deste dispositivo constitucional de dicção expressa e imperativa aplicável à "administração pública direta e indireta de qualquer dos Poderes da União, dos Estados, do Distrito Federal e dos Municípios" e haverá de ser observado e cumprido sob a perspectiva de uma ética material de valores voltada para a intangibilidade do princípio da dignidade da pessoa humana, consagrado no inciso III, do art. 1.º, e da concretização dos objetivos fundamentais da República proclamados no inciso I, do art. 3.º, da Carta Magna. A Lei de Responsabilidade Fiscal não constitui óbice à aplicação do inciso X, do art. 37 da Carta Política, por decorrer a revisão geral anual da remuneração dos servidores públicos de imperativo constitucional, com força obrigatória e validez superior, hierarquizando-se sobre qualquer lei. Procedência do pedido, com a consequente expedição do mandado de injunção. Por unanimidade.

(Mandado de Injunção n. 0001/2002 (387/2003), Tribunal Pleno do TJSE, rel. Des. Manuel Pascoal Nabuco D'Avila. j. 12.3.2003, unânime)

67. TJSE — MANDADO DE INJUNÇÃO — INCISO X, DO ART. 37, DA CF. OMISSÃO. OCORRÊNCIA. EFEITO CONCRETO DO MANDADO DE INJUNÇÃO. LEI DE RESPONSABILIDADE FISCAL. AUSÊNCIA DE VIOLAÇÃO. *WRIT* DEFERIDO. Em que pese a autoridade impetrada haver tomado a iniciativa de regulamentar a norma insculpida no inciso X, do art. 37, da Carta Cidadã, omitiu-se de estender o direito lá declina em relação a anos anteriores, sendo o mandado de injunção meio idôneo e de efeitos concretos para viabilizar o exercício do direito pretendido pelos impetrantes. Não viola a LRF o ato da autoridade impetrada no sentido de cumprir determinação judicial objetivando a revisão salarial anual dos servidores do Poder Judiciário, notadamente por estar cumprindo um imperativo constitucional. Injunção concedida.

(Mandado de Injunção n. 0002/2002 (1187/2003), Tribunal Pleno do TJSE, rel². Des². Marilza Maynard Salgado de Carvalho. j. 9.4.2003)

68. TJSP — MANDADO DE INJUNÇÃO. OMISSÃO DE LEGIFERAÇÃO REVENDO A REMUNERAÇÃO DOS SERVIDORES ESTADUAIS. AUSÊNCIA DE NORMA DA CONSTITUIÇÃO ESTADUAL DETERMINANDO A REVISÃO ANUAL E GERAL DA REMUNERAÇÃO DOS SERVIDORES. INICIAL QUE NÃO PEDE SEJAM DETERMINADAS PROVIDÊNCIAS LEGISLATIVAS EM DETERMINADO PRAZO, IMPORTANDO NA INÉPCIA DA INICIAL. PEDIDOS CONDENATÓRIOS PROMOVIDOS POR VIA INADEQUADA E CONTRA PARTE PASSIVA ILEGÍTIMA, DADO QUE A AÇÃO CONDENATÓRIA DEVE SER DIRIGIDA CONTRA O ENTE QUE SE ENTENDE DEVEDOR E, NÃO, CONTRA O SEU GOVERNADOR.

Não havendo omissão legiferante que impeça o exercício de direitos, liberdades ou prerrogativas asseguradas pela Constituição do Estado, o mandado de injunção não teria viabilidade. Processo extinto sem o exame de mérito mediante a acolhida das preliminares arguidas pela autoridade impetrada.

(Mandado de Injunção n. 105.756-0/5-00, Órgão Especial do TJSP, São Paulo, rel. Paulo Shintate. j. 11.2.2004, unânime)

69. TJSP — COMPETÊNCIA — Mandado de injunção — Impetração perante o Juízo de Primeiro Grau — Inadmissibilidade — Competência originária do Tribunal de Justiça — Art. 74, inciso V da Constituição do Estado de São Paulo — Sentença anulada — Processo extinto sem julgamento do mérito. (Relator: Lair Loureiro – Apelação Cível n. 14.861-0 – Bariri – 24.6.1992)

70. TJSP — HONORÁRIOS ADVOCATÍCIOS — Mandado de injunção. Descabimento. Aplicável o processo do mandado de segurança ao processo do mandado de injunção, à ausência de outra norma processual (Lei n. 8.038, de 28.5.1990, art. 24, parágrafo único), não há no mandado de injunção, condenação em honorários advocatícios, incabíveis em mandado de segurança (Súmulas 512 do Supremo Tribunal Federal e 105 do Superior Tribunal de Justiça). (TJSP – MI n. 120.787-5 – São Paulo – 9.ª CDPúb. – Rel. Des. Sidnei Beneti – J. 1.º.12.1999 – v.u.)

71. TJSP — ILEGITIMIDADE DE PARTE — Passiva — Ocorrência — Mandado de injunção — Autoridade coatora — Governador do Estado — Matéria que divorcia-se das disposições contidas no art. 74, V, da Constituição Estadual — Extinção do *writ* sem apreciação do mérito — Art. 267, IV e VI do Código de Processo Civil. (Mandado de Injunção n. 20.754-0 – São Paulo – Relator: Rebouças de Carvalho – OESP – v.u. – 3.8.2000)

72. TJSP — MANDADO DE INJUNÇÃO — Gratuidade dos transportes coletivos urbanos, nos termos do art. 230, § 2.º da Constituição Federal - Alegada limitação, pela empresa e Prefeitura, do número de passes por pessoa — Inadmissibilidade — Hipótese em que o preceito constitucional não é autoaplicável carecendo de lei complementar cuja elaboração tem o prazo de seis meses, ainda que não expirado, nos termos do art. 59 do ADCT da Constituição da República — Carência decretada — Recurso prejudicado. (Relator: Lair Loureiro – Apelação Cível n. 12.451-0 – Caraguatatuba – 13.3.1991)

73. TJSP — MANDADO DE INJUNÇÃO — IMPETRAÇÃO CONTRA PREFEITO MUNICIPAL — COMPETÊNCIA DO TRIBUNAL DE JUSTIÇA — O art. 74, V da Constituição do Estado de São Paulo, e o art. 529 do Regimento Interno do Tribunal de Justiça determinam a competência do Tribunal de Justiça para processar e julgar mandados de injunção quanto as normas regulamentadoras estaduais ou municipais. (TJSP – MI n. 120.787-5 – São Paulo – 9.ª CDPúb. – Rel. Des. Sidnei Beneti – J. 1.º.12.1999 – v.u.)

74. TJSP — MANDADO DE INJUNÇÃO — Impetração por cidadão maior de 65 anos — Objetivo — Obtenção de autorização, para si e a todos os idosos do município, para uso do transporte local, gratuitamente — Carência decretada, sob o fundamento de que o benefício previsto no art. 230, § 2.º da Constituição da República de 1988, depende de lei regulamentar — Dispositivo, todavia, de imediata aplicação, a exigir tão somente a comprovação da idade do usuário, sem outras formalidades de cunho legal — Desnecessidade de sua regulamentação — Apreciação do pedido como mandado de segurança — Recurso provido para, afastando-se o decreto de carência, determinar-se ao juízo de origem o exame da matéria de fundo. (Relator: Euclides de Oliveira – Apelação Cível n. 130.487-1 – Caraguatatuba – 29.11.1990)

75. TJSP — MANDADO DE INJUNÇÃO — Impetração por entidades sindicais — Interesses coletivos — Inadmissibilidade — Remédio destinado estritamente à defesa de direito subjetivo individual — Hipótese em que o sindicato impetrante sequer comprovou seu registro, no Ministério do Trabalho — Falta de "capacidade sindical" — Processo extinto sem julgamento do mérito. (Relator: Alexandre Germano – Mandado de Injunção n. 221.981-1 – São Paulo – 22.2.1994)

76. TJSP — MANDADO DE INJUNÇÃO — IMPETRAÇÃO POR SINDICATO — PRETENDIDA REGULAMENTAÇÃO, POR DECRETO DO PREFEITO MUNICIPAL, DE TRANSPORTE ALTERNATIVO — MATÉRIA CONSTANTE DE LEI MUNICIPAL, QUE, PARA ALUDIDO TRANSPORTE, EXIGE "AUTORIZAÇÃO DO EXECUTIVO", MAS NÃO PREVÊ DECRETO REGULAMENTADOR — FALTA DE INTERESSE PROCESSUAL — PROCESSO EXTINTO SEM JULGAMENTO DE MÉRITO — Falta de interesse processual a sindicato que impetra mandado de injunção para regulamentar matéria constante de lei, que não exige baixa de decreto regulamentador, mas puramente, emissão de autorização para exercício de direito nela previsto, de maneira que, por falta de aludido interesse, julga-se extinto o processo sem julgamento de mérito (Código de Processo Civil, art. 267, VI). (TJSP – MI n. 120.787-5 – São Paulo – 9.ª CDPúb. – Rel. Des. Sidnei Beneti – J. 1.º.12.1999 – v.u.)

77. TJSP — MANDADO DE INJUNÇÃO — Lacuna legal municipal — Concessão em primeiro grau — Competência originária do Tribunal de Justiça — Inteligência do art. 74, V, da Constituição Estadual — Nulidade do processo decretada de ofício, cassada a ordem e prejudicados os recursos. (Apelação Cível n. 235.873-1 – Jundiaí – 5.ª Câmara Civil – Relator: Ivan Sartori – 5.10.1995 – V.U.)

78. TJSP — MANDADO DE INJUNÇÃO — Moto-taxi — Suprimento de omissão da Municipalidade de São José do Rio Preto, da regulamentação do referido serviço — Inocorrência da alegada omissão — Competência do Município para organizar e prestar, diretamente ou sob o regime de concessão ou permissão, os serviços públicos de interesse local, incluído o de transporte coletivo, que tem caráter essencial (art. 30, V, da Constituição Federal) — Serviços relativos a transporte coletivo de passageiros já regulamentados, não havendo obrigatoriedade de opção do Poder Público, por este ou aquele meio de transporte — Ademais, no caso, a Câmara Municipal de São José do Rio Preto, discutindo projeto de lei acerca da matéria, rejeitou-o — Inocorrência de qualquer das hipóteses elencadas no art. 5.º, inciso LXXI, da Constituição Federal – Improcedência do presente mandado de injunção. (TJSP – MI n. 110.422-5 – São Paulo – 4.ª CDPúb. – Rel. Des. Eduardo Braga – J. 18.11.1999 – v.u.)

79. TJSP — MANDADO DE INJUNÇÃO — Objetivo — Reconhecimento do direito de greve independente de regulamentação e impedimento do desconto referente aos dias paralisados — Inadmissibilidade — Incompatibilidade do pedido com a própria natureza do pleito e da via processual utilizada — Art. 267, IV e VI do Código de Processo Civil — *Writ* extinto sem apreciação do mérito. O mandado de injunção constitui um remédio ou ação constitucional posto à disposição de quem se considere titular de qualquer daqueles direitos, liberdades ou prerrogativas, inviáveis por falta de norma regulamentadora exigida ou suposta pela Constituição. Sua principal finalidade consiste assim em conferir imediata aplicabilidade à norma constitucional portadora daqueles direitos e prerrogativas, inerte em virtude de ausência de regulamentação. (Mandado de Injunção n. 20.754-0 – São Paulo – Relator: Rebouças de Carvalho – OESP – v.u.)

80. TJSP — MANDADO DE INJUNÇÃO — Objetivo — Suprimento da falta de regulamentação legal de preceito relativo a Lei Orgânica e Estatuto dos Servidores Militares Estaduais — Art. 141, § 2.º da Constituição Estadual — Policial militar reformado em virtude de eleição para o cargo de vereador — Inadequação da via eleita — Remédio constitucional que não permite ao Poder Judiciário suprir omissão da lei ou de regulamentos — Processo extinto sem julgamento do mérito O mandado de injunção nem autoriza o Judiciário a suprir omissão legislativa ou regulamentar, editando ato normativo omitido, nem ainda lhe permite ordenar, de imediato, ato concreto de satisfação de direito reclamado. (Relator: Djalma Lofrano – Mandado de Injunção n. 19.603-0 – São Paulo – 4.3.1994)

81. TJSP — MANDADO DE INJUNÇÃO — Preliminares de ilegitimidade de parte ativa, carência da impetração por falta de pressuposto constitucional e considerado a inadequação da via eleita — Afastadas — Legitimidade do Sindicato para figurar no polo ativo da demanda — Atividade de "dogueiros" — Impetrado por falta de regulamentação que impede o exercício da atividade lícita prevista em lei — Omissão caracterizada — Determinação legal de regulamentação no prazo de 90 dias — Inteligência do art. 8.º da Lei n. 12.736/98 — Inocorrência de violação do princípio da separação dos poderes previsto no art. 2.º da Constituição Federal de 1988 - Concedido o prazo de 90 dias para a regulamentação da atividade — Julga-se procedente o mandado de injunção, nos termos do acórdão. (Mandado de Injunção n. 248.028-5 – São Paulo – 9.ª Câmara de Direito Público – Relator: Yoshiaki Ichihara – 28.11.2001 – V.U.)

82. TJSP — PENSÃO. VALOR CORRESPONDENTE À TOTALIDADE DOS VENCIMENTOS OU PROVENTOS DO SERVIDOR FALECIDO. ART. 40, § 5.º, DA CONSTITUIÇÃO FEDERAL.

O Supremo Tribunal Federal, no julgamento do Mandado de Injunção n. 211-8, proclamou que o art. 40, § 5.º, da Constituição Federal, encerra uma garantia autoaplicável, que independe de lei regulamentadora para ser viabilizado, seja por tratar-se de norma de eficácia contida, como entenderam alguns votos, seja em razão de a lei nele referida não poder ser outra senão aquela que fixa o limite de remuneração dos servidores em geral, na forma do art. 37, XI, da Carta, como entenderam outros." (RExtr. n. 204.710-4 – SP – Rel. Min. Ilmar Galvão, j. 17.9.1996)

(Apelação Cível n. 307.540-5/0-00, 5.ª Câmara de Direito Público do TJSP, São Paulo, rel. Des. Menezes Gomes. j. 22.5.2003, unânime)

83. TJSP — SERVIDOR PÚBLICO MUNICIPAL — PENSÃO POR MORTE — CAIXA DE PENSÃO.

Benefício que deve corresponder à totalidade dos vencimentos ou proventos do servidor falecido — Art. 40, § 5.º, da Constituição Federal — Estabelecimento da garantia de eficácia imediata — Posição do Supremo Tribunal Federal no julgamento de recursos extraordinários e de mandado de injunção.

Sentença mantida — Recursos improvidos.

(Apelação Cível n. 137.159-5/8-00, 2.ª Câmara de Direito Público do TJSP, Santos, rel. Des. Aloísio de Toledo César. j. 3.6.2003, unânime).

84. TJSP — MANDADO DE SEGURANÇA. IMPETRAÇÃO POR MAGISTRADO CONTRA DECISÃO ADMINISTRATIVA DO TRIBUNAL QUE JULGOU PROCEDENTE AS ACUSAÇÕES E DECRETOU A REMOÇÃO COMPULSÓRIA DO IMPETRANTE. ARGUIÇÃO DE IMPEDIMENTO DOS QUE PARTICIPARAM DO JULGAMENTO DO PROCESSO ADMINISTRATIVO QUE CULMINOU COM A APLICAÇÃO DA PENALIDADE AO IMPETRANTE. IMPROCEDÊNCIA.

A Constituição Federal estabeleceu que os Tribunais têm competência para julgar habeas corpus, mandado de segurança e mandado de injunção contra atos ou omissão do próprio Tribunal, estabelecendo tão somente que, em caso de impedimento efetivo de mais da metade de seus membros, o deslocamento da competência para a colendo Supremo Tribunal Federal.

TEMPESTIVIDADE DA IMPETRAÇÃO. Embora o julgamento tenha ocorrido no dia 20 de março de 2002, não consta que o impetrante tenha tomado ciência efetiva da decisão nessa data, sendo que o v. acórdão que julgou procedente a portaria inicial foi registrado no dia 18 de abril de 2002, e o impetrante recebeu a comunicação oficial do resultado do julgamento a 19 de abril de 2002 (fl. 741); a impetração protocolizada neste Tribunal a 14 de agosto de 2002 foi feita antes da consumação da decadência. A penalidade administrativa foi aplicada ao impetrante pelos fatos mencionados na portada inicial que foi julgada procedente, e não, em razão de outros fatos considerados irregulares pelo eminente relator do processo administrativo e que vieram à tona no decorrer da instrução do processo administrativo. O eminente Vice-Presidente não estava impedido de servir como Relator do processo administrativo, ainda que dos fatos tenha tomado conhecimento como Corregedor Geral da Justiça e determinado o início das investigações. A decisão do colendo Órgão Especial está conforme a prova dos autos do processo administrativo. Ilegalidade nem abuso de poder não configurados.

Denegação da segurança.

(Mandado de Segurança n. 97.256-0/2-00, Órgão Especial do TJSP, São Paulo, rel. Des. Paulo Shintate. j. 26.3.2003, unânime)

85. TJSP — MANDADO DE INJUNÇÃO.

Competência do Tribunal de Justiça, em sede de Mandado de Injunção está limitada às hipóteses de inexistência de norma legal que frustre o exercício de direitos assegurados pela Constituição Estadual. No caso, não contém este diploma regra assegurando a revisão periódica da remuneração dos requerentes, o que somente vem previsto na Constituição Federal. Inadequação da via eleita. Extinção do processo, sem exame de mérito.

(Mandado de Injunção n. 97.613-0/2-00, Órgão Especial do TJSP, São Paulo, rel. Des. Viseu Júnior. j. 26.2.2003, unânime)

86. TJSP — MANDADO DE INJUNÇÃO. OMISSÃO DE LEGIFERAÇÃO REVENDO A REMUNERAÇÃO DOS SERVIDORES ESTADUAIS.

Ausência de norma da Constituição Estadual determinado a revisão anual e geral da remuneração dos servidores. Inicial que não pede sejam determinadas providências legislativas em determinado prazo, importando na inépcia da inicial. Pedidos condenatórios promovidos por via inadequada e contra parte passiva ilegítima, dado que a ação condenatória deve ser dirigida contra o ente que se entende devedor e não, contra o seu Governador. Não havendo omissão legiferante que impeça o exercício de direitos, liberdades ou prerrogativas asseguradas pela Constituição do Estado o mandado de injunção não teria viabilidade.

Processo extinto sem o exame de mérito mediante a acolhida das preliminares arguidas pela autoridade impetrada.

(Mandado de Injunção n. 097.612-0/8-00, Órgão Especial do TJSP, São Paulo, rel. Des. Paulo Shintate. j. 26.2.2003, unânime).

87. TJSP — MANDADO DE INJUNÇÃO. OMISSÃO DE LEGIFERAÇÃO REVENDO A REMUNERAÇÃO DOS SERVIDORES ESTADUAIS. AUSÊNCIA DE NORMA DA CONSTITUIÇÃO ESTADUAL DETERMINANDO A REVISÃO ANUAL E GERAL DA REMUNERAÇÃO DOS SERVIDORES. INICIAL QUE NÃO PEDE SEJAM DETERMINADAS PROVIDÊNCIAS LEGISLATIVAS EM DETERMINADO PRAZO, IMPORTANDO NA INÉPCIA DA INICIAL. PEDIDOS CONDENATÓRIOS PROMOVIDOS POR VIA INADEQUADA E CONTRA PARTE PASSIVA ILEGÍTIMA, DADO QUE A AÇÃO CONDENATÓRIA DEVE SER DIRIGIDA CONTRA O ENTE QUE SE ENTENDE DEVEDOR E, NÃO, CONTRA O SEU GOVERNADOR.

Não havendo omissão legiferante que impeça o exercício de direitos, liberdades ou prerrogativas asseguradas pela Constituição do Estado, o mandado de injunção não teria viabilidade. Processo extinto sem o exame de mérito mediante a acolhida das preliminares arguidas pela autoridade impetrada.

(Mandado de Injunção n. 105.756-0/5-00, Órgão Especial do TJSP, São Paulo, rel. Paulo Shintate. j. 11.2.2004, unânime)

88. TJSP — PENSÃO. VALOR CORRESPONDENTE À TOTALIDADE DOS VENCIMENTOS OU PROVENTOS DO SERVIDOR FALECIDO. ART. 40, § 5.º, DA CONSTITUIÇÃO FEDERAL.

O Supremo Tribunal Federal, no julgamento do Mandado de Injunção n. 211-8, proclamou que o art. 40, § 5.º, da Constituição Federal, encerra uma garantia autoaplicável, que independe de lei regulamentadora para ser viabilizado, seja por tratar-se de norma de eficácia contida, como entenderam alguns votos, seja em razão de a lei nele referida não poder ser outra senão aquela que fixa o limite de remuneração dos servidores em geral, na forma do art. 37, XI, da Carta, como entenderam outros." (RExtr. n. 204.710-4 – SP – Rel. Min. Ilmar Galvão, j. 17.9.1996)

(Apelação Cível n. 307.540-5/0-00, 5.ª Câmara de Direito Público do TJSP, São Paulo, rel. Des. Menezes Gomes. j. 22.5.2003, unânime)

89. TJSP — SERVIDOR PÚBLICO MUNICIPAL — PENSÃO POR MORTE — CAIXA DE PENSÃO.

Benefício que deve corresponder à totalidade dos vencimentos ou proventos do servidor falecido — Art. 40, § 5.º, da Constituição Federal — Estabelecimento da garantia de eficácia imediata — Posição do Supremo Tribunal Federal no julgamento de recursos extraordinários e de mandado de injunção.

Sentença mantida — Recursos improvidos.

(Apelação Cível n. 137.159-5/8-00, 2.ª Câmara de Direito Público do TJSP, Santos, rel. Des. Aloísio de Toledo César. j. 3.6.2003, unânime)

90. TJSP — MANDADO DE INJUNÇÃO.

Competência do Tribunal de Justiça, em sede de Mandado de Injunção está limitada às hipóteses de inexistência de norma legal que frustre o exercício de direitos assegurados pela Constituição Estadual. No caso, não contém este diploma regra assegurando a revisão periódica da remuneração dos requerentes, o que somente vem previsto na Constituição Federal. Inadequação da via eleita. Extinção do processo, sem exame de mérito.

(Mandado de Injunção n. 97.613-0/2-00, Órgão Especial do TJSP, São Paulo, rel. Des. Viseu Júnior. j. 26.2.2003, unânime)

91. TJSP — MANDADO DE INJUNÇÃO. OMISSÃO DE LEGIFERAÇÃO REVENDO A REMUNERAÇÃO DOS SERVIDORES ESTADUAIS.

Ausência de norma da Constituição Estadual determinado a revisão anual e geral da remuneração dos servidores. Inicial que não pede sejam determinadas providências legislativas em determinado prazo, importando na inépcia da inicial. Pedidos condenatórios promovidos por via inadequada e contra parte passiva ilegítima, dado que a ação condenatória deve ser dirigida contra o ente que se entende devedor e não, contra o seu Governador. Não havendo omissão legiferante que impeça o exercício de direitos, liberdades ou prerrogativas asseguradas pela Constituição do Estado o mandado de injunção não teria viabilidade.

Processo extinto sem o exame de mérito mediante a acolhida das preliminares arguidas pela autoridade impetrada.

(Mandado de Injunção n. 097.612-0/8-00, Órgão Especial do TJSP, São Paulo, rel. Des. Paulo Shintate. j. 26.2.2003, unânime)

92. TJSP — MANDADO DE INJUNÇÃO — ILEGITIMIDADE ATIVA — INEXISTÊNCIA DE AUTORIZAÇÃO EXPRESSA À COOPERATIVA PARA REPRESENTAR OS ASSOCIADOS JUDICIALMENTE — INOBSERVÂNCIA DO ART. 5.º, XXI, DA CF.

Falta de interesse de agir por inadequação da via eleita — Existência de norma regulamentadora — Pretensão de utilização do mandado de injunção para suprir a concessão de licença para exercício da atividade de transporte intermunicipal — Extinção do processo, sem julgamento do mérito, nos termos do art. 267, VI, do CPC.

(Mandado de Injunção n. 248.980-5/9-00, 8.ª Câmara de Direito Público do TJSP, São Paulo, rel. Des. Antonio Villen. j. 13.3.2002, un.)

93. TJSP — MANDADO DE INJUNÇÃO — AUTORIDADE DE TRÂNSITO — PORTARIA N. 23.

Ato de desobediência da autoridade de trânsito à Portaria n. 1.344/89 do Diretor do Departamento Estadual de Trânsito — DETRAN, regulando legislação federal pertinente (Lei n. 6.575/78). Mandado de injunção. Via inadequada. Cabia ao impetrante apontar o direito constitucional inviabilizado por falta de norma regulamentadora. Inicial inepta. Processo extinto sem julgamento do mérito, na forma preconizada pelo art. 267, inciso I, do Código de Processo Civil.

(Mandado de Injunção n. 254.418-5/4-00, 5.ª Câmara de Direito Público do TJSP, São Paulo, rel. Des. Alberto Zvirblis. j. 27.6.2002, un.)

94. STF — Os agravantes objetivam a regulamentação da atividade de jogos de bingo, mas não indicam o dispositivo constitucional que expressamente enuncie esse suposto direito. Para o cabimento do <mandado> de <injunção>, é imprescindível a existência de um direito previsto na Constituição que não esteja sendo exercido por ausência de norma regulamentadora. O <mandado> de <injunção> não é remédio destinado a fazer suprir lacuna ou ausência de regulamentação de direito previsto em norma infraconstitucional, e muito menos de legislação que se refere a eventuais prerrogativas a serem estabelecidas discricionariamente pela União. No presente caso, não existe norma constitucional que confira o direito que, segundo os impetrantes, estaria à espera de regulamentação. Como ressaltou o PGR, a União não está obrigada a legislar sobre a matéria, porque não existe, na CF, qualquer preceito consubstanciador de determinação constitucional para se que legisle, especificamente, sobre exploração de jogos de bingo." (MI n. 766-AgR, rel. Min. Joaquim Barbosa, julgamento em 21.10.2009, Plenário, DJE de 13.11.2009.) No mesmo sentido: **MI n. 765-AgR**, rel. Min. Dias Toffoli, julgamento em 30.11.2011, Plenário, DJE de 1.º.2.2012.

95. STF — "Para ser cabível o <mandado> de <injunção>, não basta que haja eventual obstáculo ao exercício de direito ou liberdade constitucional em razão de omissão legislativa, mas concreta inviabilidade de sua plena fruição pelo seu titular. Daí por que há de ser comprovada, de plano, a titularidade do direito [...] e a sua inviabilidade decorrente da ausência de norma regulamentadora do direito constitucional." (**MI n. 2.195-AgR**, voto da relª. Minª. Cármen Lúcia, julgamento em 23.22011, Plenário, DJE de 18.3.2011.) No mesmo sentido: **MI n. 2.757**, rel. Min. Gilmar Mendes, decisão monocrática, julgamento em 5.3.2012, DJE de 9.3.2012; **MI n. 624**, rel. Min. Menezes Direito, julgamento em 21.11.2007, Plenário, DJE de 28.3.2008.

96. STF — <Mandado> de <injunção>. Natureza. Conforme disposto no inciso LXXI do art. 5.º da CF, conceder-se-á <mandado> de <injunção> quando necessário ao exercício dos direitos e liberdades constitucionais e das prerrogativas inerentes à nacionalidade, à soberania e à cidadania. Há ação mandamental e não simplesmente declaratória de omissão. A carga de declaração não é objeto da impetração, mas premissa da ordem a ser formalizada. <Mandado> de <injunção>. Decisão. Balizas. Tratando-se de processo subjetivo, a decisão possui eficácia considerada a relação jurídica nele revelada. Aposentadoria. Trabalho em condições especiais. Prejuízo à saúde do servidor. Inexistência de lei complementar. Art. 40, § 4.º, da CF. Inexistente a disciplina específica da aposentadoria especial do servidor, impõe-se a adoção, via pronunciamento judicial, daquela própria aos trabalhadores em geral — art. 57, § 1.º, da Lei n. 8.213/1991. (**MI n. 721**, rel. Min. Marco Aurélio, julgamento em 30.8.2007, Plenário, DJ de 30.11.2007.) No mesmo sentido: **MI n. 1.231-AgR**, rel. Min. Ricardo Lewandowski, julgamento em 16.11.2011, Plenário, DJE de 1.º.12.2011; **MI n. 3.322**, rel. Min. Celso de Mello, decisão monocrática, julgamento em 1.º.6.2011, DJE de 6-6-2011; **MI n. 1.967**, rel. Min. Celso de Mello, decisão monocrática, julgamento em 24.5.2011, DJE de 27.5.2011; MI n. 795, relª. Minª. Cármen Lúcia, julgamento em 15.4.2009, Plenário, DJE de 22.5.2009; MI n. 788, rel. Min. Ayres Britto, julgamento em 15.4.2009, Plenário, DJE de 8.5.2009.

97. STF — <Mandado> de <injunção>. Garantia fundamental (CF, art. 5.º, inciso LXXI). Direito de greve dos servidores públicos civis (CF, art. 37, inciso VII). Evolução do tema na jurisprudência do STF. Definição dos parâmetros de competência constitucional para apreciação no âmbito da Justiça Federal e da Justiça estadual até a edição da legislação específica pertinente, nos termos do art. 37, VII, da CF. Em observância aos ditames da segurança jurídica e à evolução jurisprudencial na interpretação da omissão legislativa sobre o direito de greve dos servidores públicos civis, fixação do prazo de sessenta dias para que o Congresso Nacional legisle sobre a matéria. <Mandado> de <injunção> deferido para determinar a aplicação das Leis ns. 7.701/1988 e 7.783/1989. Sinais de evolução da garantia fundamental do <mandado> de <injunção> na jurisprudência do STF. No julgamento do MI n. 107/DF, rel. Min. Moreira Alves, DJ de 21.9.1990, o Plenário do STF consolidou entendimento que conferiu ao <mandado> de <injunção> os seguintes elementos operacionais: i) os direitos constitucionalmente garantidos por meio de <mandado> de <injunção> apresentam-se como direitos à expedição de um ato normativo, os quais, via de regra, não poderiam ser diretamente satisfeitos por meio de provimento jurisdicional do STF; ii) a decisão judicial que declara a existência de uma omissão inconstitucional constata, igualmente, a mora do órgão ou poder legiferante, insta-o a editar a norma requerida; iii) a omissão inconstitucional tanto pode referir-se a uma omissão total do legislador quanto a uma omissão parcial; v) a decisão proferida em sede do controle abstrato de normas acerca da existência, ou não, de omissão é dotada de eficácia erga omnes, e não apresenta diferença significativa em relação a atos decisórios proferidos no contexto de <mandado> de <injunção>; iv) o STF possui competência constitucional para, na ação de <mandado> de <injunção>, determinar a suspensão de processos administrativos ou judiciais, com o intuito de assegurar ao interessado a possibilidade de ser contemplado por norma mais benéfica, ou que lhe assegure o direito constitucional invocado; vi) por fim, esse plexo de poderes institucionais legitima que o STF determine a edição de outras medidas que garantam a posição do impetrante até a oportuna expedição de normas pelo legislador. Apesar dos avanços proporcionados por essa construção jurisprudencial inicial, o STF flexibilizou a interpretação constitucional primeiramente fixada para conferir uma compreensão mais abrangente à garantia fundamental do <mandado> de <injunção>. A partir de uma série de precedentes, o Tribunal passou a admitir soluções "normativas" para a decisão judicial como alternativa legítima de tornar a proteção judicial efetiva (CF, art. 5.º, XXXV). Precedentes: MI n. 283, rel. Min. Sepúlveda Pertence, DJ de 14.11.1991; MI n. 232/RJ, rel. Min. Moreira Alves, DJ de 27.3.1992; MI n. 284, rel. Min. Marco Aurélio, rel. p/ o ac. Min. Celso de Mello, DJ de 26.6.1992; MI n. 543/DF, rel. Min. Octavio Gallotti, DJ de 24.5.2002; MI n. 679/DF, rel. Min. Celso de Mello, DJ de 17.12.2002; e MI n. 562/DF, relª. Minª. Ellen Gracie, DJ de 20.6.2003. [...] Em razão da evolução jurisprudencial sobre o tema da interpretação da omissão legislativa do direito de greve dos servidores públicos civis e em respeito aos ditames de segurança jurídica, fixa-se o prazo de 60 (sessenta) dias para que o Congresso Nacional legisle sobre a matéria. <Mandado> de <injunção> conhecido e, no mérito, deferido para, nos termos acima especificados, determinar a aplicação das Leis 7.701/1988 e 7.783/1989 aos conflitos e às ações judiciais que envolvam a interpretação do direito de greve dos servidores públicos civis. (MI n. 708, rel. Min. Gilmar Mendes, julgamento em 25.10.2007, Plenário,

DJE de 31.10.2008.) No mesmo sentido: MI n. 670, rel. p/ o ac. Min. Gilmar Mendes, e MI n. 712, rel. Min. Eros Grau, julgamento em 25.10.2007, Plenário, DJE de 31.10.2008.

98. STF — O <mandado> de <injunção> é ação constitutiva; não é ação condenatória, não se presta a condenar o Congresso ao cumprimento de obrigação de fazer. Não cabe a cominação de pena pecuniária pela continuidade da omissão legislativa. (MI n. 689, rel. Min. Eros Grau, julgamento em 7.6.2006, Plenário, DJ de 18.8.2006.)

99. STF — "Entidades sindicais dispõem de legitimidade ativa para a impetração do <mandado> de <injunção> coletivo, que constitui instrumento de atuação processual destinado a viabilizar, em favor dos integrantes das categorias que essas instituições representam, o exercício de liberdades, prerrogativas e direitos assegurados pelo ordenamento constitucional." (MI n. 472, rel. Min. Celso de Mello, julgamento em 6.9.2005, Plenário, DJ de 2.3.2001.) No mesmo sentido: **MI n. 3.322**, rel. Min. Celso de Mello, decisão monocrática, julgamento em 1.º.6.2011, DJE de 6.6.2011; MI n. 361, rel. Min. Sepúlveda Pertence, julgamento em 8.4.1994, Plenário, DJ de 17.6.1994.

100. STF — Na marcha do delineamento pretoriano do instituto do <mandado> de <injunção>, assentou este Supremo Tribunal que "a mera superação dos prazos constitucionalmente assinalados é bastante para qualificar, como omissão juridicamente relevante, a inércia estatal, apta a ensejar, como ordinário efeito consequencial, o reconhecimento, hic et nunc, de uma situação de inatividade inconstitucional." (MI n. 543, voto do Min. Celso de Mello, in DJ de 24.5.2002). Logo, desnecessária a renovação de notificação ao órgão legislativo que, no caso, não apenas incidiu objetivamente na omissão do dever de legislar, passados quase quatorze anos da promulgação da regra que lhe criava tal obrigação, mas que, também, já foi anteriormente cientificado por esta Corte, como resultado da decisão de outros mandados de <injunção>. Neste mesmo precedente, acolheu esta Corte proposição do eminente Min. Nelson Jobim, e assegurou "aos impetrantes o imediato exercício do direito a esta indenização, nos termos do direito comum e assegurado pelo § 3.º do art. 8.º do ADCT, mediante ação de liquidação, independentemente de sentença de condenação, para a fixação do valor da indenização." Reconhecimento da mora legislativa do Congresso Nacional em editar a norma prevista no § 3.º do art. 8.º do ADCT, assegurando-se aos impetrantes o exercício da ação de reparação patrimonial, nos termos do direito comum ou ordinário, sem prejuízo de que se venham, no futuro, a beneficiar de tudo quanto, na lei a ser editada, lhes possa ser mais favorável que o disposto na decisão judicial. O pleito deverá ser veiculado diretamente mediante ação de liquidação, dando-se como certos os fatos constitutivos do direito, limitada, portanto, a atividade judicial à fixação do *quantum* devido. (MI n. 562, rel. p/ o ac. Minª. Ellen Gracie, julgamento em 20.2.2003, Plenário, DJ de 20.6.2003)

101. STF — Esta Corte, ao julgar a ADI 4, entendeu, por maioria de votos, que o disposto no § 3.º do art. 192 da CF não era autoaplicável, razão por que necessita de regulamentação. Passados mais de doze anos da promulgação da Constituição, sem que o Congresso Nacional haja regulamentado o referido dispositivo constitucional, e sendo certo que a simples tramitação de projetos nesse sentido não é capaz de elidir a mora legislativa, não há dúvida de que esta, no caso, ocorre. <Mandado> de <injunção> deferido em parte, para que se comunique ao Poder Legislativo a mora em que se encontra, a fim de que adote as providências necessárias para suprir a omissão, deixando-se de fixar prazo para o suprimento dessa omissão constitucional em face da orientação firmada por esta Corte (MI n. 361). (MI n. 584, rel. Min. Moreira Alves, julgamento em 29.11.2001, Plenário, DJ de 22.2.2002)

102. STF — "A exceção do preceito do § 3.º, o teor do art. 8.º do ADCT da Lei Fundamental veio à balha com eficácia plena, sendo imprópria a impetração de <mandado> de <injunção> para alcançar-se o exercício de direito dele decorrente." (MI n. 626, rel. Min. Marco Aurélio, julgamento em 14.3.2001, Plenário, DJ de 1862001)

103. STF — O <mandado> de <injunção> não é o meio próprio a ver-se declarada inconstitucionalidade por omissão, considerado ato administrativo do presidente da República criando determinado conselho e deixando de contemplar participação possivelmente assegurada, a entidade sindical, pelo texto constitucional. (MI n. 498, rel. Min. Marco Aurélio, julgamento em 6.2.1997, Plenário, DJ de 4.4.1997)

104. STF — Mora legislativa: exigência e caracterização: critério de razoabilidade. A mora — que é pressuposto da declaração de inconstitucionalidade da omissão legislativa — é de ser reconhecida, em cada caso, quando, dado o tempo corrido da promulgação da norma constitucional invocada e o relevo da matéria, se deva considerar superado o prazo razoável para a edição do ato legislativo necessário à efetividade da Lei Fundamental; vencido o tempo razoável, nem a inexistência de prazo constitucional para o adimplemento do dever de legislar, nem a pendência de projetos de lei tendentes a cumpri-lo podem descaracterizar a evidência da inconstitucionalidade da persistente omissão de legislar. [...] <Mandado> de <injunção>: natureza mandamental (MI n. 107-QO, M. Alves, RTJ 133/11): descabimento de fixação de prazo para o suprimento da omissão constitucional, quando, por não ser o Estado o sujeito passivo do direito constitucional de exercício obstado pela ausência da norma regulamentadora (*v.g.*, MI n. 283, Pertence, RTJ 135/882) —, não seja possível cominar consequências à sua continuidade após o termo final da dilação assinada. (MI n. 361, rel. p/ o ac. Min. Sepúlveda Pertence, julgamento em 8.4.1994, Plenário, DJ de 17.6.1994)

105. STF — Reconhecido o estado de mora inconstitucional do Congresso Nacional — único destinatário do comando para satisfazer, no caso, a prestação legislativa reclamada — e considerando que, embora previamente cientificado no MI n. 283, rel. Min. Sepúlveda Pertence, absteve-se de adimplir a obrigação que lhe foi constitucionalmente imposta, torna-se prescindível nova comunicação à instituição parlamentar, assegurando-se aos impetrantes, desde logo, a possibilidade de ajuizarem, imediatamente, nos termos do direito comum ou ordinário, a ação de reparação de natureza econômica instituída em seu favor pelo preceito transitório. (MI n. 284, rel. p/ o ac. Min. Celso de Mello, julgamento em 22.11.1991, Plenário, DJ de 26.6.1992)

106. STF — Ocorrência, no caso, em face do disposto no art. 59 do ADCT, de mora, por parte do Congresso, na regulamentação daquele preceito constitucional. <Mandado> de <injunção> conhecido, em parte, e, nessa parte, deferido para declarar-se o estado de mora em que se encontra o Congresso Nacional, a fim de que, no prazo de seis meses, adote ele as providências legislativas que se impõem para o cumprimento da obrigação de legislar decorrente do art. 195, § 7.º, da Constituição, sob pena de, vencido esse prazo sem que essa obrigação se cumpra, passar o requerente a gozar da imunidade requerida. (MI n. 232, rel. Min. Moreira Alves, julgamento em 2.8.1991, Plenário, DJ de 27.3.1992)

107. STF — Esta Corte, recentemente, ao julgar o MI n. 188, decidiu por unanimidade que só tem legitimatio ad causam, em se tratando de <mandado> de <injunção>, quem pertença a categoria a que a CF haja outorgado abstratamente um direito, cujo exercício esteja obstado por omissão com mora na regulamentação daquele. Em se tratando, como se trata, de servidores públicos militares, não lhes concedeu a CF direito à estabilidade, cujo exercício dependa de regulamentação desse direito, mas, ao contrário, determinou que a lei disponha sobre a estabilidade dos servidores públicos militares, estabelecendo quais os requisitos que estes devem preencher para que adquiram tal direito. (MI n. 107, rel. Min. Moreira Alves, julgamento em 21.11.1990, Plenário, DJ de 2.8.1991)

108. STF — O <mandado> de <injunção> nem autoriza o Judiciário a suprir a omissão legislativa ou regulamentar, editando o ato normativo omitido, nem, menos ainda, lhe permite ordenar, de imediato, ato concreto de satisfação do direito reclamado: mas, no pedido, posto que de atendimento impossível, para que o Tribunal o faça, se contém o pedido de atendimento possível para a declaração de inconstitucionalidade da omissão normativa, com ciência ao órgão competente para que a supra. (MI n. 168, rel. Min. Sepúlveda Pertence, julgamento em 21.3.1990, Plenário, DJ de 20.4.1990)

109. STF — <Mandado> de <injunção>. Impetração por procuradoras da República, contra o presidente da República, visando: 1. declaração de vacância do cargo de PGR; 2. que o presidente da República indique, ao Senado Federal, um nome de membro do MPF para se investir no cargo de PGR, com observância do art. 128, § 1.º, da CF de 5.10.1988. Descabimento do <mandado> de <injunção> para tais fins. Interpretação do art. 5.º, LXXI, da CF. Não se presta o <mandado> de <injunção> à declaração judicial de vacância de cargo, nem a compelir o presidente da República a praticar ato administrativo, concreto e determinado, consistente na indicação, ao Senado Federal, de nome de membro do MPF, para ser investido no cargo de PGR. (MI n. 14-QO, rel. Min. Sydney Sanches, julgamento em 26.10.1988, Plenário, DJ de 18.11.1988)

110. STF — Constitucional. Art. 8.º, § 3.º, do ADCT. Anistia. Reparação econômica àqueles que foram impedidos de exercer, na vida civil, atividade profissional. Portarias reservadas do Ministério da Aeronáutica. Mora do Congresso Nacional. Projetos de lei vetados pelo chefe do Poder Executivo. *Writ* pretende a mudança de orientação deste Tribunal, para que este fixe os limites da reparação e acompanhe a execução do acórdão. O Tribunal decidiu assegurar, de plano, o direito à indenização, sem constituir em mora o Congresso Nacional, para, mediante ação de liquidação, independentemente de sentença de condenação, a fixar o valor da indenização. (MI n. 543, rel. Min. Octavio Gallotti, julgamento em 26.10.2000, Plenário, DJ de 24.52002)

111. STF — À exceção do preceito do § 3.º, o teor do art. 8.º do ADCT da Lei Fundamental veio à balha com eficácia plena, sendo imprópria a impetração de mandado de injunção para alcançar-se o exercício de direito dele decorrente. (MI n. 626, rel. Min. Marco Aurélio, julgamento em 14.3.2001, Plenário, DJ de 18.6.2001)

112. STF — Esta Corte, ao julgar a ADI n. 4, entendeu, por maioria de votos, que o disposto no § 3.º do art. 192 da CF não era autoaplicável, razão por que necessita de regulamentação. Passados mais de doze anos da promulgação da Constituição, sem que o Congresso Nacional haja regulamentado o referido dispositivo constitucional, e sendo certo que a simples tramitação de projetos nesse sentido não é capaz de elidir a mora legislativa, não há dúvida de que esta, no caso, ocorre. Mandado de injunção deferido em parte, para que se comunique ao Poder Legislativo a mora em que se encontra, a fim de que adote as providências necessárias para suprir a omissão, deixando-se de fixar prazo para o suprimento dessa omissão constitucional em face da orientação firmada por esta Corte (MI n. 361). (MI n. 584, rel. Min. Moreira Alves, julgamento em 29.11.2001, Plenário, DJ de 22.2.2002)

113. STF — Na marcha do delineamento pretoriano do instituto do mandado de injunção, assentou este Supremo Tribunal que "a mera superação dos prazos constitucionalmente assinalados é bastante para qualificar, como omissão juridicamente relevante, a inércia estatal, apta a ensejar, como ordinário efeito consequencial, o reconhecimento, hic et nunc, de uma situação de inatividade inconstitucional." (MI n. 543, voto do Min. Celso de Mello, *in* DJ de 24.5.2002). Logo, desnecessária a renovação de notificação ao órgão legislativo que, no caso, não apenas incidiu objetivamente na omissão do dever de legislar, passados quase quatorze anos da promulgação da regra que lhe criava tal obrigação, mas que, também, já foi anteriormente cientificado por esta Corte, como resultado da decisão de outros mandados de injunção. Neste mesmo precedente, acolheu esta Corte proposição do eminente Min. Nelson Jobim, e assegurou "aos impetrantes o imediato exercício do direito a esta indenização, nos termos do direito comum e assegurado pelo § 3.º do art. 8.º do ADCT, mediante ação de liquidação, independentemente de sentença de condenação, para a fixação do valor da indenização." Reconhecimento da mora legislativa do Congresso Nacional em editar a norma prevista no § 3.º do art. 8.º do ADCT, assegurando-se aos impetrantes o exercício da ação de reparação patrimonial, nos termos do direito comum ou ordinário, sem prejuízo de que se venham, no futuro, a beneficiar de tudo quanto, na lei a ser editada, lhes possa ser mais favorável que o disposto na decisão judicial. O pleito deverá ser veiculado diretamente mediante ação de liquidação, dando-se como certos os fatos constitutivos do direito, limitada, portanto, a atividade judicial à fixação do *quantum* devido. (MI n. 562, rel. p/ o ac. Min. Ellen Gracie, julgamento em 20.2.2003, Plenário, DJ de 20.6.2003)

114. STF — "O mandado de injunção é ação constitutiva; não é ação condenatória, não se presta a condenar o Congresso ao cumprimento de obrigação de fazer. Não cabe a cominação de pena pecuniária pela continuidade da omissão legislativa." (MI n. 689, rel. Min. Eros Grau, julgamento em 7.6.2006, Plenário, DJ de 18.8.2006)

115. STF — Mandado de injunção. Alegada omissão legislativa quanto à elaboração da lei complementar a que se refere o § 4.º do art. 18 da CF, na redação dada pela EC n. 15/1996. Ilegitimidade ativa do Município impetrante. Inexistência de direito ou prerrogativa constitucional do Município cujo exercício esteja sendo obstaculizado pela ausência da lei complementar federal exigida pelo art. 18, § 4.º, da Constituição. Mandado de injunção não conhecido. (MI n. 725, rel. Min. Gilmar Mendes, julgamento em 10.5.2007, Plenário, DJ de 21.9.2007)

116. STF — Acesso às notas taquigráficas dos julgamentos desta corte. Inexistência de lacuna normativa. [...] Somente é cabível mandado de injunção quando existente lacuna normativa que impossibilite o exercício dos direitos e garantias constitucionais e das prerrogativas inerentes à nacionalidade, à soberania e à cidadania. O RISTF regulamenta o acesso às notas taquigráficas. Inexiste, portanto, lacuna normativa. (MI n. 751-AgR, rel. Min. Ricardo Lewandowski, julgamento em 11.10.2007, Plenário, DJ de 9.11.2007)

117. STF — Mandado de injunção. <Art>. <5>º, LXXI, da CB/1988. Questão de ordem. Ação de índole constitucional. Pedido de desistência tardio. Julgamento iniciado. Não cabimento. Continuidade do processamento do feito. É incabível o pedido de desistência formulado após o início do julgamento por esta Corte, quando a maioria dos ministros já havia se manifestado favoravelmente à concessão da medida. O mandado de injunção coletivo, bem como a ação direta de inconstitucionalidade, não pode ser utilizado como meio de pressão sobre o Poder Judiciário ou qualquer entidade. Sindicato que, na relação processual, é legitimado extraordinário para figurar na causa; sindicato que postula em nome próprio, na defesa de direito alheio. Os substitutos processuais não detêm a titularidade dessas ações. O princípio da indisponibilidade é inerente às ações constitucionais. Pedido de desistência rejeitado. Prosseguimento do mandado de injunção. (MI n. 712-QO, rel. Min. Eros Grau, julgamento em 15.10.2007, Plenário, DJ de 23.11.2007)

118. STF — Mandado de injunção. Ajuizamento. Ausência de capacidade postulatória. Pressuposto processual subjetivo. Incognoscibilidade da ação injuncional. [...] A posse da capacidade postulatória constitui pressuposto processual subjetivo referente à parte. Sem que esta titularize o *jus postulandi*, torna-se inviável a válida constituição da própria relação processual, o que faz incidir a norma inscrita no art. 267, IV, do CPC, gerando, em consequência, como necessário efeito de ordem jurídica, a extinção do processo, sem resolução de mérito. Ninguém, ordinariamente, pode postular em juízo sem a assistência de advogado, a quem compete, nos termos da lei, o exercício do *jus postulandi*. (MI n. 772-AgR, rel. Min. Celso de Mello, julgamento em 24.10.2007, Plenário, DJE de 20.3.2009)

119. STF — Mandado de injunção. Natureza. Conforme disposto no inciso LXXI do <art>. <5>º da CF, conceder-se-á mandado de injunção quando necessário ao exercício dos direitos e liberdades constitucionais e das prerrogativas inerentes à nacionalidade, à soberania e à cidadania. Há ação mandamental e não simplesmente declaratória de omissão. A carga de declaração não é objeto da impetração, mas premissa da ordem a ser formalizada. Mandado de injunção. Decisão. Balizas. Tratando-se de processo subjetivo, a decisão possui eficácia considerada a relação jurídica nele revelada. Aposentadoria. Trabalho em condições especiais. Prejuízo à saúde do servidor. Inexistência de lei complementar. Art. 40, § 4.º, da CF. Inexistente a disciplina específica da aposentadoria especial do servidor, impõe-se a adoção, via pronunciamento judicial, daquela própria aos trabalhadores em geral — art. 57, § 1.º, da Lei n. 8.213/1991. (**MI n. 721**, rel. Min. Marco Aurélio, julgamento em 30.8.2007, Plenário, DJ de 30.11.2007.) No mesmo sentido: **MI n. 1.231-AgR**, rel. Min. Ricardo Lewandowski, julgamento em 16.11.2011, Plenário, DJE de 1.º.12.2011; **MI n. 3.322**, rel. Min. Celso de Mello, decisão monocrática, julgamento em 1.º.6.2011, DJE de 6.6.2011; **MI n. 1.967**, rel. Min. Celso de Mello, decisão monocrática, julgamento em 24.5.2011, DJE de 27.5.2011; MI n. 795, relª. Minª. Cármen Lúcia, julgamento em 15.4.2009, Plenário, DJE de 22.5.2009; MI n. 788, rel. Min. Ayres Britto, julgamento em 15.4.2009, Plenário, DJE de 8.5.2009.

120. STF — Os agravantes objetivam a regulamentação da atividade de jogos de bingo, mas não indicam o dispositivo constitucional que expressamente enuncie esse suposto direito. Para o cabimento do mandado de injunção, é imprescindível a existência de um direito previsto na Constituição que não esteja sendo exercido por ausência de norma regulamentadora. O mandado de injunção não é remédio destinado a fazer suprir lacuna ou ausência de regulamentação de direito previsto em norma infraconstitucional, e muito menos de legislação que se refere a eventuais prerrogativas a serem estabelecidas discricionariamente pela União. No presente caso, não existe norma constitucional que confira o direito que, segundo os impetrantes, estaria à espera de regulamentação. Como ressaltou o PGR, a União não está obrigada a legislar sobre a matéria, porque não existe, na CF, qualquer preceito consubstanciador de determinação constitucional para se que legisle, especificamente, sobre exploração de jogos de bingo. (MI n. 766-AgR, rel. Min. Joaquim Barbosa, julgamento em 21.10.2009, Plenário, DJE de 13.11.2009.) No mesmo sentido: **MI n. 765-AgR**, rel. Min. Dias Toffoli, julgamento em 30.11.2011, Plenário, DJE de 1.º.2.2012.

121. STF — "Para ser cabível o mandado de injunção, não basta que haja eventual obstáculo ao exercício de direito ou liberdade constitucional em razão de omissão legislativa, mas concreta inviabilidade de sua plena fruição pelo seu titular. Daí por que há de ser comprovada, de plano, a titularidade do direito [...] e a sua inviabilidade decorrente da ausência de norma regulamentadora do direito constitucional." (**MI n. 2.195-AgR**, voto da Relª. Minª. Cármen Lúcia, julgamento em 23.2.2011, Plenário, DJE de 18.3.2011) No mesmo sentido: **MI n. 2.757**, rel. Min. Gilmar Mendes, decisão monocrática, julgamento em 5.3.2012, DJE de 9.3.2012; **MI n. 624**, rel. Min. Menezes Direito, julgamento em 21.11.2007, Plenário, DJE de 28.3.2008.

Bibliografia

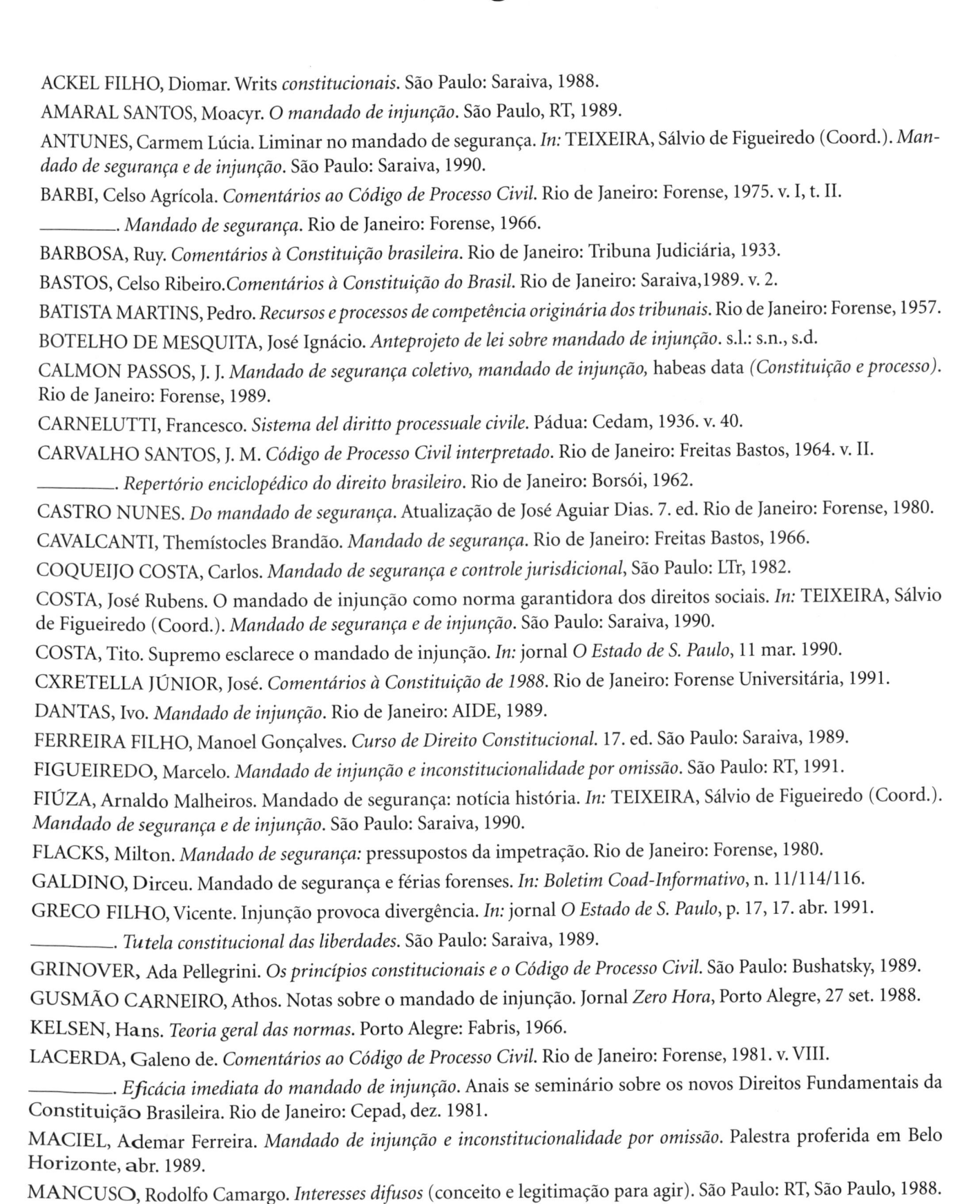

ACKEL FILHO, Diomar. Writs *constitucionais*. São Paulo: Saraiva, 1988.

AMARAL SANTOS, Moacyr. *O mandado de injunção*. São Paulo, RT, 1989.

ANTUNES, Carmem Lúcia. Liminar no mandado de segurança. *In:* TEIXEIRA, Sálvio de Figueiredo (Coord.). *Mandado de segurança e de injunção*. São Paulo: Saraiva, 1990.

BARBI, Celso Agrícola. *Comentários ao Código de Processo Civil*. Rio de Janeiro: Forense, 1975. v. I, t. II.

_____. *Mandado de segurança*. Rio de Janeiro: Forense, 1966.

BARBOSA, Ruy. *Comentários à Constituição brasileira*. Rio de Janeiro: Tribuna Judiciária, 1933.

BASTOS, Celso Ribeiro. *Comentários à Constituição do Brasil*. Rio de Janeiro: Saraiva, 1989. v. 2.

BATISTA MARTINS, Pedro. *Recursos e processos de competência originária dos tribunais*. Rio de Janeiro: Forense, 1957.

BOTELHO DE MESQUITA, José Ignácio. *Anteprojeto de lei sobre mandado de injunção*. s.l.: s.n., s.d.

CALMON PASSOS, J. J. *Mandado de segurança coletivo, mandado de injunção,* habeas data *(Constituição e processo)*. Rio de Janeiro: Forense, 1989.

CARNELUTTI, Francesco. *Sistema del diritto processuale civile*. Pádua: Cedam, 1936. v. 40.

CARVALHO SANTOS, J. M. *Código de Processo Civil interpretado*. Rio de Janeiro: Freitas Bastos, 1964. v. II.

_____. *Repertório enciclopédico do direito brasileiro*. Rio de Janeiro: Borsói, 1962.

CASTRO NUNES. *Do mandado de segurança*. Atualização de José Aguiar Dias. 7. ed. Rio de Janeiro: Forense, 1980.

CAVALCANTI, Themístocles Brandão. *Mandado de segurança*. Rio de Janeiro: Freitas Bastos, 1966.

COQUEIJO COSTA, Carlos. *Mandado de segurança e controle jurisdicional,* São Paulo: LTr, 1982.

COSTA, José Rubens. O mandado de injunção como norma garantidora dos direitos sociais. *In:* TEIXEIRA, Sálvio de Figueiredo (Coord.). *Mandado de segurança e de injunção*. São Paulo: Saraiva, 1990.

COSTA, Tito. Supremo esclarece o mandado de injunção. *In:* jornal *O Estado de S. Paulo*, 11 mar. 1990.

CXRETELLA JÚNIOR, José. *Comentários à Constituição de 1988*. Rio de Janeiro: Forense Universitária, 1991.

DANTAS, Ivo. *Mandado de injunção*. Rio de Janeiro: AIDE, 1989.

FERREIRA FILHO, Manoel Gonçalves. *Curso de Direito Constitucional*. 17. ed. São Paulo: Saraiva, 1989.

FIGUEIREDO, Marcelo. *Mandado de injunção e inconstitucionalidade por omissão*. São Paulo: RT, 1991.

FIÚZA, Arnaldo Malheiros. Mandado de segurança: notícia história. *In:* TEIXEIRA, Sálvio de Figueiredo (Coord.). *Mandado de segurança e de injunção*. São Paulo: Saraiva, 1990.

FLACKS, Milton. *Mandado de segurança:* pressupostos da impetração. Rio de Janeiro: Forense, 1980.

GALDINO, Dirceu. Mandado de segurança e férias forenses. *In: Boletim Coad-Informativo*, n. 11/114/116.

GRECO FILHO, Vicente. Injunção provoca divergência. *In:* jornal *O Estado de S. Paulo*, p. 17, 17. abr. 1991.

_____. *Tutela constitucional das liberdades*. São Paulo: Saraiva, 1989.

GRINOVER, Ada Pellegrini. *Os princípios constitucionais e o Código de Processo Civil*. São Paulo: Bushatsky, 1989.

GUSMÃO CARNEIRO, Athos. Notas sobre o mandado de injunção. Jornal *Zero Hora*, Porto Alegre, 27 set. 1988.

KELSEN, Hans. *Teoria geral das normas*. Porto Alegre: Fabris, 1966.

LACERDA, Galeno de. *Comentários ao Código de Processo Civil*. Rio de Janeiro: Forense, 1981. v. VIII.

_____. *Eficácia imediata do mandado de injunção*. Anais se seminário sobre os novos Direitos Fundamentais da Constituição Brasileira. Rio de Janeiro: Cepad, dez. 1981.

MACIEL, Ademar Ferreira. *Mandado de injunção e inconstitucionalidade por omissão*. Palestra proferida em Belo Horizonte, abr. 1989.

MANCUSO, Rodolfo Camargo. *Interesses difusos* (conceito e legitimação para agir). São Paulo: RT, São Paulo, 1988.

MAXIMILIANO, Carlos. *Comentários à Constituição brasileira*. 5. ed. Rio de Janeiro: Freitas Bastos, 1948.

_____. *Hermenêutica e aplicação do direito*. Rio de Janeiro: Freitas Bastos, 1965.

MEIRELLES, Hely Lopes. *Mandado de segurança, ação popular, ação civil pública, mandado de injunção,* habeas data, habeas corpus. São Paulo: RT, 1988.

MOREIRA, Wander Paulo Marotta. Notas sobre mandado de injunção. *In:* TEIXEIRA, Sálvio de Figueiredo (Coord.). *Mandado de segurança e de injunção*. São Paulo: Saraiva, 1990.

MOURA ROCHA, José de. *Do mandado de segurança:* a defesa dos direitos individuais. Rio de Janeiro: AIDE, 1982.

NEGRÃO, Theotônio. *CPC e a legislação processual em vigor*. São Paulo: RT, 1988.

OLIVEIRA, Francisco Antonio de. *A execução na Justiça do Trabalho*. 7. ed. São Paulo: LTr, 2013.

_____. O mandado de segurança e o controle jurisdicional. 4. ed. São Paulo: LTr, 2012.

OLIVEIRA, Regis Fernandes. Ideias sobre o mandado de injunção. Jornal *O Estado de S. Paulo*, 20 nov. 1988, p. 56.

PACHECO, José da Silva. *Mandado de segurança e outras ações constitucionais típicas*. São Paulo: RT, 1990.

PAULA REIS, Mautélio Wagner de. Os honorários em ação de mandado de segurança. *In:* TEIXEIRA, Sálvio de Figueiredo (Coord.). *Mandado de segurança e de injunção*. São Paulo: Saraiva, 1990.

PESSOAS, Epitácio. *Pandectas brasileiras*. Rio de Janeiro: Forense, 1941. v. 1, 2.ª parte.

PONTES DE MIRANDA, Francisco Cavalcanti. *Comentários ao Código de Processo Civil*. 2. ed. Rio de Janeiro: Forense, 1939. v. XIII.

_____. *Comentários ao Código de Processo Civil*. Rio de Janeiro: Forense, 1974. v. IV.

_____. *Tratado das ações*. São Paulo: RT, 1976. v. VI

_____. *Tratado de direito privado*. 4. ed. São Paulo: RT, 1983. v. 6.

RIBEIRO, Antonio de Pádua. Mandado de segurança; alguns aspectos. *In:* TEIXEIRA, Sálvio de Figueiredo (Coord.). *Mandado de segurança e de injunção*. São Paulo: Saraiva, 1990.

RIBEIRO DE OLIVEIRA, Eduardo. Recurso em mandado de injunção. *In:* TEIXEIRA, Sálvio de Figueiredo (Coord.). *Mandado de segurança e de injunção*. São Paulo: Saraiva, 1990.

ROSAS, Roberto. *Direito sumular*. 6. ed. São Paulo: RT, 1991.

SANTI ROMANO. *Princípios de direito constitucional geral*. Trad. Maria Helena Diniz. São Paulo: RT, 1977.

SANTOS, Ulderico Pires dos. *Mandado de injunção*. São Paulo: Paumape, 1988.

SIDOU, J. M. Othon. *As garantias ativas dos direitos coletivos*. Rio de Janeiro: Forense, 1977.

_____. Mandado de injunção. Jornal *O Estado de S. Paulo*, 8. out. 1989, p. 47.

_____. *Mandado de segurança,* São Paulo: RT, São Paulo, 1969.

_____. Mandado de segurança: meio século de aplicação. *Revista da Faculdade de Direito de Caruaru*, jan./mar. 1985.

SILVA, José Afonso. *Curso de direito constitucional positivo*. São Paulo: RT, 1985.

_____. Mandado de injunção. *In:* TEIXEIRA, Sálvio de Figueiredo (Coord.). *Mandado de segurança e de injunção*. São Paulo: Saraiva, 1990.

_____. Mandado de injunção, direito do cidadão. *Jornal do Brasil*, 26. set. 1988.

_____. *Mandado de injunção e* habeas data. São Paulo: RT, 1989.

STRECK, Lenio Luiz. *O mandado de injunção no direito brasileiro*. Rio de Janeiro: Edições Trabalhistas, 1991.

STRENGER, Irineu. *Mandado de injunção*. Rio de Janeiro: Forense Universitária, 1988.

THEODORO JÚNIOR, Humberto. Mandado de segurança. *In:* TEIXEIRA, Sálvio de Figueiredo (Coord.). *Mandado de segurança e de injunção*. São Paulo: Saraiva, 1990.